Gestaltpädagogik in Aktion

P H
V

Mitte der 1960er Jahre: Der Gestalttherapeut George Dennison gründet mitten in einem sozialen Brennpunkt New Yorks eine Alternativschule – die »First Street School«. Aus Tagebuchaufzeichnungen und pädagogisch-politischen Reflektionen montiert George Dennison einen Praxisbericht, der sowohl mitreißend und spannend zu lesen ist als auch tiefe Einsichten vermittelt.

Die gegenwärtigen Sorgen um die öffentlichen Schulen – Unfähigkeit, mit Gewalt unter Schülern umzugehen, sinkende Lernleistungen der Schüler und trotz aller Reformen fortgesetzte Demütigungen von Schülern und Eltern durch Lehrer – machen das Buch von Dennison wieder hochaktuell. Stefan Blankertz baut in seinem Nachwort die Brücke zwischen der damaligen und der heutigen Diskussion.

George Dennison, 1925-1989, Freund von Paul Goodman, dem Mitbegründer der Gestalttherapie, regte mit dem vorliegenden Bericht über die »First Street School« die Gestaltpädagogik an. Später wandte er sich der Literatur und Poesie zu.

George Dennison

GESTALTPÄDAGOGIK IN AKTION
Ein Praxisbericht

Herausgegeben und mit einem Nachwort
von Stefan Blankertz

Peter Hammer Verlag
Eine Edition des Gestalt-Instituts Köln
GIK Bildungswerkstatt

Originaltitel: The Lives of Children – The Story of the First Street School, 1969 und 1999.

Deutsche Übersetzung von Hans Hermann, zuerst erschienen unter dem Titel: Lernen und Freiheit, 1971.

Die vorliegende Neuausgabe ist um Anmerkungen des Herausgebers sowie um in der ersten deutschen Ausgabe nicht enthaltene Texte (übersetzt von Thomas Bliesener), ein Interview mit George Dennison von Rainer Winkel aus dem Jahre 1973 und einen aktuellen Essay von Stefan Blankertz erweitert.

INHALT

VORWORT

Die »First Street School« hat von 1964 bis 1965 existiert. Der Bericht von George Dennison darüber ist 1969 unter dem Titel »The Lives of Children« erschienen. 1971 folgte die deutsche Übersetzung in dem legendären März-Verlag unter dem Titel »Lernen und Freiheit«. Der ganze Text atmet den Zeitgeist des antiautoritären Aufbruchs jener Tage. Dennoch ist er mehr als nur ein zeithistorisches Dokument. George Dennisions Buch gehört neben A. S. Neills Bericht über »Summerhill« von 1960 und Leo Tolstojs Bericht über die »freie Schule für Bauernkinder« von 1862 zu den *zeitlosen* Dokumenten eines Ringens um eine kindgerechte Form der Erziehung und des Unterrichts. George Dennison ist wie Leo Tolstoj vor allem Schriftsteller gewesen. Das merkt man seinem Buch an: Es ist locker, spannend und mit einer großen atmosphärischen Dichte geschrieben.

Angeregt und inspiriert wurde die First Street School durch einen Mitbegründer der Gestalttherapie, nämlich Paul Goodman. George Dennison, ein Freund Goodmans, war ebenfalls zeiweise als Gestalttherapeut tätig. Eine der Lehrerinnen an der First Street School, Susan Goodman, die älteste Tochter Paul Goodmans, ist ebenfalls eine Gestalttherapeutin.

Auf den folgenden Seiten sehen wir gleichsam die »Gestaltpädagogik in Aktion«: Was George Dennison mehr als die anderen Autoren der antiautoritären Zeit hervorhebt und präzise reflektiert, ist die Qualität von Kontakt. In diesem Kontakt geht es nicht um einseitige Kindorientierung, sondern um die *Gleichwertigkeit* der kindlichen und der erwachsenen Bedürfnisse. Die Bedürfnisse der Erwachsenen werden jedoch nicht moralisierend eingebracht, sondern als authentische Bedürfnisse von Personen, die den Kindern gegenüber präsent sind. Die Erwachsenen leugnen nicht ihre Überlegenheit, nicht einmal ihre Macht, denn dies wäre nicht authentisch und würde sie gegenüber den Kindern unglaubwürdig machen. Und auf diese Weise kommt es zur »heilenden Beziehung«.

Aber auch bezogen auf die Alltagsprobleme, mit denen sich Dennison und die anderen Lehrer der First Street School herumschlagen, überwiegt die Aktualität gegenüber den historisch-zeitgeistigen Aspekten. Wer meint, »Gewalt an Schulen« bzw. »unter Schülern« sei ein neues Phänomen, eventuell sogar Produkt einer antiautoritären, kindbezogenenen Pädagogik, in der Autorität, Ordnung, Disziplin und Strafe nichts mehr gelten, wird auf den folgenden Seiten eines Besseren belehrt.

In seinem Nachwort arbeitet Stefan Blankertz, der sich nun seit über dreißig Jahren mit Paul Goodman und der Schulkritik beschäftigt, nicht nur die Anregungen heraus, die George Dennison für die Entwicklung einer genuinen Gestaltpädagogik und -entwicklungstheorie gibt. Er liefert vor allem eine Theorie, die erklärt, *warum* sich die Ideen der Free-School-Bewegung nicht in dem Maße haben verbreiten können, wie es ihrer pädagogischen Qualität entspricht. Er zeigt, dass es nicht die pädagogisch-gesellschaftliche Unzulänglichkeit oder der »Utopismus« dieser Ideen ist, der zu ihrem machtpolitischen Scheitern geführt hat, sondern der von der Free-School-Bewegung nicht reflektierte ökonomische Rahmen, den die öffentliche Schule absteckt.

Wir hoffen, mit »Gestaltpädagogik in Aktion« zur Weiterentwicklung der gestaltpädagogischen Ideen beitragen zu können, und freuen uns auf eine lebhafte Diskussion. Der vorliegende Band enthält neben dem ungekürzten Text der deutschen Ausgabe von 1971 den in der deutschen Ausgabe nicht enthaltenden »Anhang« über die Einrichtung der First Street School, ein umfangreiches Nachwort von Stefan Blankertz, ein Interview, das der deutsche Erziehungswissenschaftler Rainer Winkel 1973 mit George Dennison geführt hat, sowie ein Vorwort von George Dennisons Ehefrau Mabel zur Neuausgabe des Buches 1999.

Anke und Erhard Doubrawa
Gestalt-Institut Köln / GIK Bildungswerkstatt
www.gestalt.de

GEORGE DENNISON
DAS LEBEN VON KINDERN
DIE GESCHICHTE
DER FIRST STREET SCHOOL

1

Es ist überflüssig, der Kritik an unseren öffentlichen Schulen noch etwas hinzuzufügen. Die Kritik ist umfassend und lässt sich kaum noch erweitern. Auch die Vorgänge des Lernens und Lehrens sind erschöpfend untersucht worden. Man denke an die Bücher von Paul Goodman, John Holt, Greene und Ryan, Nat Hentoff, James Herndon, Jonathan Kozol, Herbert Kohl; und an Forschungsprojekte wie die von Bruner und Piaget; und an Joseph Featherstones bedeutenden Report.[1] Nun stellt sich die Frage: Was ist zu tun? Auf den folgenden Seiten möchte ich einen ungewöhnlichen Versuch schildern, mit den inzwischen allgemein bekannten Problemen fertig zu werden. Und da »die Krise der Schulen« in Wirklichkeit aus einer großen Zahl von Krisen im Leben von Kindern besteht, werde ich versuchen, die Kinder der First-Street-Schule zum eigentlichen Thema dieses Buches zu machen. Es waren dreiundzwanzig Schwarze, Weiße und Puerto-Ricaner, zu annähernd gleichen Teilen, alle aus einkommensschwachen Familien der Lower East Side in New York. Etwa die Hälfte lebte von der Fürsorge. Ebenfalls etwa die Hälfte war mit schweren Lern- und Verhaltensproblemen von den öffentlichen Schulen zu uns gekommen.

In vier Punkten war die First-Street-Schule ungewöhnlich.
- Erstens war es eine sehr kleine Schule mit einem niederen Lehrer/Schüler-Quotienten;
- zweitens kostete diese »verschwenderische« Vertrautheit zwischen Lehrern und Kindern, die gewöhnlich sehr teuer ist, pro Kind nicht mehr als die 850 Dollar jährliche Betriebskosten der öffentlichen Schulen;
- drittens hatten wir die herkömmliche Struktur umgeworfen, denn während sich die öffentliche Schule lediglich als Stätte des Unterrichts versteht und die persönlichen Beziehungen schweren Einschränkungen unterwirft, verstanden wir uns als Umwelt für das Her-

anwachsen und akzeptierten die Beziehungen zwischen den Kindern und uns als das eigentliche Herzstück der Schule; und

■ viertens war da die Art der Freiheit, die Lehrer und Schüler in gleichem Maße erfuhren.

Freiheit ist ein abstrakter und äußerst schwer zu definierender Begriff. Ich hoffe, dass eine Reihe von Beispielen seine Bedeutung verständlich machen wird. Es geht in Wirklichkeit nicht um Autorität, obwohl gewöhnlich damit argumentiert wird. Wenn Erwachsene auf Autorität verzichten, wächst nicht zwangsläufig die Freiheit der Kinder. Freiheit bedeutet nicht Bewegung im Vakuum, sondern Bewegung im Kontinuum. Wenn wir wissen wollen, was Freiheit ist, müssen wir entdecken, was Kontinuum ist. »Es ist nicht das Prinzip«, so bemerkt Dewey,[2] »das eine Handlung rechtfertigt, denn das Prinzip ist nur ein anderes Wort für die Kontinuität des Handelns.« Wir könnten etwas Ähnliches von der Freiheit sagen: Sie ist nur ein anderes Wort für die Fülle und die endgültige Form des Handelns. Wir erleben das Handeln, nicht die Freiheit. Die Mutter eines Kindes aus einer öffentlichen Schule erzählte mir, es beklage sich immer wieder: »Die lassen mich nie etwas *fertig* machen!« Wir könnten sagen, dass dem Kind wichtige Freiheiten fehlten, doch sein eigener Ausdruck steht seinem Erleben näher: Handlungen, die für es wichtig waren, blieben unerfüllt. Unser Streben nach Freiheit ist unser Streben nach Erfüllung – von Handlungen, die wir für wichtig halten, und von Personen, von denen wir wissen, dass sie einmalig sind. Freiheit geben heißt, den formativen Kräften anderer freien Lauf zu lassen.

Bevor ich mehr von der Schule erzähle, muss ich sagen, dass ich schon lange vor meiner Tätigkeit dort ein Parteigänger all derer war, die sich für individuelle Freiheit einsetzten. Ich hatte über die Schulen von A. S. Neill und Leo Tolstoj gelesen.[3] Ich hatte in der Vergangenheit mit schwer gestörten Kindern gearbeitet und gelernt, die Integrität organischer Wachstumsprozesse zu respektieren, die in richtiger Umgebung die einzige Quelle für Veränderungen im Leben des einzelnen darstellen. So war ich von Anfang an voreingenommen und kann nicht die Unparteilichkeit eines neutralen Beobachters für mich in Anspruch nehmen. Ereignisse in der Schule bestätigten mir jedoch immer wieder meine vorgefassten Überzeugungen – was an meinem Status als Partisan vermutlich nichts ändert, nur dass ich mich noch einmal bestätigt wusste. Doch selbst wenn ich in rein wissenschaftlichem Sinn überhaupt nichts beweisen kann, so haben die Vorfälle selbst dennoch eine Überzeugungskraft, und ich kann nur hoffen, dass unsere Erfahrungen bei anderen Eltern und Lehrern ein experimentelles Interesse wecken werden.

Doch es gibt noch etwas anderes, das ich vermitteln möchte, und das ist einfach ein Gefühl für das Leben derer, die daran beteiligt waren für diesen Wirrwarr an Personen und tatsächlichen Vorfällen, die in Wirklichkeit unsere Schule ausmachten. Je näher man an die Tatsachen des Lebens herankommt, desto weniger beispielhaft scheinen sie, dafür aber umso menschlicher und reicher. Ein Teil unserer Zeit in der Geschichte und unseres Platzes in der Welt gehört Vicente, wie er auf dem Flur brüllt, und José, der die 25-Zentimeter-Klinge seines Messers herausspringen lässt – mehr noch, als der Tatsache, dass Vicente schließlich anfing, mitzuarbeiten, und dass José lesen lernte. Dasselbe gilt für andere scheinbar unwichtige Details: das Fantasie-Leben und die Wildheit der älteren Jungen, die Heiterkeit und Vernünftigkeit der jüngeren, die Augenblicke des Zweifels und der Niederlage bei den Lehrern. Das Lernen ist im Wesentlichen kein fest umrissener und isolierter Vorgang. Es ist eine Wachstumsfunktion. Wir nahmen diesen Aspekt sehr ernst und verstrickten uns immer tiefer in das Leben der Einzelnen. Es scheint mir wahrscheinlich, dass sich die tatsächlichen Merkmale dieser Verstrickung für andere Leute als nützlich erweisen könnten. Gleichzeitig möchte ich aber auch versuchen, die Hintergründe für die Tatsache darzulegen, dass fast alle unsere Kinder bemerkenswerte Fortschritte machten, einige sich sogar spektakulär verbesserten. Offensichtlich machten wir irgendetwas richtig, und ich möchte es riskieren, meine Vermutungen darüber zu äußern, was es im Einzelnen gewesen sein könnte. Es gab ausschließlich Einzelunterricht, und das war offensichtlich ein Faktor. Die erwähnten Fortschritte bezogen sich jedoch nicht nur auf das Lernen, sondern es gab auch radikale charakterliche Veränderungen. Vicente, der introvertiert und destruktiv gewesen war, beteiligte sich begeistert an Gruppen-Aktivitäten und machte nicht mehr alles kaputt, was er anfasste. Sowohl Eléna als auch Maxine hatten oft gestohlen und waren unglaublich aufsässig. Nach einigen Monaten konnte man ihnen vertrauen, sie waren zu fantasiereichen und verantwortungsvollen Mitarbeitern bei Schulsitzungen geworden.

Derlei Veränderungen führt man nicht durch Unterrichtung herbei. Den Anstoß dazu geben großzügige Umweltbedingungen. Und auch hier werden wieder Einzelheiten, die im Rahmen eines Schulbetriebes vielleicht nebensächlich erscheinen, dem Leser eine Vorstellung davon vermitteln, welche Bedingungen den Ausschlag gegeben haben könnten. Besser ausgedrückt: Die Schule kümmert sich nicht nur um den Unterricht, oder sollte sich nicht nur darum kümmern, sondern vielmehr um das Leben des Kindes.

Das ist ganz besonders unter den heutigen Bedingungen wichtig. Das Leben in unserem Lande ist chaotisch und zerstörerisch, und die Zeit ihrer Kindheit ist für viele Millionen schwierig und grausam. Es wird nicht leicht sein, unsere rasende Technokratie unter Kontrolle zu bringen, doch die schulische Umwelt können wir kontrollieren. Es ist eine verhältnismäßig beschränkte Umwelt, und ihre Struktur wird schon immer bewusst von uns geformt. Wenn wir als Eltern nicht das Unterrichten unserer Kinder zu unserem Anliegen machen würden, sondern das Leben unserer Kinder, würden wir herausfinden, dass unsere Schulen einen mächtigen Regenerationsfaktor darstellen können. Gegen alles, was im amerikanischen Leben unecht und gewalttätig und trügerisch und gefühlsarm ist, könnten wir Konventionen stellen, die vernünftig und aufrichtig wären, reich sowohl im Fühlen als auch im Denken, die das Individuum mit dem notwendigen Respekt behandeln würden, den wir bislang allenfalls von öffentlichen Kathedern predigen. Wir würden in der Schule nicht mehr eine Örtlichkeit sehen, sondern einsehen, dass sie in erster Linie aus Beziehungen besteht: zwischen Kindern und Erwachsenen, Erwachsenen und Erwachsenen, Kindern und andern Kindern. Die vier Wände und das Rektorat würden sich nicht mehr so drohend als elementare Bestandteile auftürmen.

Es ist hier erwähnenswert, dass die Eltern der First-Street-Kinder, von zwei Ausnahmen abgesehen, keine Anhänger der individuellen Freiheit waren. Ihrer eigenen Meinung nach glaubten sie an Zwang und Belohnungen und Bestrafungen, an formale Disziplin und Zeugnisse und Hausaufgaben und die vielfältigen Schuleinrichtungen. Sie blickten ziemlich misstrauisch auf unsere lärmenden Klassenzimmer und zwanglosen Beziehungen. Wenn sie darauf bestanden, uns ihre Kinder zu schicken, dann geschah das nicht, weil sie mit unseren Methoden einverstanden waren, sondern weil sie verzweifelt waren. Als jedoch Monat auf Monat verstrich und die Kinder, die vorher immer geschwänzt hatten, eifrig die Schule besuchten, und die, die immer zurückgeblieben waren, jetzt zu lernen anfingen, da zogen die Eltern ihre eigenen Schlüsse. Am Ende des ersten Jahres unterstützten sie uns voll und ganz und zeigten sich der Schule sehr verbunden.

Wir hatten keine Verwaltung. Wir waren klein und brauchten keine. Die Eltern zeigten sich schließlich auch damit einverstanden. Sie konnten sich selber ein Urteil über die Fähigkeit der Lehrer bilden, und ihre Kinder auch – durch den spezifischen Akt des Lernens. Die Erfahrungen, die die Eltern in der Vergangenheit mit Schulverwaltern gemacht hatten, waren einheitlich schlecht gewesen – und der Beweis, dass es auch so ging, lag auf der Hand: Die Kinder waren glücklicher und lernten dabei. Und was die Kinder angeht, so sehnten sie sich nie nach einer Verwaltung.

Wir gaben keine Zeugnisse. Wir kannten jedes Kind, kannten seine Fähigkeiten und seine Probleme und die Begleitumstände seines Heranwachsens. Dieses Wissen ließ sich nicht auf kleinen Kärtchen festhalten. Die Eltern kamen – wieder – zu dem Schluss, dass sie damit einverstanden waren. Es verminderte die nicht zu bewältigenden Sorgen in ihrem Leben, denn Zeugnisse hatten ihnen noch nie viel bedeutet außer einem vagen Gefühl eines Problems oder einer vagen Bestätigung, dass alles in Ordnung sei. Wenn sie wissen wollten, wie ihre Kinder vorankamen, fragten sie einfach die Lehrer.

Wir gaben keine Klassenarbeiten, oder jedenfalls nicht, wie sonst üblich, als Wettbewerb. Es war wichtig, sich darin auszukennen, was die Kinder wussten, doch viel wichtiger war es, sich darin auszukennen, wie jedes Kind wusste, was es wusste. Wir erfuhren nichts über Maxine, wenn wir Eléna eine Aufgabe stellten. Und so hatten wir keinerlei vergleichende Wettbewerbe. Die Kinder verlangten nie nach diesen boshaften Vergleichen, und den Lehrern blieb die absurde Aufgabe erspart, Dutzende von Persönlichkeiten nach einer einheitlichen Skala einzustufen.

Unsere Räumlichkeiten waren bescheiden. Die Kinder kamen in ihren zerrissenen Spielkleidern zur Schule. Ihre Familien waren arm. Ein zerrissenes Kleid, zerrissene Hosen, häufige Reinigung – es gab Ausgaben, die sie sich nicht leisten konnten. Doch wie sollen Kinder spielen, ohne sich schmutzig zu machen? Unser Standard der Ungepflegtheit war genau richtig. Es sah fürchterlich aus und passte allen ins Konzept. Wir brachten den Kindern Achtung und Gerechtigkeit entgegen. Ich will damit nicht sagen, dass wir nie wütend wurden und sie nie anschrieen (und sie uns nicht). Ich will nur sagen, dass wir den Stolz des Lebens ernst nahmen, der den Jungen eigen ist – sogar den ganz Jungen. Wir zwangen sie nie zu etwas, was die ihnen zustehende Unabhängigkeit verletzt hätte. Sowohl die Eltern als auch die Kinder stellten fest, dass sie damit restlos übereinstimmten.

Nun möchte ich die Schule beschreiben, oder genauer gesagt: die Kinder und Lehrer. Ich werde versuchen, drei wichtige Dinge im Detail herauszustellen:

1. Dass das eigentliche Anliegen einer Grundschule nicht die Erziehung in einem engeren Sinn ist, und erst recht nicht die Vorbereitung auf das spätere Leben, sondern das gegenwärtige Leben der Kinder – ein Punkt, den John Dewey wiederholt anführt und der von vielen seiner Anhänger sehr mangelhaft verstanden wurde.

2. Dass man, wenn die herkömmliche Routine einer Schule aufgegeben wird (die militärische Disziplin, der Stundenplan, die Bestrafungen und Belohnungen, die Vereinheitlichung), weder mit einem Vakuum, noch mit einem Chaos konfrontiert wird, sondern vielmehr mit einer neuen Ordnung, die sich in erster Linie auf Beziehungen zwischen Erwachsenen und Kindern gründet, und zwischen Kindern und den ihnen Gleichgestellten, die sich letzten Endes jedoch auf solche Wahrheiten der menschlichen Natur gründet: dass der Verstand nicht unabhängig von den Gefühlen funktioniert, sondern dass das Denken am Fühlen und das Fühlen am Denken Anteil hat; dass es so etwas wie Wissen *per se*, Wissen in einem Vakuum nicht gibt, sondern dass vielmehr alles Wissen von Individuen besessen und ausgedrückt werden muss; dass die in Büchern konservierten menschlichen Stimmen zu den realen Bestandteilen der Welt gehören, und dass Kinder von dieser Welt so stark angezogen werden, dass schon die kleinste Regung ihrer Neugier in Form von Liebe bei uns ankommt; dass sich ein aktives sittliches Leben nur dort wecken lässt, wo die Leute frei genug sind, ihre Gefühle auszudrücken und den Einsichten ihres Gewissens gemäß zu handeln.

16

3. Dass sich eine Grundschule – vorausgesetzt, sie ist klein – auf äußerst einfache Weise leiten lässt. Es versteht sich von selbst, dass die Lehrer kompetent sein müssen (was nicht unbedingt heißen soll, dass sie eine bestimmte Anzahl von Kursen in einem Lehrerseminar absolviert haben müssen). Setzt man dieses sine qua non voraus, bleiben keine Geheimnisse. Wenn das Erziehungswesen heute in der Klemme steckt, so ist das ausschließlich auf die undurchführbare Zentralisierung und die Gier nach Kontrolle zurückzuführen, die jede bürokratische Institution durchdringt.

Ich will damit nicht sagen, dass die Arbeit in einer freien Schule leicht sei. Im Gegenteil, die Lehrer finden sie anstrengend. Aber sie finden sie auch lohnend – so ganz anders, als die endlose Serie von Frustrationen, die diejenigen erleben, die innerhalb des gegenwärtigen Systems arbeiten.

Unsere Schule lag in der Sixth Street in Manhattan, nur ein paar Schritte östlich der Second Avenue; wir hatten dort im alten Gebäude des Emanu-El-Midtown-YMCA Klassenzimmer, Räume für den Kunst- und Werkunterricht und eine Turnhalle gemietet. Wir belegten etwa ein Drittel des Gebäudes, und da wir es mit anderen teilten, konnten wir es nicht ausschmücken, abändern, misshandeln, konnten nicht seine Nischen und Ecken erforschen oder auf den Gängen herumschreien, wie wir das vielleicht gern getan hätten. Wir behielten den Namen unserer ursprünglichen Adresse bei – der First-Street-Schule wo wir diese Dinge hätten tun können, von wo uns aber die städtischen Feuerschutz-Bestimmungen vertrieben hatten.

Unsere Erfahrung mit Rassenproblemen ist eins der Dinge, die ich schildern will, und deshalb werde ich, wo notwendig, rassische Identifizierungen machen. Lassen Sie mich gleich sagen, dass sich nichts so sehr von den derzeitigen ideologischen Verwendungen des Wortes »schwarz« unterscheidet, wie die einfache direkte Sprache von Kindern. Kein Kind wird mit Rassenhass in diese Welt geboren. Er ist selbst Fünf- und Sechsjährigen noch fremd. In ihrem Erleben ist jedoch Farbe eine der attraktiven Qualitäten in einer äußerst attraktiven Welt. Eine unserer Lehrerinnen, Gloria Aranoff, war Negerin. Würde ich einen politischen Artikel schreiben, würde ich sie als Schwarze bezeichnen, wie sie das auch vermutlich selber tun würde. Nicht so ihre jungen Schüler. Ja, sie konnten sie sogar überhaupt nicht beschreiben. Sie waren ihr zu nahe, und sie war zu außergewöhnlich, unterschied sich zu sehr von allen anderen Menschen. Und doch war es offensichtlich, dass sie ihre Farbe bewundernswert fanden. Sich neben sie zu setzen hieß, in eine Atmosphäre der Farbe zu kommen, ein warmes, dunkelbraunes Glühen, das sehr angenehm war, so wie das gute Gesundheit und physische Ausstrahlung immer sind. Ihre Kleinsten kletterten ihr immer auf den Schoß. Schwarz heißt für ein kleines Kind genau das: schwarz. Neger sind nicht schwarz, und »Weiße« sind nicht weiß. Unsere älteren Jungen jedoch waren Rassisten. José (eben 13 geworden) hätte, obwohl er Gloria gern hatte, gesagt: »Sie ist schwarz«, so wie er von Michael Hasty, der so hellhäutig war, wie er selber, sagte: »Er ist schwarz.« Der zwölfjährige Willard, der eben lernte, mit Stolz zu sagen: »Ich bin schwarz«, identifizierte José nach der Nationalität: »So'n verfickter Puerto-Ricaner.« Diese beiden schlugen sich immer wieder die Nase blutig, und ich werde einige ihrer Schlägereien später noch beschreiben. Es ist erwähnenswert, dass man die beiden am Ende des Jahres zusammen auf Schul-Picknicks sehen konnte, wobei einer den Arm auf der Schulter des anderen liegen hatte. Folgendes war geschehen: Die echten Anliegen junger Burschen hatten sich allmählich in jedem von ihnen durchgesetzt und hatten schließlich die Rassenschranken überwunden. Sie hatten einander – und sich selbst – in einem viel reicheren, menschlichen Rahmen entdeckt. Am letzten Schultag lieferte ich nach einem Ausflug verschiedene Kinder zuhause ab. Schließlich saßen nur noch Willard und José im Kleinbus. Sie führten jetzt eine krampfhaft lebhafte Unterhaltung. Als Willard an seiner Straßenecke aus dem Bus sprang, wandte er sich mit einem angespannten Grinsen José zu und sagte: »Wir laufen uns sicher öfter mal über den Weg. Bis bald, Mann«, und José wiederholte etwas stotternd: »Klar, Mann. Bis bald.« Diese Worte erstaunten mich, denn Tatsache war, dass die beiden weit voneinander entfernt wohnten. Als ich wieder losfuhr, sah ich Josés Gesicht im Rückspiegel. Er hatte angefangen zu weinen. Er heulte zehn Minuten lang. Er wusste ganz genau, dass er Willard nicht sehen würde. Eine neue Sorglosigkeit hatte in ihrem Leben Raum gewonnen, eine Fröhlichkeit und Spontaneität, die sie bis dahin kaum einmal erlebt hatten, und vor allem José (da er fast alle Zweikämpfe verloren hatte) hatte sie sich mit viel Schmerzen und Mut erkämpft. Und jetzt war alles wieder verloren, denn

18

sobald sie wieder auf die Straße gingen, spielte die rassische Belastung die entscheidende Rolle. Und natürlich weinte er, weil das Schuljahr zu Ende war. Er hatte einen Ort der Zuflucht gehabt. Er hatte Beschützer und Freunde gehabt und war allmählich davon abgekommen, so zu tun, als sei er ein Karate-Experte, hasse Nigger und werde mit allen Bullen fertig.

Nicht viele Jungen in den öffentlichen Schulen hätten so wie José und Willard ihren Rassismus überwinden können. Rassismus wird von Angst genährt. Er stützt sich auf die Einbildungskraft. Wenn Kinder in großer Zahl zusammengepfercht werden und wie Nummern in einer großen gleichförmigen Masse behandelt werden, zwingt sie die Angst der Anonymität geradezu, Schutzbündnisse einzugehen. Sie suchen nach irgendeiner Identität, um das Vakuum ihrer eigenen Person zu füllen, mag diese Identität auch noch so unzureichend und trügerisch sein. Doch die Macht, die sie sich dadurch schaffen, dass sie sich verbünden – auch wenn sie vielleicht ihrem Wachstum im Wege steht – ist kein Phantasiegebilde; sie ist ganz real.

Was ich eben hier gesagt habe, ist wirklich alles, was wir in unserer Schule über Rassismus gelernt haben. Die ganz Jungen wollten nichts davon wissen. Die Älteren waren damit behaftet, doch ein paar wenige kamen darüber weg. Wir Lehrer predigten nie Toleranz, Aufhebung der Rassentrennung, Integration oder sonst irgendwas. Unsere kleine Gemeinschaft, in der jeder mit jedem anderen zu tun hatte, verringerte die Angst, ließ keinen Platz für dumme Trugbilder und Verfremdung und unterstützte die Entwicklung der Persönlichkeit; und Schritt um Schritt verschwand der Rassismus, jedenfalls in der Schule.

Für die dreiundzwanzig Kinder gab es drei hauptberuflich arbeitende Lehrer, eine Halbtagskraft (das war ich) und verschiedene andere, die zu bestimmten Zeiten zum Singen, Tanzen und Musizieren kamen.

Lehrer an öffentlichen Schulen mit ihrem Lehrer/Schüler-Verhältnis von 30 zu 1 werden wissen, dass wir geradezu luxuriöse Zustände hatten. Es darf hier jedoch ruhig wiederholt werden, dass dieser Luxus zu wesentlich geringeren Kosten pro Schüler erkauft wurde, als im öffentlichen Schulsystem üblich, denn wenn auch die Betriebskosten etwa gleich hoch lagen, so darf man doch die gewaltigen Investitionen der öffentlichen Schulen oder den großen Qualitätsunterschied in den Dienstleistungen nicht unberücksichtigt lassen. Nicht dass unsere Familien etwa Schulgeld gezahlt hätten (das kam fast gar nicht vor); ich will damit nur ausdrücken, dass unser Geld nicht von hohen Verwaltungskosten, Buchhaltung, teuren Bauten, Hausmeisterei, Aufsichts-Personal und Vandalismus geschluckt wurde (ganz zu schweigen von den Kosten, die sich in den Institutionen verbergen, die im weiteren Sinne als Anhängsel der Schulen betrachtet werden müssen: Besserungsanstalten, Gefängnisse, Heilanstalten für Rauschgiftsüchtige und die Fürsorge).

Unser Lehrer/Schüler-Quotient änderte sich je nach Bedarf. Gloria beschäftigte sich mit bis zu elf Kindern, zwischen fünf und acht Jahren alt. Mindestens die Hälfte ihrer Kinder waren Schulanfänger und waren großartig »motiviert«, wie die Erziehungswissenschaftler sagen. Motiviert heißt natürlich: begierig, lebhaft, neugierig, ansprechbar, vertrauend, beharrlich; und jedes einzelne dieser Wörter ist besser. Sie waren fähig, Beziehungen herzustellen und echten Interessen nachzugehen. Jedes Kind, das nach einigen Jahren in den öffentlichen Schulen zu uns kam, brachte Probleme mit.

Susan Goodman, die die nächste Gruppe unterrichtete, die Acht- bis Zehnjährigen, hatte normalerweise sechs bis sieben im Klassenzimmer. Zwei davon waren schwierig und beanspruchten sehr viel Aufmerksamkeit. Die bekamen sie auch, und es waren diese zwei (Maxine und Eléna), die von allen Kindern in der Schule die spektakulärsten Fortschritte machten. In eineinhalb Jahren avancierte die zehnjährige Eléna vom Lernstoff der ersten Klasse zu dem der fortgeschrittenen vierten Klasse; und lassen Sie mich gleich hinzufügen, dass Susan genau wie die anderen Lehrer Rousseaus[4] alte Methode des Zeit-verlierens praktizierte. (»Der nützlichste Grundsatz in der Erziehung ist der: Man soll nicht Zeit einsparen, sondern verlieren.«) Elénas Lektionen waren sehr kurz und fielen oft aus.

Die übrigen Kinder, Jungen bis zum dreizehnten Lebensjahr, waren mit ernsthaften Problemen aller Art zu uns gekommen. Einige trugen Messer bei sich, alle waren Schulschwänzer gewesen, José konnte nicht lesen, Willard sollte in eine 600er-Schule[5] geschickt werden, Stanley war ein Vandale und Dieb und war auf dem besten Weg in die Erziehungsanstalt. Sie wurden allesamt von einer Angst besetzt, die auf Verzweiflung hinauslief. Es wurde uns sehr schnell klar, in welchem Ausmaß sie durch Misshandlung und Vernachlässigung geprägt worden waren. Familienleben war für mehrere ein Faktor, doch alle hatten katastrophale Erfahrungen in der Schule gemacht, und mit behördlichen Stellen außerhalb der Schule und mit dem Rassismus unserer Gesellschaft und mit der Armut und mit der alltäglichen Gewalttätigkeit der gewalttätigen Straßen. Sie waren auf dem Weg in eine maximal kontrollierte Umwelt – in ein Gefängnis irgendeiner Art. Wir werden sehen, wie sie mit unserer Atmosphäre der Freiheit zurechtkamen.

Wie Dr. Elliott Shapiro[6] erwähnt (Nat Hentoffs » Our Children Are Dying« handelt von Elliott Shapiro und den Kindern Harlems), brauchen manche Schüler ein Einzelverhältnis zu einem Lehrer. Genau auf der Basis arbeitete ich mit José. Manchmal hatte ich die Jungen als Gruppe, oder Mabel Chrystie (jetzt Dennison) nahm sie oder sie wurden zwischen uns beiden aufgeteilt.

Selbst in einer so alltäglichen Sache wie dem Einteilen in Gruppen, sind die Vorteile einer kleinen Schule offensichtlich. Wir alle kannten die Kinder ziemlich gut und konnten Lehrer und Kind aufeinander abstimmen. Gloria hatte sehr viel Erfahrung mit jüngeren Kindern, Mabel hatte sich im städtischen Schulsystem vor allem mit Sonderfällen befasst und mit Problemkindern in der Atmosphäre einer freien Schule. Ich hatte mit ernsthaft gestörten Kindern gearbeitet; und Susan Goodman,[7] die noch nie vorher unterrichtet hatte, stammte aus einer Lehrerfamilie und bat natürlich um die Kinder, die lernwillig waren.

Doch die endgültige Zusammensetzung der Gruppen spiegelte die Beiträge der Kinder selbst wider. Sie hatten dabei auch etwas zu sagen. Und hier haben wir ein vorzügliches Beispiel für die Gliederung, die entsteht, wenn die Wünsche der Kinder respektiert werden. Zwei unserer schwierigsten Schüler, Maxine und Vicente, stuften sich tatsächlich selber ein; und wir Lehrer hätten wahrhaftig keine bessere Lösung finden können. Ich möchte dies ausführlicher beschreiben und unser Verfahren dem der öffentlichen Schule gegenüberstellen, von der die neunjährige Maxine zu uns gekommen war, nachdem man ihr dort mit dem Rauswurf gedroht hatte.

Wo die öffentliche Schule auf ihre Probleme hauptsächlich mit disziplinarischen Maßnahmen geantwortet hatte, waren wir in der Lage, sie ganz einfach als die Tatsachen ihres Lebens zu akzeptieren. Sie war ein typisch »aufsässiges« Kind, und es war interessant zu beobachten, dass fast ihr ganzes rebellisches Benehmen nichts anderes war, als ihre Art um etwas zu bitten, das sie wirklich brauchte. Im Grunde genommen sagte sie damit immer wieder: »Setzt euch mit mir als Gesamtheit auseinander! Setzt euch mit meinem Leben auseinander!«

Sie war ein blühendes, robustes, aktives Mädchen mit glänzenden schwarzen Augen und sehr viel Intelligenz und aufgeweckter Neugier im Gesicht. Ihre Intelligenz fiel jedem sofort auf, und es war klar, dass der drohende Rauswurf nichts mit einem Mangel an Fähigkeit zu tun hatte, wenn sie auch im Unterricht weit hinterher hinkte. Sie war sexuell frühreif und in den ersten paar Monaten in der First-Street-Schule »sexbesessen« – wie ihre Mutter ihr Benehmen zuHause beschrieb. Sie provozierte »sexuelle« Annäherungsversuche der älteren Jungen.

Ich habe das Wort sexuell in Anführungszeichen gesetzt, weil zwar in ihrem Benehmen sehr viel Erregung war, doch war das kaum sexuell im reifen Sinn des Wortes. Die für ihr Alter normale Sexualität – noch nicht klar abgegrenzt und in der Erregung des Spielens eher Elan als Erotik – war durch die Tatsache kompliziert geworden, dass sie sowohl infantiler war als Gleichaltrige, als auch weiter fortgeschritten. Infantil war sie in ihrer extremen Abhängigkeit von Erwachsenen und in ihrer Unsicherheit rivalisierenden Geschwistern gegenüber. Fortgeschritten war sie dagegen physisch und intellektuell und in der genauen Einschätzung ihrer Macht. So konnte sie Situationen manipulieren, doch nie zu ihrem eigenen Vorteil. Sie konnte auch nie direkt um das bitten, was sie wollte, denn was immer sie auch wollte, es brachte sie in Konflikt mit sich selbst. Wie viele der älteren Jungen hatte auch sie eine furchtbar verworrene, mit Gewalttätigkeit und Verachtung vermischte Vorstellung von Sex. Rechnet man dazu eine gründliche Unkenntnis der einfachen Tatsachen von Geburt und Körper; weiß man außerdem, dass ihre Mutter wieder geheiratet hatte und dass ein Baby unterwegs war, dann ergibt sich das Bild eines schwierigen und schwer belasteten kleinen Mädchens.

Stellen wir uns Maxine in einem normalen Klassenzimmer vor. (Und lassen Sie mich hier sagen, dass jedes Kind von scheinbar speziellen Problemen und unbefriedigten Bedürfnissen gequält wird.) Sie ist durchaus imstande, sich für kurze Zeitabschnitte zu konzentrieren. Sie lernt schnell und gut. Doch der Unterricht geht immer weiter, und weiter ... und der Holzstuhl verbrennt ihr tatkräftiges kleines Hinterteil. Sie spürt, wie sie sich in dem Schwarm der Kinder verliert, die nicht nur gezwungen sind, sie zu ignorieren, sondern für sie ein ganzes Regiment von Rivalen ausmachen, die zwischen ihr und der Lehrerin stehen, ihrem einzigen sicheren Zufluchtsort. Die tiefen Verwirrungen ihres Lebens steigen ihr in den Kopf – und gibt es eine bessere Stelle, an die sie sich wenden kann, als die Lehrerin? Sie tut es auf indirekte Art. Sie läuft durch das Klassenzimmer und umarmt den Jungen, den sie am liebsten mag und pufft ihn dann in die Seite und schreit die Lehrerin an, die inzwischen auch sie anschreit: »Hast du einen Freund? Liegt er auf dich drauf? Kommen Babys wirklich aus der … aus der …« – sie will das magische Wort sagen … und sagt es – »Fotze.« Es beschwört eine ganze Welt an Macht und Hitze und Verwirrung. Es ist offensichtlich mächtig: es reißt die Erwachsenen von den Stühlen. Doch Vergnügen, Fruchtbarkeit und Gewalttätigkeit sind hier alle durcheinander, und sie will sie voll Verzweiflung sortieren. Und dann ist da ihr neuer Vati und das, was er mit ihrer Mutti getan hat. Und da ist der bald ankommende Rivale.

All das sind die Tatsachen ihres Lebens. Wenn wir sagen, sie gehören nicht in einen Schulraum, sagen wir, Maxine gehört nicht in einen Schulraum. Wenn wir sagen, sie müsse noch warten, dann müssen wir auch sagen, wie lange, denn das nächste Klassenzimmer wird genau so sein, wie dieses, und das übernächste ebenso.

»Ich habe einen neuen Vati. Er liebt mich genauso sehr, wie mein alter Vati. Glaubst du das?«

Sie war zu lebhaft – und zu verzweifelt – als dass sie das alles hätte unterdrücken können. Und so kam es unvermeidlich zu Zusammenstößen mit ihren Lehrern. Nehmen wir einmal an, es waren gute Lehrer. Unter den Bedingungen, die an öffentlichen Schulen herrschen, konnten sie unmöglich auf ihre Bedürfnisse eingehen. Auch konnten sie mit ihrem eigenen Benehmen nicht klarmachen, dass die Disziplin, die sie verlangten, ihre Loyalität zu vernünftigen Grundsätzen reflektierte. Im Gegenteil, es war nur allzu offensichtlich, dass sie mit der Annahme ihrer Jobs ihre Integrität aufgegeben hatten, denn in Wahrheit konnten sie nicht moralische Urteile fällen und sich daran halten. Übrig blieb nur der nackte Willenskonflikt, und Maxine steuerte mit vollen Segeln in diesen Konflikt. Sie zahlte einen hohen Preis. Zwei Aspekte ihres Verhaltens dienten jedoch ausschließlich ihrem Selbstschutz. Einmal gab sie ihre tierhaften und psychischen Bedürfnisse nicht auf (so wenig wie ihre skeptische Beurteilung der Erwachsenen); zum andern steuerte sie beharrlich auf die Art von Begegnung zu, die zu einer echten Beziehung führt. Kurzum, sie stellte ihr Leben genau in den Mittelpunkt ihrer Beziehungen zu Erwachsenen.

Was ist denn an einem Lehrplan so kostbar (den sowieso niemand absorbieren kann), oder an einem ausgeklügelten Stundenplan (der Langeweile auf Versagen, Versagen auf Langeweile häuft), dass diese Dinge über die tatsächlichen Bedürfnisse des Kindes gestellt werden?

In einer kleinen Klasse in einer kleinen Schule kann man auf Maxines Bedürfnisse eingehen. Und ein Lehrer, der zu einer echten Auseinandersetzung fähig ist, wird durch fundamentale Fragen nicht in solch erniedrigende Verlegenheit gestürzt. Welche schmerzlichen und idiotischen Geheimnisse, welche falschen Vorstellungen und hässlichen Ideen bilden sich in den Köpfen von Kindern, weil Erwachsene so ohne jedes Rückgrat all jene angenehmen Dinge verleugnen, die ihr eigenes Leben intensivieren oder sie umgekehrt über ihre Mängel jammernd und klagend zum Psychoanalytiker gehen lassen!

Maxines Bedürfnis, mehr über Sex zu erfahren, war echt. Sie stellte echte Fragen und bekam echte Antworten, Antworten, die sie ermutigten und ihr halfen, Sex aus der Alptraum-Welt herauszunehmen und unter andere, ganz gewöhnliche, wenn auch nicht immer so angenehme menschliche Realitäten einzuordnen. Wichtiger noch als die Antworten der Lehrer war Maxines Freiheit zu provozieren und mit den Jungen zu spielen, denn sie riskierte immer etwas Extremes, das, eben weil sie es riskierte, die Welt der Fantasie verließ und die ermutigenden Formen der Realität annahm. Die Einschränkungen, die wir dabei machten, werden später noch deutlich werden. Manchmal mussten wir sie zügeln, manchmal beschützen. Doch die Freiheit, die sie erfuhr, war erheblich.

Maxine war in der First-Street nicht leichter zu behandeln als vorher in der öffentlichen Schule. Sie war schwierig. Der Unterschied war der: indem wir ihre Bedürfnisse eben als Bedürfnisse akzeptierten, verringerten wir sie; indem wir ihre Kräfte in all ihrer Einmaligkeit unterstützten, gaben wir ihnen die Möglichkeit zu wachsen. So schwierig das war, so war es doch äußerst lohnend. Am Ende des Jahres hatte sich Maxine spektakulär geändert, vor allem im Hinblick auf ein Problem, das vielleicht noch wichtiger war, als ihre sexuelle Verwirrung. Es war das Problem ihrer Beziehungen zu Gleichaltrigen. Auch hier wieder lag der Schlüssel zum korrekten Handeln in ihrem eigenen rebellischen Benehmen. Es musste doch etwas dahinter stecken, wenn sie während des Unterrichts anfing unruhig zu werden, zu schreien, andere zu reizen. Vielleicht hatte sie genug. Gut. Es stand ihr frei, den Unterricht fallen zu lassen, den Raum zu verlassen. Vielleicht war ihr Gefühl der Unsicherheit übergroß geworden. Oft sagte sie: »Ich geh rauf zu Gloria.« Die Antwort war positiv: »Aber bitte.«

Und das bringt uns zu der Frage der Gruppeneinteilung zurück. Maxine war Susan zugeteilt worden. Sie revidierte das, wenn es für sie notwendig wurde. Ihre Gründe waren ausgezeichnet. Gloria war die wärmste und mütterlichste aller Lehrkräfte. Ihre Kinder waren die jüngsten in der Schule. Unter ihnen konnte sich Maxine entspannen und dem Kleinkind, das immer noch in ihr war, freien Lauf lassen. Sie war wie ausgetauscht in dieser Gruppe, bereit zur Mitarbeit, sogar zärtlich. Der kleinen fünfeinhalbjährigen Laura gegenüber war sie besonders gutmütig und behandelte sie mit einer Rücksichtnahme, die wir nicht für möglich gehalten hätten. Doch dann stieg auf einmal Langeweile in ihr hoch. Was trieben jetzt ihre echten Klassenkameraden? Was hatten sie vor? Sie ging zurück zu Susans Gruppe, und vertiefte sich einige Minuten lang, zehn bis fünfzehn vielleicht, in ein Buch oder eine Mathematik-Aufgabe. Das sieht vielleicht nicht nach einer großen Anstrengung aus – ganze fünfzehn Minuten an Konzentration. Doch diese Minuten waren so viel wert wie Stunden passiven Zuhörens und Jahre rebellischen Konflikts. Am Ende des Jahres war Maxine im Lesen ihrem Alter drei Jahre voraus. Was nichts anderes heißt, als dass sie zum ersten Mal in ihrem Leben die Intelligenz einsetzte, die ihr so offensichtlich zuzeigen war.

Wir hätten für Maxine keine günstigere Einteilung finden können als die, die sie sich selber schuf, indem sie einfach ihrem Verlangen nachgab. Doch das wäre nicht geschehen, wenn wir Lehrer nicht vorher schon überzeugt gewesen wären, dass die Wünsche von Kindern ihren tatsächlichen Bedürfnissen nahe kommen.

Das andere Kind, das sich selbst einstufte, war Vicente, ein sehr kleiner, übernervöser, intelligenter neunjähriger Puerto-Ricaner. Auch er hatte große Schwierigkeiten mit Gleichaltrigen. Er war sogar noch infantiler als Maxine, und sein Familienleben war voller ernster Probleme, wie ihres. Er war das Produkt einer Liebesaffäre, die sich während eines langen, später dann beigelegten Bruchs in der Familie abgespielt hatte. Jetzt verhätschelte und misshandelte ihn seine Mutter abwechselnd, und die Sache mit zwei Vätern verwirrte ihn schrecklich. Er war ein attraktives Kind, mit Kraushaar und Stupsnase und einer herrlichen Koordination. Als er neu zu uns kam, war er gewalttätig und ängstlich. Er konnte nicht an Spielen teilnehmen, auch nicht am Singen oder Tanzen, er konnte überhaupt nicht mit anderen Kindern spielen. Er hielt es im Unterricht nicht aus, und an der öffentlichen Schule hatte man ihm mit dem Rauswurf gedroht. Er war so verängstigt und nervös, dass er dauernd die Stirn runzelte, und er sprach nie mit normaler Stimme, sondern kreischte oder schrie. Auch ging er kaum mal im Schritt, er lief dauernd; und das Bild, das mir von Vicente am stärksten in der Erinnerung geblieben ist, zeigt ihn, wie er die Treppen zur Turnhalle hinunter rennt, mit den glänzenden Augen eines Eichhörnchens, den Mund weit offen, aus Leibeskräften schreiend.

Aufgrund seines Alters und seiner offensichtlichen Intelligenz wurde er Susans Gruppe zugeteilt. Doch die Kinder in dieser Gruppe waren fähig, mitzuarbeiten, er war es nicht. Sie waren fähig, eine Beziehung zu ihrer Lehrerin herzustellen, er war es nicht – es sei denn auf dem Umweg über einen kindlichen Wutausbruch. Niemand wusste besser als er, wann der Druck übergroß wurde, und niemand wusste besser als er, was er dann als nächstes tun sollte. Wie Maxine ging er zu Glorias Gruppe, und wie sie fand auch er unter den fünf- und sechsjährigen Kindern verhältnismäßige Friedfertigkeit. Und auch er befreundete sich mit der sanften Laura. Es klingt vielleicht komisch, wenn man ein fünfeinhalbjähriges Mädchen »empfänglich« nennt, doch genau das war sie. Sie war sanftmütig und warm, und diese Eigenschaften teilten sich anderen Kindern mit. Ihre Schüchternheit drängte sie nicht in den Hintergrund, sie ging vielmehr aus sich heraus, leicht errötend, bereit zu lächeln, sie blickte einen gleichzeitig abschätzend und bittend an.

Doch damit waren Vicentes Besuche nicht beendet. Kindisch wie er war, zwang er sich mit aller Gewalt dazu, als kleiner Mann aufzutreten, und er war verzweifelt darum bemüht, von den älteren Jungen akzeptiert zu werden. Während Glorias Gruppe eine Oase für ihn war, waren

26

Mabels Gruppe und meine eigene die Zukunft – eine Zukunft, die Vicente mit wirklich bewundernswerter Entschlossenheit und mit viel Mut zur Gegenwart machte.

Und so »gehörte« er allen drei Gruppen an. Jede gab ihm etwas, das er brauchte. Und es kann sein, dass ihm die Kinder in diesen Gruppen viel mehr gaben, als die Lehrer. Seine Fortschritte waren wie die Maxines spektakulär. Das soll nicht heißen, dass er aufhörte zu kreischen, aber zusätzlich dazu fing er nun auch an zu reden. Gegen Ende des Jahres konnte man ihn ruhig neben einem Lehrer sitzen und aus einem Buch lesen sehen. Er lernte zu spielen und an Spielen teilzunehmen und zu warten, bis er an der Reihe war, und Loyalität für seine Mannschaftskameraden zu zeigen. Er lernte, sich mit seinem eigenen Versagen auseinanderzusetzen und einigen wenigen Erwachsenen zu vertrauen. Solche Dinge formen schließlich den Hintergrund, auf dem das Lernerlebnis möglich ist. Indem wir Vicentes Wachstum unterstützten, ermöglichten wir ihm das Lernen. Hätten wir einfach versucht, ihm etwas beizubringen, würde er heute noch Spielzeug an die Wand schleudern und andere Kinder schlagen.

Dass sich Vicente und Maxine eine solche Fülle an Erfahrungen bot, ging darauf zurück, dass unsere Schule so klein war und dass jeder Schüler eine direkte Beziehung zu seinem Lehrer herstellen konnte. Und natürlich auch auf die Art von Freiheit, die wir boten. Aber lassen Sie mich das Wort »Freiheit« durch genauere Begriffe ersetzen:

1. Wir vertrauten darauf, dass eine echte organische Verbindung zwischen den Wünschen der Kinder und ihren tatsächlichen Bedürfnissen bestand.
2. Wir gingen auf ihre Wünsche ein (aber ganz gewiss nicht auf alle) und ermunterten sie damit, mit ihrem kindlichen Verlangen Entscheidungen zu treffen.

Es mag manchen Leuten seltsam vorkommen, von einer Fülle von Erfahrungen zu sprechen, wo wir doch nur dreiundzwanzig Kinder und fast gar keine pädagogischen Hilfsmittel hatten. Und doch trifft diese Behauptung genau zu. Die riesige Schule bietet keine Vielfalt an Erfahrungen. Sie schafft Anonymität und Ängste und eine unpersönliche Qualität des Zeigens und Ansehens. Es ist für die Kinder wie ein Bummel durchs Kaufhaus, wo sie tausend Dinge ansehen, aber nichts berühren dürfen. Bei dreiundzwanzig Kindern und unter den Bedingungen von Freiheit und Respekt gibt es in der Tat eine reiche Fülle an Erfahrungen. Es sind Erfahrungen, die in die Tiefe gehen und entscheidende Veränderungen bewirken.

Doch wie kann ein Lehrer ohne die üblichen disziplinarischen Maßnahmen die Ordnung in seinem Klassenzimmer aufrechterhalten? Die Antwort lautet: Er tut es nicht. Er sollte es auch gar nicht tun. Was wir in diesem Zusammenhang Ordnung nennen, verdient diesen Namen überhaupt nicht; es ist keine klare Beziehung von Teilen zu einem Ganzen, sondern eine einfache Unterdrückung von ganz wesentlichen Unterschieden. Und die Abschaffung dieser Unterdrückung führt auch nicht zum Chaos, sondern zu einem zyklischen Wechsel von Individual- und Gruppeninteressen, von denen die ersteren lärmend sind (wenn auch selten irrational) und die letzteren ruhig. Nicht dass es nie echte Krisen gibt oder wichtige Weigerungen von seiten der Kinder; doch für die alltäglichsten Formen der Aufsässigkeit trifft diese Beobachtung zu. Das Prinzip wahrer Ordnung liegt bei den Personen selbst. Die üblichen Klagen von Lehrern gehen dahin, dass die Kinder untereinander reden und dem Lehrer keine Beachtung schenken; dass sie die Aufmerksamkeit der anderen stören; dass sie auf dem Lehrer herumhacken und seine Bemühungen sabotieren; dass sie sich um irgendeinen Gegenstand streiten, einen Bleistift, ein Buch, Süßigkeiten. In überfüllten Klassenzimmern sind solche Dinge und die ewigen Bemühungen, sie zu unterdrücken, unendlich störend. Selbst in kleineren Klassenzimmern können sie sehr schwierig sein, wenn der Lehrer sehr viel Wert auf formelle Disziplin legt.

Hier sind einige Vorfälle, die sich in der First-Street abspielten.

Dolores, neun Jahre, und Eléna, zehn Jahre, beides Puerto-Ricanerinnen, beginnen während der Rechenstunde miteinander zu reden und kümmern sich nicht um Susan, ihre Lehrerin. Um die Sache noch schlimmer zu machen, fangen einige der anderen Kinder an, ihnen zuzuhören. Anstatt jedoch die Klasse zur Ordnung zu ermahnen, spitzt Susan auch die Ohren. Eléna spricht von ihrer älteren Schwester, die achtzehn ist. Ihre Mutter hatte ein Voodoo-Zaubermittel gekauft, und es war gestohlen worden. Dodie, ein neunjähriges Negermädchen, mischt sich in die Unterhaltung ein und sagt leise: »Voodoo! So'n Blödsinn!« »Was für ein Zaubermittel war es denn?« sagt Susan. »Gegen Männer!« sagt Eléna. Und jetzt fängt die ganze Klasse an, darüber zu diskutieren. Rudella, ein neunjähriges Negermädchen, sagt in ihrer breiten langsamen Redeweise: »Ach was. Die hat's bestimmt selber gestohlen. Ich kenn' einen, bei dem könnt' ich das Ding brauchen.« Susan stimmt Dodie zu, dass Voodoo wahrscheinlich nichts ausrichtet, »wenn es vielleicht auch eine psychologische Wirkung hat.« »Klar«, sagt Eléna, »es macht einem Angst«. Die Diskussion dauert zehn oder zwölf Minuten, und dann wenden sich alle wieder den Rechenaufgaben zu.

José fing bei unseren Lesestunden oft plötzlich an zu singen, oder er sprang auf und machte ein paar Tanzschritte. Das hatte nichts mit Überschwänglichkeit zu tun; es geschah unter einem Zwang und war hektisch. Aber es war sehr wichtig für ihn, dass er es tat. Die Anstrengung des Unterrichts weckte in ihm eine unerträgliche Beklemmung. Er musste das abreagieren und seine Körperkraft spüren, um sich zu versichern, dass er noch »ganz da« war.

Eléna und Maxine heulen und kreischen und stoßen und boxen, die eine mit den endlosen Beschimpfungen karibischer Wut, die andere mit der ganz offenen unbändigen Stimme New Yorker Bedrängnisse, Taxifahrer in einer Verkehrsstockung, Hausfrauen im Ausverkauf-Gedränge bei Klein's. Jede erhebt Anspruch auf einen roten Stofffetzen aus Kordsamt, das Gewand einer Königin in ihrem Schauspiel, seit vier Tagen geht das jetzt schon. Kinder wie Lehrer zeigen sich von ihrer Heftigkeit beeindruckt, und von der Frage der Gerechtigkeit, um die es hier offensichtlich geht, denn das Gewand kann nicht gut beiden gehören, wenn auch beide schreien: »Es gehört mir!« »Wo kommt es denn her?« ruft die Lehrerin. Eléna wiederholt: »Es gehört mir!«, doch Maxine, der jetzt die Tränen in den Augen stehen, schreit: »Meine Mutter hat's mir gegeben!« »Na schön, wir werden Maxines Mutter anrufen und sie fragen.« Sofort herrscht Stille, unterbrochen nur von Maxines Stimme, viel leiser jetzt, und sie deutet mit einem Finger auf Eléna: »Gleich wirst du's sehen.« Fünfzehn Kinder drängen sich um das Telefon, und dann ist die Konferenz beendet, als die Lehrerin aufsteht und verkündet: »Es gehört Maxine. Ihre Mutter hat es ihr gegeben.« Eléna rückt es heraus, und Maxine beschränkt sich in ihrem Triumph auf: »Siehst du! Ich hab' dir's ja gesagt.« All die anderen Gesichter haben jenen ernsten, fast stoischen kindlichen Ausdruck, der besagt: Wichtiges Problem endgültig erledigt.

Ich möchte immer wieder Rousseau zitieren: »... man soll nicht Zeit einsparen, sondern verlieren.« Hätte Susan die interessante Unterhaltung über Voodoo verboten, um Zeit zu sparen, hätte sie erstens mal ein dummes Disziplin-Problem zu lösen gehabt und zweitens (wenn es ihr gelungen wäre, die Kinder zum Schweigen zu bringen) hätte sie jenen schwelenden, gereizten Groll hervorgerufen, der Lehrern so gut vertraut ist, einen Groll, der die Ohren verstopft und die Augen verschleiert. Wieviel besser ist es da, ein bisschen abzuschweifen – oder auch mehr als nur ein bisschen – und dem freien Gedankenspiel der Erwachsenen und Kinder seinen lebhaften Lauf zu lassen! Die Vorteile können nicht hoch genug eingeschätzt werden. Die Kinder werden sich den Erwachsenen näher fühlen, werden sich sicherer fühlen, überzeugt, dass man sich um sie und ihre individuellen Probleme kümmert. Außerdem werden sie im eigenen Interesse positive Beziehungen zu der natürlichen Autorität der Erwachsenen suchen und finden, und das ist äußerst wünschenswert, denn natürliche Autorität ist etwas völlig anderes als rein willkürliche Autorität. Ihre Attribute liegen auf der Hand: Erwachsene sind größer, haben Erfahrung, besitzen mehr Worte, haben von vornherein Absprachen untereinander getroffen. Wenn all das einen positiven und nicht einen ausschließlich negativen Charakter annimmt, sehen Kinder die Erwachsenen als Beschützer und als Quellen für Gewissheit, Zustimmung, Neuerungen, Fähigkeiten. In der Tatsache, dass Erwachsene Absprachen untereinander getroffen haben, sehen Kinder intuitiv eine Bedeutung und ein Netz von Beziehungen in dem Leben, das sie umgibt. Wenn es auch ein wenig geheimnisvoll ist, so ist es doch auch eindrucksvoll und irgendwie attraktiv; sie sehen das ganz richtig als den Lauf der Welt, und sie sind seinen Vorteilen und Anforderungen gegenüber nicht gleichgültig.

Diese beiden Dinge zusammengenommen – die natürliche Autorität der Erwachsenen und die Bedürfnisse der Kinder – sind das große Reservoir der organischen Gliederung, die entsteht, wenn willkürliche Ordnungsbestimmungen abgeschafft werden.

Das Kind findet sich immer in naher Ferne, bewegt sich gewissermaßen darauf zu. Der Erwachsene ist sein Verbündeter, sein Modell und sein

Hindernis (denn es gibt auch natürliche Konflikte, und sie müssen zu ihrem Recht kommen). Vielleicht kann ich dem Leser eine Vorstellung von der Atmosphäre in der Schule geben, wenn ich einen einigermaßen typischen Morgen beschreibe. Mir geht es dabei um den Anfang des Schultages. (Vielleicht sollte ich damit beginnen, dass ich ehrlicher bin: Der Morgen, von dem ich spreche, war ungewöhnlich angenehm. Was daran typisch war, waren die Einfachheit der alltäglichen Aufgaben und die Tatsache, dass die Personen selbst im Großen und Ganzen die eigentliche Arbeit des Tages darstellten.) Dieser Schilderung möchte ich die erste Stunde in den öffentlichen Schulen gegenüberstellen, so wie sie Greene und Ryan in »The School Children« rekonstruieren. Ich habe dabei nicht die Absicht, die öffentlichen Schulen mit Kritik zu überhäufen, sondern zu zeigen, was es für die Kinder bedeutet, einmal am Anfang des Schultages mit institutionellen Pflichtübungen konfrontiert zu werden, und zum andern mit Personen, die sie bereits kennen und zu denen sie Vertrauen haben.

Hier ist der Anfang eines von der Institution geprägten Tages, beschrieben von Greene und Ryan:

»Genau mit dem Läuten betrete ich die 33 B. Das Trampeln von Füßen auf dem Gang. Ich ziehe das Fenster nach unten, lege einen Stoß Notizen und anderen Kram auf das Pult, schließe die hintere Tür auf – komme aber dann nicht mehr rechtzeitig nach vorne. Fußtritte, lautes Hämmern – die Tür geht krachend auf, als ich gerade wieder am Pult bin. Herein drängen Ricardo, Jesus, Marshall, Pablo.... Sobald alle Plätze besetzt sind, fangen wir an: Salut vor der Flagge, nochmaliges Durchgehen der Wochentage und Monate. Während ich die Anwesenheit überprüfe, beschäftigen sie sich mit Additionsaufgaben in ihren Rechenheften. ... Als nächstes kommen von zu Hause mitgebrachte Kritzeleien. ›Bringen Sie meinen Kleinen nicht immer zum Heulen, gez. M. Peraro.‹ Einige recht traurige Mitteilungen: ›Pedro konnte wegen Asthma nicht kommen. Wir waren drei Tage ohne Heizung, mussten vorübergehend zu meiner Schwester ziehen.‹ ... Die Tür ist aufgegangen, ein Schüler bringt eine Nachricht: ›Mr. Zang sagt, Sie sollen Unterrichtspläne runterschicken.‹ ›Sag Mr. Zang, ich habe übers Wochenende Bilderkarten fürs Alphabet gemacht. Ich hab die Pläne noch nicht fertig.‹ ... Arbeite mich durch den

Haufen Papiere, zum Geklapper und Getöse im Raum. Milchgeld, Anwesenheits-Prozente, Bücherzimmer, Bestell-Formular, Notizen des Elternbeirats, Turnhallen-Belegung, Essenskarten, Rotes Kreuz, Lehrerbankett, Gesundheitsatteste. Verworrene Fürsorge-Unterlagen Pedros ... (Rums. Noch ein Bote.) ›Mr. Zang sagt, Sie sollen dieses Bestell-Formular ausfüllen und die Gesundheitskarten heute morgen noch runterschicken und die hier auch.‹ (Rums. Knall.) Die Gesundheitskarten nehmen seit drei Wochen Zeit weg ... Diese hier haben noch ein zusätzliches vervielfältigtes Formular von Mr. Spane, dem Rektor der Schule, zum Thema ›Tägliche Überprüfung der Gesundheit und der äußeren Erscheinung‹, vom Lehrer auszufüllen (wieviele haben kein Taschentuch dabei, wieviele Ohren sind schmutzig usw.).

Ich bin beschäftigt, und so geht eine Prügelei los. Drei Minuten vergeben, bis die Streithähne getrennt sind, zwei weitere, bis die Ordnung wieder hergestellt ist, und die Klassenordner teilen eben phonetische Übungshefte aus, als plötzlich Mr. Spanes Morgenstimme die Luft erfüllt. Es ist Zeit für Bekanntmachungen. Ich muss mich in den Raum zwischen die Schüler stellen – sie schwätzen und lachen jetzt ganz offen, und sie tun das, solange Spane redet.

›Guten Morgen, Jungen und Mädchen! Hier spricht euer alter Freund und Rektor, Mr. Spane. Drum spitzt die Ohren, hört gut zu!‹ (Pause.) ›Nun, Mr. Spane hat einen Fehler gemacht, Jungen und Mädchen. Er hat seine Brille zuhause gelassen und übersehen, dass die erste Ankündigung für die Lehrer ist.‹ (Die Klasse macht jetzt lange Nasen und zweideutige Gesten in Richtung Lautsprecher. ›Was schwätzt denn der für'n Mist?‹) ›Also, Lehrer, spitzt die Ohren!‹ ... usw.«

Bei uns begann der Schultag damit, dass sich alles freundschaftlich in einem Raum einfand, wo Schüler und Lehrer sich immer noch den Schlaf aus den Augen rieben und Neuigkeiten vom Abend vorher austauschten. Gloria und Susan brachten oft Behälter mit Kaffee, und sie hatten jenes gewisse Etwas um die Augen, das man genauer inspiziert, um auf den Zustand der Seele zu schließen. Einige der Kinder kamen immer hungrig zur Schule, und sie nahmen sich die Sandwichs, die eigentlich das Mittagessen waren. Während sie die kauten, unterhielten sie sich mit den anderen Kindern oder balgten sich oder drängten sich um die Stühle der Lehrer und wiederholten Fernsehszenen vom Abend vorher oder erzählten Geschichten aus ihrer Familie und aus ihrer Nachbarschaft. Ich mochte diese morgendliche Geselligkeit sehr. Sie war liebenswürdig und freundlich, manchmal regelrecht herzlich. In der hier folgenden Schilderung werden nur ein paar Kinder erwähnt, doch ihre Zahl betrug bis zu dreiundzwanzig. Ich kann mich nicht erinnern, dass der Raum jemals überfüllt gewesen wäre. Sie rannten immer wieder hinaus, auf den Flur, ins danebenliegende Klassenzimmer. Der Abschnitt stammt aus meinem Tagebuch von den Vorfällen in der Schule.

Bevor morgens der Unterricht beginnt, sitzen wir gerne in dem vorderen Raum, während die Kinder ihre Mäntel aufhängen und sich begrüßen und miteinander reden. Tom Gomez hat eben Maxine abgeliefert und sitzt noch draußen in seinem kleinen Lastwagen, den er für sein Malergeschäft benützt. José und Eléna, die manchmal auch mit ihm fahren, stehen auf dem Fenstersims und öffnen das obere Fenster und rufen zu Tom hinunter, der sich vom Fahrersitz aus aus dem Fenster beugt. Ich ziehe ihn wegen all der Pannen vom letzten Freitag auf, als er uns half, die Kinder zu einem Picknick zu transportieren. Er grinst und ruft etwas zurück. Bei dem Lärm, der im Raum herrscht, kann ich ihn nicht verstehen, doch José, der ans Schreien gewöhnt ist, wiederholt es für mich. Ein paar Minuten danach setze ich mich, um eine Zigarette zu rauchen, und die fünfjährige Laura (fast sechs) kommt mit einer Rolle Kreppband zu mir herüber. »Sieh mal, was ich hab.« Sie rollt es ein Stück weit auf und bittet mich, es für sie abzureißen, und das tu ich auch. Sie sagt: »Wieso kannst du das abreißen und ich nicht?« Ich sage: »Weil ich schöne lange Fingernägel habe«, wobei ich den langen Daumennagel meine, den einzigen, an dem ich nie nage ... und ich ergreife ihre Hand und blicke auf ihre Fingernägel, die bis zum Fleisch abgenagt sind. Sie lacht und versteckt ihre Hände. Dann blicke ich auf ihre Zahnlücke und frage sie, ob die neuen Zähne schon unterwegs seien, und sie zuckt die Achseln und sagt: »Ich weiß nicht«, und legt ihre Finger auf einen anderen Schneidezahn und zeigt mir, wie er wackelt. »Siehst du?« Sie zeichnet ein Zifferblatt, fast korrekt, auf das Stück Kreppband und klebt es mir aufs Handgelenk wie eine Armbanduhr, ohne dabei etwas zu sagen. Gloria und ich wechseln ein paar Worte über den Ellison Roman, den sie mir ausgeliehen hat. Am andern Ende des Raumes ist Mabel dabei, die Mittagsbrote auszupacken, weil Julio Hunger hat. Sie hilft ihm dabei, ein Sandwich zu machen. Vicente bittet auch um ein Sandwich. Er kommt gewöhnlich ohne Frühstück zur Schule, weil seine Mutter arbeiten geht und die ältere Schwester, die dafür zuständig ist, kein Frühstück machen kann oder will. Stanley und Willard haben Mabel gefragt, ob sie einmal telefonieren dürfen, und sie sind jetzt am Telefon. Laura hat mich gebeten, noch einige Stücke Kreppband abzureißen. Auf eines davon zeichnet sie Kreise und hält es dann hoch und sagt: »Was ist das?« Ich sage, ich weiß es nicht, und sie verrät mir, dass es Erdnüsse sind. Gloria sagt, Susan sei krank zuhause geblieben, sie übernehme ihre Kinder. Eléna klagt, dass ihr niemand mit ihren Rechenaufgaben helfen werde. Ich sage ihr, dass Mabel oder ich ihr helfen werden. José gibt an und spielt den starken Mann. Er zielt mit der Faust auf meinen Kopf und sagt dabei: »Los Mann, du glaubst wohl, du seiest stark. Los, Mann«, und schon im nächsten Atemzug sagt er: »Los, George, heut haben wir den tollsten Unterricht auf der ganzen Welt.« Willard hat auf der Schreibmaschine herumgepfuscht. Ich lege ein Stück Papier für ihn ein und bleibe eine Weile neben ihm stehen. Dann bitte ich ihn um die Schreibmaschine, weil ich sie für den Unterricht mit José unbedingt brauche. Er gibt sie bereitwillig her, und ich verspreche sie ihm zurückzugeben, sobald wir sie nicht mehr brauchen.

Dieser gesellige Auftakt dauerte gewöhnlich etwa zwanzig Minuten und machte fast unmerklich den ersten Aktivitäten des Tages Platz.

Ich möchte noch einmal deutlich sagen, dass ich mit dem Vergleich unserer eigenen Methoden mit denen der öffentlichen Schulen nicht die Lehrer zu kritisieren versuche, die mit den institutionellen Bedingungen zu kämpfen haben und die so überlastet sind, dass sie an den Rand des Wahnsinns getrieben werden. Das niederschmetternde Fiasko sowohl der Lehrer als auch der Kinder gehört zu den Dingen, die in Greenes und Ryans äußerst anschaulichem Buch klargemacht werden. Es ist mein Standpunkt, dass die Vertrautheit und der kleine Rahmen unserer Schule überall nachgeahmt werden sollten, da sie allein den menschlichen Kontakt ermöglichen, der die Krankheiten zu heilen imstande ist, von denen wir seit zehn Jahren so viel reden.

Da heute »Mini-Schulen« im Gespräch sind (sie wurden am überzeugendsten von Paul Goodman und Dr. Elliott Shapiro gefordert), darf ich hier vielleicht erwähnen, dass wir genau das hatten – die erste Mini-

Schule. Es gibt andere Privatschulen, die so wie wir um Freiheit und organische Ordnung bemüht sind, vor allem die Fifteenth-Street-Schule hier
in der Stadt und die Collaberg-Schule und Lewis Waldhams an anderen
Orten des Staates New York. Die Kinder, die diese Schulen besuchen,
kommen jedoch fast ausschließlich aus mittelständischen oder intellektuellen Familien, denen die Prinzipien, an die wir uns hielten, aus Schriften von A. S. Neill, Wilhelm Reich, Paul Goodman und anderen bekannt
sind.[8] Unsere Schüler kamen aus der unmittelbaren Nachbarschaft der
Schule in der Lower East Side. Etwa die Hälfte der Familien lebte von der
Fürsorge. Die anderen waren zu arm, als dass sie Schulgeld hätten auf-
bringen können. So waren wir praktisch eine öffentliche Schule, offen für
jeden in der Nachbarschaft, der Lust hatte zu kommen. Dass wir kein
Schulgeld zu verlangen brauchten, wurde durch eine private Zuwendung
(keine Stiftung) möglich gemacht, von der wir zwei Jahre lang Miete, Ge-
hälter, Ausstattung, Mittagessen, Ausflüge usw. bezahlen konnten. Ohne
diese Zuwendung wären auch wir ausschließlich auf mittelständische Eltern angewiesen gewesen. Ich brauche kaum zu betonen, dass wir über
diese private Unterstützung glücklich waren. Wir lenkten nicht nur das
Leben einiger weniger Kinder in völlig neue Bahnen (und außerdem in
erheblichem Ausmaß auch das ihrer Eltern), sondern wir hatten dadurch
die Möglichkeit zu beobachten, wie sich eine freie Schule auf Kinder auswirkt, die normalerweise starker Manipulation und Kontrolle ausgeliefert sind, weil man sie üblicherweise als unterprivilegiert, kriminell, rebel-
lisch usw. einstuft.

Dass es zur Eröffnung der Schule kam, war fast ganz Mabels Verdienst,
obwohl Gloria ganz entscheidend dazu beitrug, Schüler anzuwerben und
den fürchterlichen Papierkrieg auszufechten, der schließlich zur Akkredi-
tierung führte. Wie jeder Papierkrieg so erforderte auch das Zähigkeit,
Geduld und Standhaftigkeit. Die anderen Probleme – vor allem das An-
werben von Kindern – verlangen direktes Zupacken, gehen ohne Amts-
schimmel vonstatten, man muss die Leute einfach ansprechen und sich
mit ihnen auseinandersetzen. Und so möchte ich hier ein wenig beschreiben, wie Mabel und Gloria vorgingen. Sie waren wunderbar feinfühlig
und direkt.

Mabel hatte vorher in der Collaberg-Schule gearbeitet und auch bei
Lesekursen in der Lower East Side mitgewirkt. Sie war vom Wert dessen

überzeugt, was A. S. Neill in seiner Summerhill-Schule in England demonstrierte, und sie wollte seine Methoden in einer völlig neuen Umgebung anwenden, nämlich unter den Armen der Großstadt. Sie hatte jedoch vor, eine »Straßenschule« zu gründen, weil sich für die Kinder New Yorks oft das ganze Gemeindeleben auf der Straße abspielt, in der sie wohnen. Nachdem sich Mabel für eine Gegend entschieden und die Räume aufgetrieben hatte, zog sie sofort dorthin und mietete eine Wohnung nur ein paar Häuser von der Schule entfernt. Als sie sich daran machte, Kinder und Eltern (das heißt: Mütter) kennen zu lernen, tat sie etwas, das so einfach ist, dass man es nur genial nennen kann. Sie ging an den heißen Sommertagen die Straßen auf und ab, da sie wusste, dass sie auf jeder zweiten Haustreppe ein Paar oder ein Trio oder eine ganze Gruppe kleiner Kinder finden würde, die nicht wussten, was sie mit sich anfangen sollten.

»Möchtet ihr an den Strand gehen?«

Mit diesem Satz begann sie die Rekrutierung. Sie verbrachte den Sommer damit, Kinder nach Coney Island und Rockaway zu bringen, und auch in Parks der näheren Umgebung. Die meisten der Kinder waren zu jung, als dass sie allein fortgehen konnten. Ihre Mütter arbeiteten und waren dankbar, dass jemand aushalf. Viele der Beziehungen, die auf jenen Ausflügen im Sommer geknüpft wurden, blieben bis über den Schulanfang hinaus erhalten.

Mabel und Gloria klopften an die Türen in der Umgebung und erklärten die wichtigsten Aspekte der Schule: dass die Klassen klein sein würden, dass jedem einzelnen sehr viel Aufmerksamkeit geschenkt werden würde, dass es nichts kosten würde, dass Kinder aller Rassen in ihr zu Hause sein würden, dass für ein Mittagessen gesorgt sein würde. Es wurden Handzettel auf Englisch und Spanisch gedruckt und an den Haustüren in der Nachbarschaft verteilt. Gemeindezentren in der Umgebung wurden befragt, wie auch mehrere Psychologen, die mit den öffentlichen Schulen zu tun hatten. All diese Bemühungen führten schließlich zum Erfolg. Die Schule öffnete mit einem Kern von neun Kindern, doch aus all den eben erwähnten Quellen kamen dauernd neue Schüler nach. Naturgemäß erhielten wir eine Anzahl von Kindern, mit denen man nicht zurechtgekommen war.

Die ersten paar Wochen waren in der Schule äußerst angenehm. Mit neun Kindern und vier Erwachsenen schien das wie eine Familienzusammenkunft oder ein Picknick oder vielleicht eine Art Clubhaus. Im Rahmen der erzieherischen Anstrengungen muss es für Lehrer wie für Schüler wohl ein außergewöhnlicher Luxus gewesen sein. In dieser Zeit nahmen viele der Gesichter unserer Kinder jenes begierige Glühen an, das wir gemeinhin mit der Kindheit in Verbindung bringen. Und wir machten uns sofort daran, Zeit zu verlieren. Ich will damit sagen, wir lernten die Kinder wirklich gut kennen, unterhielten uns ausführlich mit ihnen, nicht über schulische Themen, sondern einfach über das, was ihnen eben gerade durch den Kopf ging: Einzelheiten aus ihrem Familienleben, Vorfälle in der Nachbarschaft, persönliche Sorgen und persönliche Interessen. Und ich beschreibe dies natürlich vom Standpunkt eines Lehrers aus. Für das einzelne Kind war es wahrscheinlich wichtiger, dass es uns und die anderen Kinder kennen lernte. Sie spielten sehr viel miteinander, und wir machten viele Ausflüge. José Portillo war damals schon dabei, wie auch seine Schwester Eléna, und die Beziehung, die ich zu ihm herstellte, war für unsere späteren Leseübungen von entscheidender Bedeutung. Er war dreizehn Jahre alt, und nach fünf Jahren in den öffentlichen Schulen konnte er immer noch nicht lesen, obwohl seine Intelligenz durchaus normal war.

Wenn neue Kinder aufgenommen werden wollten, kamen sie zuerst ein paar Tage lang als Besucher, damit wir uns gegenseitig eintaxieren konnten. Wie sich dann herausstellte, nahmen wir alle auf, bis auf einen bemitleidenswerten kleinen Jungen, der offensichtlich einen Hirnschaden erlitten hatte und unter normalen Kindern nicht zurechtgekommen wäre. Wir praktizierten zwar nicht gerade eine Politik der offenen Tür, aber wir waren einfach zuversichtlich, dass wir Erfolg haben würden. Wir behielten damit bis auf eine Ausnahme in allen Fällen recht, und bei dieser einen Ausnahme machten wir einen schwerwiegenden Fehler, auf den ich später noch zurückkommen werde.

Nach drei Monaten hatten wir zwanzig Kinder, und die Schule war in vollem Betrieb. Ich war von Anfang an von einer Sache beeindruckt, die mich auch später immer wieder staunen ließ. Das war die Geschwindigkeit, mit der sich die Kinder die Beziehungen und Freiheiten zunutze machten, die wir ihnen boten. Alles in ihrer bisherigen Erfahrung mit der Institution Schule hatte sie darauf vorbereitet, sich auf Befehle von oben einzurichten, doch sie brauchten fast gar keine Zeit dazu, unsere Aufrichtigkeit auf die Probe zu stellen und mit dem Ausnützen ihrer neuen Möglichkeiten zu beginnen.

Ich arbeitete vormittags mit den älteren Jungen, gab José gesondert Unterricht, hielt eine lange Spielstunde in der Turnhalle, und wenn nachmittags ein Ausflug geplant war, nahm ich daran oft auch noch teil. Normalerweise blieb ich jedoch da, bis das Mittagessen vorbei war, und ging dann nach Hause. Wenn ich dann in meiner eigenen Küche saß und langsam den Kaffee trank, nach dem ich mich den ganzen Morgen gesehnt hatte, dann schrieb ich, während der Lärm in meinen Ohren langsam abklang, all das in ein Tagebuch, was mich an diesem Tag in der Schule beeindruckt hatte. Gelegentlich erwähnte ich didaktische Dinge. Häufiger schrieb ich von den emotionalen Problemen, die für einige der Kinder das Lernen so sehr erschwerten. Meistens beschrieb ich jedoch einfach die Kinder in ihren Beziehungen zueinander und zu den Lehrern. Mein Hauptgrund dafür war natürlich persönlich: es war das, was mich interessierte. Außerdem ist es aber gerade dieser Aspekt der Schule, der in pädagogischen Schriften außer acht gelassen wird. Wir lesen von Statistiken und Prozentsätzen und werden belehrt, das Lernen sei das Ergebnis des Unterrichtens, was nicht stimmt und noch nie gestimmt hat. Wir hören von neuen Tendenzen im Lehrplan und in der Ausbildung der Lehrer, und von Entwicklungen auf dem Gebiet des programmierten Unterrichts – kurzum von allem, bloß nicht von dem einen wahren Objekt all dieser Aktivität: den Kindern selbst. Das ist der wahre Grund, weshalb trotz all dem enormen Aufwand an Geld und Anstrengungen so wenig Fortschritte erzielt worden sind. Unsere eigenen Erfahrungen gingen genau in die entgegengesetzte Richtung. Die Kinder wandten sich an uns als Personen, und wir reagierten als Personen. Die Schule war für uns keine ins Leben eingerückte Parenthese, sondern in Wirklichkeit ein intensivierter Teil des Lebens. Es war natürlich genau das, was die ganze Sache für die Lehrer so anstrengend machte. Aber es war auch genau dieser Punkt, dem wir all die guten Dinge verdankten, die sich abspielten.

Es soll hier erwähnt werden, dass Mabel, Gloria und ich alle in unmittelbarer Nähe der Schule wohnten. Susan wohnte zehn Minuten weiter weg in der West Village. Unsere Wohnungen wurden zu Anhängseln der Schule, vor allem Glorias und Mabels. Und die Kinder, die in der Nachbarschaft wohnten, freuten sich immer wieder, wenn sie uns auf der Straße begegneten. Wenn ich zum Einkaufen ging, kam ich oft an Michael Hastys Haus vorbei. Er war ein schlanker, übernervöser, äußerst ängstlicher kleiner Junge aus einer zerbrochenen Familie und einer Mischehe. Er rief meinen Namen, rannte von seinem Ballspiel weg und ging ein, zwei Häuserblocks lang neben mir her, oft von einem kleinen Spielgefährten begleitet, und plapperte aufgeregt. Auch José sah ich auf der Straße, und als es ihm in der Schule schlecht ging, kam er eine Zeitlang zu Leseübungen in meine Wohnung. Gloria hatte oft Besucher. Michael Hasty blieb schüchtern im Flur stehen und weigerte sich, hereinzukommen. Eléna, Josés Schwester, blieb gleich stundenlang da. Sie und Dolores fuhren gelegentlich auf die andere Seite Manhattans und besuchten Susan Goodman. Mabels Wohnung stand den Kindern stets offen. Sie war angefüllt mit Schulbüchern und Zeichenmaterial, und vor allem die jungen Mädchen gingen viel aus und ein. Manchmal kochten sie dort, und eine Zeitlang richtete eine Gruppe von ihnen dort unsere Mittagsbrote und packten sie ein und brachten sie zur Schule.

Bei dieser Kontinuität, bei diesem Vermischen unserer Leben waren die Themen des Klassenzimmers mit der Zeit als das zu erkennen, was sie wirklich sind: das Wissen von Erwachsenen. Außerdem hatten die Kinder Verbündete und Zufluchtsorte gefunden, und das ist auf den feindseligen Straßen New Yorks keine Kleinigkeit.

2

17. 12. 1964

Es hat mich überrascht, wie sich die Kinder miteinander identifiziert haben und zu einer Gruppe geworden sind. Beziehungen haben sich gebildet, wo ich sie nie erwartet hätte – der wilde Vicente (fast zehn) mit der kleinen Laura, die ruhig und gutmütig ist. Von allen hat sich während der letzten Wochen Vicente wahrscheinlich am stärksten verändert. Am Anfang hielt er sich aus allem raus, er saß beim Mittagessen allein und nahm nicht an den Spielen teil, es sei denn, um zu attackieren und zu zerstören. Er kreischt immer noch, doch die gewalttätigen Wutausbrüche und groben Angriffe auf die anderen Kinder haben nachgelassen. Er ist dabei, eine gewisse Beziehung zu mir herzustellen, außerdem zu José und Kenzo. Er fängt an, in der Turnhalle ein bisschen mitzumachen und wenigstens ein ganz klein wenig Interesse am Unterricht zu zeigen. Wie die anderen puerto-ricanischen Jungen ist auch er unterentwickelt und scheint recht kindisch für sein Alter. Gleichzeitig versucht er jedoch, sich härter und klüger zu geben, als er überhaupt sein kann. Er hat keinen echten Abwehrmechanismus. Immer wenn er auf irgendeine Weise versagt, ist das für ihn ein qualvolles Erlebnis – und das kommt bei ihm sehr häufig vor.

José, der sich am Anfang bestenfalls fünf Minuten lang konzentrieren konnte, sitzt jetzt bei Lese- und Konversationsübungen mit mir bis zu einer Stunde lang still. Seine Konzentration bricht immer noch in fast panischer Verwirrung zusammen. Seine Augenlider fangen dann an zu flattern, er blickt mit krampfartigen kleinen Kopfbewegungen um sich, sieht nichts, fängt an wild zu raten. Mit diesem blinden Raten will er mir fast immer zu verstehen geben, dass das neue Wort in Wirklichkeit zu den Wörtern gehört, die er bereits kennt, so als wolle er mir sagen, dass er tatsächlich etwas weiß. Da sowohl er als auch Vicente daran gewöhnt sind, bei Prüfungen und Wettbewerben ständig gedemütigt zu werden, kann noch keiner von ihnen so richtig daran glauben, dass gar keine Leistung von ihm erwartet wird. José spricht jedoch auf Ermunterung an. Im Innern vergleicht er sich dauernd mit anderen. Richtiger ausgedrückt: er ist ganz einfach davon überzeugt, dass er dumm ist und ewig ein Versager bleiben wird. Doch er fängt an zu verstehen, dass wir hier keine Zeugnisse verteilen und dass sein Unterricht tatsächlich nur für ihn da ist.

José ist seltsamerweise viel zugänglicher als Kenzo, der für einen Neunjährigen sowohl äußerlich groß als auch intelligent ist, doch er hat etwas von einem Hipster an sich.

Wir spielen in letzter Zeit ein ausgezeichnetes Spiel in der Turnhalle. Ich mache die Lichter aus. Die Fenster haben wir verdunkelt, so dass es in der Turnhalle stockfinster wird. Vicente und José laufen weg und verstecken sich, und ich suche sie dann in der Dunkelheit. Diese beiden, die sonst so abgebrüht tun, halten sich immer an den Händen, sobald die Lichter ausgehen; und sobald ich mich ihnen im Dunkeln nähere, fangen sie an zu giksen und winseln, halb aus Angst, halb aus Freude, wie Fünfjährige. Wir spielten das an mehreren Tagen, manchmal mit Variationen: Wenn ich einen von ihnen fing, musste er mir helfen, den anderen zu suchen. Als ich Vicente erwischte, umklammerte er meine Hand und sagte: »Halt mich an der Hand! Halt mich an der Hand!« Dodie und Rudella, die neunjährigen Negermädchen, spielten einmal mit. Dodie war sehr lebhaft und flink und riskierte es, im Dunkeln umherzurennen, doch als ich einmal in ihre Nähe kam, als sie nicht damit gerechnet hatte, bekam sie es mit der Angst zu tun und schrie: »Oh Mama!«, bevor sie sich wieder gefasst hatte und davonlief. Rudella legte es darauf an, sofort gefangen zu werden. Dann hängte sie sich an mich, hielt sich an meinem Pullover oder an meiner Hand fest. Letztes Mal machte ein ganzer Haufen an dem Spiel mit: Eléna, Dodie, Rudella, Maxine, José, Vicente, Kenzo – vorübergehend sogar die kleine Laura. Ich hatte Papierscheiben ausgeschnitten, die in der Dunkelheit glühten, und jeder hatte eine bei sich, so dass überall Irrlichter herumschwebten. ich hatte geglaubt, diese Scheiben würden vielleicht dafür sorgen, dass es keine Zusammenstöße gab, doch das Spiel war so entsetzlich aufregend und es gab ein solches Durcheinander, dass es bald zwei Zusammenstöße gab – Vicente und Laura rannten mit den Köpfen gegeneinander, und Eléna gegen die Wand, wobei sie sich eine blutige Lippe holte.

22. 12. 1964

Ich wollte mit José und Vicente ausgehen, um sie auf der Straße lesen zu lassen – Firmennamen, Straßenschilder usw. Kenzo machte ein solches Theater, dass ich ihn gegen besseres Wissen auch mitnahm. Er liest besser als die beiden, und sie können Konkurrenz nicht ausstehen. Ich stellte die strikte Regel auf, dass jeder nur lesen dürfe, wenn er an der Reihe sei, sonst würde Kenzo (das wusste ich) die ganze Zeit antworten. Kenzo las ein Schild – KLEMPNERMEISTER – nicht ohne Schwierigkeiten; und dann war José dran und konnte ZU VERMIETEN nicht entziffern. Kenzo schrie schadenfroh: »Ich weiß, was das heißt!« Ein paar Minuten später flüsterte er José und Vicente die »Antworten« zu, versuchte uns allesamt hereinzulegen. José und Vicente und auch ich wünschten von Herzen, er wäre nicht dabei.

23. 12. 1964

Wir gingen alle zur Wollman-Eisbahn im Central Park, um dort Schlittschuh zu laufen.

Als wir aus der Schule traten, gingen Susan, Mabel und ich mit den Jüngeren, die keineswegs alle in einer Gruppe blieben, und die älteren Jungen liefen auf eigene Faust zur Bushaltestelle los. Im Bus setzten sich die Kleinen zusammen nach hinten, doch José, Vicente und Julio (als Gast, ein zwölfjähriger Puerto-Ricaner) setzten sich in die Mitte des Busses, auf beide Seiten des Ganges. Sie waren laut und aufgeregt, machten sofort ihre Fenster weit auf und lehnten sich hinaus, und Vicente blies auf seiner Blockflöte den Autos und Lastwagen nach, mit schrillen Tönen, die fast das Trommelfell platzen ließen. Er gehorchte mir jedoch, als ich ihn bat, nicht aus dem Fenster zu lehnen. Wir stiegen in der Sixtyfourth Street aus und gingen ein paar Häuserblocks die Madison Avenue hinauf, bevor wir zum Park abbogen. Die Kinder waren sichtbar von all den Zeichen des Wohlstandes berührt, den vornehmen Geschäften und den gleichgültigen, gut angezogenen Passanten. Sie wurden ganz besonders laut und vulgär – es hagelte »Arschficker« und »Scheißkopf« in alle Richtungen – und über ihre roten, fiebrigen Gesichter kam jener glasige Blick, der anzeigt, dass die Welt nur noch aus verwischten Eindrücken besteht und dass sie sehr wenig davon in sich aufnehmen. Doch ihre Reaktionen auf die Schaufensterauslagen waren recht nachdrücklich, sie verwandelten die hohe Vulgarität der Madison Avenue in eine niedere Vulgarität. Mir gefallen zwar beide nicht, doch ich muss sagen, dass mir letztere lieber ist. Da war eine Schaufensterpuppe in schwarzen Höschen und Büstenhalter, und José rief sogleich »Muschi!« und streckte die Hand aus. Er zeigte seine Begeisterung für Sex und seine Verachtung für die Auslage im Schaufenster, keine schlechte Kombination. Die Schaufensterpuppe selbst, mit ihrem unbehaarten Unterleib und der widerlichen Koketterie zeigte eine Verachtung des Körperlichen, spekulierte aber mit ihrer Geziertheit gleichzeitig auf die haltloseste Lüsternheit. Der ganze Wohlstand dieser Straße ist derselbe, der diesen Kindern abends auf dem Fernsehschirm gegenübertritt. Sie werden von den Fantasiegebilden ihrer Wohnzimmer in die Wirklichkeit des helllichten Tages gestoßen, die ihnen sagt, dass sie keine Chance haben.

Wir liefen etwa zwei Stunden lang Schlittschuh. Mabel bewegte sich wie gewöhnlich ohne Begeisterung und schien gelegentlich recht ungeschickt. Doch als ich sie fragte, ob sie etwas Schwierigeres tun könne, grinste sie und sagte: »Sicher«, und fuhr einen eleganten Rückwärtsbogen und kam zu einem plötzlichen Stopp auf den Zehenspitzen. Sie warf mir einen triumphierenden Blick zu, den Buster Keaton bewundert hätte: er drückte absolut gar nichts aus. Dann machte sie weiter wie vorher und schien wieder ungeschickt.

All die Kinder wollten, dass man neben ihnen her fuhr und sie an den Händen hielt. Maxine schuf sich wie üblich eine Anzahl freundlicher Feinde, indem sie die Regeln missachtete, jenseits der Abschrankungen fuhr usw. Doch es war nicht so schlimm wie beim letzten Mal; und ich staune immer wieder darüber, wie es uns Erwachsenen gelingt, uns mit unseren Regeln und Anordnungen zu langweilen, und wie wir sofort aufmerken, wenn jemand daherkommt, der vernünftig genug ist, sie zu brechen.

Kenzo stieß an der Eisbahn zu uns, da er in der Nähe wohnt. Er ist Amerikaner japanischer Abstammung, sieht sehr gut aus und ist immer sehr zuvorkommend. Er scheint ein Wunschbild von sich zu haben, das sich zu gleichen Teilen aus James Bond und einem Jazzmusiker zusammensetzt. Hinter der Selbstgefälligkeit, die er an den Tag legt, verbirgt sich eine ganze Menge Einsamkeit und Beklemmung. Er erlaubt es sich selten, wie ein Neunjähriger aufzutreten.

Er tat sich mit einigen fremden Jungen zusammen, weißen Jungen in Ferien, und ergriff Partei gegen seine puerto-ricanischen Klassenkameraden. Er wollte Geld nicht nur für sein eigenes Mittagessen, sondern um auch seinen neuen Freunden etwas kaufen zu können. Ich gab ihm Geld fürs Mittagessen. Nach dem Schlittschuhlaufen stieg er mit seinen neuen Freunden auf einen kleinen Hügel, um uns mit Schneebällen zu bombardieren, während wir durch den Park gingen.

Während wir durch die Stadt zur U-Bahn-Station in der Lexington Avenue gingen, wurden José, Vicente und Julio richtig bösartig; sie warfen den gut angezogenen Leuten Beleidigungen an den Kopf, rüttelten an den Abfallkörben, stellten sich Autos und Taxis in den Weg. Sie wurden etwas ruhiger, als wir wieder in der East Side waren, doch anschließend in der Schule gerieten sie erst richtig in Zorn (mit Ausnahme Josés), warfen Spielzeuge durch die Gegend und drangsalierten die Jüngeren. Das erreichte einen Höhepunkt, als Julio auf boshafte Art Laura einen Football in den Bauch rammte. Ich stieß ihn ziemlich grob aus dem Raum und schüttelte ihn und sagte, so etwas könnten wir auf gar keinen Fall erlauben. Als ich zurückkam, versetzte gerade Vicente laut schreiend einem anderen der jüngeren Kinder einen Hieb, und ich stieß auch ihn aus dem Raum und sagte ihm, er solle eine Weile allein hier draußen sitzen bleiben und abkühlen. Inzwischen waren alle Lehrer angekommen, und so lief ich selber aus dem Raum und aus der Schule und in das Feinkostgeschäft an der Ecke, um abzukühlen. Ich hatte die Nase voll von dieser abscheulichen Boshaftigkeit.

Und das Bemerkenswerte an der Sache ist natürlich nicht, dass sie so oft boshaft sind – sie sind schrecklichen Entbehrungen ausgesetzt, und die aus Klassenfeindlichkeit und Rassismus geborene Boshaftigkeit, deren Ziel sie sind, übersteigt ihre eigenen Hassgefühle, sondern dass sie manchmal sanftmütig und zärtlich sind. Ich weiß aber trotzdem keine bessere Methode, als meine Gefühle zu zeigen, so wie sie sind. Ich kann auf meine Fairness bauen und sie darauf, dass ich sie nicht schlagen werde. Und so müssen sie sich eben mit meinen Gefühlen auseinandersetzen, so wie ich mich mit ihren. Ich trank meinen Kaffee aus und ging zurück.

Der Tag endete mit einer ganz und gar fürchterlichen »Party« im Auditorium; ich spielte dabei Rock 'n' Roll auf dem Klavier und versuchte, eine »Reise nach Jerusalem« auf die Beine zu stellen. José und Julio steckten den Stecker der Musikbox wieder ein, den ich herausgezogen hatte, Maxine hörte nicht auf am Bühnenvorhang zu zerren, Vicente tanzte auf dem Klavier herum, rannte dann hinter die Kulissen und machte so lange am Lautsprecher herum, bis er kaputt war – ein Lärmen und Kreischen und Getöse, das den stärksten Mann umwerfen musste – und mitten in diese Szene kam Jimmy Mosley hereingeschneit und suchte nach Mabel. Ich sagte: »Jimmy, wir spielen Reise nach Jerusalem, setz dich doch auf einen Stuhl.« Er sagte: »Schade, dass du jetzt dein Gesicht nicht sehen kannst, George.«

Später wurde mir klar, was für ein Fehler es gewesen war, zu versuchen, dieses spezielle Spiel in diesem speziellen Raum zu organisieren, in dem es von aufregenden Apparaten und Vorrichtungen wimmelte. Außerdem sind es gerade die Kinder, die es so schwierig finden, ihrer eigenen Erregung ein Gefüge zu geben. Das zeigt sich immer wieder bei den Leseübungen mit José. Die bloße Erregung, wenn er etwas versteht – wenn sich eine ganze Form zusammenfügt – ist zuviel für ihn. Gewohnheitsmäßig schaffe ich seiner Erregung Bahn und helfe ihm, sie zu gliedern, wenn sie aus ihm bricht. Warum hatte ich an die Reise nach Jerusalem gedacht? Ich weiß. Vor Jahren, als ich noch mit schwer gestörten Kindern in der Forum-Schule arbeitete, hatte ich dieses Spiel öfters therapeutisch eingesetzt. Und daran hatte ich heute gedacht. offensichtlich war ich selbst derjenige, den ich zu beruhigen versucht hatte.

4. 1. 1965

Die Weihnachtsferien sind vorbei, alle haben einen leichten Schleier über den Augen, die Beziehungen sind für einen zu langen Zeitraum unterbrochen worden.

Mabel sagte, sie habe von Maxine eine fürchterliche Geschichte gehört – dass nämlich bei Eléna und José (meinen Lieblingsschülern) ein Feuer ausgebrochen sei und dass José mit lebensgefährlichen Verbrennungen im Krankenhaus liege. Ich fand Maxine und fragte sie, was sie gehört habe.

»Bei denen hat's gebrannt. José ist im Krankenhaus. Er ist ganz arg verbrannt. Er stirbt vielleicht. Weißt du was? Jerry Lewis ist in meinem Haus gewesen. Ganz ehrlich. Glaubst du das nicht? Er bleibt nicht die ganze Zeit da, aber er kommt jetzt jeden Tag für ein Weilchen. Weißt du nicht, wer Jerry Lewis ist?« Ich fragte sie, wo sie die Geschichte von José und Eléna gehört habe, und sie sagte, ihr Vater habe es ihr erzählt. Sie war offensichtlich zum Lügen aufgelegt, aber ich wusste nicht, ob ich ihr glauben konnte oder nicht. Es gibt sehr viele Feuer in dieser Gegend. Außerdem war es schon spät, und weder José noch Eléna, denen beiden die Schule Spaß macht, waren erschienen.

Mabel und ich nahmen Julio und gingen hinüber zur Avenue A, um der Geschichte selber auf den Grund zu gehen. Wir trafen Mrs. Portillo im Hausflur, und sie ging mit uns nach oben. Als sie die Tür aufmachte, sah ich José aus einem Klappbett springen, nur in Unterhosen. Eléna hastete im Unterrock im Zimmer herum. Mrs. Portillo ging hinein und machte die Tür zu, und wir warteten im Gang, bis sie das Bett weggeräumt und sich angezogen hatten.

Eléna und José freuten sich, dass wir gekommen waren, um nach ihnen zu fragen. José hatte jetzt Hosen an, aber kein Hemd (es war sehr warm in dem Zimmer), und er setzte sich neben seine Mutter auf das Sofa. Eléna hatte eine Bluse angezogen, aber sie hatte den Rock über den Petticoats noch nicht zurechtgerückt. Sie grüßte Mabel fröhlich, schenkte mir aber nicht mal einen Blick, bis sie den Rock richtig angezogen hatte. Dann grinste sie und sagte, sie wolle zur Schule kommen, und streckte Katzenklauen nach mir aus. »Ich bring dich um, George«, spielte sie auf ihre Tiger-Imitationen bei unseren Versteckspielen im Dunkeln an. Sie saß auf einem Stuhl bei den Fenstern, an denen billige, aber recht attraktive blumige Vorhänge hingen. Das Zimmer war sauber und gut aufgeräumt. An der Wand hing ein religiöses Bild und daneben die kolorierte Fotografie eines gut aussehenden, etwas kindlich wirkenden puerto-ricanischen Mannes. An der gegenüberliegenden Wand zeigte eine andere kolorierte Fotografie eine ältere Frau in einem Krankenhausbett, und eine jüngere Frau, die daneben stand.

Elénas ältere Schwester, ein schlankes, attraktives Mädchen von achtzehn Jahren (sie sah jünger aus, wie all diese Kinder), saß mit untergezogenen Füßen auf dem Sofa auf der einen Seite von Mrs. Portillo. José und Julio saßen auf der anderen Seite.

Mrs. Portillo ist wie eine Figur aus der Folklore, eine Papua-Gottheit und Stammesmutter. Sie wiegt mindestens zweihundert Pfund, und nicht viel davon ist Bauch. Sie ist groß, unheimlich breitschultrig und mit einem mächtigen Brustkasten, mit riesigen Brüsten, die ein Büstenhalter, in dem man Kürbisse transportieren könnte, nach oben drückt, wie feierliche Kanonen. Sie strahlt nicht so sehr Erhabenheit aus, als vielmehr eine massive, starke, barbarische Ruhe, innerlich belebt durch eine Neigung zur guten Laune, eine ruhige Autorität, sowohl gesetzt, als auch durchtrieben.

Sie beugte sich vor, die Ellbogen auf den Knien, paffte die Zigarette, die ich ihr gegeben hatte, und reihte ohne im geringsten zu zögern (und von ihrer ältesten Tochter übersetzt) ihre Lügen und Widersprüche aneinander, die darauf hinausliefen, dass sie beabsichtige, die Kinder zu Hause zu behalten, bis die Frau von der Fürsorge benachrichtigt werden konnte, dass sie keine Mäntel hatten, um zur Schule zu gehen. Beide Kinder, das wusste ich, hatten Mäntel. Susan hatte José einen sehr guten, daunengepolsterten gegeben, und ich fragte ihn, wo der sei.

»Der ist ganz dreckig, Mann, den kann ich nicht mehr anziehen. Ich bin damit hingefallen. Er hat überall Löcher ...«

Sie erwähnte auch den Beamten von der Schulbehörde, der die Aufgabe hat, den Ursachen häufigen Schulschwänzens auf den Grund zu gehen. Mrs. Portillo wollte, dass er erfuhr, dass die Kinder zu Hause blieben. Er würde dann einen Bericht schreiben und Druck auf sie ausüben, und sie könnte dann den zusätzlichen Druck dieser Beschwerden zusammen mit ihren Klagen auf die Beamtin von der Fürsorge abwälzen.

Sie gab Mabel eine offizielle Fürsorgekarte und sagte ihr, sie solle Namen und Telefonnummer der Fürsorge-Beamtin abschreiben. Dann solle sie sie anrufen und zur Eile drängen.

Während sie diese Dinge vortrug, schien Mrs. Portillo ihre Kinder, die um sie herum schwatzten, gar nicht zu beachten. Sie gab ihnen nie eine Antwort und bat nur das Mädchen immer wieder, zu übersetzen. Wenn ich ihr eine Frage stellte, unterhielt sie sich mit ihrer Übersetzerin und gab kurze ausweichende Antworten, wobei sie ihre Tochter anschaute und nicht mich.

Josés älterer Bruder kam ins Zimmer, ein schlanker, gut aussehender Junge nahe zwanzig, der Hosen und ein weißes Hemd anhatte. Eine Selbstladepistole aus Plastik steckte in der Tasche seines Hemdes, nur der Griff war sichtbar. José blickte erst zu ihm, dann zu mir auf. »Auf den musst du aufpassen, George. Den kann niemand herumkommandieren.«

Der ältere Junge grinste schüchtern und machte eine Handbewegung in Josés Richtung. José merkte, dass ich mit den Augen zwinkerte – das Zucken meines rechten Augenlids, wenn ich müde bin (ich hatte die Nacht vorher nicht geschlafen) – und er begann mich deswegen aufzuziehen, indem er mir feierlich zublinzelte und dabei Kommentare auf Spanisch abgab, die alle zum Lachen brachten. Mrs. Portillo hatte das Geschäftliche hinter sich und konnte jetzt auch lachen und fing an gutgelaunt auf die Kinder einzugehen. Ich konnte sehen, was für ein Turm der Stärke sie war, und wie es José und Eléna trotz all der Armut und Gewalttätigkeit in ihrer Nachbarschaft gelungen war, sich eine gewisse Anmut zu erhalten.

Die Kinder wollten mit uns zur Schule zurückgehen, doch sie begriffen, dass sie im Komplott ihrer Mutter eine wesentliche Rolle spielten. Weder Mabel noch ich ließen erkennen, dass wir ihren Plan durchschauten. Der Kampf gegen die Armut bedient sich unter anderem dieser Mittel. Die Familie ist ohne Vater. Wir können nur hoffen, dass sie bald Erfolg hat. Zu allem Unglück sind ausgerechnet heute die meisten der 12 500 Fürsorge-Arbeiter New Yorks in den Ausstand getreten.

Wir erzählten den Kindern in der Schule, vor allem Dodie und Rudella, die Eléna sehr mögen (sie ist die Mutter in allen ihren Spielen), dass es Eléna gut gehe, dass es kein Feuer gegeben habe. Die zwei jungen Negermädchen hatte Maxines Geschichte sehr erregt, doch als sie jetzt die Wahrheit hörten, verzogen sie keine Miene.

In der Mittagspause war Maxine schrecklich aufgeregt. Sie rannte umher, andere anstoßend und schreiend, und teilte kleine Papierfetzen aus und nannte sie abwechselnd »Kiki« und »Kaki«. Sie stand vor der Wandtafel und schwankte hin und her und bedeckte sie mit Kreidestrichen und sang ganz wild: »Kaki, Bubi, Kaki, Dudi, mein Vati, meine Mammi, mein Daddy Dudi, Buki, Kaki ...« Ihre Mutter, eine Jüdin, ist mit ihrem zweiten Mann verheiratet, einem stämmigen, gutmütigen puerto-ricanischen Neger, und ist von ihm schwanger. Er ist Maxines Stiefvater.

Maxine saß im Papierkorb und ließ sich dann auf den Boden herausrollen und kroch wie ein Baby. Ich sagte ihr, sie solle in den Korb zurück gehen, dann würde ich sie wie ein richtiges Baby auf die Welt bringen. Sie war sofort einverstanden. Die Kinder zeigten sich sehr interessiert. Ich forderte Maxine auf, Babygeräusche zu produzieren. Sie tat es. Ich sagte:

»Möchtest du herauskommen, kleines Baby?« »Waaaa, raaaaa ... ja.«
Und so zog ich sie heraus, und sie kroch über den Boden, wie ein Baby. Ich
sagte: »Ach seht doch das neue Baby! Wie geht es dir, neues Baby?« Sie
sagte: »Gubi, Guki, Gobbeldi Kaki.« »Wie heißt du denn, neues Baby?« »Ich heiße Baby Kaki.« Und so nannte ich sie Baby Kaki und wir
spielten eine Zeitlang Baby-Spiele. Sie gab sich Mühe, beim Essen möglichst viel zu beschmutzen. Nach einigen Minuten wich die Aufregung
von ihr, und ihre Augen wurden wieder klar. Diese Methode kommt bei
ihr gut an, da sie fantasiereich und gescheit ist. Ich schlug Susan vor, sie
solle im Zeichenunterricht mit Maxine Baby Kaki malen – irgendwas, alles, solange es nur mit der Geburt und dem Körper zu tun hat.

5. 1. 1965

Eléna und José kamen heute nicht. Dafür war Vicente wieder da. Er war
gestern krank gewesen. Er ist nicht mehr so hektisch wie am Anfang und
wird mir gegenüber allmählich etwas freundlicher, bemüht sich um meine Aufmerksamkeit, wenn er auch noch immer alles ablehnt, was wie Unterricht aussieht. Er war heute morgen eine ganze Zeitlang friedfertig, saß
neben mir und redete verständlich und zusammenhängend, wenn er
auch, wie Maxine, mit einer langen Lügengeschichte anfing (die ich ihm
zunächst glaubte), wobei er sich in seiner Fantasie für die Enttäuschung
an Weihnachten entschädigte. Er sagte, er sei für die Feiertage mit einer
Astro-Vision-Düsenmaschine der TWA nach Puerto Rico geflogen, und
für jede Sitzreihe habe es einen Fernsehapparat gegeben, und wer nicht
am Fernsehen interessiert gewesen sei, der habe Musik hören können, mit
»so einem Ding wie es der Doktor hat«. Er malte ein Bild vom Innern
des Flugzeugs und ein weiteres Bild vom fliegenden Flugzeug. Er sagte,
der Flug sei sehr ruhig und glatt gewesen, weil die Motoren hinten seien.
Er sagte mir, der für Schulschwänzer zuständige Beamte habe ihn in
Puerto Rico erwischt und habe ihm nicht glauben wollen, dass er in New
York lebe, und so habe er ihn zu allen Schulen in Puerto Rico geschleppt,
und in jeder Schule hätten sie gesagt: »Der gehört nicht zu uns.« Ich
fragte ihn, wo seine Mutter gewesen sei, und er sagte, er sei allein geflogen
– und konnte sich das Lachen nicht länger verkneifen –: »Das darf man
nämlich, weißt du. Mann, oh Mann, jeden Tag habe ich mir in dem Flugzeug eine rote Wurst und Limonade bestellt.«

Ich sagte ihm, er solle einen Teil der Geschichte aufschreiben, gleich unter die Bilder, die er gemalt hatte, doch er weigerte sich und lief lärmend zur Turnhalle.

Als Vicente zum ersten Mal in unsere Schule kam, war er unfähig, an Spielen teilzunehmen. Ganz gewöhnliche Grobheiten fasste er immer als persönliche Beleidigung auf und hörte dann auf zu spielen und schrie, bis er mit seinem Gegner »abgerechnet« hatte. Inzwischen kann er schon wesentlich länger spielen und einiges mühelos einstecken, aber er ist immer noch sehr kindisch. Er und Julio und ich spielten Football. Einer spielte mir als Center den Ball zu und scherte dann aus, um auf den Pass zu warten, und der andere versuchte, den Pass zu blockieren. Als Vicente einmal im »Feld« darauf wartete, meinen Pass zu Julio abzufangen, fing er an zu schreien, weil Julio und ich uns erst berieten. »Keine Pläne!« schrie er. »Keine Pläne!« Er ging davon, und wir mussten unsere »Pläne« fallenlassen, damit er wieder mitspielte.

Während des Unterrichts, oder auch einfach bei einer Unterhaltung, suchen die puerto-ricanischen Jungen nach irgendwelchen Anhaltspunkten, wenn man ihnen eine Frage stellt. Sie können nicht lesen, doch die Intelligenz, mit der sie nach Anhaltspunkten suchen, würde spielend dazu ausreichen, es zu lernen. Sie blicken einem scharf ins Gesicht, beobachten alle Gesten, schauen andere Anwesende prüfend von der Seite an. Sie wiederholen bei sich die ganze Tendenz der Fragen (und zwar recht präzise), versuchen herauszufinden, welche Antwort man von ihnen hören will ... und all das anstatt das Wort einfach zu lesen oder rundweg zu sagen: »Ich weiß nicht.«

7. 1. 1965

José und Eléna kamen heute wieder, offensichtlich froh, wieder in der Schule sein zu können. Ich verbrachte eine Stunde mit José, einfach um zu reden und die zwanzig Wörter oder so, die er lesen kann, mit ihm durchzugehen. Die Verwirrung, die ihm die zwei Sprachen, Spanisch und Englisch, verursachen, kam deutlich zum Vorschein, als ich ihm zum Beispiel die Ähnlichkeit zwischen a, an und and zeigen wollte. Er zeigte auf »a« und sagte:

»Auf Spanisch kann ich das sagen ... ahh.«

Wenn ich selber besser Spanisch könnte und den Straßenjargon be-

herrschte, würde ich ihm auf Spanisch das Lesen beibringen. All seine
»Kraftausdrücke« sind spanisch.

Ich bringe jetzt mehr Zeit damit zu, ihm die korrekte Aussprache eng-
lischer Wörter beizubringen. Er schaut dabei ganz genau auf meine
Mundbewegungen, wenn ich sie ausspreche, doch wenn ich auf das geschriebene Wort zeige, muss er sich dazu zwingen, hinzusehen. Es ist
interessant festzustellen, dass er dadurch, dass er genau aufpasst, wie ich
Töne erzeuge, seine Fähigkeit verbessert hat, gewisse englische Töne zu
hören, von deren Existieren er vorher keine Ahnung hatte.

Während des Unterrichts schnitt José den Gummiball einer Spritze
auf. Mit dem Schlitz darin sah das genau aus wie Hüften und Hinterteil
einer Frau. Er zeigte es mir und sagte nur: »Sieh mal.« Ich sagte: »Das
sieht genau aus wie das Hinterteil einer Frau.« Er brüllte vor Lachen, und
ein Ton der Erlösung war dabei nicht zu überhören. Er vergrößerte den
Schlitz noch ein wenig, so dass er abwechselnd eine fette Frau und eine
magere machen konnte.

Eléna bat mich, mit ihr zu lesen, nachdem ich mit José fertig war. Sie
brachte ein Märchenbuch und setzte sich neben mich und las vor. Wo der
Text einfach war, las sie mit der der Geschichte angemessenen Lebhaftigkeit, doch wenn schwierige Wörter kamen, hatte sie mit ihnen zu kämpfen und verlor den Faden. Sie lernt sehr schnell und weiß, wie sie ein ihr
unbekanntes Wort anpacken muss.

Vicente war eifersüchtig, weil ich José so viel Aufmerksamkeit schenkte. Er weigerte sich, mit mir zum Lesen zusammen zu sitzen . . . und war
überhaupt den ganzen Tag sehr reserviert. Er machte an den Spielen in
der Turnhalle mit, hielt sich aber im übrigen sehr zurück.

Wir spielten Völkerball und dann Verstecken-im-Dunkeln. Wer gefangen wurde, bekam den Fußball aus Gummi. Ich hatte ihn mit einer
Leuchtfarbe angemalt, so dass er in der Dunkelheit glühte, so als verfolge
der Vollmond einen unsichtbaren Gegenstand in der Nacht. Es gab das
übliche Herumrennen und die Aufschreie – und wenn überraschend das
Licht anging, war es rührend zu sehen, wie fünf oder sechs Kinder eine
Schlange bildeten, wobei jeder eine Hand oder einen Arm oder ein Bein
seines Vordermannes umklammerte und der erste in der Reihe Mabels
Rock fest im Griff hatte.

Kenzo schafft jetzt irgendeine Art Durchbruch. Wochenlang hat er sich als selbstgefälliger Hipster aufgeführt mit dem Gehabe eines gescheiten Vierzehnjährigen, obwohl er in Wirklichkeit erst neun ist, allerdings groß für sein Alter. Er hat sich schon immer sehr viel wegen der Spielregeln beim Völkerball gezankt, wobei stets seine Überzeugung durchklang: Ich kenne mich darin besser aus, als ihr alle. Doch heute feilschte und feilschte er um eine der Regeln und sagte schließlich, er sei erst neun Jahre alt und brauche den Schutz der Regeln. Es war wirklich eine wichtige Art Selbstenthüllung, das erste Mal, dass er aufrichtig mit mir redete, dass er direkt im eigenen Interesse sprach und nicht versuchte, die Situation von außen her zu manipulieren. Das wirkte sich auch auf die anderen Jungen aus. Regeln waren immer eine Frage allgemeiner Übereinstimmung gewesen, und sie hatten ihn immer überstimmt. Doch diesmal folgten sie seiner Auslegung.

Kenzo hat an der neunjährigen Dolores Gefallen gefunden, die Puerto-Ricanerin ist und, wie er, sehr gut aussieht. Sie trägt die Haare lang wie eine Reklameschönheit, ist schüchtern, aber ansprechbar, ein bisschen provozierend und kokett. Kenzo versucht, hinten an ihrer weißen Hose den Reißverschluss herunterzuziehen. Sie versetzt ihm einen Stoß. Er stiehlt ihren Ring. Sie schreit und rennt ihm nach.

Barney kam heute mit seiner Gitarre und Klavierharfe. Er kommt regelmäßig dreimal in der Woche zu uns. Es war eine wunderbare Stunde und die denkbar beste Demonstration dafür, was Freiheit in der Schule bedeutet. Er kam gegen Ende der Mittagspause, und das Mittagessen selbst war heute ungewöhnlich angenehm. Es gab das übliche Umherwandern und Schreien, jeder setzt sich dorthin, wo es ihm passt, die Plätze werden oft getauscht, man will sich neben seinen Lieblingslehrer setzen, oder neben einen Freund, oder auch für sich allein sein. Maxine und José sind alle zwei Minuten auf den Beinen und zeigen Tanzschritte. José bläht sich auf und tut so, als sei er ein Ringer; Maxine wackelt prahlerisch mit dem Hintern.

Die Kinder kennen sich inzwischen sehr gut, sie haben ein sehr feines Gefühl dafür entwickelt, wo sie in den verschiedenen Beziehungen zueinander stehen. Wenn Maxine Rudellas Kekse stiehlt, schmollt Rudella mit solch unglaublich beharrlicher und unbeweglicher Würde, dass früher oder später alles zum Stillstand kommt, bis die Kränkung wieder gut gemacht ist. Wenn Maxine Dodies Limonade trinkt, so kann sie das ohne

Folgen tun, solange sie nicht zuviel nimmt. Dodie starrt sie halb wütend, halb fasziniert an (Maxine ist so gar nicht damenhaft), doch dann bricht ihr lebhaftes Temperament durch, und sie macht ein solches Theater, dass Maxine nicht dagegen ankommt. Wenn Maxine Eléna etwas wegnimmt, dann wird sie von Eléna so lange herumgezerrt und -gestoßen, bis sie auf dem Boden liegt, wo Eléna sie beschimpft und ihr vier- oder fünfmal in den Hintern tritt, und zwar sehr fein dosiert, so dass es ihr zwar nicht besonders wehtut, aber doch die rasch hervorgestoßenen (meistens spanischen) Warnungen und Flüche gebührend unterstreicht. Diese einfache Wut, gefolgt von Aussöhnung (und die folgt immer) ist letzten Endes viel vernünftiger, als die durch disziplinarische Maßnahmen gestützten Moralpredigten eines Lehrers.

Das Geschrei und das ganze Drum und Dran war heute relativ gemäßigt, und was mich am meisten beeindruckte, das waren die lächelnden Gesichter der jüngeren. All die Fünf- und Sechsjährigen schauten mit einem richtig vergnügten Lächeln um sich, und gelegentlich wanderten sie umher und interessierten sich für alles und lächelten ruhig vor sich hin.

Als so ziemlich alles gegessen war, wurde es sehr laut und lebhaft. José begann mit Äpfeln zu jonglieren, und Maxine versuchte zuerst ihn nachzuahmen und dann, ihn zu stören. (Der gequälte Ausdruck auf Mabels Gesicht, jedes Mal wenn ein Apfel zu Boden fiel – ihre fast religiösen Gefühle über alles Essbare.) Gloria, Susan und ich versuchten einfach uns zu entspannen, denn es gab keinen zwingenden Grund, in den wachsenden Tumult einzugreifen. Das heißt, niemand wurde hysterisch, niemand wurde verletzt. Und wenn man genau hinhört, ist der ganze Lärm nichts anderes als eine übersprudelnde Mischung von ganz spezifischen Bedeutungen und Beziehungen. Kenzo stiehlt Dolores' Brotkorb. Dolores schreit danach, hat aber ihren Spaß daran. Kenzo verleitet José dazu, ihm beim Verstecken des Korbes zu helfen, und die zwei Jungen rennen aus dem Zimmer, verfolgt von Dolores. Jetzt hört man sie auf dem Gang miteinander streiten. Dolores kann ihn nicht finden. Kenzo kommt ins Zimmer gehopst, gibt mir im Vorbeigehen einen Klaps auf den Kopf und ruft mit strahlendem Gesicht das eine Wort: »Zusammenarbeit!« Maxine läuft zwischen den Jungen herum, schreiend und sie herumstoßend, doch ihre Stellung als Sexkönigin ist von Dolores übernommen worden, ohne dass sie sich darum bemüht hätte; und Maxine gibt die Jungen vorübergehend auf und setzt sich neben ihre Freundin Laura, die mit ihrem Sanftmut alle bezaubert. Dann geht Maxine mit Laura auf den Gang hinaus, und fast alle Kinder sind jetzt draußen oder rennen von Zimmer zu Zimmer, und das Geschrei hat eine gewaltige Lautstärke erreicht; und in dem Augenblick kommt Barney an ... und diese ganze geballte Energie geht, ohne Dampf abzulassen, in eine Serie von Rufen über – »Barney ist da! Barney ist da!« – und einige der Kinder, vor allem die jüngeren, kommen ins Zimmer zurück und drängen sich um ihn. Die älteren Kinder schreien immer noch auf dem Gang herum. Mabel sagt ihnen, es sei Zeit zum Singen, und kommt selber auch herein. Barney begrüßt alle Kinder und stellt die Stühle im Kreis auf. Das Schreien auf dem Gang geht immer noch weiter. José kommt herein gerannt, rennt wieder hinaus. Dolores kommt herein gerannt, zeigt Interesse und bleibt da. Plötzlich hört das Geschrei auf, und die Kinder sitzen in einem großen Kreis, lassen ihre Beine baumeln und plappern drauflos. Manche haben die Beine angezogen und lehnen sich aneinander, vor allem die kleinen Mädchen, und Eléna, die sie mit echter Zuneigung bemuttert. Barney fragt mehrere Kinder, welche Strophen des »Michael«-Liedes sie singen wollen. Maxine hat die Strophen sofort parat und springt auch schon in die Mitte des Kreises und produziert sich mit twistähnlichen Bewegungen und schreit die Strophen so laut hinaus, dass niemand hören kann, was Barney sagt. Sie hat die Mundwinkel hochgezogen und schaut Barney mit zusammengekniffenen Augen an. Und so sieht sich Barney gezwungen, eine Weile auf Maxine einzugehen. Doch mehrere Kinder schlagen sich auf Barneys Seite. »Komm doch, Maxine!« »Heh, Maxine!« »Halt's Maul, Maxine!« Und so werden die Strophen auf die einzelnen Kinder aufgeteilt. Barney fängt an, auf der Gitarre zu spielen. Alle lächeln und rutschen hin und her und lassen ihre Beine baumeln. José springt auf und legt einen Tanzschritt hin und setzt sich wieder. Dodie soll die erste Strophe singen, doch sie geniert sich, und während sie da sitzt und rot wird, schreit Maxine die Strophe hinaus und springt wieder in die Mitte des Kreises. Aus Dodies strahlendem Lächeln wird ein missbilligendes Stirnrunzeln. Jetzt weigert sie sich resolut, die Strophe zu singen. Aber es ist sowieso Zeit für den Refrain, und den Text kennen alle ... und sie singen ihn mit herrlichen Stimmen, aus voller Kehle, mit derselben Begeisterung, mit der sie auf dem Gang herumtobten. Als Maxine aufgefordert wird, sich in die Mitte zu stellen und ihre eigene Strophe zu singen, geniert sie sich auf einmal. Doch sie lehnt sich an das Pult und singt, und alle hören zu. Dann wieder der donnernde Refrain, und mit der größten Begeisterung und voller Vergnügen wird jetzt das ganze Lied durchgesungen. Als es vorbei ist, bittet Maxine Barney, »Glory, Glory, Hallelujah« zu spielen, und fügt hinzu: »Das ist ein sehr trauriges Lied.« »Komisch«, sagt Barney, »das, das ich kenne, ist gar nicht traurig.« »Doch, doch«, sagt Maxine und fängt an zu heulen: »Gloooooory, Glooooory, halleIuuuuuuuuuuujah«, so wie sie bei der Heilsarmee vielleicht heulen würden. Barney begleitet sie, und bald singen alle Kinder mit. Jetzt hat Maxine Feuer gefangen. Sie springt in die Mitte des Kreises und löst mit ihrer Stilisierung ganze Lachsalven aus. Sie legt eine Hand auf die Hüfte, gibt sich äußerst gelangweilt, dreht den Kopf zur Seite und sagt die Worte »Glory, glory« so hastig und trocken wie ein Lagerverwalter, der die Inventurliste abliest. Dann springt sie wild grinsend und mit den Armen fuchtelnd auf und ab und schreit: »Hallelujah« Dann wieder auf einen Schlag gelangweilt: »Glory, glory«, und dann wieder hochspringend: »Hallelujah!« Vor allem die Lehrer brüllen vor Lachen. Als das vorbei ist, sagt Hannah, ein zehnjähriges weißes Mädchen, sehr nachdenklich und ruhig, zu Barney, sie kenne ein Lied. Barney fragt sie, welches sie meine ... und Dodie sagt, sie kenne es auch. Barney sagt, sie sollen es zusammen singen. Doch Dodie sitzt auf der anderen Seite des Zimmers und geniert sich, mitten durch den Kreis zu gehen. Da ruft José: »Man muss sie hinbringen!« und geht hinüber und schiebt ihren Stuhl durch den Kreis, und Dodie grinst und wird rot und hat ihren Spaß daran. Barney spielt, und Hannah und Dodie singen das Lied mit zaghaften Stimmen. Diesmal hören wieder alle zu. Dann kommt ein katalanisches Volkslied, auf Französisch gesungen, mit allerlei Handbewegungen – das Meer, die Berge, die Sonne, der Hügel, der Weinschlauch – mit einem laut gerufenen »Olé!« am Schluss jeder Strophe. Alle machen die Gesten und brüllen das »Olé« mit Genuss. Julio deutet die Kurven einer Frau anstelle eines vollen Kreises für die Sonne an und zwinkert José zu. Laura kommt durch das Zimmer gelaufen und setzt sich auf meinen Schoß. Immer wenn »toro«, der Stier, im Lied erwähnt wird und alle Hörner andeuten, läuft Laura, die Finger an der Stirn, durch den ganzen Kreis und spießt sanft Barneys Knie auf, dann läuft sie lächelnd zurück und klettert wieder auf meinen Schoß, bis wieder »toro« gerufen wird. Dieses Lied hat eine Art Tanzrhythmus, und Maxine springt in die Mitte und tanzt eine Art Volkstanz, wobei sie die Beine von sich wirft und hüpft. Das nächste Lied ist spanisch, ein richtiges Tanzlied, und plötzlich sind José und Eléna und Julio in der Mitte und tanzen eine graziöse Abart des Huttanzes, sie halten dabei die Hände auf dem Rücken und wiegen sich im Rhythmus der Musik. Ein Teil der Kinder gesellt sich dazu, und da jetzt so viele Tänzer auf den Beinen sind, wechselt Barney zu einem lebhaften Twist, und bald tanzen alle den Twist. José und Kenzo sind beide sehr gut darin, und sie bilden ein Paar und zeigen einige raffinierte Schritte. Selbst die kleine Laura tanzt Twist, und zwar mit einer zusätzlichen Variante, denn sie legt immer mal wieder die Finger an die Stirn und rennt auf mich zu. Rudella legt ihre Zurückhaltung ab und legt ein paar raffinierte Figuren hin (und lässt all die einfachen aus), die sie wahrscheinlich zu Hause ihren älteren Brüdern und Schwestern abgeschaut hat. Sie geht im Kreis herum und lässt dabei einen Arm hoch und locker über ihrem Kopf baumeln. Auch Dodie wird mitgerissen. Sie tanzt eine Figur und will sie mit einem regelrechten Spagat auf dem Boden beenden. Sie bleibt im Spagat hängen und bleibt ein paar Augenblicke in dieser Stellung und blickt sich mit einem langen Gesicht um. Dann rappelt sie sich hoch und versucht es noch einmal. Alle tanzen, sogar die Lehrer. Barney singt und bearbeitet seine Gitarre. Kenzo und José sehen glücklicher aus, als ich sie je gesehen habe, und Eléna, die sehr häufig fröhlich ist, sieht fröhlich aus, wie sie da in ihren großen Weihnachtsstiefeln twistet und herumwirbelt.

Nur Vicente konnte nicht mitmachen. Er geht immer wieder für längere Zeit aus dem Zimmer. Mabel geht mit ihm, und sie spielen in der Turnhalle.

Nach dem Tanzen stehen die älteren Kinder um Barney herum, und er gibt jedem eine kleine Lektion auf der Gitarre, einen oder zwei Griffe, und eine kleine Lektion auf der Klavierharfe. José und Julio zeigen sich besonders interessiert, passen genau auf und knien sich dann hinein.

Inzwischen haben Susan und Gloria den Zeichenraum im oberen Stockwerk aufgeschlossen ... und das Abwandern zur nächsten Aktivität beginnt.

Ich sollte hier vielleicht erwähnen, dass ich nach dem Tanzen José zur Seite nahm und ihn fragte, ob er den Text zu einigen der Lieder kenne, die ich in Mexiko gehört hatte. Er kannte sie alle, da sie fester Bestandteil der puerto-ricanischen Kultur in New York sind. Ich sang ihm einige Strophen vor und bat ihn, den Text zu korrigieren und mir andere Strophen zu sagen, die ich nie gelernt hatte. Er freute sich darüber, dass ich sie kannte und auf Spanisch singen konnte. Seine Augen strahlten überschwänglich, wie immer, wenn es mir gelingt, etwas auf Spanisch zu sagen.

12. 1. 1965

José hatte heute Geburtstag – er wurde 13. Ich sagte zu ihm (er hatte seit Wochen uns gegenüber gelogen): »Monatelang warst du 14, und jetzt bist du 13. Gratuliere.« Er brüllte vor Lachen. Ein großartiger Tag für ihn. Wir setzten uns und ich gab ihm sein Übungsheft und bat ihn, es durchzugehen und das zu lesen, was er wolle. Mit großer Energie ging er Seite um Seite durch, tippte die Wörter mit dem Finger an und rasselte sie herunter. Allmählich beginnt er zu verstehen, dass ihm seine Fehler nicht vorgehalten werden und dass er nicht die ganze Zeit zensiert wird.

Julio hatte ein Spielzeug aus Metall, eine nackte Frau, die einem nackten Mann mit einer großen Erektion gegenüber steht; man bewegt einen Hebel, und er vögelt sie. Ich lachte, als er und José es mir zeigten. Sie rannten herum und zeigten es den anderen Lehrern, ließen es aber die kleineren Kinder nicht sehen, und die Mädchen auch nicht. Doch nachdem sie die Neugier der Mädchen geweckt hatten – vor allem Elénas und Dolores'– foppten sie sie später damit. Und einmal, während eines Streits zwischen Maxine und José, kam Julio angalloppiert und betätigte den Hebel an seinem Spielzeug und rief: »Zu Hilf! Zu Hilf!«

José drangsaliert in letzter Zeit Julio, der größer und stärker ist als er, der aber zurückweicht und winselt. Beim Versteckspiel im Dunkeln glaubte José, Julio habe die Arme um seine Schwester Eléna gelegt, und so boxte er ihm ein paar Mal gegen den Arm und warnte ihn: »Lass die Finger von meiner Schwester, Mann. Ich bring dich um.«

Die langen Zeitabschnitte im Dunkeln, bei denen die Kinder sich gegenseitig umklammern und nebeneinander sitzen, oder auf einem Haufen im »Gefängnis« auf einer der Matten, reizen nicht mehr zum dauernden Kichern, machen nicht mehr soviel Angst, sind erotischer geworden ... und besänftigender. Kenzo und Eléna kokettieren miteinander. Eléna weiß es, lässt sich aber nichts anmerken.

Der Tag ging mit einer Geburtstagsparty für José zu Ende. Er freute sich sehr über die Geschenke – einen großen Zeichenblock und einige gute Wasserfarben und Ölkreiden. Er hat bereits ein gewisses Talent zum Zeichnen verraten. Er wollte gleich hinauf in den Zeichenraum gehen und das Zeug ausprobieren, anstatt mit Barney zu singen. Ich ging mit ihm und wies ihn ein, zeigte ihm, wie man ein bisschen Farbe aus der Tube drückt, den Pinsel nass macht usw. und ließ ihn dann allein.

14. 1. 1965

José hatte nicht vergessen, dass ich versprochen hatte, mit ihm und Vicente zum naturgeschichtlichen Museum zu gehen. Ich versuchte ihn zu überreden, bis Montag damit zu warten, doch er bestand darauf, und so gingen wir.

Vicente war halb betäubt und ungewöhnlich ruhig, nicht niedergeschlagen, sondern in sich gekehrt, es war eine Art helläugige, ruhige Ängstlichkeit. Er sagte, er sei erst heute morgen um fünf Uhr eingeschlafen, und als ich ihn fragte, warum, sagte er, er habe Selbstgespräche geführt. Ich fragte ihn, ob er gefrühstückt habe, und er sagte: »Nein.« Sobald wir draußen waren, nahm er meine Hand. Alle paar Minuten sagte er: »Warte«, und zog sich die Socken hoch. Er und José und ich frühstückten in der Imbissstube an der Ecke, und dann gingen wir zur Bushaltestelle in der Ninth Street. Doch es war bitterkalt, und Vicente zitterte in seinem dünnen Mantel, so dass wir uns für ein Taxi entschieden. Ich stand auf der Straße und suchte nach einem. José sagte: »Ich besorg eins«, und lief um die Ecke, die Tenth Street entlang ... und tatsächlich, er tauchte auf dem Rücksitz eines Taxis wieder auf, grinsend und sehr mit sich zufrieden. An der U-Bahn-Station in der Sixth Avenue stiegen wir aus. Hier baten José und Vicente um ihre Metallmarke (die als Fahrausweis dient). Vicente ging direkt vor mir in das Drehkreuz, und als er sah, wie ich meine Marke in den Schlitz steckte, duckte er sich und rannte ... er brauchte sich genau genommen nicht zu ducken, denn sein Kopf reicht kaum bis zu der Barriere. José duckte sich ebenfalls und rannte unter dem Drehkreuz nebenan durch, doch ein Bulle, der neben dem Schalter für Wechselgeld stand, schrie ihn an, und er musste durch den Ausgang gehen, mit einem beschämten Grinsen im Gesicht und kam zurück und steckte seine Marke in den Schlitz.

José war schon einmal im naturgeschichtlichen Museum gewesen, und er zeigte uns den Weg von der U-Bahn-Station. Wir kamen an, als gerade aufgemacht wurde.

Vicente war endlich lebhaft geworden, doch jetzt steigerte er sich zu sehr hinein, als er, angefangen bei den Dinosauriern, von Ausstellungsstück zu Ausstellungsstück ging, und er lief an allen vorbei und rief: »Schaut mal, hier! Schaut mal, hier!« – und lief schon weiter, bevor er es auch nur gesehen hatte. Ich bemühte mich gar nicht erst, ihn zu bremsen, da ich wusste, wir würden wieder zurückkommen, und es war vielleicht ganz gut, wenn er sich erst mal auf seine eigene hektische Art mit allem bekannt machte. Sobald er den Verkaufsstand am Eingang sah, bat er mich, wie immer, ihm etwas zu kaufen.

José sah viel mehr als Vicente, und von Zeit zu Zeit gelang es mir, seine Wahrnehmung zu vertiefen: »Kannst du hier drin einen Vogel finden?« (Im Afrikanischen Raum, mit gemaltem Hintergrund.) Einmal begann er einen langen Korridor entlangzugehen. Ich rief ihn zurück und sagte ihm, er solle das Schild über der Tür am andern Ende lesen. Er machte eine ungeduldige Geste und ging bis zum Ende des Korridors, wo er feststellen musste, dass die Tür geschlossen war. Als er zurückkam, deutete ich wieder auf das Schild. »Was steht denn da, Mann?« fragte er. Ich sagte: »Da steht geschlossen.« Er lachte, wurde dabei aber rot und wandte sich ab.

José wollte ins Planetarium gehen. Vicente war wieder in sich gekehrt und sagte, er fühle sich nicht wohl und wolle heimgehen. Und so besprachen sie sich auf Spanisch – eine vernünftige, ruhige Unterhaltung – und wir gingen zum Planetarium. Ich war noch nie dort gewesen. Es wimmelte nur so von Gruppen und langen Schlangen von Schulkindern, und wir standen auf einmal vor einem Schalter, an dem Eintrittskarten verkauft wurden, doch im Augenblick war niemand an der Kasse. Bevor ich mich noch nach jemandem umsehen konnte, waren José und Vicente unter dem Drehkreuz durchgerutscht, und José rief mir zu: »Geh unten durch! Geh unten durch!« – und ich konnte nicht widerstehen; und so ging ich unten durch, und wir wanderten in das tiefer gelegene Auditorium, wobei unsere illegale Beweglichkeit einen auffallenden Kontrast zu den Schlangen und Regimentern von Schulkindern bildete, deren Lehrer die Rolle von Schäferhunden spielten. Einige der jungen Lehrer waren lebhaft und gutmütig und schienen guten Kontakt zu ihren Schützlingen zu haben; andere waren bissig und hektisch. Wir fanden Sitzplätze. Bald war das Auditorium gefüllt, und das aufgeregte Geschnatter all der Kinder klang genau wie ein Vogelschwarm, ein gleichmäßiger, flatternder, vibrierender Klang, fast metallisch, fast musikalisch. Über unseren Köpfen bewegten sich die Erde und die Planeten um die Sonne. Es gab einen plötzlichen, weichen erregten Aufschrei – die übliche Reaktion von Kindern auf plötzliche Finsternis.

Wir waren die ersten, die nach der Darbietung weggingen, und die ersten, die das obere Auditorium betraten, wo die großen Shows dargeboten werden, mit an die gekrümmte Decke projizierten Sternbildern, sehr schön und faszinierend. Die Illusion des nächtlichen Himmels war so perfekt, dass sich viele Kinder staunend umschauten. Und als der Vortragende von der relativen Bewegung von Erde und Sternen sprach, und als sich die Sterne bewegten, war deutlich zu erkennen, dass viele Kinder glaubten, dass sie es waren, die sich bewegten.

Der Vortrag selbst war unglücklicherweise schwach, allzu verstümmelt und abstrakt. Der Sprecher erwähnte die Tiere im Himmel, ohne klarzumachen, dass man ihre Umrisse nicht am Sternenhimmel finden kann. Als Vicente »Löwe ... Skorpion ...« hörte, fragte er mich dauernd: »Wo denn? Wo? Ich seh' nichts«, und José schwindelte und sagte: »Ich seh's gut.« Vicente hatte während des ganzen Vortrags seinen Kopf an meiner Schulter liegen. Direkt hinter mir zischte und schrie eine verwelkte und hektische Lehrerin fortwährend ihre Kinder an, die in Wirklichkeit gar nicht laut waren. Der Vortrag war unverständlich geworden, und die Kinder unterhielten sich miteinander. Vor mir saß eine ziemlich junge, gut aussehende Lehrerin mit komplizierter Frisur, die ihre Kinder mit majestätischem, narzisstischem Gebaren behandelte, nicht ohne Wärme.

Wir aßen in der Cafeteria – eine Rote Wurst und Limonade für Vicente – und trafen meinen Freund Phil Smith mit seinem neuen Bart. Er war mit Forschungsarbeiten für Harry Jacksons historische Gemälde beschäftigt. Dann zurück zur U-Bahn. José lieh sich meinen Bleistift aus. Während er an den großen Reklameplakaten vorbeiging, hatte er für jedes einen Kommentar – »Du stinkst«, »Arschloch«, »Scheißdreck« – und wenn er ein hübsches Mädchen auf einem Plakat sah, ging er hin und küsste es. Dann malte er mit meinem Bleistift Schnurrbärte auf die Gesichter, während ich verlegen daneben stand und wie die meisten Erwachsenen mit ihrem verlegenen Lächeln genau dasselbe tun wollte, denn wir spüren instinktiv, dass diese öffentliche Fläche uns allen gehört, dass sie hinter unserem Rücken verkauft worden ist. Und wieder schlüpften sie beide unter dem Drehkreuz durch. Im Grunde genommen bin ich der Meinung, sie sollten das tun, oder vielmehr, es sollte keine Drehkreuze geben. Doch wie kann ich ein Verhalten gutheißen, mit dem sie in Schwierigkeiten geraten werden? Sie sind Kinder, keine Revolutionäre. Ich gebe ihnen ihre Marken und bestehe darauf, dass sie bezahlen. Sie ducken sich und laufen davon. Ich schaffe es einfach nicht, mit ihnen zu schimpfen – oder ihnen die Marken wieder abzunehmen. Und so schüttle ich den Kopf in stupider Verlegenheit und stecke meine Marke in den Schlitz.

Nach unserer Rückkehr gingen wir in den Zeichenraum. All die Mädchen arbeiteten sehr zufrieden. Rudella blickte auf, als wir hereinkamen, und sagte-. »Heh George, lass die Jungen draußen. Wir können sie nicht brauchen.«

Rudella ist lange nicht mehr so verkrampft wie am Anfang. Sie ist sogar hübscher geworden. Sie macht jetzt bei allem mit und flucht gelegentlich in ihrer breiten, langsamen, nachahmenden Art. Vorher war sie affektiert gewesen und hatte die anderen um ihre Freiheit beneidet. Sie hat viele Brüder zuhause, die sie als böse und beneidenswert frei charakterisiert, während sie sich selbst als gut und erbärmlich gelangweilt charakterisiert.

Wir hielten unsere Lehrersitzung im Rappaports, wo vor Jahren ein gutherziger Kellner nach einer der Vorstellungen des »Living Theatre« an die Theater-Bohemiens Gratis-Brötchen austeilte.

Susan erzählte mir von ihrem Abend mit Dolores und Eléna. Sie hatte sie zum Essen eingeladen, hatte sie mit zur Bank genommen und mit ihnen die Redaktionsräume der Village Voice besucht, zu deren Mitarbeitern sie einmal gehört hatte. Zu Hause kochte sie ein Abendessen, wobei ihr die Mädchen halfen, und dann saßen sie bis zehn Uhr herum und hatten ein Gespräch »unter Frauen«; sie erklärte ihnen Verhütungsmittel und die Physiologie der Geburt, denn beide Mädchen waren in diesen Punkten verwirrt und neugierig gewesen. Susan sagte Eléna, dass im Gegensatz zu dem, was sie glaubte, ein Mädchen mit achtzehn Jahren nicht heiraten muss.

Eléna hatte Angst, allein nach Hause zu gehen, und Susan fand heraus, dass Mrs. Portillo immer darauf bestand, dass sie begleitet wurde und nicht ohne Grund, bei der Gegend, in der sie wohnen. Susan brachte sie im Taxi nach Hause, und unterwegs trafen sie José, der sich eben auf den Weg gemacht hatte, um sie abzuholen.

Susan erzählte mir, Dodie habe sich endlich gegen Maxine gewehrt und sie sogar verprügelt. Wenn Maxines Macht über all die anderen Kinder in letzter Zeit entscheidend geschwächt worden ist, so wird das im Grunde genommen besänftigend auf sie wirken, da sie wegen ihrer Fähigkeit, andere zu manipulieren, sehr stark leidet, das heißt, sie hat nur selten den Schutz von Grenzen, denen sie vertrauen kann. Und das sind echte Grenzen, auf die sie stößt, und nicht die Frontgefechte einheitlicher Disziplin. Maxines Mutter hat wieder ein Mädchen geboren.

Gloria streitet sich oft mit mir bei diesen Lehrersitzungen, obwohl ich mich selten mit ihr streite. Das hat etwas vom »Narzissmus kleinlicher Unterscheidungen« an sich. Sie wird ungeduldig, wenn ich ihr mit Psychologie oder A. S. Neill komme. Sie möchte nicht für eine Summerhill-Anhängerin gehalten werden. Und doch geht Gloria ganz konsequent auf jedes Kind ein, berücksichtigt Unterschiede und dosiert ihre Reaktion ganz entsprechend, so dass der Unterschied zwischen ihr und Neill nicht sehr groß ist. Und Neill selbst ist natürlich kein Summerhill-Anhänger, sondern der Rektor von Summerhill und ein rechtschaffener alter Schotte. Es gibt keine »Freiheit«, sondern nur die Beziehungen zwischen Personen. Gloria ist in diesen Beziehungen so direkt und auf sanfte Art stark, dass jedes Kind ziemlich genau das bekommt, was es braucht. Bei Maxine ist sie ziemlich streng und lässt Laura vieles durchgehen. Sie liest den jüngsten oft vor; und häufig setzen sich die Älteren dazu und hören zu. Im Augenblick hat sie zehn, sie kommen alle unterschiedlich schnell voran und benützen verschiedene Bücher. Wenn sie Bücher einkauft, geht die ganze Klasse mit ihr, und sie beraten sich hin und her, welche Bücher sie kaufen wollen. Auseinandersetzungen legt sie oft auf dieselbe Weise bei (genau wie Neill), sie versammelt die Kinder um sich, um sie beide Seiten anhören zu lassen und dann ihre Reaktion zu sehen. Das selbstständige Arbeiten ist ganz freiwillig, doch sie besteht eisern darauf, dass die stillen Stunden still sind. Sie scheint der Ansicht, dass Mabel und ich bei den älteren Jungen die Zügel zu locker lassen, und wir meinen auf der anderen Seite, dass sie die Besonderheiten ihrer Bedürfnisse nicht genügend anerkennt. Gloria hat zum Beispiel Siebenjährige, die mehr wissen, als José mit seinen dreizehn Jahren. Uns muss es darum gehen, einem Ich, das durch seine Erfahrungen mit Amerika erdrückt worden ist, erst Bewegungsfreiheit und dann Nahrung zu verschaffen.

Susan schilderte das Gespräch, das einige ihrer Kinder hatten. Caroline, eine blonde und blauäugige Siebenjährige, wird von Eléna und Dolores das »amerikanische Mädchen« genannt, doch bei Maxine machen sie diese Unterscheidung nicht. Nicht »weiß« bedeutet also hier amerikanisch, sondern der Stil, den Caroline, natürlich ohne das zu wissen, kopiert. Sie ist hübsch und freundlich, verhältnismäßig gehemmt, ein bisschen gönnerhaft (auch dabei, wenn auch unbewusst, wahrscheinlich ihre Eltern nachahmend), ein bisschen zu sauber, ein bisschen zu leise sprechend, ein bisschen zu missbilligend. Sauber gewaschen, hübsch hergerichtet, wohlbeschützt, sanftmütig – und alles an ihr ist gedämpft und unterdrückt: Gefühle, Gedanken, Humor, Sexualität. Nichts kommt aus ihr laut und deutlich heraus.

18. 1. 1965

José, Vicente und ich kamen nach unserem Einzelunterricht in die Turnhalle herunter und trafen die Mädchen in dem großen hinteren Raum vor den Duschkabinen und der Toilette beim Spielen an. Es war ein kompliziertes, pompöses, aber sehr verschwommenes Spiel mit Königen und Königinnen, Verbrechen und deren Sühne. Eléna und Dolores waren die beherrschenden Geister des Spiels, da beide sehr erfinderisch und lebhaft und sanftmütig sind (keine ordnungstörende Feindseligkeit). Es ist vor allem Eléna, die diese Spiele in Schwung bringt. Selbst die älteren Jungen hören auf sie, und nicht nur, weil sie furchtlos ist. Ihr Gehorsam gründet sich ebenso sehr auf die Tatsache, dass sie fair ist, immer etwas Vernünftiges oder Interessantes will und selten mehr verlangt als ihre Rechte.

Kenzo kam herunter, und zuerst griffen die drei Jungen als selbstgewählte Angreifer in das Spiel ein, doch schon bald drängten die Mädchen sie mit ihrem empörten Geheul zusammen, und sie bildeten eine Gruppe, und in kürzester Zeit ging ihre Gruppe in dem Spiel auf.

Sie hatten alle Stöcke aus dem Schrank geholt, der aus Versehen offen geblieben war (die Stöcke waren Zeltstöcke), und so gab es allenthalben Schwertkämpfe und viel Geschrei, weil sie sich gegenseitig auf die Knöchel schlugen. Niemand kann beim Fechten Eléna standhalten. Sie stürzt sich mit großer Energie und Geschwindigkeit ins Gefecht und macht sich viel weniger Sorgen, verletzt zu werden, als die Jungen.

Das Schloss war ein Haufen Matten am anderen Ende des Raums. Eine kleine Puppenwiege stand im Schloss, und Maxine – mit einem neuen Baby zu Hause – warf sich sofort in die Wiege und blieb dort mit einem verschleierten »Ich hab eine besondere Rolle«-Blick liegen. Sie lag ziemlich lange in der Wiege, bevor Eléna verkündete, die Königin habe ein Baby. Es war diese Meldung, die zur Hochzeit von König und Königin führte.

José, der sich immer in die Brust wirft und den starken Mann spielt, wurde Herkules, und sobald er seine Identität bekommen hatte, konnten sich die Mädchen an ihn um Beistand wenden. Kenzo und Vicente, seine bisherigen Kameraden, bedrängten Dolores, indem sie von den Schwertern zum Ringkampf übergingen, und sie kreischte: »Herkules! Herkules! Rette mich!« und Herkules ging prompt hinüber und würgte ihre Angreifer. Ein paar Minuten danach ging er zu ihren Angreifern über, und sie stürmten das Schloss. Eléna verteidigte das Schloss und dessen Schatz, das Baby der Königin. Sie hielt die Jungen in Schach, während Rudella von hinten angriff und sie der Reihe nach behutsam, aber frech mit ihrem Schwert in den Rücken stieß. Auch Dolores eilte jetzt zur Verteidigung des Schlosses herbei.

Ich betrachtete das alles vom anderen Ende des Raumes, ein paar Pullover in der Hand. Dodie spielte von allen Kindern die freieste und seltsamste Rolle. Sie stürzte sich immer wieder ins Gewühl und kam dauernd in Schwierigkeiten. Gleich wem sie sich auch näherte, sie wurde angegriffen und davongejagt, und sie lief jedes Mal weg und versteckte sich hinter mir. Ich fragte sie, ob sie einer der Wärter des Schlosses sei. Sie sagte: »Nein, ich bin ein Killer.«

Ich hatte am Abend vorher ein harmloses, humorvolles kleines Stück geschrieben, so einfach, dass die Kinder es aufführen konnten, doch als ich nun dastand und diese Szene voller Gemetzel und Verbrechen beobachtete, begleitet von hochtrabenden, wenn auch arg verstümmelten Sprüchen – zum Beispiel: »Mein Herr, ich gebiete dir … err … arr … mein Herr … Heh! Du hast ja mich getroffen!« »Der Monarch hat den Befehl erlassen … err … Schlagt ihnen die Köpfe ab!« – da fragte ich mich doch, was in aller Welt ich mir dabei gedacht hatte.

Eléna vollzieht die Trauung: »Willst du mit der da in die Ehe eingehen?«

Beim Mittagessen unterhielten wir uns über das Spiel und redeten davon, Kostüme zu besorgen und aus Pappdeckel ein »richtiges Schloss« zu bauen. Besonders die Mädchen waren von all dem hellauf begeistert, und bald war die Rede davon, ein Schauspiel aufzuführen. Ich steigerte mich selber in die Sache hinein und begann an Requisiten und Handlungsabläufe zu denken.

Kenzo und Vicente gingen zum Mittagessen in die Imbissstube an der Ecke. Vicente war unheimlich aufgeregt, und als sie zurückkamen, stand Stolz in seinem strahlenden Gesicht. Er kam zu mir her, glücklich lächelnd, und fing mit einem ungewöhnlich offenen Blick an mir alles davon zu erzählen. Ich zeigte reges Interesse an seiner Schilderung, und kaum hatte er das bemerkt, als er auch schon abschaltete und um Geld fürs Mittagessen bettelte. Ich interpretiere das so: durch ständiges Betteln zeigt er an, dass er umsorgt, ja geliebt werden will. Doch er fürchtet sich davor, abhängig und bloßgestellt zu werden. Und so drückt er mit seinem Meckern und Betteln sowohl seine Bedürfnisse, wie auch seine Furcht aus, und gleichzeitig versucht er die Reaktion des Erwachsenen zu beherrschen. Als er sich dabei ertappte, wie er mit echter Spontaneität zu mir sprach und so offen enthüllte, dass ihm das alles Spaß gemacht hatte, als er merkte, dass er damit praktisch zugab, dass er Vertrauen zu mir hatte, da überkam ihn die Angst, und er kehrte zu seinen gewohnten Versuchen zurück, mich zu beherrschen. Deshalb setze ich ihm in der Regel feste Grenzen, übe aber innerhalb dieser Grenzen nur wenig Druck auf ihn aus.

Die Jungen in der Pubertät sind kaum in ihrem Körper, jedenfalls in viel geringerem Maß als die Kleineren. Trotz der gewaltigen Energie und physischen Stärke scheint der Körper in diesem Alter fast ein Objekt der Fantasie, wenn auch diese Beschreibung vielleicht eher auf das Ich zutrifft. Ich stelle mir vor, dass das Ich über dem Körper schwebt, wie die Wolke über dem Boot in Ryders Gemälde.

19. 1. 1965

Ich brachte einige alte Vorhänge in die Schule, groß genug, um daraus Zelte für das Schlossspiel zu machen, und ein paar alte Stücke Kordsamt, rot und schwarz, und einige Sicherheitsnadeln und Kreppband für das

Pappdeckelschloss. Mabel hatte inzwischen einige riesige Stücke Papp-karton gebracht.

Große Aufregung. Es war schwierig, überhaupt etwas zu organisieren. José half mir die Pappdeckel in die Turnhalle hinunter zu tragen, dann halfen mir Vicente und Julio mit Kreppband und Nadeln das Schloss zu-sammenzubauen. Die anderen Kinder – und meistens auch Vicente und Julio – tobten herum und hatten nicht das geringste Interesse am Aufbau des Schlosses. Und mir wurde klar, dass das Bild in meinem Kopf aus mei-ner eigenen Kindheit stammte, und dass diese Jungen, die sich auf der Straße nicht sicher fühlen können, wenn sie kein Messer bei sich tragen, keine solchen Bilder im Kopf haben. Und sie bringen nichts zuwege, was auch nur die geringste Geduld erfordert. In dem Moment, in dem etwas schief geht, zerstört Vicente alles, wie ein zorniges Baby. (Er stellte zwar im Werkunterricht bei Mabel eine Schuhschachtel fertig, doch einen Au-genblick später nahm er einen Hammer und schlug sie kaputt.) Es war auch klar, dass sie ihr Spiel nicht der Zerbrechlichkeit des Schlosses an-passen konnten (1,50 Meter hoch). Die Mädchen hätten das vielleicht ge-schafft, aber nicht die Jungen. Ich sah, dass es eine Zeitverschwendung war, dass es in drei Minuten kaputt sein würde. Es ging sogar noch schnel-ler. Maxine kroch hinein und brachte es sofort zum Einsturz. Doch das störte inzwischen niemand mehr. Es hatte einfach ihre Fantasie nicht angesprochen. Und der Hauptgrund war natürlich, dass ich selbst alles kaputtgemacht hatte, weil ich eine so aktive Rolle übernommen hatte. Wären sie auf sich selbst angewiesen gewesen, hätten sie sicherlich die Pappdeckel benützt. Das Schloss hätte nicht so ausgesehen, wie ich mir das vorstellte, aber es wäre das Schloss in ihrem Spiel gewesen, genau auf ihre Energie, Interessen und Unzulänglichkeiten abgestimmt. Die kor-rekte Methode, ihre Spiele zu erweitern, besteht darin, ihnen einfach neue und unerwartete Requisiten zu geben und nichts dazu zu sagen. Die Stoffe, die ich mitgebracht hatte, wurden wichtig; sie wurden zu Gala-kleidern.

Josés älterer Bruder und die ältere Schwester kamen zu Besuch, um das Spiel zu sehen. Beide sind gutmütig wie Eléna, im Umgang miteinan-der grob, aber voller Zuneigung, gute Spielkameraden. Es beeindruckte mich, wie Ernesto mit den jüngeren Kindern umging, mit der Rücksicht-nahme eines Erwachsenen, und doch vergnügte er sich selbst dabei auf eine unbeschwerte, direkte Art, ganz ohne die Verlegenheit oder den Eigendünkel, der für amerikanische Jugendliche in diesem Alter in einer solchen Situation so typisch ist. Schließlich erschienen die Mädchen für das Spiel – Eléna, Dodie, Rudella, Dolores – alle mit Roben und Kronen, Rudella mit einem hohen schwarzen Hexenhut. Zunächst gab es ein Handgemenge, als die Jungen sie angriffen, doch Eléna fluchte und bettelte – »Déjalo! Déjalo! Ich bring' dich um, Mann! Si lo haces otra vez ... Julio! Déjalo! José! Sei doch nett, sei doch nett ...« – und bald befahl sie den Jungen, sich wie Gladiatoren bis zum Tode zu duellieren, während die Mädchen höfische Tänze aufführten. Es gab auch eine königliche Hochzeit, und dann tanzte alles miteinander im Stil eines Menuetts.

Doch es ging heute chaotisch und unglaublich laut zu, und es dauerte lange, bis die Sache lief. Vicente, Maxine, José, Julio – von ihnen gehen alle Schwierigkeiten aus. Es war eine Erleichterung, dort rauszukommen.

20. 1. 1965

Nach all dem Durcheinander von gestern war heute ein ruhiger und produktiver Tag. Die Stunde mit José war gut; er passte genau auf, und wir wiederholten Wörter aus früheren Lektionen. Es ist schwer zu sagen, welche neuen Wörter ich ihm beibringen soll. Tatsache ist, dass bei dem Lebensstil, den er sich zurechtgelegt hat, oder in den er getrieben worden ist, Lesen nahezu überflüssig ist. Unsere eigene Beziehung ist die beste Grundlage, von der aus wir arbeiten können.

José hatte ein Spielzeug, das er auf der Straße gefunden hatte, und er wollte die Zahnräder herausnehmen; er ging damit nach oben in den Werkraum, den ich ihm aufschloss. Während er dort allein arbeitete, las ich mit Vicente – das erste Mal, dass er zu einer Lektion mit mir bereit war. Er sagte: »Ich lese mit Gloria«, und ich sagte: »Das ist gut. Du kannst auch mit mir lesen, wenn du willst.« Daraufhin holte er sein Lesebuch, eines jener Schau-Sieh-Bücher, die ich so steril finde, die aber gut angelegt sind. Er bestand darauf, Seiten überschlagen zu dürfen und zum Ende des Buches zu kommen, ohne es wirklich gelesen zu haben. Ich sagte ihm, er könne lesen ganz wie er wolle, und er fing an zu lesen und las mit leiser Baby-Stimme auf gutem Zweitklässlerniveau, viel besser als José, der fast vier Jahre älter ist.

Immer noch viel Aufregung um das Schloss-Spiel. Sie beschäftigen sich alle mit Helden und legendären Gestalten, derer sie sich bedienen, ohne die Legenden richtig zu kennen. Herkules ist einfach stark und tapfer und trägt ein Löwenfell. Samson, Tarzan, Supermann – stark und tapfer, Unterschiede beschränken sich auf Stil und Fähigkeiten: Supermann kann fliegen, Tarzan kann mit den Tieren reden. Für die Mädchen: Kleopatra, Königinnen, Engel – auch da wieder Schönheit und Macht.

Als ich versuchte, José den Unterschied zwischen Atlas und Ajax zu erklären, sprang er auf und sang das Liedchen von Ajax dem Schaumreiniger aus dem Werbefernsehen. Er wusste nicht so recht, was er davon halten sollte, als ich ihm erzählte, Atlas sei kein richtiger Mensch und trage in Wirklichkeit nicht die Weltkugel auf den Schultern.

Eléna schnatterte während des Mittagessens aufgeregt mit Dolores und erzählte ihr, was für Kleidung Herkules trage: ein Löwenfell, das seine Brüste unbedeckt lasse. Sie deutete das auf ihrem eigenen Körper an und erwähnte kichernd, dass seine Brustwarzen zu sehen seien. Sie sprach Spanisch mit Dolores und Englisch mit mir. Sie wusste das englische Wort für Brustwarzen nicht, und so griff sie lachend nach meiner Brustwarze und kniff mich, und dabei grinste sie und wurde ein wenig rot. Die amerikanischen Mädchen haben in der Regel keine derart unbeschwerte Einstellung zu ihrem Körper (und zu dem anderer Menschen).

26. 1. 1965

José zu Hause mit Fieber. Ich erwähnte es Maxine gegenüber. »Er ist daheim mit Fieber?« sagte sie. »Das wird ihm gut tun!« »Warum?« »Weil er Leute fickt und küsst und zum Heulen bringt, und das muss ihm langsam zum Hals raushängen!«

Maxine ging mir entgegen, als ich ankam. Sie war freundlich und ruhig, nahm meine Hand und ging mit mir die Treppe hinauf. Zehn Minuten später begann sie, von ihren Rivalinnen umgeben, zu schubsen und zu schreien und zuzupacken. Mabel hatte auf das Pult im vorderen Raum eine Kiste voll Magneten ausgeleert, und alle Kinder standen herum und spielten mit den Magneten. Es gab eine bestimmte Anzahl von Magneten, und Maxine hatte einen, so wie alle anderen auch, doch plötzlich packte sie zu und nahm den anderen Kindern eine ganze Handvoll ab und stieß Laura weg, die prompt zu heulen anfing. Was eben noch eine friedliche Szene voll lebhaften Interesses gewesen war, verwandelte sich in heulendes Chaos. Ich versuchte Maxine dazu zu bringen, die Magneten zurückzugeben und mit ihrem eigenen zu spielen. Sie spielte im Moment mit gar keinem, sondern presste sie alle an sich. Sie weigerte sich und fing an mit mir zu streiten und trat mich gegen das Schienbein. Ich wurde wütend und nahm sie ihr weg und packte sie an der Schulter und schüttelte sie durch. Sie beschimpfte mich und wehrte sich; und so ging ich mit ihr in den Nebenraum, wo uns niemand zuschauen würde (denn ich wollte sie nicht in Verlegenheit bringen), und legte sie zum ersten Mal übers Knie und gab ihr Schläge und staunte die ganze Zeit über ihren kompakten, starken kleinen Körper und darüber, dass ich selber so schwer atmete und keuchte. Sie war beleidigt und schrie mich eine Weile an. »Das sag ich meinem Vati, und der wird dich verprügeln!« »Bestimmt nicht. Er wird mir Recht geben.« »Er wird dich verprügeln! Das wirst du schon sehen, mein Lieber!« Dann wurde sie sehr schnell friedfertig, und die Schläge waren irgendwie wichtig für sie gewesen, hatten sie beruhigt, sie bedeuteten für sie wahrscheinlich, dass ihr doch noch einige Privilegien eines kleinen Kindes zustanden, wobei Privilegien für sie die Grenzen waren, für die sie selbst nicht die Verantwortung übernehmen musste. Später ging ich mit ihr in den Zeichenraum, und wir arbeiteten eine halbe Stunde lang am gleichen Tisch, ganz friedlich und mit freundlichen Gesprächen. Sie sagte: »Hast du immer noch eine Wut auf mich?« Und ich: »Nein, ich hab keine Wut mehr auf dich.« Sie: »Hilfst du mir, ich will einen Stern für meine Krone machen. Ich krieg das nie richtig hin.« Sie malte eine Papierkrone, um im Schlossspiel eine Tochter der Königin zu sein.

Josés Abwesenheit gab Julio mehr Spielraum für seine heimtückische Boshaftigkeit; sie nahm Vicente den Beschützer und Bundesgenossen; sie ließ gewissen Neigungen Kenzos freieren Lauf: den starken Mann zu spielen, Eléna Annäherungsversuche (auf seine Art) zu machen.

Doch Kenzo und Eléna hatten sich ohnehin seit Tagen in Susans Klasse gereizt und irritiert, und heute in der Turnhalle kochte es über. Sie fingen an zu streiten. Kenzo ist stärker und kann etwas Judo. Eléna gab nicht nach. Er warf sie zu Boden. Dann schlich sich Julio in seiner gemeinen Art heran und warf Eléna den Volleyball ins Gesicht. Eléna glaubte, Kenzo habe sie ins Gesicht geschlagen. Sie war sowohl wutentbrannt, als auch aufs tiefste gekränkt. Sie fasste ihn mit beiden Händen am Haar. Sie kniete auf dem Boden, das Gesicht versteckt. Kenzo hockte vor ihr und versuchte von ihr wegzukommen. Sie hob das Gesicht nicht vom Boden, und ich sah, dass ihr ganzer Oberkörper zuckte, so sehr schluchzte sie. Sie wollte niemanden ihre Tränen sehen lassen, und sie ließ seine Haare nicht los. Kenzo entschuldigte sich bei ihr. Ich versuchte sie zu trennen, und ich erklärte ihr, dass ihr Kenzo nicht ins Gesicht geschlagen habe. Doch sie war wirklich nicht bei Sinnen. Ihre Fäuste schlossen sich wie Eisenkugeln um seine Haare, die lang sind. Ich wollte sie nicht noch mehr erniedrigen und sie überwältigen, und ich hoffte, dass Kenzos Entschuldigungen ihre Wirkung tun würden. Doch sie hielt ihn fest und hielt ihn fest. Sie konnte nicht mehr klar denken. Andere Kinder wollten sich einmischen. Ich hielt sie zurück und versuchte noch einmal, sie dazu zu bringen, loszulassen. Wieder keine Reaktion. Plötzlich bekam Kenzo panische Angst. Er sorgt sich immer um seinen Körper (oder doch um dessen Aussehen) und ist ein wenig narzisstisch, und wahrscheinlich fürchtete er, seine Haare würden mitsamt den Wurzeln herausgezogen. Er gab ihr drei Schläge in den Rücken – harte, schnelle Schläge, viel härter und fachmännischer, als ich ihm je zugetraut hätte. Sie schrie und machte ein Hohlkreuz und ließ seine Haare los. Sie heulte eine halbe Sunde lang. Verschiedene Leute trösteten sie. Kenzo war sehr erschrocken. Ich sagte ihm nur, er hätte sie nicht so hart schlagen sollen. Es war alles ein hässliches Missverständnis und wäre nicht passiert, wenn Julio nicht gewesen wäre. Eléna machte sich Sorgen um ihren Rücken, und so ging Susan mit ihr zum Arzt, der sagte, es sei weiter nicht schlimm, nur Abschürfungen. Kenzo fürchtete sich inzwischen vor allen Dingen vor Josés Rache, denn es war sicher, dass er nach seiner Rückkehr etwas tun würde. Wir Lehrer sorgten uns auch.

27. 1. 1965

José kam heute wieder – und es überraschte niemanden, dass Kenzo fehlte.

Ich erfüllte ein Versprechen und ging mit José und Vicente zur Freiheitsstatue. Beide waren bester Laune. Vicente bat mich, mich im Bus neben ihn zu setzen. »Heh, Mann, schau mal, schau dorthin, siehst du ... Da! Da wohnt meine Oma! Siehst du die grünen Vorhänge?« Er zeigte mir auch, wo sein Vater wohnt, doch er ist ein uneheliches Kind, und ich weiß nicht, welchen Vater er meinte. Ich beobachtete den üblichen Kontrast: auf der einen Seite die Jungen, die ganz genau verfolgen, was auf der

71

Straße vorgeht, sich aus den Fenstern lehnen, herumhüpfen usw., und auf der anderen Seite wir gleichgültigen Erwachsenen, die traurig dasitzen, als sei der Bus eine pneumatische Röhre, die zum Friedhof führt. Diese Kinder erleben viel Feindseligkeit von Erwachsenen – von Ladenbesitzern, Aufsichtspersonal, Bullen und Leuten im allgemeinen – aber auch viel unerwartete Freundlichkeit.

Wir warteten eine Stunde lang auf die Fähre zur Freiheitsstatue. Kartoffelchips und Kaffee im Restaurant, Popcorn für Vicente. Er suchte gierig nach seinem »Gewinn« – Papieraufkleber, kleine Fähnchen. Er klebte sie auf den Umschlag des Notizbuches, das ich immer bei mir habe. Er gab mir auch viel von seinem Popcorn. Mabel hatte ihm eine altmodische Taschenuhr geliehen. Er konnte die Zeit nicht ablesen, und er widersetzte sich meinen Bemühungen, es ihm zu erklären, und so hörte ich auf damit. Etwas später fragte er mich, wie man von den Zeigern die Zeit ablesen könne. Wenn er es aushält, einer Erklärung zuzuhören, begreift er sehr schnell. Alle fünf Minuten zog er die Uhr heraus und verkündete die genaue Zeit. José machte ein angewidertes Gesicht und sagte: »Mann, du ziehst die ganze Zeit diese Uhr raus.«

Sie liefen über die Landungsbrücke zur Fähre, und José salutierte in seiner komischen Art vor dem Schiffsführer und rief ihm zu: »Bitte an Bord kommen zu dürfen, Sir!« Der Mann zuckte nervös zusammen und sagte: »Ja ja, schon gut, schon gut.«

Beide waren von der Freiheitsstatue enttäuscht, so wie sie von allem enttäuscht sind. José sagte später, sie sei »billig«. Wie immer ein ungestümes erstes Erobern, eine Art hektisches Um-sich-blicken, ein Herumrennen, um seine Grenzen aufzuzeigen; dann völliger Rückzug, keine Neugier, keine Fragen. (Wenn auch José meine Korrektur schluckte – dass wir sie von Frankreich bekommen hätten, nicht von England und sich viel später einmal darauf berief.)

Viele Schulkinder waren auf der Fähre, doch auch viele Touristen, darunter einige kastilische Mexikaner, die Spanisch redeten und nicht wie Puerto-Ricaner aussahen. Vicente und José zeigten jedoch beide großes Interesse an ihrer Erscheinung und an dem ungewöhnlichen Akzent.

José lief auf das Deck hinaus, um mit seiner Spucke den Wind zu prüfen, und er lachte, als sie zu ihm zurückgeweht wurde, wie ich ihm vorher prophezeit hatte. José sprach von der Rache, die er an Kenzo nehmen wollte. Ich versuchte, es ihm auszureden. José: »Klar nehm'ich mir den vor, Mann. Was glaubst denn du? Er hat meine Schwester geschlagen, oder?«

Doch Kenzo war nicht da, als wir zurückkamen.

3

Vielleicht verdeutlichen diese Auszüge aus meinem Tagebuch etwas von dem persönlichen, zwanglosen Stil an unserer Schule. Was sich daraus nicht so ohne weiteres ablesen lässt, ist die Verbindung zwischen diesem Stil und den Fortschritten im Lernen, die die Kinder machten. Und damit kommen wir zu einem der wirklich schädlichen Mythen der Erziehung, nämlich, dass Lernen das Ergebnis des Unterrichtens sei; dass der Fortschritt des Kindes im direkten Zusammenhang mit den Lehrmethoden und den inneren Verhältnissen des Lehrplans stehe. Daran ist ganz und gar nichts Wahres. Natürlich wollen wir gute Lehrer. Natürlich wollen wir einen gut aufgebauten Lehrplan (wir brauchen ihn nicht in einheitlicher Form vorzuschreiben). Es ist jedoch falsch, darin die wirksamen Ursachen des Lernens zu sehen. Die Ursachen liegen beim Kind selbst. Wenn wir uns die Geisteskräfte eines gesunden Achtjährigen vor Augen halten – die unersättlichen Sinnesorgane, das scharfe, unermüdliche Beobachten, die mühelose Konzentration, das muntere Gedächtnis – dann wird uns sofort klar, dass diesen Kräften in der allgemeinen Einstufung der Dinge größerer Stellenwert zukommt. Verglichen damit kann die Stoffwahl für die Grundschulerziehung kaum als schwierige Aufgabe betrachtet werden. Und doch ist unter Berufspädagogen die Ansicht weit verbreitet, dass das Lernen irgendwie eine schwierige Sache sei.

Woran liegt es dann, dass so viele Kinder nicht mitkommen? Ich will es mit aller Deutlichkeit sagen, weil unser öffentliches Schulsystem eine fürchterliche, lebenzerstörende Schweinerei ist. Diese Zerstörung geschieht ganz direkt. Die Fähigkeiten selbst, die Geisteskräfte, werden im Keim erstickt oder zur Untätigkeit verdammt, was letzten Endes auf dasselbe hinausläuft.

Lernen gibt es nur (wie uns Dewey sagt) im ununterbrochenen Zusammenhang von Erfahrungen. Doch diese Kontinuität kann im Klassenzimmer nicht überleben, wenn es nicht zu echten Begegnungen zwischen den Erwachsenen und den Kindern kommt. Die Lehrer müssen sie selbst sein, nicht irgendwelche Rollen spielen. Sie müssen die Kinder unterrichten, nicht irgendeinen »Lehrstoff«. Schließlich ist das Kind begierig darauf, sich das anzueignen, was es für die Notwendigkeiten des Lebens hält, und der Lehrer darf ihm nicht mit reinem Fachwissen und irgendwelchen Mätzchen antworten. Die Kontinuität der Erfahrungen und die echten Begegnungen werden in den öffentlichen Schulen (und in den meisten privaten) durch genau die Methoden zerstört, die die Institution selbst zusammenhalten – die hierarchische Organisation, die Reglementierung, die gesichtslosen Begegnungen, das nichts sagende Fachwissen und so fort.

Eléna und Maxine fingen an, sich ihre Lektionen in einem fantastischen Tempo einzuverleiben. Ihre Unterrichtsstunden waren kurz, und sie bekamen auch nicht viele, doch in eineinhalb Jahren schafften sie beide den Stoff von drei Jahren. Maxine, die auf der ganzen Linie zurückgeblieben war, war jetzt im Lesen drei Jahre voraus. Doch in Wirklichkeit war daran gar nichts Ungewöhnliches, wenn es auch sicherlich so aussieht. Ich will damit sagen, die Mädchen fanden es leicht. José überwand allmählich seine althergebrachte Gewohnheit des totalen Versagens. Er fing an zu lernen. Seine Fortschritte waren langsam, doch sein Erleben glich ganz dem der beiden Mädchen. Das heißt, er entdeckte – oder erahnte jedenfalls – die Leichtigkeit des Lernens. Und jedes Mal wenn er das spürte, sprudelte ein ganz bestimmtes Lachen aus ihm, ein Lachen der Erlösung.

Das Erlebnis des Lernens ist ein Erlebnis der Ganzheit. Das Kind spürt die Einheit seiner Kräfte und die Kontinuität von Personen. Seine Eltern, seine Freunde, seine Lehrer und die undeutlichen menschlichen Gestalten seiner Zukunft bilden für ihn eine Welt, und es spürt die Zweckdienlichkeit und Wirklichkeit seiner Kräfte innerhalb dieser Welt. Erlebt das Kind diese Ganzheit nicht, ist es kein echtes Lernen. Kinder, die Fakten auswendig lernen und die Antworten nachplappern (wie das John Holt in »How Children Fail« geschildert hat) sind unweigerlich starken Beklemmungen ausgesetzt. Wenn sie in die Kontinuität von Personen eingereiht werden, so geschieht das nicht durch Ausübung ihrer Kräfte, sondern durch Unterdrückung ihrer Bedürfnisse. Rebellische Kinder vertrauen mehr auf ihre Instinkte, doch sie werden durch den Konflikt mit den Personen, die die Kontinuität des Lebens ausmachen, verunsichert. Die wirklich entscheidenden Dinge der First Street waren: dass wir – so gut wir das konnten – die Hindernisse eliminierten, die dem natürlichen Wachstum des Denkvermögens im Wege standen; dass wir alles auf der echten Begegnung zwischen Lehrer und Kind aufbauten; dass wir unser Möglichstes dazu beitrugen (bei weitem nicht genug), etwas von der Kontinuität der Erfahrungen wiederherzustellen, in deren Rahmen jedes Kind sein Wachstum schaffen muss. Es ist kein Wunder, dass die Kinder unter diesen Umständen zum Leben kamen. Schließlich hatte sie das Erlebnis des Versagens schrecklich gelangweilt. Denn Bücher sind tatsächlich interessant; und dasselbe gilt für Zahlen und für das Malen von Bildern und für Tatsachen über die Welt.

Lassen Sie mich das dadurch noch etwas spezifischer ausdrücken, dass ich etwas näher auf José eingehe. Gleichzeitig möchte ich auch zeigen, dass das, was man gemeinhin als »Lernprobleme« bezeichnet, sehr oft einfach Probleme der Schulverwaltung sind.

José hatte auf der ganzen Linie versagt. Nach fünf Jahren in den öffentlichen Schulen konnte er nicht lesen, konnte nicht addieren und hatte auch nicht die rudimentärsten Kenntnisse in Geschichte oder Geographie. Er wurde uns als ein Junge beschrieben, der »schlechte Motivation« habe, dem es an »Lesefertigkeit« fehle und der (noch einmal) »ein Leseproblem« habe.

Was sind das nun eigentlich für Gebilde, die er hatte bzw. die ihm fehlten? Gibt es überhaupt solche Dinge wie »ein Leseproblem« oder »Motivation« oder »Lesefertigkeit?

Wenn man »Leseproblem« sagt, zieht man einen kleinen Kreis um José und nennt den Inhalt: Silben, Rechtschreibung, Grammatik usw.

Da wir aber von einem echten Jungen reden, reden wir auch von echten Büchern und echten Lehrern und echten Klassenzimmern. Und echte Jungen lesen schließlich nicht Silben, sondern Worte; und Worte, selbst gedruckte Worte, besitzen eine Stimme; und Stimmen existieren nicht im leeren Raum, sondern in sehr deutlich aufgezeigten sozialen Schichten.

Durch welchen Vorgang sind José und sein Schulbuch zusammengekommen? Ist dieser Vorgang Teil seines Leseproblems?

Wer fordert ihn auf, das Buch zu lesen? Irgendjemand fordert ihn auf. Mit welcher Art von Stimme und zu welchem Zweck und mit welchem

Interesse oder Mangel an Interesse am Ergebnis? Und wer hat das Buch geschrieben? Für wen haben sie es geschrieben? Ist es für José geschrieben worden? Kann José wirklich an dem Leben teilnehmen, das das Buch anzubieten scheint?

Und warum liest José nicht? Wir dürfen uns nicht einfach mit der Tatsache abfinden, dass er versagt. Wie verhält er sich dabei? Was tut er? Es ist schließlich unmöglich, dass er nur dasitzt und nicht zuhört. Er sitzt da und tut irgendwas. Träumt er? Wenn ja, worüber? Sind diese speziellen Tagträume nicht Teil seines Leseproblems? Hat ihn der Lehrer gefragt, woran er denkt? Ist sein Versäumnis zu fragen nicht Teil von Josés Leseproblem?

Gedruckte Worte sind eine Erweiterung des Sprechens. Lesen heißt sich mit Hilfe des Sprechvermögens in die Welt hinauszuwagen. Lesen ist Konversation. Was aber, wenn nun diese größere Welt furchteinflößend und beleidigend ist? Sollten wir Furcht und Beleidigung in Josés Leseproblem einschließen oder nicht?

Und gibt es eine Fähigkeit des Verstandes, das ABC aufzunehmen und bei Bedarf wieder zu produzieren? Oder gibt es nur eine Intelligenz, die durch Vergnügen, Schmerz, Hoffnung usw. abgewandelt wird? Offensichtlich besitzt José nur eine geringe Fertigkeit im Lesen, doch wie ich eben angedeutet habe, geht es beim Lesen nicht nur um die Kleinigkeit von Silben und Worten. Und deshalb ist auch die Fertigkeit im Lesen keine Kleinigkeit. Auch zu ihr gehören seine typischen Beziehungen zu Erwachsenen, zu anderen Kindern und zu sich selbst; er ist nämlich innerlich heftig zerrissen, und dieser Konflikt bildet den eigentlichen Kern seines Leseproblems.

Josés Leseproblem ist José. Oder, um es anders auszudrücken, es gibt kein Leseproblem. José hasst Bücher, Schulen und Lehrer, und neben hundert anderen Dingen, die er nicht kann -und sie hängen alle miteinander zusammen –, kann er auch nicht lesen. Ist das ein Lese-Problem?

Mit anderen Worten: Ein Leseproblem ist nicht eine Tatsache des Lebens, sondern eine Tatsache der Schulverwaltung. Es sagt nichts über José aus, sondern über die Methode der Schule, alles an José zu ignorieren, außer seiner Reaktion auf gedruckte Buchstaben.

Tun wir zur Abwechslung einmal das Nahe liegende und schauen uns José an. Diesen kleinen Einblick in Josés Verhalten hätte vielleicht ein

Besucher während Josés ersten Monaten in der First-Street-Schule bekommen.

Er steht im Gang und unterhält sich mit Vicente und Julio. Ich sitze allein im Klassenzimmer, auf einem der Kinderstühle. Vor mir liegt ein Stück Papier, und darauf steht ein Satz mit fünf Worten. Die Worte werden unter dem Satz nochmals in drei Spalten wiederholt, so dass jedes Wort mehrfach auftaucht. Da José mit einem Leseproblem zu uns kam, wollen wir doch einmal sehen, welche Beziehung wir zwischen diesen zwölf Silben und dem außergewöhnlichen Verhalten, das er an den Tag legt, herstellen können.

Er hatte sich auf dem Gang lebhaft unterhalten. Als er jetzt zu mir hereinkommt, zieht sich sein Gesicht krampfhaft zusammen, und von den großzügigen Gesten seiner Arme bleibt fast gar nichts übrig. Es ist niemand in seiner Nähe, und es steht ihm völlig frei, den Unterricht abzulehnen, und doch beginnt er sich zu winden und zu krümmen, als zerre ihn jemand am Arm. Er zieht die Hosen hoch, schiebt die Unterlippe vor und starrt vor sich auf den Boden. Er runzelt unruhig die Stirn, wie ein Mann, der physischen Schmerz aushalten muss. Seine Augen sind verschleiert. Plötzlich schüttelt er sich, hebt den Kopf und reißt sich zusammen. Seine Augen sind aber immer noch glasig. Er gähnt abrupt und wirft sich auf den Stuhl neben mich und rutscht so weit nach vorne, wie es nur geht. Doch jetzt wendet er sich mir zu und gibt mir sein typisches Lächeln, ein unverschämter Bluff, doch tapfer und attraktiv. »Okay, Mann – fangen wir an.« Ich zeige auf den Satz, und er rasselt ihn herunter, denn sein Gedächtnis ist nicht schlecht, und er erinnert sich vom Tag vorher noch ganz genau daran. Doch als ich ihn bitte, dieselben Wörter in den darunter stehenden Spalten zu lesen, wiederholt er wütend den Satz und stößt seinen Finger auf die Spalten, denn er hatte den Satz überhaupt nicht gelesen, sondern einfach auswendig hergesagt. Er lacht laut und wird rot. Jetzt setzt er sich auf, voller Aufmerksamkeit, und beugt sich über das Stück Papier und sucht es nach irgendwelchen Anhaltspunkten ab: Schmierstellen, zufällige Bleistiftmarkierungen, seine eigenen Kritzeleien vom Tag vorher. Er wirft mir prüfende Blicke zu und versucht, den jeweiligen Gesichtsausdruck zu interpretieren. Er versucht bei sich den ganzen Verlauf der gestrigen Unterrichtsstunde zu rekonstruieren, damit die geschriebenen Worte zu Anhaltspunkten für die gesprochenen werden können, und wenn er die gesprochenen wiederholt, kann er vielleicht den Eindruck erwecken, er könne lesen. Der intellektuelle Aufwand und der Scharfsinn – den er dabei einsetzt, sind mehr als er bräuchte, um das Lesen zu lernen. Es ist an dieser Stelle erwähnenswert, dass das geschriebene Wort »ich« immer Verwirrung bei ihm hervorruft, obwohl er im Gespräch keinerlei Schwierigkeiten damit hat.

Was sind nun Josés Probleme? Eins davon ist sicherlich die Tatsache, dass er nicht lesen kann. Doch dieses Problem wird offensichtlich von anderen fundamentaleren Problemen verursacht; seine Unfähigkeit zu lesen sollte überhaupt nicht als Problem angesprochen werden, sondern als Symptom. Wir brauchen José nur anzusehen, um zu erkennen, wo seine Probleme liegen: Scham, Furcht, Hass, Zurückweisen anderer und seiner selbst, Beklemmung, Selbstverachtung, Einsamkeit. Nichts von alledem wurde von der Schwierigkeit beim Lesen gedruckter Worte verursacht – das wird erst recht klar, wenn ich hier erwähne, dass José, als er mit sieben Jahren in dieses Land kam, Spanisch lesen konnte und dass er regelmäßig seiner Mutter, die nicht lesen kann, die Postkarten von dem in Puerto Rico zurückgebliebenen schreibkundigen Vater vorgelesen hatte. Fünf Jahre lang war er in den Klassenzimmern der öffentlichen Schulen herumgesessen und dabei tatsächlich von Jahr zu Jahr dümmer geworden. Er hatte in allen Fächern versagt (nicht nur im Lesen) und war nur immer wieder versetzt worden, um anderen Kindern Platz zu machen, die mehr oder weniger dazu verdammt waren, in seinen Spuren zu wandeln.

Natürlich gingen nicht alle von Josés Problemen von der Schule aus. Doch bei der Vertrautheit und Freiheit der Umwelt in der First Street, ließ sich sein von der Schule geprägtes Verhalten leicht beobachten. Er konnte zum Beispiel nicht glauben, dass alles, was in Büchern stand oder in Klassenzimmern gesagt wurde, sein rechtmäßiges Eigentum war oder auch nur zu der Welt im allgemeinen gehörte, so wie Bäume und Laternenpfähle ganz einfach zu der Welt gehören, in der wir alle leben. Er glaubte dagegen, dass Dinge, mit denen man es in der Schule zu tun hatte, irgendwie zur Schule gehörten oder von irgendeinem weit reichenden bürokratischen Arm zugeteilt wurden. Es war ihm nie deutlich gemacht worden, dass er an ihnen teilhaben konnte, sondern vielmehr, dass er an ihnen gemessen und zu leicht befunden würde. Er glaubte auch nicht, dass ihm persönliche Rücksichtnahme zustand, sondern er war der Meinung, wenn er mit einem Klassenkameraden oder mit dem Lehrer sprechen wollte, oder wenn er aufstehen wollte, um Arme und Beine zu bewegen, oder wenn er auch nur hinausgehen und urinieren wollte, dass er das dann mehr oder weniger der Autorität zum Trotz tun müsse. Während der ersten Wochen in unserer Schule suchte er bei den harmlosesten Anlässen Streit. Außerhalb der Schule hatte er viele Spiele gelernt, so wie alle Kinder, ohne sich bewusst zu werden, dass sie dabei einen »Lernprozess« durchmachen. In der Schule verließ ihn diese Fähigkeit. Es war ihm auch noch nie in den Sinn gekommen, dass man sich ganz bewusst das Ziel setzen konnte, etwas zu lernen, denn die vollständigen Formen des Lernens hatte er noch nie erlebt. Was er kennen gelernt hatte, das war das auswendige Aufsagen von Texten, Abschreiben, das Beantworten von Fragen, Klassenarbeiten – und diese Dinge ergeben beileibe noch kein Lernen. Außerdem sah er keinerlei Verbindung zwischen der Schule und seinem Leben zu Hause und auf den Straßen. Hätte er gehört, wie unsere liberalen Pädagogen mannhaft zugeben: »Wir kommen bei ihnen einfach nicht an«, hätte er mit Scham und Wut auf diese kleine Zweiteilung »wir / sie« reagiert, denn er war ihr in hunderterlei Form begegnet.

Man konnte nicht sagen, dass er vorher überhaupt schon auf der Schule gewesen war, sondern vielmehr dass er fünf Jahre lang in der Kunst der Menschenverachtung unterwiesen worden war, denn Menschenverachtung war es, was in den Klassenzimmern zuallererst demonstriert worden war, und zwar hatte sie sich zu gleichen Teilen auf Lehrer, Eltern und Kinder bezogen. Josés Unfähigkeit zu lernen begründete sich praktisch genau auf dieses von der Schule geprägte Verhalten.

Man kann als Axiom feststellen, dass der hauptsächliche Energieaufwand des Schulkindes der Selbstverteidigung gegen die Umwelt gilt. Wenn das in einer Beeinträchtigung des Wachstums gipfelt – und das geschieht fast immer –, dann ist es völlig hoffnungslos, die Tendenz dadurch umwandeln zu wollen, dass man Phonetik unterrichtet, anstatt wie bisher alles blind nachsprechen zu lassen. Die Umwelt selbst muss verändert werden.

Wenn ich so immer neben José saß und ihn mit den gedruckten Worten kämpfen sah, fiel mir auf, dass er Schwierigkeiten hatte, sie auch nur zu sehen. Von ärztlichen Zeugnissen wusste ich, dass seine Augen in Ordnung waren. Es war klar, dass seine rein physischen Schwierigkeiten Anzeichen eines schrecklichen Konfliktes waren. Auf der einen Seite wollte er die Worte gar nicht sehen, wollte seine Augen nicht darauf richten, seinen Kopf vorbeugen, seinen Kopf ruhig halten. Auf der anderen Seite wollte er wieder lesen lernen, und so zwang er sich dazu, diese Dinge zu tun. Doch der Konflikt war sichtbar. Es war, als sei zwischen ihm und den gedruckten Worten eine Barriere aus geschwärztem Glas aufgebaut worden: Er bewegte seinen Kopf hierhin und dorthin, kniff die Augen zusammen, riss sie wieder auf, presste seine Hand gegen die Stirn. Die Barriere bestand natürlich aus den bereits erwähnten chronischen Empfindungen: Hass, Scham, Selbstverachtung usw. Doch wie lässt sich eine solche Barriere entfernen? Es lässt sich offensichtlich nicht einfach in einer kleinen Ecke im Leben eines Jungen in der Schule erreichen. Es muss in seinem ganzen Leben in der Schule erreicht werden. Und diese chronischen Empfindungen lassen sich auch nicht einfach so entfernen, als handle es sich um Zysten, Tumore oder Splitter. Hass kann man nur dadurch abbauen helfen, dass man dazu beiträgt, dass das Vertrauen wächst und dass es oft Anlässe zur Zufriedenheit gibt; ähnlich lässt sich Scham nur überwinden, wenn sie durch Selbstachtung ersetzt wird; und Verlegenheit löst sich nicht einfach in Wohlgefallen auf, wenn man dem Kind beweist, dass es keinen Anlass hat, verlegen zu sein; sie muss durch Zuversicht ersetzt werden und durch großherzigere Achtung für andere. Es braucht kaum erwähnt zu werden, dass durch solche Umwandlungen die Fähigkeit des Kindes, zu lernen, ebenso spektakulär wächst, wie seine Fähigkeit zu spielen und positive Beziehungen zu Gleichaltrigen und Älteren herzustellen. Welche Bedingungen im Leben in der Schule sind aber imstande, diese so wünschenswerten Veränderungen zu unterstützen? Sie können offensichtlich nicht gelehrt werden. Und auch bessere Unterrichtsmethoden oder bessere Lehrbücher können sie nicht herbeiführen.

Wenn mir José nach zehn Minuten einer Lesestunde sagte, er wolle in die Turnhalle, und ich sagte: »Okay«, dann spielte sich in seiner Seele eine kleine Revolution ab. Sein Lehrer respektierte seine Wünsche! Das hieß doch wohl, dass ihn der Lehrer als Person ernst nahm? So wurde es für José leichter, sich selbst als Person ernst zu nehmen. Und wenn er fluchte, provozierte, sich mit Klassenkameraden schlug, und die Lehrer nur mit ihren eigenen Gefühlen reagierten und nie mit schulmäßiger Bestrafung, Minuspunkten, Nachsitzen usw., hieß das dann nicht, dass sie

82

ihn genau so akzeptierten, wie er war, und dass er nicht erst alles unterdrücken musste, bis auf sein gutes Benehmen, wenn er ihnen gegenübertrat? Er konnte auf seinen eigenen zwei Beinen stehen, und sie auf den ihren. Seine Beklemmung ließ nach, und sein Hass – und seine Verwirrung.

Die allmählichen Veränderungen in Josés Temperament entwickelten sich aus der Gesamtheit unseres Lebens in der Schule, nicht aus winzigen, speziell auf Josés akademisches Problem zugeschnittenen Programmen. Und nicht der unbedeutendste Aspekt dieses Lebens (möglicherweise sogar der allerwichtigste) war die Wirkung, die die anderen Kinder auf ihn hatten. Ich meine, wenn Erwachsene zur Seite treten, damit Kinder den ganzen Reichtum ihrer natürlichen Beziehungen zueinander entwickeln können, dann üben sie eine positive heilende Wirkung aufeinander aus. Kinder haben erschreckend selten die Gelegenheit dazu. Ihr Schulleben wird von Erwachsenen beherrscht, und nach der Schule können sie nirgendwo hingehen. Denn die Straßen werden auch von Erwachsenen beherrscht, und manchmal von Gewalttätigkeit Jugendlicher, die selbst nichts anderes ist, als ein Ausdruck der Beklemmung.

Wenn ich diese Worte schreibe, muss ich unwillkürlich die Straßen unserer Städte mit der Umwelt meiner eigenen Kindheit in den letzten Depressionsjahren in den kleinen Vororten von Pittsburgh vergleichen. Ringsum waren Wälder, und es gab Felder und unbebaute Grundstücke. Und amerikanische Eltern waren noch nicht so ängstlich um ihre Kinder besorgt- oder um sich selbst. Nach Schulschluss und an Samstagen und Sonntagen wussten unsere Eltern kaum einmal, wo wir waren.

Ich spreche jetzt von Acht-, Neun- und Zehnjährigen. Wir streiften in kleinen Cliquen umher oder spielten im Wald, in den engen Gassen, auf den Feldern. Von den Essenszeiten abgesehen waren wir nicht gezwungen, uns nach den Wünschen der Erwachsenen zu richten. Im New York unserer Tage und in der Welt unserer Tage – mit ihren Beklemmungen, ihrer Pest von Beamten und Beamtentum, ihrer rücksichtslosen Karrieremacherei, ihrem Fluch der alles durchdringenden Politik, die selbst intelligente Köpfe dazu verführt, Abstraktionen so zu behandeln, als seien sie konkrete Dinge – in einer solchen Welt ist das Leben eines Kindes in der Tat schwierig.

Das wichtigste von allen Dingen, die wir den Kindern in der First Street boten, waren vielleicht die vielen Stunden unbeaufsichtigten Spielens. Mit »unbeaufsichtigt« meine ich, dass wir Lehrer überhaupt nicht eingriffen, sondern daneben standen und Däumchen drehten. Wir spielten nicht Schiedsrichter oder Appellationsgericht. Ich habe sogar bei den älteren Jungen mehrfach Gewalttätigkeiten abgewendet, indem ich einfach aus der Turnhalle ging! Wir sorgten für ein gewisses Maß an Sicherheit im Falle einer Verletzung, und wir hielten ihnen andere Leute vom Leib. Das war ein Luxus, den diese Kinder noch selten erlebt hatten.

Ich möchte später auf dieses Thema zurückkommen und zunächst einmal etwas näher darauf eingehen, woher und wie es kommt, dass Kinder eine positive heilende Wirkung aufeinander ausüben, wenn man sie sich selber überlässt. Viele »Experten« reagieren auf eine solche Feststellung mit Misstrauen, sie nennen sie romantisch, was nichts anderes heißen soll, als dass die Weltkugel auf dem Schneckenhaus ihrer eigenen Karrieren reitet. Viele Lehrer und Eltern erkennen jedoch in dieser Feststellung eine der schönsten und bedeutungsvollsten Tatsachen des Lebens. Wäre Wachstum möglich – ja, gäbe es überhaupt eine Welt, wenn die Jungen nur die Dinge aufnehmen dürften, die ihnen bewusst von den Erwachsenen geboten werden? Wir sollten uns auch einmal vor Augen halten, was für ein Schock es wäre, wenn wir Erwachsenen zwei Minuten lang noch einmal die Geisteskräfte erleben könnten – die Konzentration, das Gedächtnis, das Interesse am Detail, von der physischen Beweglichkeit ganz zu schweigen –, die wir im Alter von zehn Jahren besaßen. Die Eitelkeit in unseren Beziehungen zu den Jungen würde ganz sicherlich nicht überleben.

Hier sind zwei kleine Vorfälle aus unserer Schule. Sie stehen für Tausende andere, die die Entwicklung von Selbstachtung, Zuversicht, Vertrauen und Achtung für andere unterstützten. Gleichzeitig verminderten sie Scham, Verlegenheit, Selbstverachtung, Feindseligkeit und Misstrauen gegen andere. Außerdem trug all dies dazu bei, die Barriere aus dem Weg zu räumen, die vorher alle Erlebnisse der Kinder, und dazu gehört auch das Lernen, behindert hatte.

Rudella, das neunjährige Negermädchen, war wegen einiger harter Worte beleidigt, die in Susans Klasse an sie gerichtet wurden. Wegen ihrer Schüchternheit war es sehr schwierig für sie, sich zu verteidigen, doch deshalb war sie nicht gezwungen, zu schmollen und ihren Stolz hinunterzuschlucken. Sie zog ihren Mantel an und verkündete, sie haue ab. Sie sagte, sie komme nicht wieder, und meinte damit »nie wieder«, ließ aber durchblicken, es sei nur für den Rest des Tages. Und so marschierte sie hinaus und genoss ihren Abgang, der jedem triumphalen Einzug auf der Bühne ebenbürtig war. Sie ging zum Süßwarengeschäft an der Ecke und kaufte sich einen Schokoladendrink. Man kann sich gut vorstellen, dass in dem Maße, in dem das Glas leer wurde, das »auf immer« zu einem einzigen Tag zusammenschmolz, und dass dieser Tag, als das Glas erst leer war, sehr lang schien. Vielleicht dachte sie daran, dass sie triumphierend und mit großer Würde abgegangen war und dass ihre Klassenkameraden ihren Stolz kennen gelernt hatten. Auf jeden Fall tauchte sie plötzlich in der Tür des Klassenzimmers auf, zog den Mantel aus und warnte dabei ihre Lehrerin wütend, sie solle dafür sorgen, dass so was nicht noch mal vorkomme. Ihre Lehrerin lächelte, und eine ihrer Klassenkameradinnen sagte aufmunternd: »Da ist Rudella!« Als Kenzo Eléna wehtat, wusste er, dass José, dem für die puerto-ricanischen Männer so wichtigen Kodex des »machismo« folgend, sich rächen würde, um die Familienehre wiederherzustellen. José war fast drei Jahre älter als Kenzo, und Kenzo hatte allen Grund, sich zu fürchten. Kenzo war für sein Alter groß und kräftig und außerdem flink; auch war er für sein Alter schon ein richtiger Judo-Experte. In einem normalen sauberen Zweikampf könnte er José vielleicht schlagen, doch in Wirklichkeit – und Kenzo wusste das – war José unbezwingbar. Er würde einfach nie aufgeben. Und er würde nicht vergeben. Sollte er im Faustkampf unterliegen, würde er eben zum Messer greifen. Er würde das Messer vielleicht nicht einsetzen, doch das war keinesfalls sicher. Und er würde sich nach der Schule auf die Lauer legen. José war an die Gewalttätigkeiten der umliegenden Straßen gewöhnt. Kenzo war viel zahmer großgezogen worden, der Vater war ein Bohemien, die Mutter Künstlerin. Er war von seinem Naturell her kein Kämpfer.

Solche Gedanken ließ sich Kenzo mit Sicherheit durch den Kopf gehen. Doch wenn José nicht aufgeben und ihm nicht verzeihen würde, eins würde er bestimmt tun: Wie alle Jungen würde er allmählich (und am Standard der Erwachsenen gemessen schnell) vergessen. Und so blieb Kenzo drei Tage lang der Schule fern, Freitag, Montag und Dienstag, so dass zwischen dem Vorfall und seiner nächsten Konfrontation mit José fünf ganze Tage lagen. Als er wiederkam, war er darauf vorbereitet, José zu versöhnen, und er brachte ein kleines Geschenk mit.

Der Ausgang dieses Abenteuers wird in der nächsten Eintragung des Tagebuchs geschildert werden. Hier möchte ich nur darauf hinweisen, dass Kenzo wusste, dass man ihn nicht zwingen würde zur Schule zu geben. Wir würden ihm seine Abwesenheit nicht ankreiden und ihn bei seiner Rückkehr nicht bestrafen.

Wie verzweifelt wäre er gewesen, wenn ihn trotz seiner Angst und seiner recht realistischen Einschätzung der Gefahr eine gefühllose Koalition von Erwachsenen zum Schulbesuch gezwungen hätte! Hatte er kein Recht darauf, sich zu fürchten? Und mit welchem Recht hätten wir ihn zwingen können, sich der Gefahr auszusetzen, wenn wir ihn nicht beschützen konnten, vor allem in den Stunden nach Schulschluss. Es bedeutete sehr viel für ihn, dass wir seine eigene Lösung akzeptierten. Sein jungenhaftes Gefühl der Hilflosigkeit verringerte sich, wie auch seine Abneigung gegen Erwachsene und Autorität im allgemeinen – eine Abneigung, die durch die widerwilligen Akte des Gehorsams in der Kindheit so zwangsläufig erzeugt wird.

Die Wirkung auf José war beträchtlich. Er musste sich selbst ganz direkt mit Kenzos Abwesenheit auseinandersetzen. Hätten sich in diesem Stadium Erwachsene eingemischt, so hätte sich daraus ein absolut unerwünschter Schutzwall aus »moralischen Gesichtspunkten« ergeben, die mit ihrer Blindheit gegenüber den harten Fakten ganz und gar nicht moralisch gewesen wären. Und was noch wichtiger ist: irgendwelche Entscheidungen von Autoritäten hätten José in der Überzeugung gestärkt, dass er außerhalb der Gesetze stand. Ich erklärte ihm, dass man Kenzo dafür, dass er Eléna schlug, keinen echten Vorwurf machen könne; und ich ließ ihn wissen, dass ich Gewalttätigkeit verabscheue. Davon abgesehen versuchten wir Erwachsene nicht, einen Streitfall zu »schlichten«, der den Kindern gehörte. Und José fühlte sich überhaupt nicht außerhalb der Gesetze, sondern staunte nur im Stillen darüber, dass er selbst der Anlass für Kenzos Abwesenheit war. Es schmeichelte ihm ein wenig, dass ihn jemand so fürchtete, doch es war auch ein wenig deprimierend. Was hielt nun Kenzo wirklich von ihm? Waren seine gelegentlichen freundlichen Annäherungen einfach ein Ergebnis seiner Furcht?

Ich brauche kaum zu betonen, dass solche Freiheiten, wie ich sie hier beschrieben habe, ganz wesentlich dazu beitrugen, die Selbstachtung und den natürlichen Stolz der Kinder wieder aufzubauen. Weniger deutlich ist vielleicht die Tatsache, dass Freiheit moralische Überlegungen aktiv in das Leben der Schule treten lässt. Die Frage richtigen Handelns kann überhaupt nie aufgeworfen werden, wenn Gefühle nicht ausgedrückt und geachtet werden. Selbst das »Pflichtbewusstsein«, das oft Mitgefühl übergeht, hat mit Gefühlen zu tun, und gewöhnlich mit sehr tiefgehenden. Ohne Gefühle gibt es nur Vorschriften, und Vorschriften sind nahezu wertlos. Gefühle, die zum richtigen Handeln gehören – Zweifel, Scham, Schuld, Mitgefühl, Liebe, Gerechtigkeitssinn – lassen sich auch nicht von anderen Gefühlen isolieren und wie Blumen im Gewächshaus kultivieren. Sie gehören buchstäblich zu all den anderen Gefühlen. Das sich entfaltende Ego erfährt sich selbst durch Gefühle. Wenn Gefühlsregungen ganz allgemein unterdrückt werden, werden damit auch die »feineren Gefühle« unterdrückt.

Es ist hier auch erwähnenswert, dass Erwachsene den Kindern, die man ihre moralischen Probleme selbst lösen lässt, nicht mehr ausschließlich als Autoritätspersonen erscheinen. Sie verlassen ihre zentrale Stellung als Schauspieler und werden zu interessierten Beobachtern, und anstatt wie Anführer der Organisation sehen sie nun eher wie Gemeinde-Älteste aus. Während die Entscheidungen von Autoritäten den Interessen der Kinder oft zuwiderlaufen und ihnen schaden, werden die Meinungen von Älteren häufig respektiert und manchmal sogar ausdrücklich eingeholt. Auch hier ist die natürliche Autorität der Erwachsenen wieder optimal auf die Bedürfnisse der Kinder abgestimmt. Ich rede immer wieder vom Wachstum der Kinder. Ich sollte hinzufügen, dass man unter den oben beschriebenen Bedingungen auch bei Lehrern ein Wachstum beobachten kann. Es ist keine Kleinigkeit, mit einer Anzahl von Kindern in ein ganz direktes, nicht nachlassendes Verhältnis einzutreten. Sie lassen nicht viel Raum für Eitelkeit, Selbstgefälligkeit und Launenhaftigkeit, für die wir Erwachsenen allzu empfänglich sind. Wenn erst einmal die Barriere des Zwangs zwischen den Altersgruppen aufgehoben ist, sieht sich der Erwachsene unweigerlich zu Einfachheit, Direktheit und Ehrlichkeit angehalten.

Es gab viele andere Vorfälle – buchstäblich Tausende – bei denen sich das Wachstum des Ich im direkten Zusammenhang mit den Regeln, denen wir folgten, beobachten ließ. Einige sind bereits im Tagebuch erwähnt worden, und weitere werden in späteren Auszügen erscheinen.

Wenn ich sie so ausführlich schildere, so will ich damit ganz einfach sagen: wir können Kinder nicht zu freien Menschen erziehen, wenn wir sie wie kleine Roboter behandeln; wir können keine zukünftigen Demokraten erzeugen, wenn wir Kinder im Gleichschritt marschieren lassen und alle Entscheidungen irgendwelchen Autoritäten überlassen. Wir können das moralische Prestige der Schule nicht dadurch steigern, dass wir die ganze Institution auf Zwang aufbauen und damit den Schulbesuch erzwingen.

So viele Erwachsene unserer Tage leben in einer Welt aus Worten – die halb-wirklichen Geschichten in den Zeitungen, die halb-wirklichen Bilder im Fernsehen, dass sie nicht verstehen, dass es ihnen nicht aufgeht, dass der obligatorische Schulbesuch nicht nur ein Gesetz ist, das sich irgendwie selber Geltung verschafft, sondern dass er letzten Endes ein Akt der Gewalt ist: ein erwachsener Mensch, der sich seinen Lebensunterhalt als eine Art Polizist verdient, legt seine linke Hand und seine rechte irgend einem Kind (gewöhnlich einem gestörten) auf den Arm und führt ihn ins Gefängnis für Jugendliche ab – die Erziehungsanstalt. Ich beschreibe das Schicksal Hunderter eingefleischter Schulschwänzer. Die Existenz der Erziehungsanstalt und des Beamten, der Schulschwänzer aufspürt, war für zwei unserer Jungen ein heißes Thema. Sie verstanden die Bedeutung des obligatorischen Schulbesuchs sehr gut, und eben deshalb hatten sie die Schule geschwänzt. Wir schafften diesen Akt der Gewalt ab, und diese chronischen Schulschwänzer waren kaum mehr aus der Schule hinaus zu bekommen. Mehr als einmal versuchten wir sie wegzuschicken – wir verlockten, verführten, drängten sie dazu. Sie sollten ihre Fahrräder nehmen und sich in der Stadt umsehen, anstatt all die schönen Frühlingstage in der Schule zu vergeuden. Doch was sie von der Stadt hielten, ließ sie es vorziehen, dazubleiben – eine ironische Einschränkung unserer Hoffnungen auf Freiheit.

4

In seinem »Aims of Education« erzählt uns Alfred North Whitehead,[9] dass Kleinkinder eine der größten intellektuellen Aufgaben ganz gewohnheitsmäßig unter die Ägide von Mutter und Vater vollbringen:

»Die erste intellektuelle Aufgabe, die sich einem Kleinkind stellt, ist das Erlernen der gesprochenen Sprache. Welch entsetzliche Aufgabe, Bedeutungen mit Klängen in Übereinstimmung zu bringen. Sie erfordert eine Analyse von Ideen und eine Analyse von Klängen. Wir alle wissen, dass ein Kleinkind das schafft und dass sich das Wunder dieser Leistung erklären lässt. Doch das lässt sich von allen Wundern sagen, und trotzdem bleiben sie für den Weisen Wunder.«

Alle Eltern haben diesen Vorgang beobachtet. Alle wissen, dass sie ihren Teil dazu beigetragen haben. Nur wenige jedoch werden darauf bestehen, dass sie es waren, die ihren Kindern das Reden beigebracht haben. Auch darin liegt für uns wieder ein Beweis, dass das Unterrichten allein nicht der sichere Weg zum Lernen ist.

Welcher Aspekt der häuslichen Umgebung ist es denn nun, der auf so großartige Weise dem Kleinkind hilft, diese große intellektuelle Aufgabe zu meistern? ich möchte dieser Frage einen Augenblick nachgehen und dann auf das Problem eingehen, wie sich diese Umwelt-Qualitäten auf die generelle Struktur der Schule übertragen lassen.

Das Weinen ist die erste »Sprache«. Es besteht zwar nicht aus Worten, besitzt aber in der Urform viele Attribute echter Sprache: es drückt etwas aus und ist praktisch, es bewirkt sofortige Veränderung der Umwelt, es wendet sich an jemanden, und es wird von Gesichtsausdrücken und »Gesten« begleitet. All dies wird von dem Kind bestimmten Regeln unterworfen und gemeistert, lange bevor es Worte beherrscht.

Zwei Dinge fallen an dieser wachsenden Meisterschaft auf:
1. Gesten, Gesichtsausdrücke und die produzierten Töne sind für das kleine Kind in jedem Stadium seines Fortschritts das echte Medium

seines Zusammenlebens mit anderen. Es gibt keinen Punkt, an dem Eltern oder andere Kinder nicht mehr reagieren, weil die Meisterschaft des Kindes nicht vollkommen wäre. Doch sie reagieren auch nicht so, als sei die Meisterschaft vollkommen. Der Säugling ist ganz einfach einer von uns, gehört zu der Welt genau als die Person, die er bereits ist. Seine Fähigkeit, seine eigene Umwelt zu verändern und zu gliedern, ist minimal, aber real: wir nehmen seine Bedürfnisse und Wünsche ernst, und wir nehmen die Wirkung ernst, die er auf uns hat. Dies ist kein intuitiver Vorgang, sondern ist ein Ausdruck des Mediums, das er lernt und das wir schon erlernt haben, das Medium aus Tönen, Gesichtsausdrücken und Gesten.

2. Sein experimentelles, vergnügtes Spiel mit Tönen – wenn er etwa allein auf dem Boden sitzt, Spielzeuge befingert und vor sich hin plappert – wird nie reglementiert und fast nie behindert. Eltern, die diesem Geplapper zuhören, stellen unweigerlich das allmähliche Auftauchen von neuen Tonfamilien fest, aber obwohl sie sich darüber freuen, werden sie das Kind deshalb nicht belohnen. Das Spiel geht weiter wie vorher, absolut frei.

Mit anderen Worten, das Kind wird in eine schon existierende Kontinuität der Erfahrungen hineingeboren. Die Kontinuität ist das Medium, in dem sich sein Lernen abspielt. In der durchschnittlichen Familie ist dies eine Kontinuität maximaler Beziehungen. Vom Standpunkt des Kleinkindes aus – wenn es auch sehr oft frustriert werden kann – ist das Verhältnis von Aufwand und Wirkung in der Tat sehr günstig. Die Kontinuität reißt nie ab, in dem Sinn, dass auf wichtige Forderungen eine Reaktion ausbliebe. (Wo das dann doch passiert, liest man nachher in Krankengeschichten von Autismus und Schizophrenie.) Auch das Wollen erfährt höchste Steigerung: die Tatsache, dass das Kind allein ist, erfindet, spielt, einfach seinen Launen nachgibt, bedroht in keiner Weise die Sicherheit der Kontinuität.

Die Rolle des Nachahmens in all dem ist ein wesentlicher Faktor in jeder Theorie des Lernens. Ihr Ausmaß und ihre Natur werden oft missverstanden. Ein Kind von, sagen wir, vierzehn Monaten, das noch nicht viele Worte beherrscht, betätigt sich oft lebhaft an der Unterhaltung der Eltern, es schaut von einem zum andern, lacht, wenn die andern lachen und »redet mit«, in Tönen, die weit davon entfernt sind, Worte zu sein, doch es sind steigende und fallende Töne, und sie werden von ganz bestimmten Gesichtsausdrücken begleitet. Dazu kommen oft Gesten der Hände, die offensichtlich den Eltern abgeschaut sind. Das Kind scheint die Sprache der Erwachsenen nachzuahmen. Aber tut es das wirklich? Eltern lassen sich vielleicht täuschen, weil das immer ein reizender Anblick ist, diese sichtbare Teilnahme ohne Gehalt. Sie vergessen, dass unter ihren eigenen Motiven der Wunsch, charmant und lebhaft aufzutreten und fröhliche Geräusche von sich zu geben, eine nicht unwesentliche Rolle spielt. Und sie überschätzen den Gehalt ihrer eigenen Worte, denn die Wahrheit ist doch, dass die Melodie unserer gewöhnlichen Unterhaltungen genauso wichtig ist, wie die Worte. Es ist eine Art Berührung: unsere Augen »berühren sich«, unsere Gesichtsausdrücke wandern hin und her, Töne antworten Tönen. Wir erleben sogar Augenblicke des Schweigens auf eine physische, strukturelle Art; auch sie sind eine Art der Berührung. Kurz und gut, der physische Teil des alltäglichen Sprechens ist genauso wichtig wie der »geistige« ... und dieser physische Teil ist es, den das vierzehn Monate alte Kind bereits in einem eindrucksvollen Ausmaß beherrscht. Außerdem neigen wir dazu, wenn wir das Thema der Nachahmung anschneiden, zu vergessen, dass die ganzen Formen unserer eigenen Sprache aus sehr vielen einzelnen Teilen bestehen, die in sich schon recht kompliziert sind: Klänge, Rhythmen, Akzente, Töne, Atempausen, Gesichtsausdrücke, Gesten. Wenn sich auch nur ein kleiner Teil davon in der »Sprache« eines Kleinkindes findet, sind wir bereits weit über das Stadium reinen Nachahmens hinaus.

Aber in Wirklichkeit gab es ein solches Stadium nie. Das Kind ist vom Leben innerhalb des Hauses umgeben, nicht von Personen, die unterrichten oder Modell stehen. Alles was es beobachtet, jede Geste, jedes Wort, wird nicht nur als Handlung beobachtet, sondern als wahrhaft zweckdienliche Form. Und genau das ist es, dieses ganze Leben der Form, das das Kind zu meistern sucht. Das ist es, was es lernt. Eltern haben es noch nie erlebt, dass das Kind die einzelnen Teile der Sprache abstrahieren und üben würde. Das gibt es einfach nicht. Selbst in den Momenten, in denen wir uns vielleicht als Lehrer sehen – wenn wir uns zum Beispiel über das Baby beugen und »Was-ser« sagen, um sein »Wascha« zu korrigieren – ist unsere unvermeidliche Begeisterung Teil eines Spiels; und wie alle Eltern wissen, hört das Kind in jedem Fall dann sofort auf, mitzumachen, wenn diese Begeisterung nachlässt und reines Unterrichten an ihre Stelle tritt. Das liegt nicht nur daran, dass das Kind unfähig ist, begrifflich zu denken, sondern auch daran, dass wir die Zweckdienlichkeit weggenommen haben, die es die ganze Zeit schon verfolgt. Das Kind erkennt die Töne nicht mehr als Wort; und in dem Augenblick sind sie auch im Grunde genommen kein Wort mehr, sondern eine begriffliche Erfindung der Pädagogik.

Wenn wir also das Kind in Aktion sehen, können wir unmöglich sagen, dass ein bestimmter Ausdruck oder eine bestimmte Geste nachgeahmt sei. Was wir sagen wollen, ist, dass wir wissen, wo diese Geste herkommt. Die Tatsache, dass wir sie überhaupt beobachten können, zeigt an, dass sie bereits aufgenommen worden ist, oder jedenfalls auf dem Weg dazu ist.

Wenn man also wahrheitsgetreu beschreiben will, wie ein kleines Kind mit seinen Eltern »spricht«, muss man deutlich machen, dass es wirklich teilnimmt. Es ist keine Heuchelei oder Nachahmung, sondern echte gesellschaftliche Beteiligung, in dem Grad, in dem das Kind dazu fähig ist. Wir brauchen nur diese komplizierten Tatsachen auf die relative Einfachheit des Nachahmens zu reduzieren, um sofort zu erkennen, welchen Verlust das Kind erleiden würde. Die Lebhaftigkeit, das große Interesse, das unmittelbare Teilnehmen am fortlaufenden Umgang anderer, und, was am wichtigsten ist, die Umwelteinflüsse – all das würde wegfallen. Seine Erfahrungen würden auf die Dimensionen einer Pflichtübung reduziert, wie ein Schauspieler, der seine Rolle lernt. Doch in Wirklichkeit können wir uns eine auf solche Dimensionen reduzierte Erfahrung nicht vorstellen. Kurz und gut, das Kind imitiert nicht, sondern tut etwas. Dieses Tun ist echt. Es treibt das Kind vorwärts auf dem Weg in die Welt. Es bringt ihm Belohnung in Form von Vergnügen, Aufmerksamkeit, Zustimmung und endlosem praktischem Nutzen.

Diese präzise Unterscheidung zwischen Nachahmen und Tun liegt John Deweys Gedanken zur Erziehung zugrunde. Es ist die Grundbedeutung des »Lernens durch Tun«, Worte, die nun schon seit vielen Jahren kaum mehr sind als ein Schlagwort, mit dem Lücken in säuberlich verpackten Experimenten ausgefüllt werden. Deweys Stärke liegt in seinem profunden Verständnis der ganzen Formen des Erlebens: der Einheit von

Ich, Welt und Geist beim Wachstum. Weil er diese Einheit so klar sah, bestand er darauf, dass die Schule von der jeweiligen Kommune gestützt werden sollte und nicht von einer unabhängigen Schulbehörde. (Es ist einer der verhängnisvollen Mythen der Berufserzieher, wir hätten uns die Gedanken Deweys bereits angeeignet. Davon kann überhaupt keine Rede sein.)

Dies also sind die Dinge, die sich für das wachsende Kind in der Umwelt der Familie maximal auswirken: Beziehungen, Beteiligung, Bewegungsfreiheit und Willensfreiheit im Hinblick auf die Objekte seiner Aufmerksamkeit. Wissen wird in unmittelbar zweckdienlichen Formen erworben. Es lässt sich alsbald mit Vergnügen anwenden. Die Eltern stellen keine Modelle dar, sondern leben ihr Leben, so dass vom Standpunkt des kleinen Kindes aus das Leben selbst zum Modell wird.

Bevor ich diese optimale Umwelt mit der üblichen Umwelt in der Schule vergleiche, möchte ich noch ein Beispiel aus der Szenerie der Familie anführen, ein ganz bewusst erzieherisches und eins, das den meisten Eltern bekannt sein wird.

Stellen wir uns eine Mutter vor, die ihrem fünfjährigen Kind vor dem Einschlafen eine Geschichte vorliest. Und denken wir dabei an Deweys Ganzheitstheorie, nämlich daran, dass das normale Lernen nicht nur eine Funktion der Intelligenz ist, oder des Ego-Wachstums, sondern dass Ich, Geist und Welt als eine Tatsache zusammengehören. Wie Dewey formuliert: Geist ist die fortlaufende, wichtige Organisation von Ich und Welt.

Wir können die Erweiterung von Ich und Welt am entrückten Gesichtsausdruck des Kindes ablesen, an dem leicht geöffneten Mund und den Augen, die zu träumen scheinen, die aber sofort wach werden, wenn etwas falsch gelesen oder ausgelassen wird, denn die Geschichte ist schon ein Dutzend Mal gelesen worden. Wo spielt sich die Geschichte ab? Wo ereignet sie sich in der Gegenwart? Offensichtlich im Kopf des Kindes, wo im Augenblick Phantasie, Gefühle, Urteilskraft, Staunen und Freude zusammenwirken. Und in der Stimme der Mutter, denn all die Ereignisse, die sich da entfalten, sind Ereignisse ihrer Stimme, charakteristische Modulationen von Beschreibung und Überraschung. Und in der literarischen Form selbst, die man mit einiger Berechtigung als die Stimme des Autors bezeichnen kann.

Die Kontinuität der Personen liegt auf der Hand und ist lückenlos. Durch die Mutter erweitert sich das Kind buchstäblich in die Welt hinaus. Doch der Zuwachs an Welt, wenn man so sagen will, ist hier eine andere Stimme, nämlich die des Autors, die durch die Unterwürfigkeit gegenüber der literarischen Form dauerhaft gemacht worden ist. Wegen der Form selbst gibt es noch zusätzliche Formen und Muster des Lebens, die gleichsam in der Ferne schweben, Intuitionen von Personen und Ereignissen, von Schauplätzen in der Welt, von Entfremdung und Freundschaft. Das ganze wird von Schutz und Liebe getragen.

Die Tatsache braucht nicht besonders hervorgehoben zu werden, dass dies unter dem Aspekt des Lernens optimale Bedingungen sind. Nur auf zwei Aspekte dieser Bedingungen möchte ich etwas näher eingehen, und man könnte sie, nicht unrealistisch, als Besitz und Freiheit der Übertragung bezeichnen. Das erstere bezieht sich auf die Beziehung des Kindes zu Ideen und Gegenständen der Wahrnehmung, das letztere auf seine Beziehungen zu Personen, die mit solchen Formen bereits vertraut sind.

Sowohl die Mutter, die die Geschichte liest, als auch der Autor, der sie verfasst hat, geben ohne jegliches Eigentumsbewusstsein. Das Kind hat ein unbestrittenes Recht auf alles, was geschieht; es gehört zu seiner Welt, so wie alle erfassbaren Formen zu seiner Welt gehören. Wir können nicht gut zwischen seiner Freude an den neuen Formen und seiner Besitznahme davon unterscheiden. Nichts hindert es daran, sie in sich aufzunehmen und umgekehrt, sich in sie hinein zu erweitern. Sein Erfassen der neuen Formen, ihre Konsolidierung in seine Gedanken und Gefühle – das ist sein Wachstum ... und diese Entwicklung seines ganzen Wesens wird von den Handlungen der Erwachsenen nicht behindert. Es bedarf zwar seinerseits einer gewissen Anstrengung, doch es erlebt sie als höchst befriedigende Tätigkeit. Diese Anstrengung schließt Selbstverteidigung gegen die Umwelt nicht ein. Es ist auch kein Zufall, dass das Kind auf glückliche Weise sich seiner selbst nicht bewusst ist. Das ist eine Folge davon, dass es bereits akzeptiert und mit eingeschlossen ist, einerseits durch den Akt des Gebens von Seiten der Mutter, andererseits durch das absolute Angebot, das der literarischen Form innewohnt.

Wollten wir sein Lernen verlangsamen und sein Wachstum komplizieren, könnten wir das mit den folgenden Maßnahmen erreichen:

1. Lenke seine Aufmerksamkeit auf das Kind selbst zurück, indem du ihm klarmachst, dass es beobachtet, beurteilt und mit anderen verglichen wird.
2. Zerstöre sein angeborenes Gefühl für seine Ebenbürtigkeit unter wahrnehmbaren Formen, indem du darauf bestehst, dass sie mit genormten Methoden erfasst werden müssen und dass ihre Anwendung von anderen wirksam kontrolliert wird.
3. Mach seinen Umgang mit anderen von den Ergebnissen einer vorher durchgeführten Messung abhängig.
4. Steuere mit physischem Zwang seine Freiheit, sich zu bewegen, seine Gefühle auszudrücken, sich nach seinen Zweifeln zu richten, seine Aufmerksamkeit zu schenken oder zu verweigern – damit es zu der Überzeugung gelangt, dass das Lernen ein Akt des entkörperten Willens oder der passiven Aufmerksamkeit ist, was es beides nicht bei sich finden kann.
5. Präsentiere neue Formen in einer vorher festgesetzten starren Ordnung und Menge, so dass es gänzlich die Hoffnung auf organische Gliederung aufgibt, die sich aus seiner eigenen faszinierten Beschäftigung mit der Welt entwickeln könnte.

Wir brauchen diese Liste nicht fortzusetzen. Es ist offensichtlich die Beschreibung einer gewöhnlichen Schule. Die Folgen solcher Methoden, in extremis, spiegeln sich im Verhalten Josés, wenn er zu einer Lesestunde neben mir sitzt. Er ist so ausschließlich mit sich selbst beschäftigt – seiner Angst zu versagen, seinem Hass, seiner Selbstverachtung –, dass er buchstäblich nicht über seine Nasenspitze hinausblicken kann. Die Worte auf dem Papier, die Worte der Lehrer, Bücher, Bilder, Vorfälle aus der Vergangenheit – all das gehört zu der Schule, nicht zu der Welt im allgemeinen, und ganz gewiss nicht durch Vorzugsrecht ihm selbst. Sein Umgang mit anderen – mit Lehrern und Schulkameraden und mit menschlichen Stimmen in Büchern, Filmen usw. – wird behindert und erschwert, weil er sich dauernd bewusst ist, »wo er hingehört«, weil es, mit anderen Worten, in der Vergangenheit Messungen und Vergleiche gegeben hat, durch die er sich jetzt selber identifizieren muss: dass er in allen Fächern versagt hat, der letzte in der Klasse ist, älter als seine Klassenkameraden ist und ein Leseproblem hat. Er steht unter allen Arten von Zwang und weiß nicht mehr, was es heißt, seine eigenen Wünsche einfach und voller Hoffnung auszudrücken, oder irgend einer Sache seine Aufmerksamkeit zu schenken, oder seine Zweifel und besonderen Bedürfnisse ernst zu nehmen. Was die organische Einheit von Ich, Geist und Welt betrifft, so ist er dermaßen zersplittert, von einer für seine schwachen Abwehrmechanismen überstarken Umwelt dermaßen bedrängt, dass jeder, der sich ernsthaft mit ihm beschäftigt, nur von einer schweren Krise sprechen kann.

Ich habe die Begriffe »echte Begegnungen«, »Kontinuität der Personen« und »Beziehungen« verwendet. Das sind alles entscheidende Aspekte der Umwelt. Wenn ein Lehrer seine Aufgabe nur darin sieht, zu unterrichten, eine Lektion zu bewältigen, und wenn er seine Schüler wie Behälter mit unterschiedlich großem Fassungsvermögen behandelt, die mit Informationen zu füllen sind, dann schafft er Bedingungen, die für jedes Wachstum tödlich sind. Prüfungen, Zeugnisse, feste Sitzordnung, die der Bequemlichkeit des Lehrers dient, vorgekaute Lehrbücher, Lautsprecheranlagen, bewachte Korridore und geschlossene Räume, Anwesenheitslisten, Bestrafungen, Schulschwänzern nachspürende Beamte – all das gehört zu einer Umwelt voller Zwang und Kontrolle. Eine solche Umwelt hat weder die Bedürfnisse normalen Wachstums berücksichtigt, noch die besonderen Bedürfnisse derjenigen, deren Wachstum vorher schon beeinträchtigt worden ist.

Während die Umwelt der Familie für die großen Aufgaben des Lernens, die in die frühen Jahre gehören, optimal ist, trifft das nicht mehr zu, wenn ein Kind erst mal vier oder fünf Jahre alt ist. Eine größere Gemeinschaft ist wichtig, eine größere Gruppe von Gleichaltrigen, und vielleicht Personen mit speziellen Begabungen. Doch um das zu erhalten, ist es nicht nötig, die Umweltqualitäten total über Bord zu werfen, die die ersten Lernaufgaben so großartig unterstützten, jene bemerkenswerten Leistungen, die in Whiteheads Worten »für den Weisen Wunder bleiben«. Es leuchtet ein, dass wir aus einer Schule kein »zweites Zuhause« machen können. Das wäre auch gar nicht wünschenswert, denn Kinder werden nicht nur in Familien hineingeboren, sondern ebenso gut in Natur und Zivilisation. Es hätte eine lähmende Wirkung, das Vordringen des Kindes in die Gesamtheit verzögern zu wollen. Wir können jedoch auf die hervorstechenden Merkmale der einzigen uns bekannten vorzüglichen Umwelt achten. Und durch Experimentieren können wir herausfinden, welche dieser Aspekte sich auf die Umwelt der Schule übertragen lassen. Genau das war unsere Chance in der First Street. Wir legten großen Wert auf Entscheidungs- und Bewegungsfreiheit; und auf echte Begegnungen zwischen Lehrern und Schülern; und auf die Kontinuität der Personen, und darunter verstanden wir, dass Eltern, Lehrer, Freunde, Nachbarn, das Leben auf den Straßen im Erleben des Kindes eine einzige Substanz bilden. Wir schafften Prüfungen und Zeugnisse und Lehrpläne ab. Auch Vorgesetzte schafften wir ab – die ganze engstirnige und widerliche Rangordnung der Schulbürokratie, die zur Weisheit der Lehrer nichts beiträgt, und noch weniger zum Wachstum der Kinder. Wir schafften Hausaufgaben ab (sofern nicht ausdrücklich darum gebeten wurde); wir schafften die Kategorie des Schulschwänzers ab. Kurz und gut, wir schafften all die Dinge ab, die eine rein äußerliche Ordnung ausmachen; und damit enthüllten wir die tieferen Motivationen und Kräfte, die zu einer, wie man sie nennen könnte, »inneren Ordnung« beitragen, das heißt, einer Gliederung von Tätigkeiten, gegründet auf den angeborenen Wunsch des Kindes, zu lernen, und auf all die bereits erwähnten Dinge: die Bedürfnisse von Kindern, die natürliche Autorität von Erwachsenen, die Kraft moralischer Überzeugung (deren Grundlagen innerhalb der Familie gelegt werden) und die tiefe Zuneigung und das Interesse, die Erwachsene unweigerlich für das Leben von Kindern empfinden. Dieser letzte Punkt – die Motivation der Lehrer – droht angesichts des primitiven Karrieredenkens im Lehrerberuf unserer Tage verloren zu gehen. Doch viele Erwachsene finden zu sich selbst und verbreiten ihre Liebe genau in dieser Funktion. Ihre eigene Motivation ist eine der zuverlässigsten Quellen organischer Ordnung.

5

Das bedeutendste Beispiel unserer Tage für Freiheit in der Erziehung ist A. S. Neills Summerhill-Schule in England. Es ist eine Schule mit Wohnheim – eine Kommune, genau betrachtet – und ihre Gesetze und Sitten werden von den Teilnehmern gemeinsam erarbeitet. Obwohl Neills Buch »Theorie und Praxis der antiautoritären Erziehung. Das Beispiel Summerhill« große Popularität errungen hat, steht die Schule selbst immer noch im Ruf, anarchistisch zu sein. Dabei liegt ihre Besonderheit nicht darin, dass sie keine Statuten hätte, sondern vielmehr in der Art der Statuten, die sie sich zunutze macht, und in der Art, wie sie erarbeitet werden. Jeden Samstagabend findet eine allgemeine Schulversammlung statt. Alle Fragen, die das Gemeinschaftsleben betreffen, werden hier diskutiert und durch Abstimmung geregelt. Während bestimmte Gesetze (z. B. Bettzeit-Bestimmungen für die Jüngsten) in der Regel im Kern erhalten bleiben, werden andere oft abgeändert und verfeinert. Strafen sind äußerst spezifisch. Ein einsamer Junge wurde zum Beispiel vom Stehlen kuriert, als seine Kameraden per Abstimmung beschlossen, ihm bei jedem Verstoß Geld zu geben.

Doch Summerhill braucht hier nicht beschrieben zu werden. Interessierte Leute werden das Buch gelesen haben, das als Paperback in diesem Land lange ein Bestseller war. Ich möchte aber aus John Holts Beschreibung der Schule zitieren, die 1965 im »Bulletin der Summerhill Society«, USA, erschienen ist:[10]

»Es waren die jungen Kinder, sechs, sieben und acht, die den stärksten Eindruck auf mich machten. Die älteren Kinder schienen, obwohl sie auch frei waren, ihre Freiheit noch nicht lange genug gehabt zu haben, als dass sie sich hätten entspannen und diese Freiheit für selbstverständlich nehmen können. Die jüngsten waren da ganz anders. Gelegentlich, wenn auch sehr selten und nur in einer ganz besonders glücklichen Familie, habe ich schon Kinder gesehen, die völlig ausgeglichen, entspannt, natürlich und glücklich schienen. Aber noch nie hatte ich so viele an einem Ort gesehen, und schon gar nicht in einer Schule. Sie waren fröhlich, spontan und ungekünstelt. Ich fragte mich, woher das kommen könne, und auf der Party glaubte ich, die Antwort vor mir zu sehen. Ungezählte Male sah ich ein kleines Kind zu einem der älteren hingehen und ihn mit einem Wort, einer Geste oder durch ein Umklammern seiner Hand um Aufmerksamkeit bitten. Nicht einmal sah ich eine Zurückweisung, die Kleinen wurden ohne Ausnahme voller Liebe behandelt. Die älteren Kinder hoben sie immer hoch, drückten sie an sich, schwenkten sie durch die Luft, tanzten mit ihnen, trugen sie auf der Schulter. Für die kleinen Kinder war Summerhill eine Welt voller großer Leute, die alle nett waren, denen man trauen und auf die man zählen konnte. Es war wie das Leben in einer riesigen Familie, aber ohne die Rivalitäten und Eifersüchteleien, die nur zu oft unsere allzu kleinen und zu egoistischen Familien heimsuchen. ...

Eine der Bestimmungen legt die Bettzeit für die Hütte, in der die kleinen Kinder wohnen, auf 8 Uhr 30 fest. Weiter unten auf der Seite las ich eine zusätzliche Bestimmung, die offensichtlich von der Notwendigkeit diktiert worden war: ›Alle Gutenacht-Küsse, an denen Hüttenbewohner beteiligt sind, müssen um 8 Uhr 30 beendet sein.‹«

Leute, die sich für Summerhill interessieren – und entweder dafür oder dagegen sind – diskutieren vor allem zwei Themen: seine sexuellen Sitten und die Freiheit der Kinder, dem Unterricht fernzubleiben.

In sexuellen Dingen ist Neills Haltung recht einfach: Das Übel der Verdrängung lässt sich vermeiden. Wir sind nicht sexuelle Wesen, sondern menschliche Wesen. Sexualität lässt sich nicht aus unserem Leben ausschließen; unter freiheitlichen Bedingungen wird es aber unser Leben auch nicht beherrschen. Neill verabscheut Pornographie, Lüsternheit und geistigen Hochmut. Wer gegen Sex ist, ist gegen das Leben.

Mit anderen Worten, Sex wird in Summerhill nicht als Übel behandelt. Es wird überhaupt -das schließe ich aus Neills Schriften und aus Gesprächen mit ehemaligen Summerhill-Schülern – fast gar nicht »behandelt«. Man lässt die Mädchen und Jungen in Ruhe. Man könnte sagen, dass die Natur einfach ihren Lauf nimmt, doch in Wirklichkeit nimmt die Natur immer ihren Lauf. Ich bezweifle, dass in Summerhill Sex eine größere Rolle spielt, als an unseren amerikanischen High Schools, doch die Luft ist dort bestimmt sauberer als bei uns, das Leben der Schüler freier von Scheinheiligkeit und Heuchelei und verkorkster Psychologie.

Neill spricht oft vom »freien Kind«, und in vieler Hinsicht will sein Buch ein Handbuch der Kindeserziehung sein. Die Idee der sexuellen Freiheit ist keine Neillsche Idee. Wir hören sie stattdessen aus dem Mund seiner Kritiker und einiger weniger Anhänger, auf die er nach seinen eigenen Worten keinen Wert legt. Es ist einer von Neills großen Vorzügen, dass er stets den Menschen im Auge behält. Wir neigen hier in Amerika dazu, genau das Gegenteil zu tun und uns in der Thematik zu verlieren. Diese Unterscheidung ist in der Praxis von entscheidender Bedeutung und verdient es, etwas ausführlicher erläutert zu werden.

Die Phrase »sexuelle Freiheit« ist, wie fast jede Phrase mit dem Wort Freiheit, eine polemische Abstraktion. Den Hintergrund bildet eine lange Reihe hitziger Auseinandersetzungen. Wenn wir uns von diesen Auseinandersetzungen ab- und den Phänomenen des Lebens zuwenden, sehen wir sofort, dass es gar nicht in unserer Macht steht, das, was wir Freiheit nennen, zu schenken, und dass das, was wir Sexualität nennen, nicht mit Küssen, Liebkosen und Geschlechtsverkehr definiert werden kann. Bei von der Summerhill Society in New York veranstalteten Konferenzen habe ich oft Auseinandersetzungen über sexuelle Freiheit beigewohnt. Sie waren oft ergreifend, fast immer erregt und drängend. Wenn Erwachsene von diesem Thema reden, spricht aus ihnen immer Verlangen, Reue, Widerwillen, Beklemmung, Bitterkeit. Man kann Hausfrauen im Publikum finden, die von ihren Kindern zu reden scheinen, deren Tonfall und Gesichtsausdruck jedoch sagen: »Ich sehne mich nach Liebe! Befreit mich von meinen sexuellen Schuldgefühlen!«; und andere, die in Wirklichkeit verbittert sind, rufen: »Mir ist es versagt geblieben, da sollen es andere bei Gott auch nicht haben!« Andere reden voller Traurigkeit und Bedauern und stellen bald fest, dass sie den Verklemmten den Rücken stärken. Beide schließen sich zusammen und attackieren die Autoritäten in ihrer Mitte. Ich habe all das bei Versammlungen erlebt, an denen auch jugendliche Schüler teilnahmen. Man brauchte ihnen nur ins Gesicht zu sehen, um die Wahrheit zu erkennen: am liebsten war ihnen die Würde des In Ruhe-gelassen-werdens, doch komme was da wolle, sie würden auf jeden Fall ficken. Sie hatten auch gar kein Interesse an sexueller Freiheit, sondern an Jane und Harriet, Le-Roy und Dick. Liebe bleibt schließlich Liebe. Poeten mag sie noch tolerieren, doch Wortführer sind ihr etwas Verhasstes, ob sie nun dafür sind, oder dagegen.

Diese jungen Menschen interessierten sich jedoch sehr stark für die Argumente. Da war etwas, was sie sofort mit den Erwachsenen teilten.

Abgesehen vom Bedauern für die Vergangenheit und der auf diesem Bedauern fußenden unruhigen Angst sprachen die Erwachsenen nicht (weder pro noch contra) über das tatsächliche Verhalten ganz bestimmter junger Menschen. Sie sprachen von ihrer eigenen Bereitschaft, Sexualität gutzuheißen, oder von ihrem Verlangen, sie einzuschränken. Und die anwesenden Jungen machten sich kaum Sorgen, dass ihnen ihr eigenes Vergnügen verwehrt werden könne. Sie würden die Erwachsenen überlisten, wie immer. Sie würden aus Fenstern steigen und Dachrinnen hinunterklettern; sie würden Lügen erzählen usw. Doch auch sie hatten sehr starkes Interesse, und ihr Interesse galt in ähnlicher Weise der Frage der Sanktionierung.

Bei der Sanktionierung geht es nicht um das, was geschieht, sondern um Methoden der Kontrolle und um Ideale des Lebens: Was für eine Art von Welt müssen wir erbauen? Die Jungen verstehen diese Frage mit großer Unmittelbarkeit. Und sie wollen sehr viel mehr, als nur sexuelle Freiheit. Sie wollen Ganzheit. Sie wollen nicht lügen und ausweichen und sich Schuldgefühle aufladen, sondern sich in der größtmöglichen Harmonie aus Selbst und Gesellschaft, Leidenschaft und Intellekt, Pflicht und Vergnügen behaupten. Sie wollen die Anerkennung der Älteren, und sie wollen ganz zwangsläufig die Erregung, die sich in ihrem eigenen Erleben so gebieterisch breitmacht. Sie wissen auch ganz genau, dass die Einstellung einiger weniger Lehrer, wenn es um Sanktionierung geht, nicht mehr ist, als ein Sandkörnchen an einem großen Sandstrand. Das Problem beginnt im Säuglingsalter und zieht sich durch die ganze Gesellschaft. Schlagworte und Einstellungen allein sind von geringem Wert, und es liegt eine schreckliche, naive Selbstüberschätzung im Verhalten eines Lehrers, der glaubt, er könne Sexualität dadurch sanktionieren, dass er Freiheit gewährt. Er kann sie so wenig sanktionieren, wie er das Gesetz der Schwerkraft sanktionieren kann. Er kann nicht mehr tun, als seine Versuche aufzugeben, die Jungen zu kontrollieren. Darüber hinaus kann er sich dem Bemühen der Schüler um Ganzheit anschließen. Hier ist das eigene Bemühen des Lehrers um Ganzheit äußerst wertvoll. So wie das Leben aussieht, gibt es keinen Menschen, der sich vor die Jungen hinstellen und sich selbst als Musterbeispiel befreiter Energien bezeichnen könnte. Das »Macht es so wie ich« lässt sich nicht in diese Form bringen, denn wenn er sich sexueller Freiheit brüstet, werden sich die Jungen über diese Propaganda wundern: warum prahlt er so? Warum wird soviel Energie auf Deklamationen verwendet? Ein gutes Beispiel für diese Haltung findet sich in den Schriften Henry Millers, die sich sehr ausführlich mit dem Thema sexuelle Befreiung und Selbstbefreiung beschäftigen. Man stellt jedoch fest, dass das befreite Ich eine merkwürdige, hermetische Umwelt schafft, voller Bekehrungseifer: endlose Schwärmereien über Befreiung, die Freiheit predigen, um sich die Illusion davon zu erhalten. Der Verlust liegt auf der Hand: es ist die Welt. Euphorie könnte man vielleicht in diesem Zusammenhang als Verklemmung in der Maske des Stolzes definieren.

Es ist im Leben wie in der Kunst: Die heilende Wahrheit ist die ganze Wahrheit. Der für individuelle Freiheit eintretende Lehrer kann die Freiheit nicht geben. Er kann nur aufhören zu kontrollieren. Er kann Sexualität nicht sanktionieren. Er kann nur versuchen, Schuldgefühle zu mildern. Er kann sexuelle Verlegenheit weder bei sich noch bei seinen Schülern durch einen Willensakt ausrotten, er kann aber diese Verlegenheit als Problem identifizieren, genau so wie er sich für ein menschliches Ideal einsetzen kann, in dem aller Hass des Körperlichen, Misstrauen gegenüber Gefühlen und Abneigung gegen Sex keinen Platz haben. Der an die Freiheit des Einzelnen glaubende Lehrer kann bestenfalls Vernünftigkeit, Glauben, Großzügigkeit und Hoffnung demonstrieren, im Kampf gegen die Schäden, die er selbst bereits erlitten hat und die er im Leben seiner Schüler zu mildern hofft. Das hat mit dem ganzen Rummel um sexuelle Freiheit wenig zu tun. Lassen Sie mich das mit einem Beispiel näher erläutern.

Ich besuchte eine Schule, die sich angeblich an Summerhill orientierte, in Wirklichkeit aber (meiner Ansicht nach) ganz anders war. Ich fand zwei Teenager mit krankhaften Depressionen. Ich erfuhr, dass sie ernsthafte Konflikte mit ihren Eltern hatten. Mir wurde weiter erzählt, dass ihre Eltern engstirnige, beschränkte, repressive, statusbewusste Kleinbürger seien; was nichts anderes hieß, als dass dem Kummer der beiden eine programmatische, radikale Bedeutung gegeben worden war: ihr Abscheu gegen ihre Eltern erschien als eine Form von Loyalität für die Schule. Kurz, die zwei Schüler befanden sich in einem hoffnungslosen Dilemma, sie wurden von eigennützigen Erwachsenen in entgegengesetzte Richtungen gezerrt. Und dieses Zerren geschah, um alles noch schlimmer zu machen, in der Schule in erster Linie »sub rosa«, versteckt anstatt offen, im Vordergrund stand die »Freiheit«, das heißt, es fehlte an Kontakt, an Führung, an Gliederung, an allem, was Kinder, die solchen Störungen ausgesetzt sind, unbedingt brauchen. Lassen Sie mich gleich hinzufügen, dass sich solche Mängel nicht durch Vorschriften und Bestimmungen überspielen lassen. Sie müssen durch Personen ausgefüllt werden, und nicht einfach irgendwelche Personen, sondern durch Leute, die echter Begegnungen fähig und für die Arbeit mit den Jungen ehrbar motiviert sind. Das Problem dieser Schule bestand darin, dass der Schulleiter seinen Stab und seine Schüler nicht so sehr als Menschen betrachtete, sondern als Figuren in seinem eigenen langwierigen Kreuzzug gegen das mittelständische Amerika. Auch der Lehrkörper setzte sich aus lauter getreuen Gläubigen zusammen, und ich hatte noch nie einen solch teilnahmslosen, übelnehmerischen Haufen gesehen, noch nie erlebt, dass jemand mit den Worten »Kreativität« und »Spontaneität« so oft um sich wirft.

Wenn die Jungen von inneren Konflikten gespalten werden, hat es verheerende Folgen, wenn sich der Lehrer »auf eine Seite schlägt«; und keine Untugend ist unter den Lehrern so weit verbreitet, wie das Parteinehmen gegen die Eltern. Was der Schüler braucht, ist nicht ein Verbündeter für eine Seite seiner Psyche – denn der sorgt nur für eine endlose Fortsetzung eben dieses Konflikts – sondern ein Verbündeter in der Welt. Das meine ich, wenn ich sage, der Lehrer solle das Bemühen des Schülers um Ganzheit unterstützen. Es ist ein Unterschied -und genau auf diesen Unterschied kommt es an –, ob man sagt: »Du hast völlig recht, wenn du deine Eltern verabscheust«, oder ob man sagt: »Du leidest offensichtlich deshalb, weil du deine Eltern verabscheust.« Es ist ein Unterschied, ob man sagt: »überschreite deine sexuellen Schuldgefühle! Sei frei!« oder aber: »Nehmen wir deine Schuldgefühle ernst. Wie erlebst du sie?« Ich will damit nicht sagen, dass jeder Lehrer ein Psychotherapeut sein muss. Ich bestehe lediglich darauf, dass jeder Lehrer zu der Person, mit der er es zu tun hat, eine Beziehung herstellt, und nicht nur zu einem Teil der Konflikte dieser Person. Nur in dem Ausmaß, in dem ein Lehrer das tut, erkennt er auch, dass die Sexualität alles durchdringt. Sie lässt sich nicht ausklammern und gesondert behandeln. Wenn es dem Kind im Klassen-

104

zimmer erlaubt ist, frei zu sprechen und die schöpferische Einheit von Gefühlen, Ahnungen, Gedanken, Launen usw. zu erleben, dann unterstützen wir tatsächlich eine positive Sexualität. Wenn wir Bedingungen schaffen, die Scham und Selbstverachtung überwinden, unterstützen wir eine positive Sexualität. Und so fort.

Die Idee der sexuellen Freiheit ist, kurz gesagt, eines der vielen Symptome der fortgeschrittenen Krankheit unserer Welt. Es ist nicht eine Idee, die wir gebrauchen können, sondern eine Idee, die aufgelöst werden muss, bis ihre Atome wieder in den Phänomenen des Lebens zur Ruhe kommen. Es wäre auch sehr nützlich, zu erkennen, dass die Sexualität ein Phänomen der Welt ist, und nicht nur ein individuelles. Es gibt eine Ökologie der Gefühle. Man findet dafür kein besseres Beispiel, als das der Hippies in New Yorks East Village. Es sind bemerkenswert gut aussehende und sanftmütige junge Leute. Sie glauben allen Ernstes an die sexuelle Freiheit und an die Schönheit des menschlichen Körpers. Und sie handeln auch ihrem Glauben entsprechend. Doch – ach! – der erotische Schwung der Jugend ist einfach nicht vorhanden. Und all ihr bescheidener oder verzweifelter Mut und ihr ernsthafter Glaube kann ihn nicht herbeizaubern. Entscheidend sind dabei ihre Lebensumstände. Die ganze Gruppe ist voll innerer Unruhe, unsicher, unterernährt, von der Zukunft abgeschnitten, der Vergangenheit entfremdet, anonym in der Gegenwart. Sie werden von der Bombe bedroht und von Identitätskrisen erschüttert. Woher soll die Freude am Leben kommen? Ein weiteres Beispiel, das noch einmal zeigt, welch dürftige Rolle die bloße Überzeugung spielt, wenn es um so weitgehende, primitive Phänomene wie Sexualität geht: Ich besuchte eine Vorstellung in einem Avantgarde-Filmtheater, und nach der Hauptvorstellung zeigten sie nur so zum Spaß einen kleinen Streifen, einen dieser Kurzfilme aus den frühen dreißiger Jahren mit einer Damenkapelle, zwei Dutzend Marimba-Spielerinnen in tief dekolletierten Kleidern und mit Dauerlächeln. Ein Teil des Publikums (nicht alle, denn einige müssen wohl so empfunden haben, wie ich) lachte selbstgefällig über ihren provinziellen Stil und die lärmende Banalität ihrer Musik. Für mich hatte das alles wenig zu sagen. Ich staunte einfach über die sinnliche Erscheinung dieser Mädchen. Ihr Lächeln war tatsächlich ein naiv vergnügtes Lächeln, ihre Augen glänzten, ihre Gesichter waren lebenslustig, ihre Arme und Schultern weich gerundet und entspannt, und es war etwas Zerschmelzendes, Zerfließendes in der Art, wie sich ihre Leiber in den Hüften wiegten. Hätte sich auch nur eine von ihnen für sexuelle Freiheit eingesetzt? Man darf wohl annehmen, dass sie nur sehr wenige Meinungen vertreten hatten, und dass sie, auf eine entsprechende Frage, zunächst einmal die herkömmlichste – und nach unseren Maßstäben rückschrittliche – Moralität vertreten würden. Doch das war das Amerika vor dem Kriege, noch nicht so gewaltig organisiert, mit Raum und Zeit in Hülle und Fülle, die Zukunft noch nicht durch die Bombe verdüstert und die Gegenwart nicht durch einen endlosen – heißen und kalten – Krieg. Ich brauche die Unterschiede nicht aufzuzählen. Fleisch und Psyche waren einfach besser dran, und man sah es ihnen an. Die Lichter gingen an, und die Mädchen im Publikum standen auf und strichen sich ihre Plastik-Mäntel und Miniröcke glatt. Einige lächelten noch immer. Alle verdauten höchstwahrscheinlich die Pille, die sie am Morgen geschluckt hatten. Und wie gekünstelt sie aussahen! Das soll nicht heißen, dass sie leblos waren. Ganz und gar nicht. Es war etwas Starkes an ihnen, etwas Bewundernswertes. Doch die Farbe und das Feuer beschränkten sich auf die Kleider. Ihre Augen waren glanzlos oder starr, ihre Gesichter waren angespannt, zeigten Spuren ständiger Belastung. An ihren Kehlen und in ihrer unelastischen Gehweise zeigte sich diese Spannung. Einige von ihnen hatten zweifellos ihren eigenen Stil im Bett, so wie sie im Hinblick auf Kleider und Autos einen eigenen Stil hatten. Eine positive Einstellung zum Sex wäre bei ihnen ganz normal, sie würden dem Psychotherapeuten gegenüber zugeben, dass es eigentlich gar nicht um Sex geht, sondern um Bedeutung, Freude, Leben, Leidenschaft, Liebe, sie würden davon erzählen, dass es für sie ein Alptraum sei, gefühlskalt zu werden, durchaus verwandt mit dem Bemühen, »cool« zu sein. Und der Therapeut hat die identische Geschichte in ihren Grundzügen schon tausendmal gehört. Diese Geschichten werden nicht allein von Familienstreitigkeiten erzeugt oder von Amerika, das sich mit seiner Isolierung selbst zerstört. Sie bilden vielmehr die Landschaft der modernen Welt.

Wenn wir die Sexualität der Jungen freisetzen und erhalten und im eigentlichen Sinne zivilisieren wollen, können wir damit beginnen, dass wir Sexualität in die Person selbst zurückverlegen. Es ist das ganze Kind, für das wir uns interessieren. Wir können sein Gefühl der Sicherheit steigern, es mit Gerechtigkeit und Rücksicht behandeln, seinen Stolz auf das Leben respektieren, die Unabhängigkeit seines Geistes anerkennen, sein Verbündeter sein in einer Welt, die es zu verändern gilt. Wir können nichts – jedenfalls nichts Direkteres als das – für seine Sexualität tun.

Die Praxis in Summerhill liefert dafür ein typisches Beispiel. Die Sicherheit des Individuums, seine konstruktive Rolle in der Gemeinschaft, das Fehlen von Bestrafung und Zwang, die verantwortungsbewusste Einstellung der Schüler zum Leben anderer – all diese Dinge zusammen genommen fördern eine gesunde, positive Sexualität, aus dem gleichen Grund, aus dem sie ungewöhnliche Höflichkeit (viele Besucher waren davon beeindruckt) und kräftiges Selbstvertrauen fördern: das Gedeihen der ganzen Person wird begünstigt. Wenn trotzdem noch viele Probleme geblieben sind, so kann das nicht überraschen, denn Summerhill ist ein kleiner Teil einer großen und geplagten Welt.

Es ist auch nicht verwunderlich, dass einige wenige von Neills Schülern seine Ansichten verzerrt haben. Das passiert jedem Erneuerer unweigerlich, was nichts anderes heißen soll, als dass Neill kein Summerhillianer war, so wenig wie Freud ein Freudianer oder Reich ein Reichianer. Pioniere dieser Sorte gehen im ernsthaften Konflikt mit den Wertsystemen ihrer Jugend in die Geschichte ein. Mit ihrer eigenen Person stellen sie profunde Auflösungen widerstrebender Erfahrungen dar. Ihre Konflikte neigen jedoch dazu, in den Hintergrund gedrängt zu werden. Ich meine, dass der größte Eindruck, den sie mit ihren Schriften hinterlassen, ein stilistischer ist. So wurde zum Beispiel Freud von den französischen Surrealisten als Schutzheiliger adoptiert, doch nach einem Interview mit Breton weigerte er sich, ihre Anwendung seiner Einsichten ernst zu nehmen. Sie hatten ihn nicht verstanden. So hatten sie etwa überhaupt nicht auf die Bedeutung seines Stils geachtet – seine Verehrung der Vernunft und der ordinären Rechtschaffenheit – sondern hatten sich auf die Enthüllung des Unbewussten gestürzt, als sei das der Schlüssel zur Gesamtheit des Lebens. Ganz ähnlich glaubte Reich an die Selbstregulierung des Organismus. Doch mit Regulierung meinte er seine Harmonie in einer Welt, die Rationalität und Pflichtbewusstsein einschloss. Und so wurde Neills Charakter nicht in einem Summerhill-Universum geprägt, sondern in einer schwierigen Welt, die sowohl traditionelle, als auch revolutionäre Werte enthielt. Diese Welt ist in Summerhill in der Person Neills gegenwärtig, und das heißt, das viele dieser Werte auf Grund aktiver Demonstration gegenwärtig sind, auch wenn über sie vielleicht nicht viel geredet wird: Werte der Rechtschaffenheit, des Mutes, der Geduld, des Pflichtbewusstseins, des pragmatischen gesunden Menschenverstandes. Diese kommen auch in Neills Schriften deutlich zum Ausdruck, was meiner Ansicht nach eher verständlich macht, weshalb sie in diesem Land so populär sind, wo wir mit der schweigenden »Objektivität« unserer Horden von Experten übersättigt werden. Wenn einige von Neills Schülern diese Dinge bagatellisiert haben, dann geschah das, weil sie bestimmte Einsichten von ihm ungeduldig übernommen haben, und zwar die, die ihren eigenen Zorn auf eine Welt, die sie gekränkt hat, rechtfertigen.

Summerhill ist auch unser Paradebeispiel, wenn sich die Diskussion um den obligatorischen Schulbesuch dreht. Lehrer, die sich für die Freiheit des Individuums einsetzen, beschäftigen sich immer wieder mit diesem Thema, und es wird in größerem Umfang Bedeutung erlangen, falls die gegenwärtige Tendenz im Erziehungswesen, die auf Liberalisierung drängt, unsere öffentlichen Schulen tatsächlich verändern sollte. Sollen wir den Schulbesuch erzwingen oder nicht? Neill berichtet uns, dass die Kinder in Summerhill in keiner Weise gezwungen werden, am Unterricht teilzunehmen. Leider erzählt er uns nicht, was sie sonst in dieser Zeit tun. Bei einigen wenigen Puristen habe ich beobachtet, dass sie sich in diesem Punkt übergroße Mühe geben und zwischen sich und den Schülern eine Art Vakuum schaffen, um der Willenskraft der Schüler genügend Spielraum zum Reifen zu geben. Mir scheint das ein Fehler zu sein. Er rührt zu einem großen Teil daher, dass man das Problem auf die Begriffe Schulbesuch und Zwang einengt.

Doch das ganze Problem, so wie es sich uns in diesem Lande darstellt, zeugt von einer wirklich eigenartigen Ängstlichkeit und einem Mangel an Vertrauen auf Seiten der Erwachsenen. Würden Kinder die Schule wirklich aufgeben, wenn sie nicht mehr gezwungen wären, daran teilzunehmen? Oder, genauer ausgedrückt: Würden das Erlernen von Fähigkeiten und Kenntnissen und die Teilnahme an einem umfassenden geselligen Leben mit Gleichaltrigen auf einmal alle Anziehungskraft einbüßen? Die Idee der Schule – wenn auch vielleicht nicht in ihrer derzeitigen bürokratisierten Form – ist eine der mächtigsten gesellschaftlichen Erfindungen, die wir besitzen. Sie beruht auf dem tiefsten aller Bedürfnisse und lebt von Motiven, die wir nicht ableugnen könnten, selbst wenn wir das wollten. Das Unterrichten ist eine der wenigen natürlichen Funktionen von Erwachsenen. Mit Jungen konfrontiert, können wir dem nicht entrinnen. Außerdem wird unser berechtigter Anspruch an die Jungen – sich, gleich auf welche Art, als würdige Erben unserer Welt zu erweisen – von ihnen selbst zutiefst respektiert. Sie bilden sich ihre Vorstellungen von Individualität, individuellem Stolz, Bürgerrecht usw. genau in dem Sinne, den wir ihnen anbieten, sie machen unsere Forderungen zu Zielen, ja sogar zu höchst erstrebenswerten Idealen. Ich kann einfach nicht glauben, dass das alles so schwach sein soll, dass wir die Funktion der Erziehung auf Zwang gründen müssen, mit all den schädlichen Folgen, die sich daraus ergeben.

Wenn Zwang schädlich und unklug ist, dann ist seine Antithese – ein Vakuum freier Entscheidung – unrealistisch. Wir können mit diesen Begriffen in der Tat gar nicht an das Problem herangehen, denn die wirkliche Frage lautet nicht: Wie sollen wir den Unterricht gestalten?, sondern: Wie sollen wir unsere Beziehungen zu den Jungen gestalten? Wie können wir ihnen mehr Tiefgang vermitteln, sie anfeuern, sie freier und liebenswürdiger machen, und gleichzeitig ernsthafter, kritischer? Wie können wir das Feld wechselseitigen Erlebens erweitern? Wenn sich diese Dinge erreichen lassen, dann nimmt die Frage des Schul- oder Unterrichtsbesuches eine einfachere und logischere Form an, orientiert sich mehr an der Tatsache, dass der Unterricht im Klassenzimmer letztlich nichts anderes ist, als eine Methode (eine unter vielen), die an ihrer Wirksamkeit gemessen zu werden verdient. Es ist nicht das ein und alles im Dasein eines Kindes. Lassen Sie mich das anhand unserer Erfahrungen an der First-Street-Schule erläutern.

Es war nicht so, dass eine Unterrichtsstunde angeboten wurde und dass zum Beispiel José frei entscheiden konnte, ob er teilnehmen wollte oder nicht. Der Ausgangspunkt sah anders aus. Mit Ausgangspunkt meine ich den Rahmen, in dem sich unweigerlich die Möglichkeit zu jeder Unterrichtsstunde ergab.

1. Er war dreizehn Jahre alt und hatte sechs Jahre grenzenlosen Versagens hinter sich. Er tat sein Bestes, seine Demütigung zu verbergen, doch es war offensichtlich, dass er unter seiner Unfähigkeit, zu lernen, litt. Er fürchtete sich davor, es noch einmal zu versuchen, und gleichzeitig hatte er doch den Wunsch dazu.

2. Wir stellten eine Beziehung zueinander her. Das war nicht schwierig, denn ich mochte ihn, obwohl das nicht von entscheidender Bedeutung gewesen wäre. Wir verbrachten mehrere Wochen damit, einander kennen zu lernen, rund drei Stunden am Tag unterhielten wir uns, spielten in der Turnhalle, gingen auf Ausflüge usw. Wir wohnten in derselben Gegend und begegneten uns auf der Straße. Er kannte mich als George, nicht als »Lehrer«.

3. Er verstand sofort, dass unsere Schule anders war, dass die Lehrer ihre besonderen Gründe hatten, dort zu sein, und dass das Interesse, das sie an den Tag legten, ungewöhnlich war, denn es gab keine Zeugnisse und Ranglisten und Beobachter von einer Schulbehörde. Doch dieses Interesse, das in einer Schulatmosphäre so ungewöhnlich schien, war identisch mit dem Interesse seiner Verwandten und erwachsenen Nachbarn, die ihn oft nach seinen Schulerlebnissen fragten und es offensichtlich ernst meinten, wenn sie voller Hoffnung von seiner Zukunft redeten.

4. Er verstand, dass ich ganz persönliche Interessen und ein eigenes Leben hatte, das sich nicht mit dem Wort »Lehrer« definieren ließ. Und er wusste, dass er, wenn auch keine große, so doch eine Rolle in meinem Leben spielte.

Was musste nun José vor diesem Hintergrund von meinem Verlangen halten, ihm das Lesen beizubringen? Denn ich hatte dieses Verlangen, und ich machte kein Hehl daraus. Er sah, dass mir das viel wichtiger war, als viele der flüchtigen Gefühle, die er ausdrückte oder zur Schau stellte.

Tatsache ist, dass er das für selbstverständlich hielt. Es war die richtige und angemessene Beziehung, nicht zwischen Lehrer und Schüler, sondern zwischen einem Erwachsenen und einem Kind, denn seine Verwandten wollten, dass er lesen lernte, und seine Nachbarn auch; und wenn das Leben in den Slums nicht den entsetzlichen Belastungen ausgesetzt wäre, zu denen auch die öffentlichen Institutionen und der ihnen entgegengebrachte allgemeine Hass gehören, dann hätten ihn viele von ihnen unterrichten können. Doch der Gedanke kam keinem von ihnen, und José schon gar nicht.

Und so wartete ich Josés Entscheidung gar nicht erst ab. Als meiner Ansicht nach die Zeit reif war, bestand ich darauf, dass wir mit dem Lesen anfingen. Meine Hartnäckigkeit hatte großen Einfluss auf ihn, da er mich aus persönlichen Gründen respektierte. Auch konnte sich seine Willenskraft auf jeden Fall nur vor einem Hintergrund manifestieren, in dem ich selbst bereits eine Rolle spielte, mit meinen eigenen Interessen und mit Beweisen, dass ich als Erwachsener Interesse an ihm hatte, eine Sache, die er überall gewohnt war, nur nicht in der Schule. Er hatte nicht das Gefühl, dass seine eigenen Motive für mich uninteressant seien. Kein Kind hat dieses Gefühl. Das gehört zu den Komplexen Heranwachsender und zu den Neurosen der Hippies. Für ein Kind gehören die Motive Erwachsener ganz einfach zur Umwelt. Sie sind wie Eisberge oder attraktive Inseln: man segelt zwischen ihnen durch oder steuert sie direkt an. Die eigenen Motive des Kindes werden ähnlich nach außen projiziert; sie führen entweder zur Verheimlichung oder zu engeren Beziehungen. Das ist auch der Grund, weshalb es so leicht zu Zuneigung und zu offenem Konflikt kommt. Dazu kommt es unweigerlich, und beide zusammen gehören zum Erlebnis des Lehrens und Lernens.

Meine eigenen Forderungen waren also ein wichtiger Teil in Josés Erfahrungen. Sie waren nicht einfach die Forderungen eines Lehrers, und auch nicht die eines Erwachsenen, sondern sie waren Teil meines persönlichen Interesses an José. Und er spürte das. In der Tatsache, dass ich Forderungen an ihn stellte, lag etwas, das er hochschätzte. Das wurde noch viel deutlicher, als er erst einmal begriffen hatte, dass ich ihn nicht einfach nach bewährtem Schema abfertigte, d.h. mit Zeugnissen und Beurteilungen usw. Und als er dann verstanden hatte, dass er sich weigern konnte – sich rundweg weigern konnte, die Unterrichtsstunde beenden oder in eine neue Richtung lenken oder etwas völlig anderes verlangen konnte –, da galt unser beiderseitiges Interesse an seiner Entwicklung für erwiesen. Wir wurden zu Kollaborateuren im Geschäft des Lebens.

Es liegt auf der Hand, dass das alles nicht möglich geworden wäre, hätte ich versucht, ihn dazu zu zwingen. Und hätte ich überhaupt nichts von ihm gefordert, hätte ich einfach darauf gewartet, dass er zum Unterricht kommt, dann hätte ich irgendwie meine eigenen Motive verleugnet, mein eigenes Engagement in der Schule und der Gemeinschaft. In seinen Augen hätte ich Direktheit, hätte ich Realität verloren, um es einmal so auszudrücken, denn ich hätte für ihn mehr und mehr nur wie ein Lehrer ausgesehen. Worauf er Wert legte war schließlich das: dass ein Erwachsener, der ein eigenes Leben führte, bereit war ihm Unterricht zu geben. Wie seltsam, dass man das betonen muss! Welch ungeheure Perversion der natürlichen Beziehungen zwischen Kindern und Erwachsenen ist doch von unserem bürokratisierten System öffentlicher Erziehung geschaffen worden! Es war wichtig für José, dass ich nicht nur ein Lehrer war, sondern auch ein Schriftsteller, dass ich mich für Malerei interessierte und Freunde hatte, die Künstler waren, dass ich an Bürgerrechtsdemonstrationen teilnahm. In dem Maße, in dem er spürte, dass sich mein Leben über ihn hinaus in das (für ihn) Unbekannte erstreckte, wuchs meine Bedeutung als Erwachsener, und die Dinge, die ich bereits wusste und ihm vielleicht beibringen würde, nahmen den Glanz an, den sie im Leben wirklich haben. Das trifft auf alle Lehrer und auf alle Schüler zu. Kein Lehrer ist nur Lehrer, kein Schüler nur Schüler. Das Lebensziel, das sie verbindet, ist das sine qua non für den Erziehungsprozess, und doch ist genau das in den öffentlichen Schulen zerstört, weil dort alles standardisiert ist und die Personen gezwungen werden, sich in ihren Rollen zu verstecken. Das entspricht genau Sartres Definition der Inauthentizität, der Unechtheit. Ich muss hierbei auch daran denken, wie oft John Dewey und, in unseren Tagen, Paul Goodman und Elliott Shapiro darauf gedrängt haben, sich der Kommune unmittelbar zu bedienen. Die Welt, so wie sie existiert, ist es, wonach die Jungen hungrig sind; und wir geben ihnen Straßenkarten, nichts als Diagramme der aus der Ferne betrachteten Welt.

Was ich hier von meinen Beziehungen zu José geschildert habe, ließe sich auch von Mabel, Gloria und Susan und ihren Beziehungen zu den anderen Kindern sagen. Gloria und Susan forderten vielleicht noch mehr als Mabel und ich. Trotzdem konnten sich aber alle Kinder weigern. Sie brauchten dafür einen guten Grund, und sie mussten sich den Erwachsenen stellen. Doch sie fanden heraus, dass gute Gründe respektiert wurden. Langeweile zum Beispiel ist ein guter Grund. Die schönen Tage im Frühling sind gute Gründe. Das brennende Verlangen nach etwas anderem ist ein guter Grund. Innere Unruhe ist ein guter Grund. Oder Kopfschmerzen, oder Zahnschmerzen. Und es gibt viele Dinge, die, wenn sie im Laufe einer Unterrichtsstunde auftauchen, volle Priorität verdienen und auch bekommen müssen, solche Dinge wie Rücksichtnahme auf Gerechtigkeit, Selbstachtung, Freundschaft. Für uns und die Kinder war das, kurz gesagt, ein fortlaufendes Erlebnis aus Zuneigung und Abstoßung,

Kooperation und Konflikt. Aus dieser beweglichen und vielgesichtigen Situation entwickelte sich die eigentliche Gliederung der gemeinsam verbrachten Zeit. Der entscheidende Aspekt war das Fehlen jeglichen Zwangs. Für jedes Kind gab es immer einen Weg hinaus und einen Weg hinein und – am allerwichtigsten – Persönliche Grundrechte, die denen der Lehrer gleichwertig waren. Die Kinder konnten gewinnen, nicht indem sie sich eine leere vordergründige »Freiheit« zunutze machten, sondern indem sie den Erwachsenen offen und direkt begegneten. Es war eine laute Schule, so wie es sein soll, aber auch oft, so wie es sein soll, eine elektrisierend stille Schule.

Man unterschätzt so leicht die Bedeutung des Konfliktes, dass ich hier betonen möchte, dass er sowohl unvermeidlich, wie auch wünschenswert ist – ich meine wünschenswert im Interesse des Wachstums, und nicht so sehr für die Ohren und Nerven des Lehrers. Ich spreche natürlich von den lärmenden Konflikten, von der Art, wie sie einfach entstehen, und die selten ein parlamentarisches Ende nehmen. Es läuft letzten Endes darauf hinaus, dass nebeneinander zwei starke Motive existieren, die von Natur aus zwar nicht antagonistisch, aber doch unvereinbar sind. Das eine besteht darin, dass wir Erwachsenen das Recht haben, viel von unseren Kindern zu verlangen und dass wir in der Tat als Personen die Direktheit verlieren, wenn wir das nicht tun. Das andere Motiv besteht darin, dass die Kinder ein Recht darauf haben, zu fordern, als Individuen behandelt zu werden, denn das sind sie ja schließlich auch. Die Schwierigkeit besteht nun darin, dass wir unsere Forderungen so allgemein vorbringen, dass das einzelne Kind nichts mehr damit anfangen kann. Und es gibt in diesem Prozess nichts, dass sich von selbst korrigieren würde. Wir müssen uns darauf verlassen, dass uns die Kinder korrigieren. Sie werden das jedoch im eigenen Interesse, nicht in unserem, tun. Sie schütteln uns sogar ab, vielleicht unter großem Schreien und Umherhüpfen, so wie ein Mann, dessen Schuhe drücken. Soll doch jeder Lehrer einmal vier Wochen zurückdenken und sich fragen, wie oft das passiert ist; und dann soll er sich doch auch fragen, ob er es bewusst ausmerzen würde, mag er auch, im Interesse seiner Nerven, noch so sehr dazu versucht sein. Diese gegenseitigen Anpassungen spielen sich gleichmäßig ab, in einem breiten, breiten Strom, und wir bemerken alles daran – ihren Lärm, die Dauer, die Verstocktheit usw. – alles, nur nicht die Tatsache, dass ihre steigernde Wirkung herrlich vernünftig ist und alles übersteigt, was wir vielleicht mit unserem Verstand aus-denken könnten.

Ich muss zugeben, dass ich den Konflikt hier in diesem Zusammen-hang absichtlich angeführt habe, weil mich die Art und Weise immer ir-ritiert hat, wie Summerhillianer von Liebe sprechen, davon, dass man »Liebe geben« und »eine Atmosphäre der Liebe« schaffen müsse. Ich habe gar nicht selten festgestellt, dass die »Liebe« solcher Enthusiasten in Wirklichkeit gehemmte Aggression ist. Doch das nur nebenbei. Es ist jedoch wert, festzustellen: wir können den Kindern keine Liebe geben. Wenn wir Liebe empfinden, dann gilt sie einem bestimmten Kind, oder einigen Kindern; und wir geben nicht Liebe, sondern uns selbst, weil wir viel stärker in der Liebe sind, als sie in uns. Was wir jedoch Kindern geben können, das ist Aufmerksamkeit, Nachsicht, Geduld, Interesse und vor allen Dingen Gerechtigkeit. Letztere ist sicherlich eine Art von Liebe; sie ist – präzise ausgedrückt – Liebe in einer Form, die man geben kann, die man allen geben kann, ohne Unterschiede zu machen, denn genau das ist ja die Anatomie der Gerechtigkeit: die ihrer selbst bewusste gründlich verallgemeinerte menschliche Liebe für die Menschheit. Negativ lässt sich das in der Tatsache beobachten, dass ein Kind (über das Kleinkind-alter hinaus) zwar in einer mehr oder weniger lieblosen Umwelt überle-ben, wachsen und wenn schon nicht gedeihen, so doch zurechtkommen kann, dass aber seine Entwicklung in einer mehr oder weniger ungerech-ten Umwelt schwer gestört wird. Der Mangel an Gerechtigkeit erfordert ein ganz allgemeines Misstrauen gegenüber anderen und verändert den Wirklichkeitssinn bis tief in die Wurzeln hinein. Diese Umgebungen sind nicht hypothetisch, sondern in gewissen Institutionen anzutreffen. Die erstere ist ein Waisenhaus, das ich beobachten konnte; die letztere ist die Erziehungsanstalt.

Ich habe nicht näher erläutert, was geschieht, wenn die Kinder nicht zum Unterricht gehen wollen. Was machen sie dann? Doch diese Frage stellt sich den Kindern so gar nicht, so wenig wie wir Erwachsenen die Straße überqueren, nur weil es uns auf dieser Seite nicht mehr gefällt, oder ein Fußballspiel besuchen, weil wir nicht zu Hause bleiben wollen. Oft wussten die Kinder in der First Street recht gut, was sie tun wollten, an-statt im Unterricht zu sitzen: einen Ausflug machen, auf ein Picknick ge-hen, etwas Außergewöhnliches tun. Doch gewöhnlich wussten sie nicht genau, was es war, der Unterricht war es jedenfalls nicht. Eine verschwommene Vorstellung von dem, was sie wollten – vielleicht, was sie brauchten – schwebte ihnen vor, aber sie sahen es nicht scharf und konnten es nicht beim Namen nennen. Und ist es nicht die traditionelle Rolle der Erwachsenen, ihnen bei der Entdeckung dessen zu helfen, das sie wirklich beschäftigen wird? Es gehört deshalb zur Aufgabe eines Lehrers, seinen Schülern zu helfen, damit sie herausfinden, was sie tun wollen, anstatt im Unterricht zu sitzen. Hier ist ein Beispiel. Die fünf älteren Jungen hatten eine Periode voller Streitereien (hauptsächlich rassischer Natur) hinter sich und hatten sich plötzlich vereinigt, fast zu einer Clique. Das warme Wetter hatte eingesetzt. Sie waren unruhig, hassten die Vorstellung des Unterrichts, rannten aus der Schule, kamen zurück, tobten auf dem Flur herum, gingen wieder hinaus und setzten sich auf die Stufen vor dem Haus und langweilten sich entsetzlich. Sie wussten nicht, was tun. Wir schlugen vor, sie sollten mit den Fahrrädern hinausfahren. Das war nicht ganz das Richtige. Und sie wollten nichts von Völkerball oder anderen Spielen im Park wissen. Sie wollten auch nicht auf einen beaufsichtigten Ausflug gehen. Es wurde immer deutlicher, dass etwas ganz Bestimmtes durch ihre Köpfe spukte, etwas, dem sie alle irgendwie zustimmten oder das ihnen irgendwie wichtig vorkam. Was war es? Mabel erkannte intuitiv, was es war: Sie wollten etwas zusammen tun, eine gemeinsame, nützliche Beschäftigung, die ihre neuen Beziehungen festigen würde. Sie schlug vor, sie sollten einen Billardtisch bauen – und das war's! Sie zogen ab zum Holzgeschäft und kauften ein großes Stück Sperrholz und ein paar Streifen für die Seiten und etwas Schaumstoff und grünen Filz und Leim und eine Laubsäge für die Löcher und eine Feile, um sie glatt machen zu können. Sie schafften fast eine Woche lang an ihrem Tisch, und er wurde überraschend gut, und sie benützten ihn, als er fertig war. Und es war während dieser ganzen Zeit offenkundig, dass dieser Tisch ein embryonales Clubhaus war – genau was sie brauchten.

Auf die Gefahr hin, mich zu wiederholen, möchte ich noch einmal betonen, dass wir als Lehrer unsere Beziehungen zu Kindern nicht mit Hilfe von Unterricht oder Schule definieren können. Die Schule selbst ist lediglich ein Aspekt der fortlaufenden Beziehung zwischen Kindern und Erwachsenen. Oder besser gesagt, sollte das sein. Unsere Gesellschaft, so wie sie ist, bleibt Kindern auf grausame Art verschlossen, ist auf grausame

Art aufgeteilt. Und zwischen dem Zuhause und der Schule gibt es gegenwärtig kein Bindeglied außer dem Beamten, der Schulschwänzer aufspürt.

Verglichen mit Internatschulen auf dem Land hatten wir das Glück, rings um uns die Stadt zu haben. Ich denke dabei nicht so sehr an die Aktivitäten, die das ermöglichte, sondern vielmehr an die Tatsache, dass wir in unseren Beziehungen zu den Schülern nicht so ausschließlich auf unsere Rolle als Lehrer beschränkt waren, die mit ihnen nur Klassenzimmer und Unterricht teilten. Wir teilten die Welt mit ihnen, und das brachte den Unterricht und die Schule selbst in eine viel gesündere und realistischere Perspektive.

6

28. 1. 1965

Josés Rache fand nie statt. Kenzo kam ruhig herein, zwischen Flucht und Tränen schwankend. José ignorierte ihn. Ob dieser Waffenstillstand den ganzen Tag gehalten hätte, ließ sich unmöglich feststellen, denn zwei neue Jungen erschienen am diesem Morgen, die so offensichtlich nach Unruhestiftern aussahen, dass sowohl José, als auch Kenzo, von den Lehrern ganz zu schweigen, sofort begannen, sie einzutaxieren.

Es waren Elfjährige, aber robuster, stärker, von den Slums abgehärteter als alle unseren (die, zu dem Zeitpunkt, alle Puerto-Ricaner waren und hinter sich – wenn auch sehr weit hinter sich – den besänftigenden Einfluss subtropischen Dorflebens hatten). Die Neuankömmlinge waren Stanley, ein italienisch-jüdischer Junge, und Willard, ein Neger, breitschultrig und stählern, sehr groß und kräftig für sein Alter.

Wir verließen die Schule alle zusammen, um eine Aufführung der »Paper Bag Players« im »Henry Street Playhouse« zu besuchen.

Stanley und Willard, die sich seit einigen Jahren kennen, saßen zusammen hinten im Bus, mit aufgeregten Gesichtern und verächtlichem Lächeln. Stanley packte Willard am Arm und redete ihm hastig ins Ohr, wobei er mit kleinen Kopfbewegungen auf verschiedene Jungen deutete. Willard, der in eine 600er-Schule geschickt werden sollte (wo er nicht hingehörte), folgte seinen Blicken etwas langsam. Sein breites Grinsen hatte ein ganz klein wenig von einfachem Humor an sich.

Stanley ist ein gerissenes Bürschchen, ein jugendlicher Hochstapler, der sich all der Dinge beraubt, die er braucht. Er ist intelligent, sportlich, manchmal charmant, doch öfter boshaft, ein Lügner und ein Dieb, labil und verzweifelt. Seine Haare und seine Augen sind schwarz und glänzend, sein Mund ist herausfordernd und kindlich zugleich. Er hat die extrem gelenkigen und nach hinten gebogenen Daumen, die ich schon öfter bei agilen, dickköpfigen Menschen mit exzentrischen Talenten gesehen habe.

117

Das Theater war voll mit Kindern aus den öffentlichen Schulen. Die »Paper Bag Players« waren witzig und erfinderisch. Sie bereiten im Grunde genommen eine Art sanftes Vergnügen. Wie üblich betrachtete ich die Zuschauer; die meisten waren unter zehn. Es waren viel puertoricanische Mädchen und kleine Negerinnen da, die einen Riesenspaß daran hatten und alles mit einer solchen Intelligenz und Begeisterung verfolgten, dass ich nicht umhin konnte, mir Gedanken zu machen, wie viele von ihnen in Fabriken oder bei der Fürsorge landen würden und was aus diesen strahlenden Gesichtern, so voller Lebensfreude, werden würde. Dodie, Rudella, Eléna, Hannah, Maxine – eine ganze Reihe der unsrigen saß zusammen, und sie streckten die Hälse wie alle anderen. Von Zeit zu Zeit steckten sie die Köpfe zusammen und flüsterten und deuteten mit den Fingern. Ich entdeckte Stanley und Willard, die sich wieder von uns übrigen abgesondert hatten. Stanley sah aus wie ein kleiner Halsabschneider, so als eifere er irgend einer Fernsehversion von Al Capone nach; doch gelegentlich änderte sich seine Miene, und ein sehr anziehendes, munteres, verzweifeltes Kind wurde sichtbar. Er war voll Verachtung für die Vorgänge auf der Bühne und flüsterte dauernd Willard ins Ohr, der sich manchmal darüber zu ärgern schien, aber trotzdem den Kopf vorbeugte und zuhörte.

Wir hatten Besuch beim Mittagessen, einer der Lehrer und mehrere Kinder von der Collaberg-Schule in der Nähe des Bear Mountain. Wir saßen in einem großen Kreis und ließen uns Zeit mit dem Essen, und die Gespräche gingen lebhaft hin und her. Plötzlich ertönte ein Aufschrei. José und Willard fielen zu Boden und schlugen aufeinander ein und fluchten. José brachte nicht viele Schläge an, und Willard bestrafte ihn fürchterlich. José trat mit den Beinen nach ihm, um freizukommen, und sie wälzten sich so ungestüm am Boden, dass ich fürchtete, einige der jüngsten könnten etwas abbekommen. Eins der Collaberg-Kinder, ein dreizehnjähriger Junge, war so entsetzt, dass er sich im Schrank versteckte und dann weinend aus dem Zimmer lief. Es gelang mir, die beiden zu trennen. Ich staunte über Willards Kraft. Ich steckte sie in getrennte Zimmer und bestand darauf, dass sie abkühlten. Als ich in den Hauptraum zurückkam, wälzte sich Stanley mit Julio am Boden, boxte ihn in die Rippen und kreischte.

Ich schickte Stanley und Willard mit ihren Mänteln nach unten. Wir

Lehrer besprachen die Lage und schickten sie dann für den Rest des Tages nach Hause.

José hatte der Streit sehr mitgenommen. Es war ihm auch klar, dass seine Vorrangstellung als der älteste Junge zu einem ärmlichen dritten Platz werden würde, wenn diese Jungen an die Schule kamen. »Das sind üble Burschen, Mann! Lass sie ja nicht an diese Schule!« – und hinter diesen Empfindungen verbargen sich die gewalttätigen rassischen Auseinandersetzungen, die er bereits auf der Straße gehabt hatte. Auch Kenzo hatte den Machtwechsel begriffen. Er hatte sich mit schmeichelnden Worten und geringschätzigen Bemerkungen über seine puerto-ricanischen Klassenkameraden an die neuen Jungen herangemacht.

An diesem Nachmittag diskutierten wir Lehrer ausführlich über die neuen Jungen. Wir beschlossen, unsere bösen Ahnungen zu unterdrücken und sie aufzunehmen. Willard gehörte nicht in eine 600er-Schule. Stanley war mehrfach von der Schule ausgeschlossen worden und trieb in ein Leben voller Verbrechen, obwohl gerade er sehr viel versprechend aussah. Beide waren in der Obhut eines psychiatrischen Fürsorgers, der uns beinahe auf den Knien gebeten hatte, sie aufzunehmen. »Es ist die letzte Chance einer wirklich bedeutungsvollen Hilfe.« Wir beschlossen, zuerst Willard anzunehmen, und ein paar Wochen später dann Stanley.

Die Kinder von der Collaberg-Schule haben das Gefühl, etwas Besonderes zu sein. Viele von ihnen kommen aus intellektuellen Familien. Die Jungen tragen ihre Haare länger als die Beatles, und einer, Donnie, trägt seine blonden Haare so lang und er hat eine so zarte und rosige Haut, dass man nur sehr schwer sagen kann, ob er ein Junge oder ein Mädchen ist. Minutenlang standen Vicente, Julie und Kenzo nebeneinander und starrten ihn mit offenem Mund an.

Wenn man die Collaberg-Kinder beobachtet, spürt man etwas von der intellektuellen Tradition des »Außenseiters«, das heißt, sie haben viele wichtige Verbindungen mit den Fundamenten unserer Zivilisation. Unsere Kinder, vor allem die Neger und Puerto-Ricaner, sind echten Entbehrungen und Diskriminierungen ausgesetzt, und können von der Warte der allgemein akzeptierten Zivilisation durchaus Außenseiter genannt werden. Doch sie würden sich selbst nie so sehen. Im Gegenteil, sie identifizieren sich sehr stark mit dem, was sie für die zentrale Macht halten. Die Collabergianer reden von Volkswagen und Porsches, unsere von Ca-

dillacs. Es ist so bezeichnend für Josés Situation, dass er zwar Worte wie
»Bruder«, »Vater«, »Mutter«, »Traum« inzwischen lesen kann, dass
ihn aber das Wort »ich« immer noch durcheinander bringt!

2. 2. 1965

Unser Plan, zuerst Willard und später Stanley aufzunehmen, wurde
durch Willards und Stanleys geschicktes Manöver durchkreuzt. Willard
fehlte. Dafür kam Stanley, ganz lächelnde Unschuld, und erklärte, Willards Mutter möchte, dass er in der öffentlichen Schule bleibt. Die Taktik
der beiden war so durchschaubar wie Stanleys Lügen; aber es war so deutlich, dass er in unsere Schule kommen wollte und dass er sich um gutes Benehmen bemühte, dass wir keine andere Wahl hatten, als ihn zuzulassen.
Er gab sich den anderen Jungen gegenüber freundlich und schien den
Lehrern seine Aufmerksamkeit zu schenken. Man konnte unschwer die
Qualitäten erkennen, die seinen Psychologen für ihn eingenommen hatten. Doch die Schwierigkeiten ließen nicht lange auf sich warten.

Einige der Mädchen waren noch in der Turnhalle, als die Jungen hi-
nuntergingen. Stanley fühlte sich sofort von Eléna angezogen und begann sie zu necken. Doch während diese Art des Neckens, die einen Zug
echter Grausamkeit an sich hat, unter Amerikanern alltäglich ist, kommt
sie unter Puerto-Ricanern relativ selten vor. Eléna wusste nicht, wie sie
sich verhalten sollte. Um die Sache noch zu verschlimmern, verstauchte
sie sich den Fuß und fing an zu weinen. Stanley äffte sie nach, und dann –
der letzte Strohhalm – beteiligte sich sogar José an den Neckereien. Sie
beschimpfte José auf Spanisch und streckte dabei ihren Arm und zeigte
mit dem Finger. Er schob die Unterlippe vor und rümpfte die Nase. Eléna stürzte sich auf ihn und warf ihn zu Boden. Bevor er sich zur Seite wälzen konnte, biss sie ihn in die Brust und hatte seine Brustwarze zwischen
den Zähnen, während er vor Schmerzen schrie. José würde sie nie schlagen, war aber so in ihrer Gewalt, dass er nicht entkommen konnte. Er
trommelte mit den Armen auf den Boden und schrie. Schließlich ließ sie
ihn los. Doch sie hatte sich noch lange nicht beruhigt und weinte immer
noch. Stanley äffte ihr Weinen nach. Seine Grausamkeit war zu offensichtlich, um übersehen zu werden. José schubste ihn. »Beleidige bloß
meine Schwester nicht, Mann!« Im nächsten Augenblick wälzten sie sich
am Boden. Stanley ist viel stärker als José und schneller, wenn auch nicht

so groß. Er beherrschte ihn leicht und wusste das auch und hielt an sich, um ihm nicht wehzutun. Vicente tanzte um sie herum und hüpfte zu mir herüber. »Lass sie's ausfechten, Mann!« José verlor nicht nur den Zweikampf, sondern versagte auch auf der ganzen Linie in seinem Bemühen, die Familienehre zu retten. Und doch war es kein eigentliches Versagen, denn Stanley hatte kein Mittel, ihn zur Aufgabe zu zwingen. José rief dauernd: »Das kannst du mit meiner Schwester nicht machen, Mann! Ich krieg dich schon, Mann!« Schließlich ließ ihn Stanley aufstehen. José stürzte sich auf ihn, und im nächsten Moment lagen sie schon wieder am Boden. José unten.

Als sie diesmal wieder hochkamen, war José außer sich vor Wut. »Ich krieg dich schon, Mann! Du wirst sehen! Dich stech' ich ab!« Er lief aus der Turnhalle. Stanley machte sich Sorgen wegen des Messers. Ich wusste nicht sicher, ob José eins hatte, oder versteckt hatte, doch es sah danach aus. Ich sagte Stanley, ich würde jedes Messer konfiszieren. Ich ging auf den Gang hinaus, um José zuvorzukommen. Er kam die Treppen herunter gerannt, Vicente dicht hinter ihm. Wieder schrie mich Vicente an: »Lass sie's ausfechten, Mann! Stör sie nicht, Mann!« Seine Augen waren weit aufgerissen, glänzend und glasig. Es war alles eine Fernseh-Show. Er hatte keine Ahnung, dass echtes Blut fließt, dass echte Eingeweide verletzt werden. Ich hielt José auf. »Ich hab kein Messer, Mann!« Ich öffnete seine Fäuste und klopfte seine Taschen ab. Da war kein Messer. Die beiden Jungen liefen an mir vorbei. Vicente griff in die Tasche und gab José ein Messer. José machte es auf und entblößte eine fünfzehn Zentimeter lange Klinge. Stanleys Gesicht wurde weiß, dann rot vor Zorn. Er packte einen der Klappstühle aus Metall und rief: »Ich bring dich um, Mann!«

Ich stellte mich José in den Weg und packte ihn am Handgelenk. Ich machte mir in erster Linie Sorgen, ob er überhaupt bei Verstand war, oder nicht. Eléna würde in ihrer blinden Wut mit einem Messer äußerst gefährlich sein. Bei José lagen die Dinge anders. Ich schaute ihn genau an. Er wusste nicht, ob er heulen oder fluchen sollte. Er hatte zum Teil selbst Angst. Doch das Messer war mehr als nur Show. Es war schwer zu sagen, wie weit er gehen würde, wenn er dazu getrieben wurde. Er wehrte sich jedoch nicht, als ich ihm das Messer abnahm. Zu dem Zeitpunkt ging es beiden Jungen nur noch darum, einen ehrenhaften Ausweg aus ihrem Dilemma zu finden. Sie schrien sich an, und ich schaltete mich ein und schrie, Stanley habe nicht gewusst, dass Eléna Josés Schwester ist. Stanley machte sich dieses Argument sofort zu eigen. Die Jungen schrien immer noch, doch ihren Anklagen und Erwiderungen schien die Spitze genommen, ein wesentlicher Streitpunkt war offensichtlich aus dem Weg geräumt. José ging wieder auf den Gang hinaus. Er bat mich um sein Messer. Ich sagte ihm, ich werde das Messer seiner Mutter geben und er solle es nie wieder in die Schule mitbringen. Als seine Mutter ins Spiel gebracht wurde, bekam er es mit der Angst zu tun. Er ging nach oben. Als ich zum Mittagessen hinaufkam, saß er ganz für sich und kämpfte mit den Tränen. Ich sagte ihm, ich würde seiner Mutter nichts sagen, aber das Messer würde ich ein paar Tage behalten, und er solle es nie wieder mitbringen. Er sagte, er wolle diesen neuen Kerl nicht in der Schule haben. Das wiederholte er ein paar Mal. »Der muss wieder weg, Mann!« Ich sagte, es seien jetzt achtzehn Kinder, und José könne doch nicht für sie alle entscheiden.

Noch bevor ich das gesagt hatte, spürte ich, wie unehrlich ich war. Wir hatten die Kinder überhaupt nicht gefragt, und es war klar, dass bei einer Abstimmung nicht einer für seine Aufnahme stimmen würde. Aber schließlich konnte auch nicht einer von ihnen verstehen, dass Stanley bei einer Ablehnung bald in der Erziehungsanstalt landen würde, und vielleicht auf immer verloren sein würde. Wir konnten nicht einerseits einen Rettungsdienst betreiben und uns dann andererseits weigern, ihn zu retten.

Im Laufe des Tages machte dann Stanley José freundliche Annäherungsversuche, indem er ihm schmeichelnde Dinge sagte und ihm Bonbons in die Hand drückte.

Sowohl Eléna, als auch ihre Mutter mussten die Klinik aufsuchen, Eléna wegen ihrer Füße (eine Art Warzen an den Sohlen) und ihre Mutter wegen Schwierigkeiten mit ihren Beinen, die möglicherweise einen längeren Aufenthalt in der Klinik erfordern werden. Eléna und José machen sich Sorgen. Wenn ihre Mutter in die Klinik muss, müssen sie vielleicht so lange bei Verwandten in Puerto Rico bleiben.

3. 2. 1965

Mabel brachte eine alte Schreibmaschine in die Schule. Einige der Kinder waren fasziniert und spielten eifrig damit. Dodie gab eine lustige Darbietung einer mit hoher Geschwindigkeit schreibenden Typistin, ihre Finger flogen in alle Richtungen, und ihr Gesicht hing vornehm und unbeteiligt über dieser mächtigen Energie-Entfaltung. Auch José zeigte Interesse, und so setzte ich mich neben ihn und schaute zu. Und schon bald sagte er zu mir: »Was soll ich schreiben?« Ich schlug das Wort »Schau« vor. Er fand die Buchstaben selber und drückte auf die Tasten. Wir machten noch ein paar weitere einfache Wörter, und dann schlug ich einen Satz vor, von dem ich wusste, dass er ihn kannte. Er suchte die richtigen Tasten und schlug sie an. Diese archaische Schreibmaschine hat einen Defekt, der es unmöglich macht, dass man gleich sieht, was man geschrieben hat, es sei denn, man transportiert um eine Zeile weiter, und so weiß man beim Tippen selber nicht, ob man alles richtig macht. Wenn José Hilfe brauchte, bat er darum. Den größten Teil des Satzes schaffte er allein. Und jetzt drehte er die Walze um eine Zeile weiter, um zu sehen, was er geschrieben hatte, und zum ersten Mal stieß er in der Schule einen Freudenschrei aus, weil ihm etwas gelungen war! Da war der Satz, und er hatte ihn selber geschrieben, und er war perfekt! Er stampfte sogar seine Füße auf den Boden vor Freude. Und so machten wir über eine halbe Stunde lang weiter, und ein zusätzliches Lernspiel entwickelte sich daraus. Ich nahm die Schreibmaschine, und er sollte mir Wörter vorschlagen. Nachdem ich sie getippt hatte, schnitt ich sie aus und gab ihm die Papierstückchen und sagte ihm, er solle Sätze formen, indem er sie aneinanderreihte. Er machte bereitwillig mit und strengte sich dabei sehr an, obwohl es nicht leicht war. Er war so sehr damit beschäftigt, dass er einer Verschiebung der Sportstunde zustimmte, obwohl er noch nach dem ersten Teil dieser Stunde vorgeschlagen hatte, in die Turnhalle zu gehen.

Die Jungen spielten Völkerball, und Stanley legte es darauf an, seine Geschwindigkeit zur Schau zu stellen. Ähnlich war es beim Versteckspielen im Dunkeln: Stanley beherrschte das Spiel. José war eifersüchtig, aber nicht unfreundlich.

Maxine kam während des Völkerballspiels eine Weile in die Turnhalle, und mit ihrer provozierenden Stimme rief sie den Jungen Obszönitäten zu und drehte ihnen den Rücken zu und wippte mit dem Hinterteil. Stanley erwischte sie und rang sie zu Boden. Maxines Protestgeschrei wechselte mit ihrem lauten Gelächter ab. José kam zu mir ans andere Ende der Turnhalle und verlangte, ich solle Stanley zurückrufen. Er war wü-

123

tend und eifersüchtig. Ich wies darauf hin, dass Maxine lachte und deshalb keine Angst habe, anders als ein paar Tage vorher, wo sie tatsächlich Angst bekommen hatte und ich eingegriffen hatte. »Die taugt nichts!« sagte José, der, wäre Stanley nicht dagewesen, selber mit ihr gerungen und gekichert hätte. Nach einigen Minuten sorgte ich dafür, dass Maxine die Turnhalle verließ. José folgte ihr an die Tür, nannte sie eine Hure und trat ihr in den Hintern.

Später an diesem Tag drückten Kenzo und Vicente aus, dass sie Stanley nicht mochten. Sie haben die Labilität seines Charakters und seine Boshaftigkeit genau erkannt. José sagte: »Er will König sein.«

Josés Tage als Herkules-Darsteller sind vorbei, er stolziert nicht mehr mit geschwellter Brust herum. Es ist ein Jammer. Er tat das immer auf kindliche, keineswegs boshafte Art, und dass er es tun konnte, bedeutete ihm etwas. Stanleys Gegenwart beraubt sie alle einer gewissen kindlichen Unschuld und Reichhaltigkeit des Erlebens. Er verspricht für die Zukunft mehr als sie alle, und doch gehen die Störungen bei ihm viel tiefer als bei ihnen. In seinem Verhalten zeigen sich all die treibenden Kräfte kleinlicher Tyrannei. Er ist ein typischer »starker Mann«, ein südamerikanischer General, ein U.S.-Bulle – alle Stärke, alle Fähigkeit, verdorben und erstarrt im Schutz des im Innern gefangenen verzweifelten Kindes.

4. 2. 1965

Willard, Stanleys Kumpel, kam heute in die Schule, mit einem breiten, schuldbewussten Grinsen: »Meine Mutter sagt, wenn ich mich nicht prügle, kann ich in der Schule bleiben.« Und nun sind sie also hier zusammen, genau wie sie das geplant haben. Ihre Gegenwart bringt enorme Veränderungen mit sich. Die Schule ist scharf getrennt zwischen Jüngeren und Älteren, denn keiner der älteren Jungen wagt es mehr, seine Kindlichkeit dadurch zu zeigen, dass er mit den jüngeren spielt, und das bedeutet das Ende der herrlichen Spiele, der Schlösser und Könige und Königinnen, Gladiatoren und Räuber, an denen vor ein paar Wochen noch alle teilgenommen hatten. Die Mädchen und kleineren Jungen spielen immer noch miteinander, aber weder Stanley, noch Willard können mitspielen. Die Verklemmung dieser »rauen Burschen«! Welch ein Jammer! Und jetzt sind Kenzo, Julio, José und Vicente auch in dieser Falle gefangen.

Als heute morgen Stanley am Telefon war, wagte es der kleine Bertrand Kleist, der etwa fünfzig Pfund wiegt und sechs Jahre alt ist, aber frech und gescheit, im Spaß den Stecker herauszuziehen. Stanley wurde wütend und wollte ihn verprügeln, und ich musste dazwischen gehen.

Völkerball ist zum Rassenkampf geworden. Willard und Stanley stimmen in ihrer Verachtung für die Puerto-Ricaner überein, und Kenzo gesellt sich kriecherisch zu ihnen. Doch allein wegen dieser Feindseligkeiten sind die Spiele unwahrscheinlich lebhaft. José ruft mit gespielter Tapferkeit: »Wirf doch, Mann, wirf doch!« – und bietet sich als Zielscheibe an. »Euch schlagen wir noch lange!« Und Willard, der stark werfen kann, trifft ihn mit dem ersten Wurf. José geht mit schlürfenden Schritten vom Feld, und die Realität legt sich wie ein Schatten auf sein Gesicht. Doch auch Julio hat einen starken Arm, und sowohl er, als auch Vicente ist beweglicher und hat schnellere Reflexe als Stanley und Willard ... und der Ball fliegt hin und her, begleitet von Beleidigungen, Sticheleien, Schmähungen und Triumphgeschrei.

Vor dem Unterricht heute morgen zog José vor Willard und Stanley eine große Schau ab: Er spielte mir gegenüber den starken Mann, legte den Kopf zurück und warf mir unflätige Worte an den Kopf. Sobald wir ins andere Zimmer gingen, wurde er wieder zahm, und wir hatten eine gute Unterrichtsstunde. Ich habe Mabel in letzter Zeit öfters gebeten, uns in das Zimmer einzuschließen, nicht um José einzusperren, sondern um die andern fernzuhalten. Das ist jetzt alles, was nötig ist, damit die Sache gut läuft, das heißt, dass er vor allen Vergleichen mit anderen bewahrt bleibt, ebenso wie vor seinem fürchterlichen Gefühl', ein Versager zu sein.

Stanley und Willard stahlen früh morgens Maxines Mittagsbrot und aßen es. Sie waren überrascht, dass wir sie nicht bestraften, und noch einmal überrascht, als sie in der Mittagspause entdeckten, dass alle zur Genüge satt wurden – es gab keine Beschränkung. Doch sie werden eine ganze Zeitlang brauchen, bevor sie begreifen, dass sich hier kein Ruhm daran knüpft, den Lehrern Trotz zu bieten. Alles ist persönlich ... und es ist für ein lebhaftes Kind sicherlich langweilig, in einer verallgemeinerten Einstellung zu beharren, wenn ihm täglich nur ein Individuum gegenübertritt, anstatt eines Systems.

José kam heute nach der Schule in meine Wohnung. Es war offensichtlich, dass er sich von der Ankunft der neuen Jungen bedroht fühlte und bestätigt haben wollte, dass er nicht verdrängt werden würde. Ich arbeitete an einem Artikel. Ich gab ihm Papier und Farben, und er beschäftigte sich damit im anderen Zimmer, während ich tippte.

Und seit er weiß, dass ich ihn nicht im Stich lassen werde, ist er mir gegenüber besonders vorlaut, wenn sie dabei sind, damit sie ja nicht glauben, er sei das Schätzchen des Lehrers. Seine Großmäuligkeit ist meistens recht komisch, da er normalerweise so sanft ist, viel kindlicher und sanftmütiger als die meisten amerikanischen Jungen seines Alters.

5. 2. 1965

Wir gingen heute morgen mit den Kindern zum Schlittenfahren, zur Collaberg-Schule hinauf, in die Nähe des Bear Mountain. Mabel hat früher dort unterrichtet, und vor Jahren war sie unter ihrem ursprünglichen Namen – Barker School – ein Pionier der Summerhill-Methoden in diesem Lande. Ich fuhr den Kleinbus, und Tom Gomez, Maxines Stiefvater, hatte eine Gruppe in seinem Kombi, der dauernd Pannen hatte.

Der Tag verlief äußerst erfolgreich. Der Schnee, die Berge, die Bäume und der weite, offene Himmel – all das erregte unsere Kinder ungeheuer. Sie stürzten aus den Autos, als schleudere sie eine Explosion hinaus, und rannten den Hügel hinauf und fuchtelten mit den Armen und schrien. Mehrere Schlitten lagen im Schnee neben dem Schulhaus. Vicente packte einen und flog den Abhang hinunter – mit dem Kopf voraus in einen Graben. Ah, die Erfahrung! Wie gewöhnlich war nichts in seinem Kopf gewesen, außer zwei oder drei vagen Bildern, kein Gedanke an Ursache und Wirkung, keine Vorstellung davon, dass zum Beispiel Bäume es unterlassen könnten, ihm aus der Fahrtrichtung zu gehen (er hatte beinahe einen Zusammenstoß mit einem), oder dass etwa ein Graben, der in der Vorstellung vom Schlittenfahren keinen angemessenen Platz hat, sich dennoch am Fuß des Hügels auftun könnte. Er stand auf und schüttelte sich und schaute sich um. Man konnte fast sehen, wie sich seine bisherigen Vorstellungen auflösten. Hier war ein echter Hügel, echter Schnee, echte Bäume, ein echter Graben. Sein Gesicht hellte sich wieder auf, und er rannte den Hügel hinauf.

Und unsere Jungen, so hungrig nach Vergnügen und Besitz und so überzeugt, dass sie jeden Augenblick zum Kampf bereit sein müssen, kämpften natürlich um die Schlitten und weigerten sich, abwechselnd zu

126

fahren. Doch es gab andere Dinge, auf denen sie den Hang hinabrutschen konnten, große Stücke Pappkarton, einige Bretter, den Rumpf eines alten Kunststoffbootes. Und bald wechselten sich die Jungen doch ab, gaben ihre Schlitten anderen und benützten in der Zwischenzeit diese Provisorien. Tom Gomez und ich benützten beide ein Stück Pappkarton.

Die Collaberg-Kinder gesellten sich zu uns, und ich war beeindruckt davon, wie gut sie aussahen, wie lebhaft und doch rücksichtsvoll und freundlich sie waren. Unsere Kinder lernten an dem Tag eine ganze Menge. Sie durchstreiften die Schulgebäude, sahen Projekte aus dem Kunstunterricht und aus naturwissenschaftlichen Fächern, aßen zwanglos in der Küche, und ich bin sicher, dass sie die allgemeine Ungezwungenheit und Freundlichkeit beeindruckte, ganz zu schweigen von der Tatsache, dass ihnen alles angeboten wurde und sie nicht darum kämpfen mussten. Wenn nur der Rest ihres Lebens auch so sein könnte! In Julios Straße gab es letzte Woche einen Mord, in Josés Straße eine Verhaftung in einer Rauschgiftsache, und beides stand in der Zeitung.

Auf der Rückfahrt stimmten sie im Kleinbus Lieder an, und zwar die, die sie von Barney gelernt hatten. Genauer gesagt, die jüngeren sangen, und die Mädchen. Willard und Stanley schwiegen, doch ihre Gesichter waren so entspannt, wie ich das bei ihnen noch nie gesehen habe. Sie sahen beinahe glücklich aus.

9. 2. 1965

Heute morgen vor dem Unterricht, als die Kinder ihre Mäntel aufhängen und alles durcheinander schwätzt, stolziert José herum und spielt den starken Mann. Er fingiert einen Boxhieb zu meinem Kopf und sagt dabei: »Los, Mann, du glaubst wohl, du seiest stark. Los, Mann«, und fast noch im gleichen Atemzug sagt er: »Los, George, heute haben wir den tollsten Unterricht auf der ganzen Welt.«

Mabel schließt uns wieder in das Zimmer ein, wie schon seit Tagen. Es funktioniert wie ein Zaubermittel. José sitzt hinter der Schreibmaschine am Pult, legt ein Blatt Papier ein, klappert mit den Tasten und sagt: »Okay, Boss, ich bin jetzt deine Sekretärin.« Und so diktiere ich ihm Worte, und zwar solche, die er lesen, aber nicht richtig buchstabieren kann. »Schau auf das Buch.« »Ich sehe den Hund.« Es ist Akkordarbeit, ganz anders in der Wirkung als unsere Arbeit mit dem Übungsheft. Er muss sich dabei anstrengen, doch ich achte vorsichtig darauf, dass ich im Rahmen seiner Möglichkeiten bleibe. Er klopft aufgeregt mit dem Fuß auf den Boden, hört aufmerksam zu und tippt die Wörter richtig gierig. Wenn er einen Fehler macht, ist er zerknittert. Doch wo er sonst in Apathie verfiel, drückt er jetzt seine Zerknirschung frei aus, stöhnt, wird rot, schlägt sich gegen den Kopf. Es ist so, als sei der kleinste Fehler gleichbedeutend mit totalem Versagen. Doch er erholt sich von all dem und konzentriert sich wieder auf die Schreibmaschine. Diese zwanglose Methode funktioniert tatsächlich und wahrhaftig. Es ist nicht nur seine Beziehung zu mir, die José so förderlich findet, sondern auch das Fehlen von Zeugnissen, Klassenarbeiten, offiziellen Zielen usw. Er hat immer noch keine Vorstellung vom Lernerlebnis, doch er kam restlos entmutigt zu uns und ist jetzt lebendig und guten Willens.

Wenn ich ihm ein Wort vorsage, das für ihn schwierig ist, wendet er sich von der Schreibmaschine ab und blickt mir forschend ins Gesicht. Er versucht sich daran zu erinnern, was er beim letzten Mal tat, als ich ihm dasselbe Wort vorsagte. Er kann den Lernprozess nicht zu seiner eigenen Sache machen, nicht durch Herumprobieren, Gedächtnisstützen oder einfache Fragen; das heißt, er ist immer noch im Bemühen gefangen, zu leisten, was von ihm verlangt wird, obwohl das Verlangen jetzt hauptsächlich von ihm selbst ausgeht. Er verlangt von sich selbst nicht, dass er etwas lernt, sondern dass er aufhört zu versagen. Wenn seine Verwirrung zu groß wird, verlegt er sich auf Bruchstücke von Rock-'n'-Roll, stampft mit den Füßen, springt sogar auf und macht ein paar Tanzschritte. Ich unterbreche ihn nie dabei. Es erlaubt ihm, die Konfrontation mit seiner eigenen Beklemmung zu erweitern.

Wir hören damit auf, dass er lange Sätze aus den Worten tippt, die er am besten kennt. Er ist dabei sehr vorsichtig und tippt sie tadellos. Ich sage ihm, es sei eine gute Unterrichtsstunde gewesen, und er grinst und ruft: »Gehen wir in die Turnhalle!«

Wenn Kinder (abgesehen vielleicht von den ernstlich gestörten) boshaft und gewalttätig zueinander bleiben, dann ist das meiner Überzeugung nach nur deshalb, weil ihre Motive von denen der Erwachsenen bedrängt werden und sie ihre eigenen, besseren Formen der Beziehungen zueinander nicht entfalten können. Wenn man ihnen genügend Spielraum lässt, sind ihre Anpassung aneinander und ihre Anpassung an ihre eigenen Ängste und Impulse auf wunderbare Art schöpferisch und subtil.

Als Stanley und Willard zum ersten Mal in die Schule kamen, gab es eine gewalttätige Auseinandersetzung. Als Stanley allein kam, gab es wieder Streit, und José zog das Messer. Und als dann Stanley und Willard zusammen in der Schule waren, hing einige Tage lang Gewalttätigkeit in der Luft, die beiden schlossen sich gegen die Puerto-Ricaner zusammen. Als es gestern einen belanglosen Vorfall gab, beschlossen die Jungen, die Sache »auszufechten«. Zuerst sollte der Kampf nach dem Unterricht ausgetragen werden, doch dann beschlossen sie, ihn in die Turnhalle zu verlegen. Sie rannten geschlossen die Treppen hinunter, und Vicente schaute sich nach mir um und ermahnte mich mit erhobenem Zeigefinger: »Misch dich ja nicht ein, Mann!« (Im Grunde genommen sagt er das, weil er immer noch Impulse verspürt, bei mir Schutz zu suchen, und dies ist eine Art, sich dagegen zu wehren. Er hat sich enorm verbessert. Noch vor zwei Monaten fürchtete er sich davor, auch nur Völkerball zu spielen, die kleinste Beule war für ihn Grund aufzuhören, er weigerte sich, sich an die Regeln zu halten, benahm sich wie ein schmollendes Baby, ärgerte alle, weil er dauernd den Ball festhielt, um das Spiel zu verzögern. Jetzt spielt er mit großem Eifer und ist tatsächlich – weil seine Reflexe etwa dreimal so schnell sind wie die aller andern – zum Völkerballstar geworden. Er lernt, wie man den Ball wirft, und nimmt es tapfer hin, wenn er einmal abgeworfen wird.)

Die Jungen schrien aufgeregt hin und her – Beleidigungen, Kampfstrategie, Drohungen, Prahlereien und eine Art Absprache, die vage Grenzen festlegte, die niemand im Kampf überschreiten würde. Sie holten auch gemeinsam die Matten heraus und legten sie zu einem großen Viereck zusammen. Ich half ihnen dabei und zog mich dann an das andere Ende der Turnhalle zurück, wo ich mich auf den Boden setzte und mich gegen die Wand lehnte.

Ein großes Geschrei erhob sich, ein Gebrüll, und die fünf stürzten sich aufeinander ... und blieben abrupt stehen, damit José sein Hemd ausziehen konnte. Auch Stanley und Willard zogen sich das Hemd aus. Sie waren gerade dabei, wieder aufeinander zuprallen, als Stanley einhielt und die Schuhe auszog, und so zogen auch Willard und José die Schuhe aus. Und wieder erhob sich das Gebrüll und das Gerangel ging los, Stanley

129

und Willard gegen José, Julio und Vicente. Es wurde sowohl geboxt, als auch gerungen. Vicente, so viel kleiner als die anderen, zog Grimassen und knirschte mit den Zähnen und kämpfte einen tapferen, jämmerlich aussichtslosen Kampf. Er wollte einige der Würfe an den Mann bringen, die er zur Zeit in seiner Judoklasse lernt, und er machte sich an seine Gegner heran und skizzierte den Wurf mehr oder weniger in der leeren Luft, und das endete dann immer damit, dass er selber einen Schlag gegen den Kopf einstecken musste. Während Stanley und Willard mit Julio recht grob umgingen (und etwas weniger grob mit José, dessen Mut sie respektierten), mussten sie einfach an Vicente Gefallen finden, und Stanley machte ihm sogar das Kompliment- »Menschenskind, Vicente, du hast einen harten Schädel!« Viele Flüche wurden ausgestoßen, viele Schmerzensschreie – merkwürdige Schreie, im Grunde genommen, denn jeder hatte einen Beigeschmack von Protest und Schmeichelei. Es waren diese Untertöne, die die feinen Veränderungen in ihren Beziehungen zueinander ahnen ließen. Sie sagten Dinge, für die sie keine Worte hatten, und die Feinheit dieser Kommunikation war außerordentlich und schön. Es war von vornherein deutlich, dass die Jungen ihrer Gewalttätigkeit gewisse Grenzen gesteckt hatten, obwohl sie nicht von Grenzen gesprochen hatten. Regeln, Prinzipien, Zugeständnisse tauchten spontan auf und änderten sich schnell. War einer verletzt, ging er von den Matten herunter (gewöhnlich war es Julio, der sich den Kopf hielt und in einem Ton klagte, der Willards Körperkräften die gebührende Anerkennung zollte); und die Regel wurde von allen akzeptiert, ohne dass sie ausdrücklich verkündet wurde, dass niemand angegriffen werden durfte, der die Matten verlassen hatte. Julio hätte am liebsten die ganze Kampfstätte verlassen, doch das hätte Josés und Vicentes Verachtung herausgefordert. Es gelang Julio sogar, seine Feigheit teilweise zu überwinden, und er schien über seine Fähigkeit selber überrascht, sich so zu winden und zu drehen, dass er den Griffen der anderen entkam. Stanley griff oft mit den Fäusten an, recht brutal, doch in einem so unbesonnenen, stolpernden Ansturm, dass er und sein zurückweichender Gegner schnell auf die Matten fielen, wo sie dann zum Ringkampf übergingen. Es war offensichtlich, dass sich die Jungen bewusst diesen unbesonnenen Angriffen Stanleys aussetzten, denn sie wussten ganz genau, dass seine Schläge selten ins Ziel kamen. Stanley war gefährlich, weil er die Beherrschung verlor, doch wenn man mit diesen unkontrollierten Ausbrüchen zurecht kam, kam man mit Stanley zurecht. Besonders José lernte, zurückzuweichen und dann zuzuschlagen, wenn Stanley stolperte, denn er stolperte immer. Gelegentlich, wenn sich die Jungen am Boden wälzten und rangen, gab es auch Rippenstöße. Doch das geschah fast immer nur pro forma, die Schläge waren wohl dosiert. Der Verlierer muss beweisen, dass er sich wirklich wehrt, und um sich so gegen die Verachtung des Gewinners abzusichern, boxt er ihn in die Rippen. Richtig dosiert sind diese Schläge eigentlich Komplimente (»Ich schätze dich und möchte deshalb, dass du eine gute Meinung von mir hast.«). Sie sind auch ein Tribut an die Realität des Kampfes. Werden sie ein bisschen härter geschlagen, sind sie »unfair«. Noch härter geschlagen, führen sie zum Blutvergießen. Und deshalb werden sie sehr fein abgestimmt.

Mabel kam herunter, um dem Kampf zuzuschauen, und wir saßen nebeneinander an die Wand gelehnt und staunten einfach über die Reichhaltigkeit dieses Schauspiels. Die kleine Gladys, Julios sechsjährige Halbschwester – ein flinkes, spitzbübisches, witziges, sehr lebhaftes kleines Mädchen, sehr karibisch – kam herunter und schaute eine Weile zu und lachte höchst vergnügt, als sie sah, dass ihr großer Bruder Schläge bekam. Ich schickte sie nach ein paar Minuten fort, denn ich wusste, Julio würde sie später verprügeln, wenn er ihre Vergnügtheit entdeckte.

Etwa fünfzehn Minuten lang wogte der Kampf hin und her, es war ein ewiges Auf und Ab, Auf und Ab, denn gleich wen Stanley und Willard auf die Matten warfen, ein Puerto-Ricaner war immer übrig und konnte an ihren Füßen zerren oder ihnen in den Rücken springen. Bald hatten all die Jungen Beulen, und obwohl kein Wort gesagt wurde, hörten sie wie auf Kommando auf zu kämpfen, um erst wieder zu Atem zu kommen. Sie wanderten umher und verglichen ihre Wunden mit denen ihrer Gegner, und dabei waren sie freundlich und machten sich indirekte Komplimente, wie etwa José, der mit lauter Stimme zu Vicente sagte: »Mann, hast du gesehen, wie sein Kopf« – dabei zeigt er auf Julio – »auf den Boden knallte!« und Willard, der für den Knall verantwortlich war, wandte sich ab und grinste. Und so setzen sich also die Jungen keuchend und schnaufend nebeneinander auf den Boden, die Köpfe gegen die Wand gelehnt. Sie achten überhaupt nicht auf Mabel und mich, die wir am anderen Ende der Turnhalle an unserer eigenen Wand lehnen. Sie reden eine Weile von Ringkämpfern und Boxern, José Torres und Antonio Rocca, und dann beschließen sie, ihren Kampf im Stil der Catcher im Fernsehen fortzusetzen. Während vorher ein einfaches Gebrüll ihren Zusammenstößen vorausging, ist jetzt ein spielerisches Element in ihren Stimmen, wenn erst der eine, dann der andere irgendeinen Star nachahmt und seinen Namen nennt. Von den Catchern ist es dann nur noch ein Schritt zu Einzelkämpfen, denn Stanley hat Vicente in einem einzigen Augenblick überwältigt, und die beiden müssen von den Matten herunter, und Julio ebenfalls, und jetzt wenden sich alle drei interessiert dem ausgedehnten Zweikampf zwischen José und Willard zu. Ja, sie sind so fasziniert, dass sie sich in eine Reihe nebeneinander setzen und den beiden Ratschläge, Beleidigungen und Ermunterungen zurufen.

Willard ist sehr muskulös, mit breiten Schultern und kräftigen Händen, und er hat nicht die geringsten Schwierigkeiten mit José, der älter, aber nicht so weit entwickelt ist. Doch obwohl er ihn beherrscht, kann er ihn nicht richtig festnageln und kann ihn nicht zur Aufgabe zwingen. Es gelingt ihm – beinahe – José in völliger Bewegungslosigkeit zu halten, hier und da sieht man einen Arm oder einen Fuß unter Willards dunkelbraunem Körper hervorragen. Vicente und Julio schreien von den Zuschauerplätzen: »Schieb ihn weg! Wirf ihn runter, José!« – zusammen mit anderen praktischen Ratschlägen wie: »Dreh dich auf den Bauch!« José windet sich und zerrt an Willard. Sein Gesicht erscheint unter dessen Achselhöhle. Das Gesicht schaut hierhin und dorthin. Es verdreht die Augen und findet Vicente und Julio, die an der Wand lehnen und »Wirf ihn runter! Dreh dich um!« rufen. Die Augen schauen sie einen Augenblick fragend an und werden dann größer, so als wollten sie sagen: »Seht ihr denn nicht?« Der Mund verzieht sich in einem Ausdruck des Widerwillens. Noch mehr Zappeln, und das Gesicht verschwindet wieder. Willard grinst und probiert verschiedene Griffe aus, doch wenn er gerade nicht grinst, strengt er sich aufs äußerste an und kann José trotzdem nicht richtig festnageln. Und so ruft er immer wieder: »Gibst du endlich auf?« und José ruft-. »Eher lass ich mich umbringen!« Die Entscheidung liegt in Willards Händen.

Schließlich lässt er José los, versetzt ihm aber dabei noch einen Schlag gegen den Arm, damit José nicht glaubt, er habe ihn einfach losgelassen. Willard zeigt im Bewusstsein seines Sieges viel Taktgefühl. Er lächelt José offen an, nicht mit einem triumphierenden Lächeln, sondern einfach freundlich. Jetzt kommen nochmals alle Jungen auf die Matten, um die Sache mit einem allgemeinen Gerangel abzuschließen. José schämt sich etwas wegen seiner Niederlage, doch er stellt sich Willard noch einmal und zieht dabei eine große Schau ab, er spielt wieder den starken Mann. Er geht in Boxerstellung, mit gekrümmten Fingern und hin- und herpendelnden Schultern, und sagt: »Komm doch, Mann, na los, komm doch.« Willard schaut ihn einen Augenblick lang an. Im Boxen könnte er José auseinander nehmen, daran besteht gar kein Zweifel. Sein Lächeln verrät nichts davon. Er nimmt die Hände hoch und trägt mit José ein Schattengefecht aus. Sie spielen tatsächlich miteinander, und das ist das erste Mal.

11. 2. 1965

Wieder eine gute Unterrichtsstunde mit José an der Schreibmaschine.

Er hat immer noch Angst davor, Fehler zu machen. Ich wollte diese Beklemmung aus ihm herausholen, sie ihm zeigen. Ich wollte ihn auch zu der Einsicht bringen, dass er selbst den Akt des Lernens vollziehen müsse. Er will lernen, oder vielmehr, er will nicht versagen; aber er begreift immer noch nicht, dass das Lernen seine Sache ist, nicht meine. Als er anfing, Anhaltspunkte zu suchen, auf verschiedene Buchstaben in der Tastatur zu zeigen und mein Gesicht zu beobachten, um zu sehen, ob er die richtige Taste erwischt hatte, machte ich die Augen zu und sagte scherzend: »Ich weiß nichts. Ich kann nichts sehen.« Durch einen Trick brachte er mich dazu, dass ich die Augen wieder öffnete, indem er auf der Schreibmaschine ein falsches Klicken erzeugte, aber ich machte die Augen wieder zu, ohne eine Reaktion zu zeigen, mit der er etwas anfangen konnte. Dann sagte ich ihm, er bekomme einen Rippenstoß für jeden Fehler, den er mache. Dies war eine so genaue Parodie des Drucks, dem er sich selber unterwirft, dass er schallend hinauslachte und es wagte, ein paar Fehler zu machen. Als wir später mit Buchstaben arbeiteten, brachte er m und n durcheinander. Ich sagte ihm, er solle selbst versuchen, irgendein Hilfsmittel zu finden, mit dem er die zwei Buchstaben auseinander halten könne. Er wies auf die Unterschiede in ihrer Struktur hin, doch ihre Bezeichnung verwirrte ihn immer noch. Er hatte das Bild einer Brücke an die Tafel gezeichnet. Ich fragte ihn, ob er m in einer Brücke brauchen könne, und prompt benützte er zweimal ein m für einen Doppel-

133

bogen. Einen Augenblick danach tippte ich ein m auf der Schreibmaschine und fragte ihn, was es sei. Er sagte: »N?« Da schlug ich ihm nochmals vor, sich etwas auszudenken, das ihm beim Lernen helfen könnte. Er wurde wütend und nervös, kam aber auf das Wort »embarrass« [in Verlegenheit bringen]. Ich sagte: »Gut.« Wichtig war, dass er das Problem verinnerlicht hatte. Ich hatte noch nie vorher einen solchen Ausdruck auf seinem Gesicht gesehen. Er sah finster und wütend aus, aber nicht stupide. Er schaute noch düsterer drein und sagte plötzlich: »Mann, wie ich dich hasse.« Ich sagte nichts. Er versteckte sein Gesicht hinter einem Buch und sagte noch einmal: »Mann, wie ich dich hasse«, und fügte hinzu: »Glaub ja nicht, dass ich dabei lache.« Ich sagte: »Okay.« Er nahm das Buch weg und sprudelte über vor Heiterkeit. Wie immer in solchen Situationen war es ein befreiendes Lachen.

Im Zen-Restaurant um die Ecke aß ich das makrobiotische Spezialgericht: gebratenen Butterfisch, Lotuswurzeln, Reis und Gemüse. Eine Fischgräte blieb mir im Hals stecken. Der Besitzer hörte mich husten und rief Sam, dem Studenten orientalischer Philosophie. Er kam an meinen Tisch und sagte, ich solle die Hand ausstrecken. Er massierte die Muskeln an der Daumenwurzel, dann dasselbe an der anderen Hand. »Natürlich«, sagte er, »hat das keine direkte Wirkung.« Ich gab ihm recht, da ich die Fischgräte nicht in meine Hände gerieben, sondern verschluckt hatte. Dennoch, die Gräte verschwand.

Der Besitzer hatte die ganze Schule zum Mittagessen eingeladen, denn seine Tochter, Dolores, ist eine unserer Schülerinnen. Die fünf älteren Jungen saßen alle beieinander und waren freundlich miteinander und überraschend ruhig. Gloria saß an einem großen Tisch mit den Mädchen. Maxine und Laura, die sehr mit sich zufrieden waren, saßen an einem winzigen Tisch im ehemaligen offenen Kamin, der wie eine Miniaturgrotte aussah. Ich unterhielt mich anschließend mit unserem Gastgeber. José, Julio und Vicente gingen zur Schule zurück, doch Willard und Stanley drückten sich noch herum, hörten unserer Unterhaltung zu und untersuchten all die Utensilien, die Häufchen zerhackten Gemüses, das Fischfilet, die große Urne, in der der Tee zubereitet wird.

16. 2. 1965

Seit die Jungen mehr oder weniger freundliche Beziehungen zueinander hergestellt haben, sind sie plötzlich zu einer regelrechten Bande geworden und haben nur noch ein Interesse, nämlich den Lehrern Trotz zu bieten.

Sie stellten fest, dass einige Kaugummi- und Bonbonautomaten über Nacht auf dem Gehweg geblieben sind. Sie wussten, dass der Laden nicht vor elf Uhr öffnen würde, und sie redeten – durch Stanley angetrieben – aufgeregt davon, die Automaten zu stehlen und in der Schule zu verstecken. Mabel und ich sagten ihnen, das würden sie hübsch bleiben lassen. Sie schrien trotzig, sie würden es nicht bleiben lassen, und alle fünf liefen aus der Schule. Ich wartete mehrere Minuten, lange genug, dass sie bis zu dem Süßwarenladen kommen und sehen konnten, wie schwierig die Sache in Wirklichkeit war. Ich trat auf die Straße hinaus. Vicente kauerte unter einem der Automaten und lehnte dabei gegen den Eingang zum Laden. Stanley und Willard untersuchten die Ketten und Schlösser. José und Julio waren Beobachtungsposten, das heißt, Julio saß auf dem Bordstein und spielte mit ein paar Stückchen Holz, während José, die Hände in den Hosentaschen, eifrig auf die Straße spuckte, wobei es ihm offenbar um eine möglichst große Entfernung ging. Ich schrie ihnen zu, und sie kamen zurückgebummelt.

Stanley ist ein typischer Bandenführer, er hat das große Talent, aufregende Bravourstücke vorzuschlagen und die anderen dazu aufzustacheln, ihre Fähigkeiten unter Beweis zu stellen. Weil er so jung ist, liegen seine tieferen Motive auf der Hand. Es sind nicht die Erwachsenen, mit denen er nicht zurechtkommt, sondern die Gleichaltrigen. Wenn er den Anführer spielt, so ist das nur eine Methode, die Beziehungen der Jungen untereinander einzufrieren und ihre Beziehungen zu Erwachsenen zu sabotieren. Er fühlt sich von allen Seiten bedroht. Und jetzt »überprüft er die Grenzen«. Die anderen Jungen, die das schon hinter sich haben, und die ohnehin nicht so verzweifelt sind wie er, vergeuden nur ihre Zeit.

Und doch ist ihr Zusammengehörigkeitsgefühl wichtig – mag es auch auf noch so wackligen Beinen stehen. Und sie sollten, zumindest gelegentlich (wie oft, das wissen die Götter), den Wunsch empfinden, die Erwachsenen abzuschütteln, dieser schrecklichen Last zu entkommen und sich in die aufregende Welt eines Jungen zu stürzen. Ihr Problem dabei ist die Großstadt selbst. Mit den Augen eines abenteuerlustigen Jungen betrachtet ist diese Umwelt unglaublich feindselig. Die einzigen Schlupflöcher scheinen kleine verbrecherische Akte beinahe zu verlangen.

Die Jungen liefen durch das Haus und drangen in andere Klassenzimmer ein. José verweigerte eine Unterrichtsstunde. José, Willard, Vicente, Julio – sie sind in diesem Stadium alle recht zugänglich. Stanley nicht, und sein Einfluss auf sie ist entsetzlich.

Schlechte Zeiten stehen uns bevor. Wir haben ihnen wenig zu bieten. Auch können wir ihnen unmöglich viel bieten, was auf ihr Bedürfnis nach Abenteuern und unabhängigen Unternehmungen Rücksicht nehmen würde. Sie brauchen einen unabhängigen Kontakt mit der großen Welt, doch diese Welt ist geschlossen und feindselig, und dieses kleine Stück davon, die Schule, ist der Ort, an dem sie explodieren.

18. 2. 1965

José brachte Boxhandschuhe in die Schule, und die Aufregung war so groß, dass jeder Unterricht unmöglich wurde. Stanley und José fingen im Klassenzimmer an zu boxen, Stanley wie üblich mit wilden Schlägen, blindlings mit aller Macht nach vorne gehend, wobei er tatsächlich manchmal die Augen zudrückte. Ich ging mit ihnen in die Turnhalle hinunter. Wir holten die Matten heraus und fabrizierten einen Boxring. Stanley und José zogen sich die Handschuhe an. Ich sagte ihnen, wir müssten uns auf eine Rundenzahl einigen, und Vicente rief in seiner frenetischen Art, mit glasigen Augen: »Zwanzig!« José stimmte zu, nicht wissend, dass er lange vor der zwanzigsten Runde vor Erschöpfung umkippen würde. Ich schlug drei Runden vor, doch beide, sowohl Stanley als auch José, schrien voller Verachtung, dass das überhaupt kein Kampf sei. Wir einigten uns schließlich auf acht zweiminütige Runden mit jeweils zwei Minuten Pause dazwischen. Von da an machte ich einen Fehler nach dem andern und weiß immer noch nicht, was ich hätte tun sollen.

Stanley ging los wie ein Tornado, doch José konnte seinem wilden Schwinger ausweichen. Wir stellten Stühle in zwei entgegengesetzte Ecken. Willard war Stanleys Sekundant. Er fächelte ihm mit einem Handtuch frische Luft zu und massierte ihm die Schultern und grinste dabei die ganze Zeit. Julio und Vicente bemühten sich um José, und er schien davon nicht begeistert zu sein, denn sie taten nichts anderes, als ihm auf Spanisch Ratschläge zuzurufen und miteinander zu streiten. Bald war auch José in den Streit verwickelt, und jede Pause zwischen den Runden klang wie ein Hauskrach am Samstagabend im Mietshaus. Mit fortschreitender Zeit erregten sich die Nichtkämpfer immer stärker, sie boxten mit imaginären Gegnern und liefen quer durch den Ring und kamen dabei manchmal den Kämpfern in die Quere. José zog eindeutig den kürzeren und ermüdete weit schneller als Stanley. In der siebten Runde steckte er nur noch ein. Ich hatte ihnen drei und vier Minuten Pause zwischen den Runden gegeben, und sie hatten beide nichts davon bemerkt. José begann laut zu fantasieren. »Willst du einen ins Gesicht? Was, Mann? Soll ich dir einen verpassen?« – worauf Stanley nach vorne stürmte und ihm die Faust ins Gesicht schlug. José schüttelte den Kopf und ging wieder in Kampfstellung und sagte: »Wie hat dir der gefallen, eh?« Stanley verhöhnte ihn: »Der hat mir gut gefallen, Mann«, und stürzte sich wieder auf ihn. José griff nun auch zu der Taktik und ging verzweifelt nach vorne. Es gelang ihm mehrere Male, Stanley aus dem Gleichgewicht zu bringen und Schläge anzubringen, die einen überraschten, kindlichen Ausdruck auf Stanleys Gesicht hervorriefen. Doch José wusste kaum mehr, was er tat. Bei einem seiner Angriffe trieb er Stanley aus dem Ring und stieß mit Willard zusammen, der die ganze Zeit schon kurze Gerade und Aufwärtshaken in die Luft geschlagen hatte. Willard schrie ihn an, er solle sich in acht nehmen, und José drehte sich um und schlug ihm ins Gesicht. Willard antwortete mit ein paar Schlägen, alle stark und präzise, und hatte José im Nu am Boden und kniete jetzt über ihm und schlug ihm ins Gesicht. Ich zerrte ihn weg.

Die Jungen schrien alle durcheinander. Julio und Vicente riefen José zu: »Zieh die Handschuhe aus!« – sie wollten einen Kampf mit bloßen Fäusten. Ich wusste nicht was tun. Ich war überzeugt, dass die Feindseligkeit weitergehen würde, wenn ich der ganzen Sache einfach ein Ende bereiten würde, und in noch größerer Gewalttätigkeit und vielleicht ewiger Feindschaft enden würde. Doch José war erschöpft und konnte kaum noch kämpfen. Dennoch brüllte er und war außer sich vor Wut. Auch Willard war aufs äußerste erregt und fluchte wild und wollte wieder auf ihn losgehen. Ich dachte, wenn Willard die Handschuhe anzöge, bliebe der Schaden geringer, doch während ich noch versuchte, ihm die Handschuhe überzustreifen, zogen Julio und Vicente José die Handschuhe aus, und José stürzte sich auf ihn. Willard traf ihn zweimal, so hart, dass der Kampf auf der Stelle beendet war. José blutete stark aus der Nase. Er keuchte und brüllte: »Da siehst du, was du mir getan hast! Ich bring dich um, Mann!« Er versuchte mit einer Hand das Bluten zu stoppen und streckte die andere Hand Julio hin. »Dame la cuchillo! La cuchillo!« Ich rief Julio zu, sein Messer in der Tasche zu lassen, doch er entkam mir und gab das Messer Vicente, der es an José weitergab. Als Willard das Messer sah, wurde er noch wütender und griff nach einem metallenen Klappstuhl. José schrie immer wieder: »Ich bing dich um, Mann!«, während Willard zurückbrüllte »Komm doch und bring mich um! Ich brech' dir das Genick!« »Glaubst du, ich bring dich um, wenn all die Leute zuschauen? Ich erwisch dich mal allein. Du wirst mir mal den Rücken zudrehen, Mann, dann bring ich dich um!« »Da hast du meinen Rücken, Mann. Na los, bring mich um! Ich brech' dir dein beschissenes Genick!« »Hau bloß aus dieser Schule ab, sonst bring ich dich um!«

Ich hatte keine Schwierigkeit, zwischen ihnen zu bleiben. Sie versuchten nicht an mir vorbeizukommen. Der Kampf war vorüber. Ich schickte Willard und Stanley nach oben und blieb lange Zeit mit José, Julio und Vicente in der Turnhalle. Josés Nase hörte auf zu bluten. Nach einer langen Weile begann er sich zu beruhigen. Der ganze Kampf, das Mitbringen der Boxhandschuhe selbst – es gehörte so sehr zu der Vorstellung, die José von sich selbst hatte, dass man einfach mit ihm fühlen musste. Es zeigt sich so viel Tapferkeit in seiner Fantasie und in der Gegend, in der er wohnt, herrscht eine so bedrückende Notwendigkeit, tapfer und ausdauernd zu sein –, dass ich kaum wusste, was ich zu ihm sagen sollte. Ich dachte, er würde sich vielleicht weniger als ein Verlierer vorkommen, wenn ich ein bisschen wütend mit ihm sprach. Außerdem musste er erfahren, wie der Streit angefangen hatte. Ich sagte ihm, er habe ihn selber verursacht, als er Willard ins Gesicht geschlagen habe. Er bestritt, dass er das getan habe und wusste auch effektiv nichts davon. Julio und Vicente gaben mir recht, und damit sah die Sache offensichtlich für José anders aus. Ich bat ihn noch einmal, mir das Messer zu geben, und er gehorchte. Julio bat darum, doch ich steckte es in meine Tasche und sagte, ich würde es ihm nach der Schule geben, und dann fügte ich hinzu, dass in Zukunft jeder, der ein Messer in die Schule bringe, nach Hause geschickt werden würde. Und ich habe diese Messer immer zurückgegeben. Es wäre sinnlos, sie zu konfiszieren. Sie würden sofort ersetzt werden, und eine Kluft würde sich zwischen uns auftun. Außerdem sind sie Privatbesitz, das und nicht weniger.

Kenzo kam in die Turnhalle, und er wurde bleich, als er Josés geschwollenes Auge und die geschwollene Nase sah. Julio nannte ihn einen warmen Bruder, und Kenzo schlug auf ihn ein und packte seinen Hals in einem Judogriff. Julio kreischte und ergab sich.

Vicente: »Ich hab keine Judoklassen mehr, Mann. Ich muss mir eine neue suchen.«

Kenzo: »Wieso?« Vicente: »Kein Lehrer, Mann. Unser Lehrer sitzt im Gefängnis.«

(Er spielte damit auf einen der Männer an, die tags zuvor im Zusammenhang mit einer Verschwörung verhaftet worden waren, die es sich, nach den Berichten in der Zeitung, zum Ziel gesetzt hatte, die Freiheitsstatue in die Luft zu sprengen. Sein Bild war in den Zeitungen erschienen, zusammen mit seiner derzeitigen Beschäftigung: Judolehrer, Siedlung Henry Street.)

Vicente: »Soll ein kommunistischer Spion gewesen sein, oder so was. Das hab ich im Fernsehen gehört, Mann.«

José war jetzt wieder ruhig, und ich ging mit ihnen allen hinauf in den vorderen Raum. Willard blieb im anderen Raum. Stanley kam einen Augenblick herein, um José anzusehen. Er sagte nichts, drückte aber, wie schon bei anderen Gelegenheiten, José ein Bonbon in die Hand. José machte ein angewidertes Gesicht und wollte es auf den Boden werfen, doch Vicente packte seine Hand, wickelte das Bonbon aus und steckte es sich selber in den Mund und grinste dabei José breit an.

Ich beschloss, mit ihnen an die frische Luft zu gehen, und bat um Vorschläge. Vicentes Vorstellungen von Dingen, die Spaß machen, teilweise recht idiotisch, sprudelten sofort aus ihm, er brüllte, was das Zeug hergab und tanzte von einem Fuß auf den andern. Auch Julio fing an zu schreien und stritt sich mit Vicente, und das ganze Geschrei führte dazu, dass Stanley und Willard ins Zimmer gerannt kamen. Sie wollten auch mitgehen. Julio sagte: »Wenn die gehen, bleiben wir da!« Doch während das Palaver weiterging, wurde es klar, dass wir sie nicht zurückhalten konnten. Wir beschlossen, weiter in der Stadt drin Fahrräder zu mieten, in der Nähe des Bauvorhabens, in dem Willard wohnt. Als wir aus dem Zimmer gingen, stahl Stanley (ohne dass ich es merkte) die Kekse, die Teil des Mittagessens waren. Auf der Straße sah ich dann, dass er sie hatte, und ich fand es nicht besonders schlimm, denn sie ließen sich ersetzen, doch ich sagte ihm, er solle auch den anderen Jungen welche geben. Er weigerte sich und bewegte sich mit tänzelnden Schritten von uns weg. Zu dem Zeitpunkt hatte ich sie alle gründlich satt, ihr unaufhörliches Kreischen, ihre Gewalttätigkeit, ihre Ängstlichkeit, ihre oberflächlichen, armseligen Persönlichkeiten, ihren Aberglauben, ihre Verehrung für Cadillacs und Kriminelle, ihre idiotische Fantasie, ihre kindischen Beklemmungen, ihre Ungeduld, ihre Leere. Ohne ein Wort drehte ich mich um und ging davon, in der Absicht, sie sich allein zu überlassen und nach Hause zu gehen. Einerseits fühlte ich mich im Unrecht, denn damit gab ich einfach das ganze Problem an Mabel weiter, und sie würde nicht nach Hause gehen können. Andererseits hatte ich verdammt wenig Lust, weiterhin ihre elenden Spielchen mit ihnen zu spielen. Ich würde jedenfalls keinerlei institutionelle Verantwortung übernehmen. Und ich wollte ihnen klarmachen, dass sie bestimmte Mindestverpflichtungen hatten, ohne die ich nicht länger meine Zeit mit ihnen vergeuden würde. Ich arbeitete nicht des Geldes wegen. Auch war ich nicht programmatisch auf seiten der Kinder, oder auf seiten der Unterdrückten. Es gibt keine solchen Seiten. Unterdrückung ist ein Übel. Die Stupidität, die sie erzeugt, ist auch ein Übel. Wozu sollte ich, verdammt noch mal, ein Verhältnis mit einem Benehmen eingehen, das dauernd gegen mich arbeitete. Am besten wies ich es unverzüglich zurück.

Das waren meine Überlegungen, meine wütenden Überlegungen. Wie lange ich dabei geblieben wäre, oder welche Gestalt sie schließlich angenommen hätten, weiß ich nicht. Die Jungen hatten nach mir gerufen, und ich hatte nicht reagiert. Jetzt hörte ich Schritte hinter mir, die schnell näher kamen. Vicente, José und Julio stellten sich mir in den Weg, und die anderen kamen auch angerannt. Sie bestanden darauf, dass ich mitkomme. Ich sagte ihnen, sie gingen mir allesamt auf die Nerven, ich würde ihnen das Geld für die Fahrräder geben und im übrigen nach Hause gehen. Doch sie waren hartnäckig, und sie waren tatsächlich von sich selbst und der Wirkung, die sie auf mich gehabt hatten, beeindruckt. Stanley verteilte die Kekse, teilte sie mit viel Theater ganz genau auf. Und es ging mir nahe, zu sehen, dass es ihnen nahe ging; und damit wurde mir

140

auch klar, dass ich in gewissem Sinne einer der Jungen war, dass ich nie, wahrscheinlich in meinem ganzen Leben nicht, ein richtiger Vater sein, sondern ein launischer, wenn auch vielleicht nicht ganz pflichtvergessener älterer Bruder bleiben würde.

Eine halbe Stunde später fuhren wir alle auf Fahrrädern durch den Jackson Park, am East River entlang. Zum ersten Mal an diesem Tag fühlte ich mich richtig wohl, freute mich darüber, dass sie in einer Gruppe dahinrasten und dass ich selber mal wieder an der frischen Luft war. Vicentes Fahrrad ging kaputt, und ich gab ihm meines und setzte mich auf eine Bank und rauchte und verfolgte ein paar Schleppkähne und hatte meine Freude an der feuchten Luft, die über das Wasser hereingeweht wurde. Wir trafen uns wieder im Fahrradgeschäft, als unsere Zeit abgelaufen war. Der Besitzer (halb verrückt wie alle in dieser Branche, durch das Benehmen ihrer Kundschaft in eine ganz präzise, ganz pragmatische Paranoia getrieben) hatte uns kaum den Rücken zugekehrt, als Julio und Vicente auch schon begannen, Süßigkeiten zu stehlen. Ich hielt sie davon ab und jagte sie hinaus und knöpfte mir nachher Julio vor und sagte ihm in aller Härte, dass ich das Stehlen nicht dulden würde. Verdammte, vom Zwang getriebene Affen! (Und ich war im verrückten Alter von elf Jahren selbst ein kleiner Dieb gewesen und hatte einem Lehrer einen Hieb versetzt, der mich geschlagen hatte, und hatte einmal nachts – mit grausamer, köstlicher Schadenfreude, die ich nicht ungern noch einmal in meinem Leben verspüren würde – den Führer meiner Pfadfindergruppe zur Raserei getrieben, als ich dauernd auf einem Kazoo genannten Horn spielte und ihm dann davonlief, als er versuchte mich zu fangen. Ich erzählte Mabel von all dem, und sie sagte: »Warum regst du dich dann so auf, wenn sie stehlen?« Der Hauptgrund ist zweifellos der, dass ich nicht zulassen will, dass mich die Jungen kompromittieren. Doch es gibt noch einen anderen wichtigen Grund. Die Bande, der ich damals angehörte, war eine mittelständische Gruppe. Wir wurden bestraft, wenn wir stahlen, doch vieles wurde uns auch einfach auf Grund unserer Jugend verziehen. Julio und den anderen wird nicht verziehen. Die Jugend wird ihnen vorenthalten. Sie werden in erster Linie als Puerto-Ricaner und Neger behandelt. Sie werden bestraft und geächtet. Es ist schwer für sie, den Weg zurück zu finden. Ich möchte nicht, dass Julio alle Türen zuschlägt, die wir zu öffnen versuchen. Ich möchte, dass er ins Fahrradgeschäft zurück gehen kann, zurück zum Süßwarenladen, zurück zum Lebensmittelgeschäft, wo wir die Zutaten zu unserem Mittagessen kaufen. Ich mag Julio nicht, und er mag mich nicht, aber er weiß, dass ich ihn immer mit einbeziehen werde und mich in der gleichen Weise für ihn einsetzen werde, wie für alle anderen. Ich bin der Meinung, es ist aus den angeführten Gründen ganz korrekt, gewisse Forderungen an ihn zu stellen. Was nicht heißen soll, dass auf längere Sicht Anlass zu Hoffnung besteht oder dass diese Forderungen besonders realistisch sind. Sie sind sinnvoll, und es gibt keine Alternative.)

Für Julio zeichnet sich, vielleicht stärker, als für irgend jemand sonst in der Schule, ein Leben des Verbrechens ab. Er ist wie Stanley von Natur aus sehr intelligent, doch während Stanley gestört ist und möglicherweise auf den rechten Weg finden wird (oder mit zwanzig Jahren tot sein wird, wie ein anderer Bandenführer, den ich kannte), gleicht Julios Charakter schon jetzt dem eines erwachsenen Psychopathen. Wo das Über-Ich sein sollte, wo wir in anderen Kindern Widerspenstigkeit und im Gegensatz dazu ein Gefühl für bestimmte Regeln sehen, finden wir bei Julio Berechnung, Schläue und Heuchelei. Er tyrannisiert die jüngeren Kinder mehr als irgend ein anderer der Jungen. Einmal, als er sich unbeobachtet glaubte, trampelte er immer wieder auf einer Gummipuppe herum, die auf dem Boden lag. Er zerstörte sie nicht – sie nahm gleich wieder ihre ursprüngliche Form an; sein Handeln war ausdrucksvoll und zwangsläufig, und es war eine der wenigen Gelegenheiten, bei denen ich Julio seinen spontanen Empfindungen Ausdruck geben sah. Er ist bösartig und verräterisch, er ist ein Meister der Täuschung und verabscheut jedermann. Er sieht gut aus (das tun sie alle, und das ist sicherlich ein bemerkenswerter Aspekt an diesen zurückgewiesenen Jungen), doch im Gegensatz zur Attraktivität der andern ist Julio zeitweilig beinahe finster. Während Stanley weiß ist, ist Julio dunkel und ein Puerto-Ricaner. Die Welt der vielen Möglichkeiten bleibt ihm verschlossen, und da er intelligent ist, muss er das wohl auf schmerzhafte Art spüren. Sein Zuhause ist entsetzlich. Er ist schon mit Kratzern im Gesicht zur Schule gekommen, die ihm seine Mutter zugefügt hat, und sie selbst hat, wie wir wissen, fast den Verstand verloren, unter dem Druck von Armut, Kindern, Überarbeitung und einem Mann, der sie abwechselnd verprügelt und sitzen lässt. Doch obwohl alles, was ich über Julio gesagt habe, stimmt, ist sein Fall damit keineswegs erschöpft. In ihm lebt immer noch ein Kind der Hoffnung, eine Fülle an kleinen Impulsen, die, wenn sie nur im geeigneten Grund Wurzeln schlagen würden, wachsen und gedeihen könnten. Es ist einer der bemerkenswerten Wesenszüge der Jungen, diese Hartnäckigkeit der Lebensgeister und Dimension der Möglichkeiten. Wenn ich daran denke, dass alle fünf Jungen als Untaugliche zu uns gekommen sind, dann halte ich mich weniger an ihren Fehlern auf, und mehr an der Tatsache, dass diese von allen Seiten zurückgewiesenen Jungen noch so lebendig und voller Möglichkeiten sind. Das soll nicht heißen, dass sie in irgend einem tiefgründigen Nietzscheschen Sinn zurückgewiesen worden sind, weil sie überlegen wären. Verglichen mit Gleichaltrigen in glücklicheren Gegebenheiten, sind sie im weiten Sinne furchtbar schwach und unentwickelt. Ich meine nur, dass jeder von ihnen wachsen könnte, vielleicht sogar grenzenlos.

23. 2. 1965

Willards älterer Bruder kam vor ein paar Tagen aus der Erziehungsanstalt zurück, und seither ist Willard durcheinander und in einer hässlichen Stimmung. Seine Mutter erzählt uns, der Bruder habe einen schlechten Einfluss auf ihn. Stanley schaut zu ihm auf und sucht seine Gesellschaft. Gute Plauderstunde mit all den Jungen; und dann übernahm sie Mabel zum Leseunterricht, während ich allein mit José arbeitete. Julio und Stanley lesen gut. Sie sind ihren Altersgenossen weit voraus. (Dass sie in der öffentlichen Schule in der sechsten Klasse waren und dass José in der vierten war, bedeutete absolut gar nichts, nur eine Menge Kreuzchen und Häkchen in den Aktenschränken.) Mit »gut« meine ich, dass sie mit einer deutlich erkennbaren Intelligenz lesen, mit der Art Intelligenz, die anzeigt, dass sie es weit bringen könnten, und zwar in kurzer Zeit, wenn sie nur von den schrecklichen Konflikten in ihrem Innern befreit werden könnten, und von den verheerenden Auswirkungen ihrer Lebensverhältnisse. Stanley ist für Mathematik sehr begabt. Willard ist auf allen Gebieten langsam, doch was den Stoff selber angeht, so ist er nicht uninteressiert. Sie alle sind José weit voraus.

José sprach heute von seinen fehlenden Kenntnissen. Es war das erste Mal, dass er die Scham direkt eingestand, die er schon immer empfindet. Er erzählte mir – und schaute dabei weg und ließ fast den Kopf hängen – er sei in Puerto Rico zur Schule gegangen und habe Lesen gelernt. Als sie hierher in dieses Land zogen, war er es, der die Postkarten seines Vaters vorlas, denn seine Mutter kann nicht lesen. Doch er sagte, er habe alles vergessen. Ich sagte ihm, wenn er erst Englisch gut lesen könne, könne er auch Spanisch lesen.

Das Völkerballspiel war heute hässlich – endlose Lügen, Streitereien und drohende Schlägereien. Die Jungen baten mich, Schiedsrichter zu spielen. Ich habe mich bisher immer geweigert. Diesmal gab ich nach, und das machte alles nur noch schlimmer. Ich vermutete, dass sie, wenn ich hinausging, Vernunft annehmen würden und dann erst richtig spielen konnten. Ich ging also hinaus und horchte draußen im Gang, und es klappte.

Auf dem Weg nach oben platzten sie in das Auditorium, steckten die Musikbox ein, tanzten auf dem Klavier herum, klapperten mit den Stühlen und kreischten richtig hysterisch und wollten mich dazu verleiten, dass ich sie verfolgte. Ich bin in solchen Situationen wirklich hilflos. Das Gebäude gehört nicht uns. Wir dürfen das Auditorium nur einmal in der Woche benützen. Würde es uns gehören, dann könnten sie selbstverständlich dort spielen und notfalls Dinge kaputtschlagen, denn die Dinge wären dann ihr Eigentum. Es gibt keinen Ausweg aus diesem Dilemma – nur die Zeit. Wir haben allmählich alle den Verdacht, dass wir Stanley nie gewachsen sein werden.

24. 2. 1965

Etwas außerhalb der Schule muss auf Stanley und Willard einen gewaltigen Einfluss haben. Sie sind so grob und tyrannisch wie noch nie, seit sie in der Schule sind. Willards Bruder ist offensichtlich ein Faktor und sicher auch die Ermordung von Malcolm X, den der Bruder in der Erziehungsanstalt zu verehren gelernt hatte, wo die Muslim-Bewegung eine wichtige Rolle spielt.

Während des Völkerballspiels drangsalierten sie die anderen recht grob, sie hatten sogar etwas dagegen, dass sie Spanisch redeten. Willard glaubte, sie machten abfällige Bemerkungen über Neger, was nicht der Fall war. Er bedrohte jeden einzelnen. Der kleine Vicente presst, als Willard drohend über ihm steht, die Lippen zusammen, schaut in eine andere Richtung, kreuzt die Arme auf der Brust ... und hält die Stellung. Obwohl er wütend ist, kann sich Willard ein Lächeln nicht verkneifen.

144

Nachmittags, als ich nicht mehr da war, schlug Stanley ein Fenster ein, betätigte den Feuermelder und brachte eine ganze Klasse durcheinander. Er wurde für zwei Tage nach Hause geschickt. Wir werden darüber diskutieren, ob wir ihn behalten.

25. 2. 1965

Stanley fort. Willard blieb auch fort, um ihm Gesellschaft zu leisten. Alle andern waren ausgesprochen glücklich. Kenzo, Vicente, José und Julio spielten zusammen in der Turnhalle, und zum ersten Mal seit Wochen hörte ich einen fröhlichen Unterton in ihren Stimmen.

José ist auf meine Aufforderung hin in der letzten Woche dreimal zum Lesen in meine Wohnung gekommen. Er macht weiterhin Fortschritte, wenn auch sehr langsam. Ganz allmählich dämmert es ihm, dass das Lernen ein Ereignis, ein Erlebnis ist; dass es seine Sache ist und nicht Sache der Schule; und dass die anfängliche Verwirrung kein Dauerzustand ist.

7

Ich glaube nicht, dass die fünf Jungen in der Zeit, aus der diese letzten Tagebucheintragungen stammen, auch nur das geringste gelernt haben. Beim Niederschreiben dieser Worte empfinde ich etwas von der Niederlage, die ich damals spürte. Jawohl, es wäre ein Fehler gewesen, sie dem normalen Unterrichtsbetrieb zu unterwerfen. Das war in der Vergangenheit getan worden, und ihr erschreckendes Unwissen war nur ein Ergebnis davon. Auch hätte die Kleinheit unserer Gruppe strenge disziplinarische Maßstäbe nicht gerechtfertigt. Dafür waren die Jungen viel zu labil, ihre Anfälligkeit für einen Zusammenbruch, ihre Bereitwilligkeit zum Widerstand zu groß. Vielleicht hätte ein einfallsreicherer Lehrer, als ich es bin, einen Weg gefunden, ihr Interesse zu gewinnen. Ein Lehrer mit mehr Erfahrung hätte vielleicht viel früher erkannt, dass die Unordnung nicht zu vermeiden und letzten Endes sogar wünschenswert war. Und doch werde ich das Gefühl der Niederlage nicht los. Ich erwähne es hier, weil es untrennbar zum Erlebnis des Unterrichtens zu gehören scheint. Es gibt viele Gelegenheiten, bei denen es nicht ausreicht, wenn man sein Möglichstes tut, ja wo es vielleicht sogar, vom Standpunkt des Kindes aus – und in einem tiefen und völlig richtigen Sinn –, recht überflüssig ist. Man begreift sogar, dass eben dieses Gefühl der Niederlage – angesichts der Größe der Probleme, mit denen sich die Kinder auseinanderzusetzen haben – ein erhebliches Quantum an Eitelkeit und Ungeduld verbirgt. Doch es ist nun mal da. In Schulen, die auf individuelle Freiheit Wert legen, wird es, so wie in der First Street, durch einen Bruch in den Beziehungen und Gewohnheiten ausgelöst, in herkömmlichen Schulen durch den störrischen Widerstand, der alles Handeln unter Zwang begleitet, und in einem solchen Fall kann ein Lehrer dieses Gefühl der Niederlage monate- oder gar jahrelang mit sich herumschleppen.

Unsere ursprüngliche Gliederung war »vertikal«, »familiär« gewesen. Ungeachtet ihres Alters oder ihrer Fähigkeiten konnten sich die Kinder zusammentun. Es gab aber auch Orte und Gelegenheiten zur Trennung nach Alter und Fähigkeiten. Die jüngeren hatten dafür gesorgt, dass einige der älteren zu Friedlichkeit und Entspannung und manchmal auch zu Lernerfolgen kamen. Es hatte beiderseitiges Unterrichten, Ermuntern und sehr konstruktives (wenn auch lärmendes) Spielen gegeben. All diese Vorteile wurden durch die Ankunft Willards und Stanleys zu Nachteilen. Ihre gewohnheitsmäßige Brutalität verbarg eine wahrhaft erniedrigende Furcht vor neuen Erlebnissen, und die Folge war, dass das Erleben aller andern dadurch beeinträchtigt wurde. José, Julio und Vicente spielten nicht mehr mit den jüngeren Kindern, auch nicht mit den Mädchen, und sie wagten es nicht mehr, sich mit solch »weichen« Tätigkeiten wie Singen oder Tanzen eine Blöße zu geben. Sie waren alle vollauf damit beschäftigt, den starken Mann zu spielen ... und wir mussten schließlich, zum Schutz der jüngsten, Wege finden, wie sich die älteren Jungen isolieren ließen. Und in dem Maße verlor unsere Schule von ihrer Eigenart als Schule. Würden Gloria oder Susan diesen Bericht schreiben, würden sie vielleicht immer noch von einer großen Vielfalt an Aktivitäten sprechen, von naturwissenschaftlichen und künstlerischen Projekten, von Singen und Tanzen und Musik und von den verschiedenen Methoden, wie sie einen Teil des herkömmlichen Stoffes aus einer fruchtbareren Umwelt nutzbar machten. Einer von Glorias Schülern war damals der jüngste Spross aus einer großen Familie von Analphabeten. Er war zur Schule geschickt worden, um »lesen zu lernen«, und sie sah sofort, dass er drauf und dran war, sich im Labyrinth der Worte zu verirren. Er wollte immer nur lesen, doch sie befreite ihn von diesem Zwang und ließ ihn an zahllosen Spielen teilnehmen. Er war sich nicht bewusst, dass die Blöcke und Puzzlespiele und Ausschneidefiguren, die ihm soviel Spaß machten, der visuellen Schulung und dem Lösen von Problemen dienten. Das Lesematerial, das ihm bisher vorenthalten worden war, wurde nun allmählich eingeführt, und der Junge lernte schnell und gut. Sein ganzes Lernprogramm unterschied sich radikal von dem der anderen Kinder seines Alters, die im gleichen Raum direkt neben ihm arbeiteten. Auch Susan – nachdem jetzt einige Monate verstrichen waren – hatte ein Zimmer voll Kinder, die an verschiedenen Dingen mit unterschiedlichem Tempo arbeiteten. Da Maxine und Eléna darunter waren, erlebte sie etwas von derselben Wildheit, an die Mabel und ich von den Jungen her gewöhnt waren. Doch Maxine und Eléna änderten sich spektakulär. Maxine köderte nicht mehr die Grobiane und war in der Tat nicht mehr so einseitig vom Sex hypnotisiert. Ihre Zuneigung galt jetzt einem zarten schüchternen Jungen namens William Mueller (und manchmal konnte man beobachten, wie sie hinter ihm herjagte und rief: »Komm her, Bill Miller!«). Während ihre Mutter sie, als sie noch die öffentliche Schule besuchte, morgens kaum wecken konnte, wartete sie jetzt bereits wach auf ihre Mutter – und ihre Freundschaft mit William war sicherlich einer der Gründe. Sie las inzwischen überdurchschnittlich gut für ihr Alter und hatte auch in Mathematik aufgeholt. Auch Eléna – weil sie gescheit war, wie Maxine, und weil ihr Susan langsam den Glauben ausgeredet hatte, sie sei dumm – machte spektakuläre Fortschritte. Sie war im Alter von zehn Jahren zu uns gekommen und stand damals im Lesen auf der Stufe eines Erstklässlers, in Mathematik auf der eines Zweitklässlers. Und jetzt sah es so aus (um Susan zu zitieren): »Sie steigert sich oft in einen regelrechten Lernrausch und läuft mir dann durch die ganze Schule nach – im Zeichenraum oder während des Musikunterrichts – und fuchtelt mit ihrem Übungsheft herum und verlangt, dass ich ihre Antworten nachsehe oder ihr eine ›Klassenarbeit‹ gebe. Wenn Eléna etwas lernen will, kapiert sie es fast immer bei der ersten Erklärung.« Eléna hatte auch aufgehört zu stehlen, und man konnte ihr große Geldsummen anvertrauen. Sie kaufte oft unseren Mittagsproviant oder Material für den Zeichenunterricht – so wie auch andere Mädchen –, und man konnte sich jetzt darauf verlassen, dass sie das gesamte Wechselgeld zurückbrachte. In dieser Zeit, für die älteren Jungen mit Gewalttätigkeit und Aufsässigkeit angefüllt, konstruierte Susans Gruppe einen Telegraphen und schickte Botschaften von einem Zimmer zum andern, und sie begannen auch, Dinge mit einem Mikroskop zu untersuchen. Als dieses Instrument ankam, war zunächst die ganze Schule fasziniert. Die Kinder rannten umher und suchten Zeug, das sie unter die Linse legen konnten. Die älteren Jungen trugen nur Blut und Speichel zur Untersuchung bei, und als das erledigt war, zogen sie sich zurück.

Ich richtete eine Art Seminar für die Jungen ein, Sitzungen am frühen Morgen, bei denen wir uns mit den offensichtlich überwältigenden Ereignissen in ihrem Leben beschäftigten: Gewalttätigkeit, Bullen, Verbrechen. All diese Punkte hatten wichtige Verzweigungen, und die Einbildungskraft der Jungen schien der logische Ausgangspunkt. Die Gewalttätigkeit, die sie alle so gut kannten, war schließlich nicht ohne Ursache, sondern war ein Teil der politischen und ökonomischen Struktur unserer in Klassen gegliederten Gesellschaft. Die Bullen – die sie hassten, und das zu Recht – waren Erfüllungsgehilfen einer Gesetzgebung, von der die Jungen keine Vorstellung hatten, zum Teil deswegen, weil die Polizisten selber immer wieder gegen die Gesetze verstießen. (Am einem Abend, später im Jahr, zertrümmerten sechs Polizisten die Tür zu Josés Wohnung, obwohl sie hätten anklopfen können und dann auch eingelassen worden wären. Ohne jede Vollmacht nahmen sie den älteren Bruder mit auf die Polizeiwache. Er wurde nicht verhaftet, sondern lediglich verhört und später wieder freigelassen. Es war bekannt, dass der Junge mit einem Heroinsüchtigen und Dieb befreundet war – daher die Razzia – obwohl er selber weder süchtig noch ein Dieb war.)

Ich hatte mit diesen Sitzungen nicht die Absicht, zu moralisieren oder auch nur zu versuchen, nützlichere Standpunkte zu vermitteln. Ich wollte nur in die Welt ihrer Fantasie eindringen, in der sie so stark isoliert waren. Aber ich unterschätzte die Verzweiflung, mit der sie sich an ihre Einbildung klammerten. Ihre Verletzbarkeit und die wirkliche Unsicherheit ihres Lebens wirkten sich so stark aus, dass schon kleine Dosierungen von Realität sie bereits mit Beklemmungen zu überschwemmen drohten. Als ich Vorfälle aus der Bürgerrechts-Kampagne erwähnte, verfinsterten sich ihre Gesichter und sie rutschten auf ihren Stühlen umher oder sprangen auf und spielten Episoden aus dem Fernsehen nach. Willard war nur zum Teil ein Neger. Es war zu schmerzhaft. Der andere Teil war Batman. José war nur zum Teil ein Puerto-Ricaner; der andere Teil war Herkules. In »Death in Life« spricht Robert Jay Lifton von einem Ausdruck, den die Japaner für die Überlebenden von Hiroshima und Nagasaki gefunden haben: *hibakusha,* »von der Explosion geprägte Personen«. Diese Jungen waren, zusätzlich zu ihren anderen Problemen, *hibakusha,* wenn auch keiner von ihnen die Vorfälle von Hiroshima hätte schildern können. Auch diese Enthüllung über ihren Zustand, wie vorher schon andere, kam für mich als Überraschung.

Es war meine Absicht gewesen, mit ihnen über Polizei und Gerichte und Gefängnisse zu sprechen und ihnen irgendwie klarzumachen, dass das Gesetz nicht einfach eine ordnende Gewalt und ein Bulle an der Ecke und ein weitreichendes Gebot des »Du sollst nicht« war, sondern auch ein Beschützer der Menschen, sie eingeschlossen, und der Rechte, die ihrigen eingeschlossen, oder es zumindest doch sein sollte. Es war nicht schwer, ihr Interesse zu erwecken, und wir begannen von einem hypothetischen Verbrechen zu sprechen; und daraufhin streiften wir kurz Gericht und Gefängnis. Als ich zu dem Bindeglied zwischen diesen beiden – der Polizei – kam, passierte etwas Erstaunliches. Bis dahin hatten sie mehr oder weniger entspannt auf ihren Stühlen gesessen. Jetzt sprangen alle fünf auf und riefen erregt durcheinander. Sie liefen im Zimmer herum und sprangen hoch und gestikulierten und machten alle Arten von Geräuschen, mit denen sie mechanische Töne nachahmen wollten. Sie stellten Fluchtszenen dar, so wie sich das in ihrer Einbildung abspielte. Es war jedoch keine Flucht vor der Polizei, sondern vor einer Explosion, vor irgend einer Kriegskatastrophe, die, mag sie in ihren Vorstellungen auch noch so verschwommen gewesen sein, dennoch ganz offensichtlich »die Bombe« war. Diese Entwicklung erstaunte mich, denn ich hatte mit keinem Wort vom Krieg gesprochen, so wenig wie die Jungen selber. Ohne Zweifel steckten die Jungen einander an, doch die Tatsache blieb bestehen, dass dieser Sprung von der Polizei zum Krieg bei ihnen allen an der Oberfläche lag und so stark aufgeladen war, dass jeder von ihnen eine seiner Eigenart entsprechende Flucht-Fantasie bereit hatte. Alle diese Fantasien kombinierten eine Szene der Zerstörung mit der Gefahr der Verfolgung. Einer nach dem andern schrie: »Bumm! Bumm!« und warf die Arme in die Luft. Keiner von ihnen identifizierte seine Verfolger, deutlich war nur, dass die Verfolger eine Art Armee waren. José raste in einem Auto davon und stellte sich in trotziger Pose in die Berge und schoß mit einem Maschinengewehr um sich. Julio flog einen Düsenjäger und floh direkt »in den Urwald«. Vicente hatte ein Privatflugzeug und machte daraus ein Jet, als er Julios Drehbuch hörte; doch er rüstete es mit Kanonen aus und schoss auf seinem Weg »in die Wälder« mehrere Flugzeuge ab. Stanley hatte TNT und Dynamit und sprengte ganze Berghänge mitsamt den feindlichen Truppen in die Luft. Nur Willard stellte sich einen Kampf Mann gegen Mann vor; er fletschte die Zähne und schlitzte seinen Verfolgern Hals und Bauch auf, während er durch einen Urwald floh, wie es schien.

Ich weiß nicht mehr, wer von ihnen auf die Atombombe kam, jedenfalls wurde sie erwähnt, und aus der Art, wie sich einige von ihnen verhiel-

151

ten, schloß ich, dass New York bombardiert worden war. Mit »New York« meinten sie jedoch nur den kleinen Teil der Stadt, der ihnen vertraut war. Das wurde deutlich, als ich sie befragte. Und es war irgendwie erschütternd, zu entdecken, dass diese Furchtsamkeit, die so leicht zum Vorschein kam und die ihre eigenen ganz logischen Verbindungen zu Gewalttätigkeiten und zu einem gewaltsamen Ende hatte, dennoch nur die blasseste Version der tatsächlichen Bedrohung konstruierte, mit der wir alle zu leben haben. Die Wirklichkeit, zu der ich ihnen einen Weg hatte weisen wollen, war weit chaotischer, als ihre chaotischen jungen Köpfe. Ich ging mit mir zu Rate, stellte Überlegungen an, was ich tun sollte. Sollte ich ihnen die tatsächlichen Wirkungen der Wasserstoffbombe beschreiben? Würde das ihre Beklemmungen noch steigern? Und mussten sie denn Bescheid wissen? Ich entschied, dass es ihre Beklemmungen nicht steigern würde, sondern vermindern, denn jeder von ihnen hatte, seinen geistigen Fähigkeiten entsprechend, eine Vorstellung von der Massenvernichtung. Wenn es stimmte, dass die echte Bedrohung der Vernichtung nicht aus ihrer Welt entfernt werden konnte, dann stimmte es auch, dass die Auswirkungen dieser Drohung bei der Umwandlung in die Alpträume und Fantasievorstellungen dieser Jungen kompliziert worden waren. Die Katastrophe, so wie sie sie empfanden, war allgegenwärtig, hatte keine Ursache oder Quelle und neigte dazu, die Realität aller anderen Dinge zu unterminieren. Und so machte ich mich daran, ihre »Bombe« in die reale Welt einzuordnen. Ich sagte ihnen, sie sei weitaus wirkungsvoller, als sie sich das vorgestellt hätten. Ich skizzierte eine Karte von Manhattan an die Tafel. Sie nahmen wieder Platz. Ich sagte, die Bombe gebe es in verschiedenen Größen, und ich machte drei Kreuzchen auf die Skizze, die drei direkte Treffer mittelgroßer Bomben markieren sollten. Sofort sprangen sie alle wieder auf die Beine, mit trotzigem Geschrei. »Ach Scheiße, Mann, ich setz mich in meinen Düsenjäger, und huuiiiii!« Doch als ich die Wirkung der Bombe im einzelnen beschrieb – die Explosion selbst, den äußeren Feuerring und die orkanartigen Winde, den radioaktiven Niederschlag in der Horizontale, in der Vertikale, den vom Wind getragenen radioaktiven Niederschlag – war es mit ihren Fantasien vorbei, und sie hörten mit jenem mürrischen, gereizten Unbehagen zu, das beinahe das Geburtsrecht ihrer Generation und der etwas älteren Generationen ist, deren berechtigte Lebenshoffnung von ihren

152

Eltern zerstört worden ist. Ich versuchte, ihnen klarzumachen, dass unser Problem mit der Bombe nicht die Frage war, was wir nach ihrem Abwurf tun sollten, sondern wie wir diesen Abwurf verhindern können, wie wir sie wieder loswerden können. Ich glaube nicht, dass ihnen das etwas bedeutet hat. Ich glaube auch nicht, dass die Sitzung selbst irgendwie wichtig war. Vielleicht wurden ihre Beklemmungen etwas realer, nicht so universell und zerstörerisch. Doch ihre Flucht in die Fantasie war schließlich nur ein Symptom, und es hatte wenig Sinn, das direkt anzugreifen. Nur ein echtes Wachsen der Persönlichkeit würde ihre Unterwerfung unter das Unwirkliche vermindern – Fähigkeiten, Interessen und Kenntnisse, die üblichen Attribute persönlicher Mittel. Wir unterstützten dieses Wachstum – oder versuchten es jedenfalls – auf andere Weise. Und deshalb war der Wert dieser und anderer ähnlicher Sitzungen äußerst begrenzt. Einige wenige tatsächliche Ereignisse, die sie zu Bildern umgewandelt hatten, wurden wieder zu Ereignissen zurückverwandelt. Ein ganz kleines Quantum an Information wurde von mir auf sie übertragen. Während der Sitzung, die ich eben beschrieben habe, fragte ich Vicente, ob er wisse, wie schnell eine Gewehrkugel sei. »Die ist schnell, Mann! Ich wette, die schafft fünfzig Stundenkilometer!« Sie lernten, dass es eine bestimmte Schallgeschwindigkeit gibt und eine bestimmte Lichtgeschwindigkeit, dass aber Geschosse unterschiedliche Geschwindigkeiten haben, die alle über die Schallgeschwindigkeit hinausgehen. Die Formulierung, die das verständlich machte, war, dass ein Soldat, der in der Schlacht fällt, den Schuss nie hören kann, der ihn tötet. Sie nahmen das mit feierlichem Schweigen hin, nur Stanley nickte ernst und sagte: »Mhmm.«

Bei anderer Gelegenheit erzählte ich ihnen vom Blutkreislauf im menschlichen Körper. Ich dachte dabei an ihre Furcht vor Verletzungen und an die Messerstechereien, die sie alle in ihrer Fantasie austrugen, während sie echte Messer in den Taschen tragen. Ich ließ mir die Sitzung vorher durch den Kopf gehen: Ich wollte das Bild eines Mannes mit einem Messer zeichnen, und dabei zeigen, wie Venen und Arterien verlaufen und wo das Herz ist und wie das Blut durchläuft und welchen Schaden ein Messerstich anrichten kann und wie man Erste Hilfe leisten kann, mit Hilfe von Druckpunkten und Aderpresse. Ich würde José bitten, das Hemd auszuziehen und dann würde ich mit einer Kreide »Messerstiche« auf seine Arme und seine Brust zeichnen und die anderen auffordern, ihm beizustehen. Die Sitzung selbst war ein totaler Reinfall, meine Pläne waren in der Tat dumm gewesen. Ich hatte außer Acht gelassen, dass die Messer in ihren Taschen zu einem guten Teil magisch waren, eine Art Talisman, der Besitz und nicht die Anwendung sollte Böses fernhalten. Als ich so realistisch von Wunden und Adern und Druckpunkten sprach, entzauberte ich ihre Magie. Außerdem war ihre Furcht vor Verletzungen ganz real. Es ist kein Zufall, dass gewisse Draufgänger beim Anblick von Blut in Ohnmacht fallen. Die Härte nach außen ist schließlich ein Verteidigungsmechanismus, hinter dem praktisch nichts steht, außer einer Einbildung: das unverletzliche Ich, anfällig für fast alles – für Verspottung, für Zuneigung, für Mittgefühl ... für die Erfahrung selbst, in fast jeder Form. Ich zeichnete die Umrisse eines Menschen an die Tafel und zeichnete das Herz und Venen und Arterien ein; und sie fingen an unruhig hin- und herzurutschen und hektisch miteinander zu reden. Als ich einige Messerstiche einzeichnete und das Blut aus Arterien spritzen und aus Venen sickern ließ, steigerte sich das Reden zum Schreien. Ihre Gesichter sahen mürrisch und gereizt aus. Sie teilten Boxhiebe aus und stießen Drohungen und Anschuldigungen aus. Stanley ging aus dem Zimmer und nahm Willard mit. Vicente forderte lauthals, in die Turnhalle zu gehen. Ich sah, was für einen Fehler ich gemacht hatte, wie weit ich mich von den spezifischen Bedürfnissen dieser Jungen entfernt hatte.

Eine unserer Sitzungen war jedoch ein besonderer Erfolg. Nur José und Vicente waren anwesend. Sie unterhielten einander mit Fernsehepisoden. Ich hörte diesem Hauptthema ihrer Gespräche aufmerksamer zu, als sonst. Und mir wurde klar, dass ihnen eine Verwirrung zu schaffen machte, die für ganz kleine Kinder charakteristisch ist: Sie hielten die Vorfälle für die Wirklichkeit. José hatte von Herkules geredet, Vicente von Supermann. José wusste, dass Steve Reeves, der Herkules darstellt, ein realer Mensch ist, doch er glaubte tatsächlich, oder doch beinahe, dass dieser reale Mensch Herkules sei. Vicente glaubte, Supermann könne fliegen. Glaubte er auch, dass Supermann existierte? Als ich ihn fragte, sagte er: »Klar, Mann! Weißt du das denn nicht?« »Eher in New York?« fragte ich. »Könnte er an diesem Fenster vorbeifliegen?« »Aber sicher, Mann!« – doch dann sah er, dass ich nicht von Supermanns Fähigkeiten redete, sondern fragte, ob wir ihn durch die gleiche Luft fliegen sehen könnten, die wir einatmen. Er grinste, und auf seinem Gesicht spiegelte sich eine seltsame Mischung aus Überzeugung und Zweifel. Was ihrer Erfahrung fehlte, war ein Verständnis dafür, dass die Abenteuer, die sie im Fernsehen verfolgten, von anderen Menschen geschaffen worden waren. José hatte einen Western erwähnt, in dem eine Menge geschossen wurde. Ich fragte ihn, ob das echte Kugeln seien.

»Sicher, Mann!« schrie er. »Was glaubst denn du?« »Woher willst du wissen, dass sie echt sind?«

»Mann, du kannst sie hören! Du siehst direkt, wie der Dreck aufspritzt!«

»Und die, die erschossen werden – sind die wirklich tot?« »Klar, Mann!«

Beide Jungen wussten, dass die Fernsehprogramme mit Kameras gemacht werden. »Wussten« ist nicht ganz das richtige Wort, denn wenn auch der größte Teil der relevanten Informationen in ihren Köpfen existierte, so war es doch nicht zu einem bedeutungsvollen Ganzen zusammengefügt. Doch wir hatten in der Schule Filme gezeigt und viele Schnappschüsse gemacht, und sie verstanden, was eine Kamera war und dass ein Mann sie halten musste und dass das aufgezeichnet wurde, was sich vor der Kamera befand. Ich fragte José, ob ein Mann einfach mit der Kamera dastehe und dabei zuschaue, wie all diese Männer starben. Er dachte einen Augenblick darüber nach und sagte dann, dass es wahrscheinlich so sei.

»Und woher hat er gewusst, dass es eine Schießerei geben würde? Wie konnte er wissen, wohin er zu gehen hatte?«

Die ganze Sache erschien ihm plötzlich realer, und er sah reichlich verwirrt aus.

Und so machte ich mich daran, ihnen zu erzählen, wie Filme gemacht werden: dass kleine Sprengsätze in die Erde gesteckt werden, die bei der Explosion den Dreck aufspritzen ließen, wie Kugeln; und dass das Geräusch von Gewehrschüssen später mit einem Tonbandgerät hinzugefügt wird, mit so einem Apparat, mit dem sie einige Male in der Schule gespielt hatten.

Diese Erklärungen zerstörten ihr Vergnügen an Filmen keineswegs, sondern erhöhten es sogar. Sie waren fasziniert. Ich erzählte ihnen, wie bestimmte Tricks im Studio ausgeheckt werden und wie vorher gefilmte Hintergründe benützt werden. Vicente rief – zu meiner Überraschung:

155

»Klar, und wenn Supermann fliegt, muss er auf einem Brett liegen, da wird nämlich sein Brustkasten immer so zusammengedrückt.« Er legte seine Hand auf die Brust. Er war sehr stolz auf sich und wiederholte seine Beobachtung für José. »Das stimmt nämlich, Mann, jedesmal wenn er fliegt, wird das hier richtig zusammengedrückt.« Wenn manche Leute glauben, die Faszination der dramatischen Künste hänge von der Unverletzlichkeit der Illusion ab, dann irren sich die gewaltig. Diese gefilmten Abenteuer waren nicht in eine Ansammlung von Tricks auseinandergefallen; die Helden waren weiterhin intakt, mit all ihren Attributen und Heldentaten. Aber sie waren plötzlich zu Werkzeugen der Gesellschaft geworden. Und vielleicht bedeutete es den Jungen sogar etwas, dass erwachsene Männer und Frauen ihre eigene Zeit investieren, um diese Geschichten zu ersinnen und darin zu spielen. José war jetzt bereit zuzugeben, dass Steve Reeves ein Schauspieler ist und in Hollywood lebt, Herkules dagegen eine mythologische Figur, die nur in den Köpfen der Menschen lebt. In bescheidenem Ausmaß waren die Maßstäbe umgekehrt worden. Die Jungen lebten etwas weniger in der Fantasiewelt ihrer Helden, und ihre Helden lebten etwas mehr in der Gesellschaft, der jedermann angehörte. Sie hatten auch vorher schon gewusst, dass ihnen Tricks und Illusionen vorgesetzt wurden, doch es war mehr eine vage Ahnung gewesen. Ein kleiner Anstoß genügte, um dieses unterschwellige Wissen an die Oberfläche zu bringen und ihm eine bedeutungsvolle Form zu geben. Interessant war dabei, dass sie tatsächlich in den Fantasien des Fernsehens psychisch Schutz gesucht hatten. Den fanden sie nicht so sehr bei ihren Helden, als vielmehr in der schützenden Isolierung der Traumwelt, in der sie sich ansiedeln konnten, solange sie darauf bestanden, dass ihre Helden echt waren. Sie gaben diesen Schutz sofort für eine überlegene Position auf, nämlich für das Verständnis, wie es gemacht wird.

Während dieses ganzen, mehrere Wochen dauernden Zeitabschnitts machte ich immer wieder denselben Fehler, und es war ein ernsthafter: Ich wollte dauernd unterrichten. Ich wollte unsere Schule für die Bedürfnisse der Jungen zweckdienlicher machen. Und sie schüttelten mich natürlich immer wieder ab. Was sie brauchtes, und wonach sie sich offensichtlich sehnten, das war eine Dosis der großen Welt. Wären sie gesünder gewesen, hätten sie sich vielleicht hinausgewagt; doch sie waren nicht imstande, die ersehnten unabhängigen Aktivitäten zu organisieren. In den öffentlichen Schulen waren sie alle Schulschwänzer gewesen. Sie hatten viel Zeit auf den Straßen zugebracht, aber eher im Stil von streunenden Hunden als im Stil unternehmungslustiger junger Burschen. First Street war in ihren Augen eine Zufluchtstätte, und sie weigerten sich, sie zu verlassen. Doch ich machte mir wegen der Unterbrechung in der Kommunikation Sorgen und versuchte dauernd, sie zu reparieren, und das hielt mich davon ab, mich in ihre Probleme richtig einzufühlen und mich selbst über die Schule hinauszuwagen, beim Versuch, ihren Erlebnissen Substanz zu verleihen.

8

José konnte, wie bereits erwähnt, im Alter von sieben Jahren Spanisch lesen. Mit dreizehn konnte er weder Englisch noch Spanisch lesen. Sein Problem war offensichtlich nicht eine Frage der mechanischen Einzelheiten des Lesens. Etwas Primitives an dem Prozess war zerstört worden. Was war es? Und warum ist es ausgerechnet das Lesen, das Kinder einander beibringen können (Tolstoj führt das wiederholt an), das sich so oft als problematisch herausstellt? Woher kommt es, dass ein Kind, das die wirklich gewaltige Aufgabe des Sprechenlernens gemeistert hat, bei der weniger anspruchsvollen Aufgabe des Lesenlernens versagt?

Gedruckte Worte müssen als eine Abart der Sprache aufgefasst werden. In den meisten geschriebenen Texten ist eine Stimme. (In amtlichen Formularen, Steuertabellen und ähnlichem ist natürlich nicht viel Stimme, und das ist genau der Grund, weshalb sie nicht gelesen werden können, sondern entschlüsselt werden müssen.) Wenn wir uns fragen, ob ein Schüler geschriebene Worte versteht, besteht unser instinktiver Test im Zuhören, nicht in einem Kreuzverhör. Wenn er den Abschnitt mit entsprechender Lebhaftigkeit laut vorlesen kann, wissen wir, dass er, was das Lesen betrifft, den Text ausreichend versteht. Er hat die Modulation seiner eigenen Stimme den Veränderungen und Bedeutungsnuancen angepasst, die die Stimme des Geschriebenen ausmachen.

Das Lesen lebt vom Reichtum der Sprache, es durchläuft genau dieselbe Skala aus Traum und Emotion, Tatsache und Analyse und festen Regeln der Logik. Deshalb ist es eine Aufgabe, für die fast immer eine starke Motivation existiert. Aus demselben Grund ist jedoch die Selbstentblößung so kritisch und macht den ganzen Prozess so anfällig für Störungen. Der junge Lernende sieht sich in einer ungewohnten Abhängigkeit. Man könnte sagen, er wird von der Aufgabe angegriffen, denn im Gegensatz zu allen anderen intellektuellen Aufgaben benützt sie als Material das wichtigste Mittel des Kindes in seiner Auseinandersetzung mit der Welt, nämlich seine Sprache. Ein kleines Kind ist sich der Sprache nicht als einer Sache bewusst, die auch losgetrennt von ihm existiert. Sprache ist für das Kind die Stimmen, die es verstehen kann, und die Dinge, die es sagen kann. Sie ist ganz und gar zweckmäßig, ein Ausdrucksmittel. Und jetzt sieht es sich plötzlich einer merkwürdigen Erweiterung des Sprechens gegenüber, die nicht unmittelbar zweckdienlich ist. Es besteht keine inhärente Schwierigkeit. Ein Kind kann den »Kode« recht leicht erlernen und kann ihn bald anwenden. Doch es gibt eine inhärente Gefahr. Das grundlegende Element des Kodes existiert bereits in dem Kind in höchst individueller Form. Im Idealfall wollen wir zu dieser Form Neues hinzufügen – die Regeln der geschriebenen Sprache und die sachdienlichen Fähigkeiten. Statt dessen verwirren wir meistens nur das Kind und schaffen Konflikte, weil wir darauf bestehen, dass auch der wesentliche Lesestoff genormt ist. Wir überwältigen das Kind, indem wir seine eigene Sprache als originales Material verdrängen und es durch bloße gedruckte Worte ersetzen. Selbst unter diesen Bedingungen können Kinder das Lesen erlernen, doch die organische Verbindung zwischen Lesen und Sprechen wird praktisch auf ein Nichts reduziert, und viele »kompetente« Leser klingen wie Maschinen oder Papageien. Wir könnten es so ausdrücken: Das fünfjährige Kind, das lesen lernt, wird gleichsam in gewisse Abhängigkeiten seines Baby-Daseins zurückgeworfen. Es wird unweigerlich versuchen – so wie es das als Kleinkind tat -die Anforderungen der Umwelt und seine eigenen Bedürfnisse aufeinander abzustimmen. Wenn wir das Lesen als einen von ihm völlig losgelösten Prozess betrachten, schaffen wir eine Umwelt, die ihm sagt, dass seine eigenen Bedürfnisse als Richtschnur nicht verläßlich sind, obwohl sie in Wirklichkeit die absolut beste Richtschnur sind und (vor der Schule) schon immer gewesen sind, die es besitzt. Außerdem zerstören wir – ganz genau – die Zweckdienlichkeit des Instrumentes, das es schon erworben hat, nämlich der Fähigkeit, zu sprechen. Aus diesem Grunde lernen Kinder oft besser lesen, wenn sie überhaupt nicht unterrichtet werden, denn kein Kind wird sich selbst aus freiem Willen so etwas antun. Die Folgen dieser Fehler sind bekannt. Das Komische ist, dass sie sich so leicht umgehen lassen – und doch wird es nicht getan. Auch das ist merkwürdig: Während einem jeder gute Lehrer sagen – oder jedes Kind durch sein Handeln demonstrieren – kann, dass es zum Lesenlernen gehört, Teile und Ganzheiten mit einer Reihe von verschiedenen Methoden zu formen, haben wir nur zwei verschiedene

Methoden des Leseunterrichts: die phonetische und die »Sehen-und-Sprechen«-Methode. Keine dieser beiden Methoden lässt sich, als Methode, von einer Analyse erfolgreichen Lernens herleiten. Eine solche Analyse enthüllt sofort, dass beide Arten der Auseinandersetzung mit der geschriebenen Sprache zusammengehören und zu Recht idiosynkratisch gebraucht werden. Wenn man sie zum Status von Methoden aufwertet – wenn das auch dazu dienen mag, die Lehre vom Lehren in ein System zu bringen und zu Normen, zerstört man die Brauchbarkeit, die ihnen durchaus zu eigen ist, wenn man sie dem Lernenden zur Verfügung stellt. Kurz und gut, es ist nicht möglich, den Leseunterricht zu standardisieren und zu mechanisieren. Es ist von Natur aus ein lebendiger, höchst individueller Vorgang.

Dies war eine der ersten Einsichten, zu der Sylvia Ashton-Warner bei ihrer großartigen Arbeit mit den jungen Maoris gelangte.[11] Sie entdeckte, dass das Lesenlernen eine so persönliche Angelegenheit ist, dass es sich direkt mit Träumen und anderen eindringlichen Erlebnissen im Leben von Kindern berührt. Es war mit einer Art persönlichen Magie verbunden. Ein Wort zu erlernen hieß, ein Stück Kontrolle oder Gewalt über die mit der Welt verknüpften Ängste und Sehnsüchte in die Hand zu bekommen. So gehörten zum Wortschatz ihrer Anfänger nicht »schau«, »sieh«, »lauf, Hündchen, lauf«, sondern »Gespenst«, »küssen«, »töten«, »lieben«, »Liebling«, »Alligator«, »Bier«, »Messer«, »Donner«, »zusammen«.

»Während er für ›kommen‹, ›schauen‹, ›und‹ vier Monate gebraucht hatte, brauchte er ganze vier Minuten für diese ... es waren Wörter, die man mit einem Blick erfasste. Ich machte ihm dann aus diesen Wörtern Lesekarten, und so wurde Rangi doch noch ein Leser.«

Als sie sich so auf ihre elementaren Wörter konzentrierte, erhielt Ashton-Warner die organische Einheit des Fühlens, Sprechens und Lesens. Man könnte sagen, sie schuf eine Umwelt, die dem Erlernen des Lesens etwas von derselben höchst individualisierten Unterstützung gab, die wir schon ganz routinemäßig dem Erlernen des Sprechens geben. Genau umgekehrt war mit José verfahren worden, und seine Probleme wurden noch durch den Wechsel von Spanisch zu Englisch kompliziert. Das Lesen hatte für ihn nur wenige Eigenschaften des Sprechens und überhaupt keine – höchstens im negativen Sinn – der Eigenschaften des Fühlens. Er konnte sich nicht vorstellen, dass seine eigene Identität in Büchern auf ihn wartete, so wie sie ihm auf den Straßen und beim Spielen mit anderen Jungen begegnete. Ja, er stolperte immer noch über das Wort »ich«. Es ist erwähnenswert, dass dieser Zusammenbruch nicht einfach das negative Phänomen war, für das ihn so viele Erzieher halten. Es verbarg sich eine Art Selbstschutz dahinter, denn die Identität, die tatsächlich in den Büchern auf ihn wartete, so wie sie sind – und das heißt, in der Gesellschaft, so wie sie ist –, war nichts anderes als die Identität eines Menschen zweiter Klasse, geächtet wo andere willkommen sind, bedürftig wo andere wohlhabend sind, schlecht gemacht wo andere gelobt werden. Ein weißer Junge aus dem Mittelstand könnte über gedruckte Worte, dem Sinn nach, sagen: »Dies ist ein Sprechen wie alles Sprechen. Die Worte gehören dir und mir. Sie verstehen heißt sie besitzen. Sie besitzen heißt sie gebrauchen. Sie gebrauchen heißt immer tiefer zu dem Leben unseres Landes und der Welt gehören.« José, der auf die Buchseite starrte, die Stirn in Falten, die Lippe trotzig vorgeschoben – Zorn, neurotische Beschränktheit und Scham in jeder seiner Gesten – schien zu sagen: »Dies gehört den Schullehrern, nicht mir. Es ist nicht Sprache, sondern eine Aufgabe. Es wird von mir nicht erwartet, dass ich es mir aneigne, sondern dass ich etwas leiste, das sich beurteilen lässt. Und überhaupt gehört es den Amerikanern, die mich herumstoßen und keinen Wert darauf legen, dass ich tiefer in ihr Leben eindringe. Warum soll ich sie Zeugen meines Versagens werden lassen? Ich stecke lieber gleich am Anfang auf.«

Während ihn einerseits solche Gedanken quälten, achtete er andererseits die Macht derer, die lesen konnten, und er konnte sich ganz genau daran erinnern, die Postkarten seines Vaters gelesen zu haben. Er war fest entschlossen, in der First Street lesen zu lernen. Oder das glaubte er jedenfalls. In Wahrheit wollte er aufhören, zu versagen. Er wollte das Lesen schon gelernt haben. Er wusste nicht, was es hieß, zu lernen, und er wusste nicht, was es hieß, zu lesen. Seine eigene grimmige Entschlossenheit war eines der Hindernisse, die ihm im Wege standen. So wie das Gloria mit dem kleinen Kind aus der Familie von Analphabeten gemacht hatte, so verbannte auch ich Bücher aus unseren Lesestunden. Doch José war dreizehn; ich konnte sie nicht durch Spiele zur visuellen Schulung ersetzen. Lange Zeit bestanden unsere einzigen Hilfsmittel aus einem Übungsheft und einigen Bleistiften – und sehr vielen Gesprächen. Ich

162

wollte irgendwie zu einem Stadium des Lesens zurückfinden, in dem geschriebene Worte noch die Kraft der Sprache besaßen. Und so war unser eigenes Verhältnis zueinander die Grundlage, auf der wir operierten; und da mir José schon sehr früh vertraute, konnte ich etwas tun, das, mag es auch noch so simpel klingen, von äußerster Wichtigkeit war: Ich machte die echte, die tiefere Basis unseres Verhältnisses zu einer Sache physischen Kontaktes. Ich konnte ihm den Arm um die Schultern legen, oder seinen Arm halten, oder so nahe neben ihm sitzen, dass sich unsere Körper berührten, oder mich so über die Seite beugen, dass sich unsere Köpfe beinahe berührten. Erwachsene, und vor allem erwachsene Amerikaner, sind diese Art der Berührung nicht gewöhnt, ausgenommen natürlich, wenn sie Zuneigung ausdrücken wollen. Kinder jedoch, und Erwachsene anderer Kulturkreise halten es für ganz selbstverständlich, sich zu berühren und zu halten und aneinanderzulehnen und -drücken. Die Bedeutung dieser Berührung für ein Kind, das mit dem Lesen Schwierigkeiten hat, kann gar nicht hoch genug geschätzt werden. José war häufig an einer Art Grenzlinie in seinem Selbstverständnis: wenn er sich bemühte, etwas zu verstehen, oder mit seiner Scham und Frustration zurechtzukommen, oder mit der Aufregung plötzlichen Verstehens. Kleine Strudel der Beklemmung wirbelten dauernd um ihn her – doch er war in seinem Verlangen nach Unterstützung nicht auf bestimmte Haltungen und Emotionen angewiesen; unser physischer Kontakt gab ihm Sicherheit. Und es war nicht mein Körper neben dem seinen, der so viel bedeutete, sondern die Tatsache, dass die Gegenwart meines Körpers sein Bewusstsein von seinem eigenen Körper intensivierte. Er wusste, wo er war: er war in seiner Haut; und wenn kurze Panikstimmungen seinen Kopf schwimmen oder seine Augen glasig werden ließen, brauchte er nicht davonzulaufen oder die Aufgabe in toto von sich zu weisen. Er konnte sich wieder sammeln, weil seine wirkliche Basis – sein Körper – immer noch da war. Ich weiß, dass ich im Laufe unserer Unterrichtsstunden Fehler machte und allerhand übersah, doch diese physische Basis war so wichtig und so verlässlich, dass sie sehr viel Spielraum ließ. Sie nahm meinen Vorwürfen den Stachel (wenn auch nicht den Ernst), sie drückte eine Teilnahme aus, die ich nicht in Worte hätte fassen können, sie gab den Sitzungen, bei denen es oft um höchst zufällige Dinge ging, Realität und Kontinuität. Wenn eine einzige Formel die Krankheiten unserer derzeitigen Erziehungsmethoden heilen könnte, dann wäre es diese physische Formel: bringt die Körper zurück. Diese Feststellung, das weiß ich, ist vielen Leuten unverständlich, vor allem denen, die, wenn sie das Wort »Körper« lesen, nicht an die Körper von Menschen denken, sondern an verschiedene Ideologien des Körpers. Es ist hier nicht der richtige Ort, diesen Gedanken weiterzuspinnen. Lassen Sie mich jedoch darauf hinweisen, dass bei Kindern alle wichtigen Gefühle, Wünsche und Interessen physische Gestalt annehmen. Das herausragende physische Phänomen der öffentlichen Schulen ist einwandfrei das Hin- und Herrutschen auf den Stühlen. Würde die einschränkende Disziplin gelockert, welchen Reichtum an Bewegungen gäbe es da! Und wie rational und produktiv wäre der weitere Verlauf, der sich ergeben könnte, würden diese physischen Manifestationen ganz ernst genommen!

(Ich muss hier an einen besonders lauten Tag denken, als die Jungen aus dem Klassenzimmer rannten, um in die Turnhalle zu kommen. Vicente war in einem solchen Zustand, dass seine Aufregung an Raserei grenzte. Ich packte ihn auf dem Flur am Arm und kniete mich vor ihn hin. Ich legte ihm meine Hand auf das Zwerchfell und sagte: »Vicente, atme einmal so, dass ich es an meiner Hand spüre.« Meine Bitte kam ihm nicht seltsam vor, und er brauchte keine nähere Erklärung. Er blickte mich einfach an, so wie Kinder das tun, und zerrte immer noch, um freizukommen, akzeptierte aber gleichzeitig, was ich tat. Er atmete einmal tief ein, direkt unter meiner Hand. »Und jetzt lass alles wieder raus.« Er spitzte die Lippen und ließ seinen Atem ausströmen und reagierte dabei spontan auf den Druck meiner Hand. Das Hektische wich aus seinem Gesicht. Die angespannten kleinen Schultern, die bis zu den Ohren hochgezogen gewesen waren, entspannten sich und fielen in ihre normale Lage zurück. Seine Stimme, die irgendwo direkt unter der Schädeldecke herumgetobt hatte, fand wieder ihren Weg in die Kehle zurück. Er jagte seiner Clique nach, immer noch rufend, immer noch erregt, doch er war jetzt wieder in seinem Körper, und seine Handlungen würden sinnvoll sein. Es waren ähnliche Gründe, weshalb ich in extremen Konfliktsituationen die Kinder manchmal durchschüttelte, doch nie schlug. Genau genommen nur drei von ihnen, und jeden nur einmal: Maxine, Vicente und Stanley. Alle drei fingen gelegentlich an zu rasen, waren manchmal gefährlich, sehr oft unerträglich. Wenn ich sie bei den Schultern packte und durchschüttelte, drehte sich ihnen alles im Kopf; es war eine starke, den ganzen Körper umfassende Empfindung; und einfach um sich wieder zu orientieren, mussten sie zurück in ihre Haut, mussten wieder zu Sinnen kommen. Und das ist natürlich genau die Bedeutung dieses Ausdrucks, denn »Sinne« bedeutet nicht Übereinstimmung, Urteilskraft und Vernünftigkeit, sondern die Sinnesebene, auf der allein übereinstimmung, Urteilskraft und Vernünftigkeit Gestalt annehmen können.)

Ich hatte von Anfang an gewusst, dass José in der Schule sehr wenig gelernt hatte, doch seine Ignoranz überraschte mich. Es war die Ignoranz eines Jungen, der sich immer wieder voller Furcht und Groll neuen Erlebnissen entzogen hatte. Er orientierte sich nicht in Raum und Zeit, so wie das dreizehnjährige Jungen aus dem Mittelstand tun. Er wusste nicht, in welchem Monat er geboren worden war, er wusste überhaupt nichts von den Monaten des Jahres, von der Bedeutung der Stunden, Tage, Wochen, Jahre, Jahrhunderte. Das soll aber nicht heißen, dass er mit der sinnlichen Unmittelbarkeit eines Kindes lebte. Sein sinnliches Erleben war auf ähnliche Weise verarmt. Eléna, Josés Schwester, verarbeitete Informationen und Fähigkeiten oft in verwirrendem Tempo. Und dasselbe gilt für Maxine. Beide hatten im Vergleich mit José ein viel lebendigeres Sinnenleben.

Eines Tages blätterten wir durch ein Bilderbuch über die Pilgerväter.[12] José verstand, dass sie den Atlantik überquert hatten, doch irgend etwas an der Art, wie er das sagte, ließ mich an seinem Verständnis zweifeln. Ich fragte ihn, wo der Atlantik sei. Ich dachte, er würde vielleicht aus dem Fenster zeigen, da die Küste nicht weit entfernt war. Doch sein Gesicht nahm einen niedergeschlagenen Ausdruck an, und er fragte mich leise: »Wo?« Ich fragte ihn, ob er jemals in Coney Island schwimmen gewesen sei. Er sagte: »Klar, Mann!« Ich sagte ihm, dort sei er im Atlantik geschwommen, in eben dem Ozean, den die Pilgerväter überquert hätten. Die Freude hellte sein Gesicht auf, und er warf den Kopf zurück und lachte. Es war ein befreiender Klang in seinem Gelächter. Er hatte offensichtlich mehr als nur Information gewonnen. Er hatte etwas entdeckt. Er und der Atlantik gehörten derelben Welt an! Die Pilgerväter waren Teil des tatsächlichen Lebens. Eines der Bilder in dem Buch zeigte die Pilgerväter beim Gebet. José sagte: »Gott wurde im Jahre eins geboren, stimmt's?« Ich sagte: »Stimmt.« Und wieder fragte ich mich, was das wohl für ihn bedeutete. Ich fragte ihn, welches Jahr wir zur Zeit hätten. Er sagte:

»Neunzehn vierundsechzig.« Doch als ich ihn fragte, vor wie vielen Jahren Christus geboren worden sei, sagte er: »Vor langer, langer, langer, langer Zeit.« Das war die Antwort eines viel jüngeren Kindes, nicht die eines dreizehnjährigen Jungen. Ich sagte: »Ja, vor langer Zeit. Vor wie vielen Jahren genau?« Er reagierte mit seinem üblichen Raten und Bluffen und korrigierte sich ein paarmal, je nach meinem Gesichtsausdruck. »Dreihundert! Nein? Zweihundert! Nein?«

Bei anderer Gelegenheit sprach er mit seltsamer Verwirrung von Städten und Staaten. Ich fragte ihn, was größer sei, eine Stadt oder ein Staat. Er sagte: »Eine Stadt!« Ich sagte ihm, Staaten seien größer, jeder Staat habe mehrere Städte. Und dann fragte ich ihn, ob er wisse, wo die Stadt New York sei. Ich dachte, er würde sagen, im Staat New York. Doch er runzelte die Stirn und schaute weg und versuchte, irgendwie dahinterzukommen. Er blickte mich wieder an und sagte: »Weiter in der Stadt drin.« Ich brauche nicht zu betonen, in welchem besonderen Sinn diese Antwort durchaus stimmte.

Es wäre sinnlos gewesen, einfach die Irrtümer in Josés Weltbild zu beseitigen und ihn mit Informationen zu füttern. Es war ganz wesentlich, sich neben ihn zu stellen, auf das bisschen festen Boden, den er vielleicht unter den Füßen hatte. Ich konnte ihn auch nicht so behandeln, als sei er ein Fünfjähriger, der eben lesen lernt. Das soll nicht heißen, dass wir uns Ashton-Warners ausgezeichnete Methoden nicht zunutze machen konnten oder Tolstojs brillante Beschreibungen der Leseprobleme unter den Bauernkindern. Diese mussten nur José angepasst werden, dessen »Leseproblem« so extrem kompliziert geworden war, dass es notwendig wurde, mich daran zu erinnern, dass auch ich ein Teil davon war.

Wir redeten sehr viel miteinander und lernten uns besser kennen. Einer der ersten Vorfälle, die er mir beschrieb, war voller Gewalt und Tragik, so wie andere, die ich später zu hören bekam. Es war ein Kampf, tödlich für beide Kontrahenten, zwischen dem Bruder seiner Mutter und einem anderen Mann. Es war noch in Puerto Rico geschehen. José wurde sehr erregt, als er die Geschichte erzählte, und sprang auf und spielte nach, was geschehen war. »Und dann hat er ihm das Messer hineingestoßen, direkt hier (und dabei zeigte er auf seine eigene Brust). Doch mein Onkel hat sein Herz hochgezogen, verstehst du. Verstehst du? Das ist doch so, Mann ... wenn du schnaufst, geht dein Herz rauf und runter, so

... stimmt's? Als das Messer in ihn reinstach, zog er sein Herz hoch. Ah Mann, das ging genau an seinem Herz vorbei. Und dann hat mein Onkel einen großen Stein aufgehoben und ihm den Schädel eingeschlagen.«

Josés Onkel starb drei Tage danach im Krankenhaus. Sein Kontrahent starb kurz nach der Auseinandersetzung.

Er hatte mir diese Geschichte erzählt, um zu erklären, warum seine Mutter zur Zeit immer in die Augenklinik ging. Sie war vom Tod ihres Bruders tief erschüttert worden. José sprach nicht von ihren Empfindungen, doch er beschrieb, wie sie einmal nachts, nicht lange nach dem Kampf, in die Küche gekommen war, um sich ein Glas Wasser zu holen. Als sie sich vom Ausguss abwandte, sah sie ihren Bruder, als sei er noch am Leben. Er saß am Küchentisch und rauchte eine Zigarette. Sie versuchte zu schreien, doch die Stimme blieb ihr im Halse stecken, und sie verlor das Bewusstsein. José zitierte sie, als er sagte, dass ihre Schwierigkeiten mit den Augen auf jene Nacht zurückgingen.

Wenn wir uns unterhielten, kritzelte José oft in seinem Übungsheft, er zeichnete kleine Dinge, die ihn interessierten. Ich bat ihn, die Szene in der Küche zu zeichnen, bei der seine Mutter in Ohnmacht fiel. Er beugte sich begierig über sein Übungsheft, und es war offensichtlich, dass es ihm großen Spaß bereitete, sich das Innere ihres Hauses in Puerto Rico ins Gedächtnis zurückzurufen. Die Küche sah aus wie einige, die ich in Mexiko gesehen hatte; in den Fenstern waren keine Glasscheiben, und der Boden war offenbar aus Lehm, doch es gab elektrischen Strom, einen Gasherd, einen Kühlschrank und einen Ausguss, wenn auch kein fließendes Wasser. Er zeichnete einen Geschirrschrank, ein Bild an die Wand und einen Kalender. Da war ein Tisch, daneben ein Stuhl, und dann zeichnete er einen Mann mit einer Zigarette, der auf dem Stuhl saß und Rauchkringel zur Decke blies. Seine Mutter lag auf dem Boden, zwischen dem Tisch und dem Ausguss. Das Glas war ihr aus der Hand gefallen, eine Wasserpfütze breitete sich um sie aus.

José kannte das Alphabet und konnte Wörter schreiben, wenn sie ihm jemand buchstabierte. Wir wählten einige Sätze aus seiner Geschichte. Ich buchstabierte die Wörter, und er schrieb sie unter sein Bild.

Bald tauchten andere Vorfälle in Bildform in seinem Übungsheft auf. Eines zeigte einen Umzug in der Lower East Side, bei dem die ganze Familie mithalf. Von allen Zweigen der Familie und aus verschiedenen Teilen der Stadt waren Verwandte gekommen. Sie hatten einen kleinen Lastwagen gemietet, auf dem sich in Josés Bild Betten und Stühle türmten. Zwei Männer trugen eine Kommode. Ein Mädchen trug eine Lampe. José zeichnete sich selbst, wie er neben dem Lastwagen herging, mit einem Staubbesen über der Schulter. Wieder wurde die Geschichte unter das Bild geschrieben, doch kleine Schildchen wurden der Zeichnung beigegeben, die die verschiedenen Familienmitglieder identifizierten. Ein weiteres Bild handelte von der Gewalttätigkeit der Jugendlichen, die auf diesen Straßen so alltäglich ist. Drei mit Stöcken und Messern bewaffnete Jungen standen zwei anderen gegenüber, die nur Stöcke hatten; doch die beiden (José war einer von ihnen) hatten sich die Deckel von Mülleimern geschnappt und hielten sie als Schild vor sich.

Manchmal rekapitulierten wir gemeinsam diese Geschichten, doch normalerweise kehrten wir nie mehr zu ihnen zurück. Ich wollte nicht, dass sie zu Aufgaben oder Lektionen wurden. Ich nahm aber Wörter aus Josés Erzählungen und schrieb sie in Druckbuchstaben auf Karteikarten und in kleine Listen in seinem Übungsheft: »Bruder«, »Mutter«, »Schwester«, »Traum«, »Messer«, »Kampf«, »Zigarette«. Wir verwandten jeden Tag kurze Zeit – fünf oder zehn Minuten – darauf, diese ziemlich schulmäßig zu lernen, zusammen mit solchen neutralen Wörtern wie »schauen«, »sehen«, »Buch« usw. Mein Grund für diese separaten kleinen Lektionen war nicht, ihn zu unterrichten, sondern ich wollte genügend Druck auf ihn ausüben, um die Beklemmungen und Ausflüchte beschleunigt herbeizuführen, die sein gesamtes bisheriges Schulerlebnis charakterisiert hatten. Das war der wirkliche Gehalt dieser Lektionen. Ich will damit nicht sagen, dass ich mich als Psychologe betätigte. Das hätte alles zerstört. Ich schaffte einfach Platz für die Emotionen und Reaktionen, die er schon immer verspürt, aber nie ausgelebt hatte. Manchmal wurde er wütend – über sich selbst, über mich, über die Aufgabe; es war schwer zu sagen, weil er auf die Zähne biß und finster dreinschaute, davon überzeugt, dass er absolut kein Recht habe, wütend zu sein. Einmal sagte ich: »Du hast eine Stinkwut, stimmt's?« Er blickte noch finsterer und sagte: »Schlimm, ja.« »Dann schrei doch, oder tu sonst was!« Als er sah, dass ich das ernst meinte, machte er den Mund auf und brüllte: »Scheiße!« Dann kicherte er. Dann wurde er wieder wütend und sagte: »Mann, wie ich diese Hurenwörter hasse!« – und schlug dabei mit der flachen Hand auf die Wortliste. Ich schlug vor, er solle doch mal richtig kräftig zuschlagen, und er ballte seine Hand zur Faust und hämmerte auf den Wörtern herum. Dann nahm er seinen Bleistift zur Hand und strich die Wörter mit heftigen schwarzen Balken durch und durchlöcherte das Blatt Papier mit dem Bleistift. Sein Gesicht war rot angelaufen, doch seine Wut hatte einer nicht unangenehmen Erregung Platz gemacht. Er riß das Blatt nicht heraus und warf das Heft nicht auf den Boden. Er schien bereits am Ende dieses Impulses. Er blickte mich aus einem äußerst lebendigen Gesicht an. Ich sagte: »Ich schreibe dir noch ein neues Wort auf, dann gehen wir in die Turnhalle«, und ich schrieb »Stinkwut« in sein Übungsheft. Er lachte überschwenglich und sprang auf und schrie: »Stinkwut!« und dann: »Gehn wir in die Turnhalle!«

Es gab bei ihm noch eine ganze Menge anderer Dinge, die er nicht akzeptieren konnte: seine Verwirrung, seine Selbstzweifel und vor allen Dingen seine Ignoranz. Er konnte sich nicht zu den Worten »Ich weiß nicht« durchringen, und das hieß auch, dass er nicht um Hilfe bitten konnte. Doch ganz allmählich, als er zu begreifen begann, dass er nicht dauernd beurteilt und eingestuft wurde und dass er nicht eine bestimmte Leistung bringen musste, rückte er von seinem erbärmlichen Bluffen ab und wagte zu sagen: »Ich weiß nicht.« Als er erst mal festgestellt hatte, dass er das ohne Risiko sagen konnte, fing er an, es beinahe wimmernd zu sagen, und von da an tastete er sich ganz langsam zu einem völlig neuen Verständnis vor, nämlich, dass das Lernen ein Prozess, ein Erlebnis ist: man fing in der Dunkelheit an und landete schließlich im Licht. Während dieser ganzen Zeit bestritten wir unsere Lesestunden mit unseren eigenen Stimmen, unserer eigenen Handschrift und mit Vorfällen aus seinem Leben. Der physische Aspekt unserer Beziehung sorgte für Sicherheit und ein einfaches Fundament der Realität. Er konnte die Lektionen jederzeit beenden oder sie ganz ablehnen oder sie ausdehnen. Was nicht heißen soll, dass ich in dieser Hinsicht völlig passiv war. Ich drückte immer meine eigene Meinung aus, und manchmal recht nachdrücklich. Aber auch in solchen Fällen hatte José die letzte Entscheidung. Wenn ich ganz besonders hartnäckig war, war er gezwungen, mit sich zu Rate zu gehen und herauszufinden, ob er das, was er vorschlug, auch wirklich meinte. Manchmal lautete die Antwort »Nein«, und er machte noch zehn

Minuten lang mit; manchmal war es »Ja«, und dann war die Lektion ganz kurz oder nahm die neue Richtung, die er vorgeschlagen hatte, oder sie fing erst gar nicht an.

Manchmal las ich ihm etwas vor, entweder ihm allein oder auch mit zwei oder drei anderen zusammen – Vicente, Julio, Kenzo. Diese Sitzungen, mit der Gruppe, waren nicht erfolgreich. Die einzige Geschichte, die sie wirklich fesselte, war Tolstojs »Der Gefangene im Kaukasus«. Wir brauchten dafür drei Tage, und sie konnten von einem Tag zum andern alles behalten. »Tom Sawyer« war ein Reinfall, genauso wie »Huckleberry Finn«, und ich musste beide abbrechen. Während Tolstojs Geschichte voll lebensgefährlicher Aktionen war – und vor allen Dingen exotisch –, bezogen sich die anderen ständig auf mittelständische Normen und rührten an die Entfremdungsgefühle der Jungen. Außerdem waren sie aufs Fernsehen, aufs Kino und auf das nervöse Tempo der Straßen eingestimmt; es war schwer, Geschichten zu finden, die sie fesseln würden. Wie Tolstoj in seinen pädagogischen Schriften ausführt, schreiben die angemessenen Geschichten nicht *über* ihre Erlebnisse, sondern gehen davon aus. In gewissem Sinn sollten die Jungen füreinander schreiben, um wenigstens den Stoff zu liefern, der den kritischen ersten Schritt auf dem Weg zu einem wiedererkennbaren und belangvollen Erlebnis in Büchern erleichtern würde. Werke in der Art, wie sie Herbert Kohl geschrieben hat, könnten hier die Antwort sein. (In England ist das erfolgreich ausprobiert worden, wie uns Joséph Featherstone in seinem Report berichtet.) Bei seinem Unterricht in der öffentlichen Schule entdeckte Kohl, dass die Kinder nicht verstanden, dass die Sprache in den Büchern genau dieselbe Sprache war, mit der sie sich untereinander verständigten. Er ließ sie über ihr eigenes Leben schreiben, ohne auf Zeichensetzung und Grammatik zu achten (denn die lassen sich später anhand der Bedeutungen ableiten), und plötzlich produzierten Kinder, die bis dahin keinen Aufsatz zu Stande gebracht hatten, eindringliche Geschichten über ihr Leben zu Hause und auf den Straßen. Dazuhin waren sie an den Arbeiten der anderen interessiert, und das ergab allerhand Stoff für den Leseunterricht. Nun war ein Lernen möglich, denn Lernen ist, wie uns Dewey sagt, nicht ein in sich geschlossener Prozess, sondern ein Nebenprodukt des aktiven Interesses an verschiedenen Themen.

»Unter normalen Bedingungen ist Lernen das Produkt und die Belohnung einer Beschäftigung mit Materialien. Kinder nehmen sich nicht bewusst vor, gehen und sprechen zu lernen. Ein Kind will nur seine Impulse zur Kommunikation und besseren Verständigung mit anderen ausdrücken. Es lernt infolge von direkten Aktivitäten. Die besseren Methoden beim Unterrichten von Kindern, etwa beim Leseunterricht, machen sich diesen Weg zunutze. Sie lenken die Aufmerksamkeit des Kindes nicht auf die Tatsache, dass es etwas lernen muss, denn sonst wird es leicht unsicher und verkrampft. Sie beschäftigen vielmehr seine Aktivitäten, und im Verlauf dieser Beschäftigung lernt es ...« (Aus John Dewey, »Democracy and Education«.[13])

José und ich kamen nie bis zu diesem Stadium der Beschäftigung mit einem zwingenden Thema. Seine Schwierigkeiten waren zu extrem. Zu verzweifelt saß er in der Falle des Bewusstseins seiner selbst. Meine Strategie war es, ihn durch dieses Bewusstsein anzupacken, dadurch dass ich ihm die Mittel an die Hand gab, mit deren Hilfe er es sich nutzbar machen konnte. So bestand ich etwa oft darauf – gegen Ende des Jahres – dass er das Lesen genau als einen Prozess betrachtete, denn das brachte seine Konflikte an die Oberfläche, wo man sich mit ihnen befassen konnte. Bei einem Kind, das eine normalere Entwicklung hinter sich hat, wäre eine solche Strategie überflüssig, ja sogar schädigend.

Es gibt jedoch noch einen weiteren Gesichtspunkt zum Vorlesen von Geschichten, und er verdient unsere Aufmerksamkeit: die Tageszeit, vor allem, wenn wir es mit rastlosen und aktiven Jungen zu tun haben – ist einfach nicht die richtige Zeit für Geschichten. Tolstoj erwähnt dies mehrfach, wenn er die Bauernkinder seiner eigenen Schule beschreibt.

»Ganz allgemein ist abends ... das Durcheinander nicht so groß, und die Gelehrigkeit und das Vertrauen zum Lehrer sind größer. Die Kinder scheinen eine Abscheu vor Mathematik und Analysis an den Tag zu legen, und eine Vorliebe fürs Singen und Lesen und vor allem für Geschichten.«

Vielleicht wenn unser eigenes System der Grundschulerziehung nicht so stur den Methoden der Fabriken angepasst wäre, wenn es nicht unverblümt so angelegt wäre, dass Verwaltern und Lehrern die Arbeit erleichtert wird, dann würden wir möglicherweise herausfinden, dass sich die Abende für bestimmte Lernvorgänge einzigartig eignen. Es wäre sicherlich nichts verloren, würden wir die Schule in einen besseren Einklang

171

mit dem täglichen Zyklus bringen, den jedermann durchläuft. (Eltern würden gut daran tun, sich das einmal zu überlegen. Der Abend ist keine schlechte Zeit, die Kinder aus dem Haus zu haben.)

Es war erst gegen Ende des Jahres, dass gewöhnliche Bücher in unseren Lesestunden Verwendung fanden. Das geschah auf ganz natürliche und wünschenswerte Weise. Vicente, der die meiste Zeit mit Gloria gelesen hatte, hatte es sich angewöhnt, am Ende von Josés Stunde unser Zimmer zu besuchen, und er brachte das Buch mit, in dem er im Augenblick las. Er setzte sich neben mich und las laut, bis er genug hatte. Er bat nie um Hilfe, und ich durfte ihn auch nie dabei unterbrechen, er las einfach eine Weile und hörte dann auf. José blieb in der Nähe und hörte Vicente zu. Eines Tages ging er zum Bücherschrank und stöberte lange Zeit und kam dann mit einem Buch zurück. Er hatte es, glaube ich, danach ausgewählt, welchen Umfang Bilder und Text ausmachten, denn er wusste, dass wenige Wörter, große Bilder und großer Druck zwangsläufig bedeuteten, dass das Buch für Anfänger gedacht war. Während der nächsten drei Tage las José mit Leichtigkeit und gutem Verständnis drei Fibeln für die erste Klasse. Einerseits war das keine große Leistung für einen Jungen von dreizehn Jahren. Andererseits hatte er seine Gewohnheit, ständig zu versagen, die nun schon sechs Jahre lang anhielt, aufgegeben und einen deutlichen vielversprechenden Neuanfang gemacht. Und das wichtigste dabei war, dass sich seine ganze Einstellung enorm aufgehellt hatte.

Ich bin sicher, dass andere Lehrer, die von diesen Sitzungen mit José lesen, inzwischen manche Möglichkeit entdeckt haben, die ich ausgelassen habe, und sich Stoffe und Themen erdacht haben, die zu seinem Nutzen hätten eingeführt werden können. Von einem möglichen Weg lernte ich zwei Jahre später bei einem Vortrag von O. K. Moore, dem Erfinder der »sprechenden Schreibmaschine«, die bei autistischen Kindern und Spätentwicklern solche Wunder vollbracht hat. Die »Schreibmaschine« wird in eine kleine Kabine gestellt, damit das Kind völliger Ungestörtheit sicher sein kann. Die Tastatur »antwortet« mit einer Stimme (»a«, wenn der Buchstabe getippt worden ist; »Kind«, wenn das Wort geschrieben worden ist), und mit Bildern und mit unendlicher Geduld. Die Kabine und alles, was darin ist, ist eine winzige Umwelt, und diese Umwelt wird ganz allein von dem Kind kontrolliert. Sie soll nur für kurze Zeitabschnitte benützt werden und kann für verschiedene Altersstufen

172

programmiert werden. Moore erzählte von zwei hartgesottenen Burschen aus Harlem im Teenager-Alter, die beide nicht lesen konnten und die Schule hassten; als sie sich erst mal versichert hatten, dass sie in der Kabine völlig ungestört waren, spielten sie endlos mit den Antworten, die für Sechsjährige programmiert waren. Sie holten für sich selbst eine Entwicklungsstufe nach, die sie nie durchgemacht hatten. Bald konnten die Jungen lesen, und sie fingen an, nach Schulschluss Bücher mit nach Hause zu nehmen, Bücher, die sie mit viel Packpapier zu unförmigen Paketen gemacht hatten, denn sie wären vor Verlegenheit gestorben, wenn jemand entdeckt hätte, dass sie neben ihren Klappmessern »Ein Märchenbuch für Kinder« und »Die Kinder aus dem Güterwagen« mit sich herumtrugen. Als ich Moore zuhörte, wurde mir klar, dass ich bei José etwas Ähnliches hätte tun können, denn ich hätte ihm seine Verlegenheit leicht nehmen können, und ich weiß, dass er auf kindliche Literatur, die er nie gekannt hatte, gut angesprochen hätte – Tierbücher, Märchenbücher und ähnliches. Ich glaube auch, dass ein puerto-ricanischer Lehrer, der sowohl mit Englisch als auch mit Spanisch und mit beiden Zivilisationen vertraut war, José viel besser hätte helfen können, als ich. Das ist so offensichtlich, und es gibt so viele verwirrte puerto-ricanische Kinder in den städtischen Schulen – deren durchschnittliche Intelligenz, nach meinen eigenen Eindrücken, bemerkenswert hoch ist –, dass man sich nur wundern kann, weshalb das umfassende Programm der Ausbildung und Rekrutierung Spanisch sprechender Lehrer nie durchgeführt worden ist.

9

Ich habe bereits erwähnt, wie wichtig A. S. Neills Schriften und das Beispiel seiner Summerhill-Schule für uns waren. Es gab noch eine andere Schule, deren Geschichte uns viel bedeutete und von deren Existenz nicht viele Leute Kenntnis genommen haben. Das war die freie Schule, die Leo Tolstoj für die Bauernkinder seines eigenen Landsitzes Jasnaja Poljana einrichtete. Drei Jahre lang unterrichtete er selbst in der Schule und schrieb darüber brillante Artikel in einer kurzlebigen Zeitschrift, die er auf eigene Kosten herausgab. Diese Artikel – seit Jahrzehnten vergriffen – sind vor kurzem von der University of Chicago Press neu aufgelegt worden (»Tolstoy on Education«).

In moralischen und religiösen Dingen war Tolstoj zu der Zeit recht konventionell (wenn man auch die Ernsthaftigkeit seiner Glaubenssätze kaum konventionell nennen kann); im Übrigen war er ein Bilderstürmer, seiner Zeit ein gutes Jahrhundert voraus, und drückte Gedanken aus und beschrieb Praktiken, die mit denen A. S. Neills identisch sind. Er entwickelte auch Themen, die wir in den Schriften John Deweys wiederfinden, wenn er etwa die experimentelle Seite der Erziehung betonte, ihre Tendenz zur sozialen Gleichstellung, die stetige Notwendigkeit, die Vergangenheit neu zu überprüfen, um der tödlichen Macht der Autorität zu entgehen, und die Wichtigkeit, die Schule in eine aktive Beziehung mit dem Leben der jeweiligen Zeit zu bringen. Die erlesensten Dinge in diesen Essays sind jedoch Tolstojs Beschreibungen davon, wie die Kinder auf die Freiheit ansprechen, auf die »freie Ordnung« ihrer Schule, wie er es nennt. Diese Schilderungen sind so lebendig und impulsiv und so instruktiv, dass ich hier, wenn ich könnte, am liebsten das ganze Buch zitieren möchte, obwohl ich weiß, dass inzwischen viele Leute die neue Ausgabe erworben haben müssen. Was diese Bilder aus dem Leben uns nahebringen, das ist die tatsächliche Anatomie der eingeborenen menschlichen Fähigkeiten und wie sie unter Bedingungen, die ihrem Wachstum förderlich sind, gedeihen.

Und wie sehr unterscheidet sich das doch von den Schriften unserer eigenen pädagogischen Forscher, die, obwohl sie die Bedeutung innerer Motive und strukturellen Wachstums hervorheben, so schreiben, als hätten sie nicht das geringste Vertrauen in diese Dinge, und sich wie eh und je auf die Meinungen und Anordnungen einer Handvoll von Verwaltern verlassen!

Da die oben erwähnten Schilderungen für ein vollständiges Zitat zu umfangreich und für eine Zusammenfassung zu köstlich sind, will ich hier ein paar Auszüge aus anderen Abschnitten wiedergeben, die etwas von der Natur dieser Schule und ihrer Auswirkung auf die freiheitlichen Schulen unserer Tage vermitteln können.

»Trotz des überwiegenden Einflusses des Lehrers hat der Schüler schon immer das Recht, nicht zur Schule zu kommen, oder, wenn er kommt, dem Lehrer nicht zuzuhören. Der Lehrer hat das Recht, einen Schüler nicht zuzulassen, und die Möglichkeit, die ganze Macht seines Einflusses auf die Mehrheit der Schüler zum Tragen zu bringen. ... Je weiter die Schüler fortgeschritten sind, desto stärker verzweigt sich der Unterricht und desto notwendiger wird eine gewisse Ordnung. In der normalen zwangfreien Entwicklung der Schule gilt aus diesem Grunde, dass die Schüler mit fortschreitender Erziehung sich immer besser der Ordnung anpassen und selbst immer stärker das Verlangen nach Ordnung spüren. ... Nun haben wir Schüler in der ersten Klasse, die von selber verlangen, dass man sich an das Programm halte, die unzufrieden sind, wenn sie in ihren Lektionen gestört werden, und die die Jüngsten hinausjagen, die zu ihnen ins Zimmer kommen. Meiner Ansicht nach ist diese äußere Unordnung nützlich, sie lässt sich durch nichts ersetzen, mag sie für den Lehrer auch noch so ungewohnt und unangenehm sein. Ich werde noch oft Gelegenheit haben, von den Vorteilen dieses Systems zu reden, und will hier nur so viel über die angeblichen Unannehmlichkeiten sagen: Zunächst einmal ist diese Unordnung, oder freie Ordnung, für uns nur so schrecklich, weil wir an etwas ganz anderes gewohnt sind, weil wir ganz anders erzogen worden sind. Außerdem wird in diesem wie in vielen ähnlichen Fällen Gewalt nur durch Eile und durch ungenügende Achtung vor der menschlichen Natur angewandt. Wir glauben, die Unordnung werde immer größer und kenne keine Grenzen, – wir glauben, sie lasse sich nicht anders aufhalten, als durch Anwendung von Gewalt ; während wir doch nur ein bißchen zu warten brauchen, bis sich die Unordnung (oder Lebhaftigkeit) ganz natürlich von selbst legt und zu einer viel besseren, dauerhafteren Ordnung wird, als wir mit Gewalt hätten schaffen können.

Wie oft habe ich beobachtet, dass ein Lehrer sich auf streitende Kinder stürzte und sie trennte, was nur zur Folge hatte, dass sich die Streithähne schief ansahen und später, selbst in Gegenwart eines strengen Lehrers, erneut auf einander losgingen, um einen noch schmerzhafteren Fußtritt anzubringen! Wie oft werde ich täglich Zeuge, wie irgendein Kirjuschka mit entblößten Zähnen auf Taraska losgeht, ihn an den Haaren zieht, ihn zu Boden schlägt und todesmutig versucht, seinen Gegner zum Krüppel zu machen, – und keine Minute vergeht, bevor der unter Kirjuschka liegende Taraska lacht, – es ist so viel leichter, Streitereien persönlich in Ordnung zu bringen; in weniger als fünf Minuten sind die beiden wieder Freunde und setzen sich friedlich nebeneinander.

Die Unzufriedenheit der Eltern wegen des Verzichts auf Prügelstrafe und Ordnung in unserer Schule ist jetzt fast ganz verschwunden. Ich hatte oft Gelegenheit, die Bestürzung eines Vaters zu beobachten, wenn er in die Schule kam, um seinen Jungen abzuholen, und dabei sah, wie die Schüler herumrannten und lärmten und miteinander rauften. Er ist überzeugt, dass Ungezogenheit nachteilig ist, doch er glaubt, dass wir gut unterrichten, und er weiß einfach nicht, wie er beides auf einen Nenner bringen soll.

Die zwei unteren Klassen versammeln sich in einem Zimmer, während die fortgeschrittene Klasse nebenan geht. Der Lehrer kommt, und in der untersten Klasse drängen sich alle um ihn an der Wandtafel oder auf den Bänken, oder sie sitzen oder liegen auf dem Tisch um den Lehrer herum oder um einen der lesenden Jungen. Ist es eine Schreibstunde, ist die Sitzordnung etwas übersichtlicher, doch sie stehen immer wieder auf, um in die Übungshefte der anderen zu schauen oder ihr eigenes dem Lehrer zu zeigen.

Im Stundenplan sind vormittags vier Stunden vorgesehen, doch manchmal sind es nur drei oder zwei, und manchmal ganz andere als die vorgesehenen Fächer. Der Lehrer fängt vielleicht mit Arithmetik an und geht dann zur Geometrie über, oder er fängt mit Religionsgeschichte an und hört mit Grammatik auf. Gelegentlich steigern sich der Lehrer und die Schüler so hinein, dass aus einem einstündigen Unterricht drei Stunden werden. Manchmal rufen die Schüler selber: >Mehr, mehr!< und schelten die, die das Thema satt haben: >Wenn ihr genug habt, geht doch zu den Babys!<

Alle Unterrichtsstunden am Abend, vor allem die erste, haben eine ganz eigene Atmosphäre der Ruhe, Verträumtheit und Poesie, ganz anders als der Unterricht am Vormittag. Du kommst in der Abenddämmerung zur Schule: es ist kein Licht hinter den Fenstern; es ist fast ruhig, und nur Schneespuren auf den Treppen, ein schwaches Geräusch und ein Rascheln hinter der Tür und irgend ein kleiner Wicht, der auf der Treppe trampelt und dabei immer zwei Stufen auf einmal nimmt und sich am Geländer festhält, beweisen, dass die Schüler in der Schule sind.

Dann betrittst du das Zimmer! Es ist fast dunkel hinter den zugefrorenen Fensterscheiben; die besten Schüler werden von den anderen Kindern an den Lehrer herangedrängt und schauen mit erhobenen kleinen Köpfchen dem Lehrer direkt auf den Mund. Das unabhängige Mädchen aus dem Herrschaftshaus sitzt immer mit einem sorgenvollen Gesicht an dem hohen Tisch und, so scheint es, verschluckt jedes Wort; die ärmeren Kinder, das ganze Kindervölkchen, sitzt weiter weg: sie hören aufmerksam, ja ernst, zu; sie benehmen sich ganz wie die großen Jungen, doch wir wissen, dass sie trotz ihrer Aufmerksamkeit nichts sagen werden, wenn sie sich auch an manches erinnern werden.

Einige stützen sich auf die Schultern anderer, manche stehen auf dem Tisch. Gelegentlich bahnt sich einer einen Weg durch die Menge und zeichnet mit dem Fingernagel irgend jemandem Figuren auf den Rücken. Es geschieht nicht oft, dass einer deinen Blick erwidert. Wenn eine neue Geschichte erzählt wird, hören sie alle in Totenstille zu; gibt es eine Wiederholung, hört man immer wieder ehrgeizige Stimmen, die es sich nicht verkneifen können, dem Lehrer auszuhelfen. Geht es jedoch um eine alte Geschichte, die sie mögen, bitten sie den Lehrer, sie in seinen eigenen Worten zu wiederholen, und dann erlauben sie niemandem, ihn zu unterbrechen.

>Was ist denn mit dir los? Kannst du nicht an dich halten? Sei ruhig!<, rufen sie dann einem vorlauten Jungen zu.

Es schmerzt sie, wenn der Charakter und die künstlerische Qualität der vom Lehrer erzählten Geschichte unterbrochen werden. In letzter

Zeit ist es die Lebensgeschichte Christi. Sie wollen jedesmal die ganze Geschichte hören. Wenn man ihnen nicht die ganze Geschichte erzählt, dann liefern sie selbst ihren Lieblingsschluss – die Verleugnung des Petrus und die Leidensgeschichte des Heilandes.

Man könnte meinen, sie seien alle tot: da rührt sich nichts – schlafen sie vielleicht? Du gehst im Halbdunkel auf sie zu und schaust einem kleinen Bürschchen ins Gesicht – er sitzt da und starrt den Lehrer an, mit vor Konzentration gerunzelter Stirn, und zum zehnten Mal schiebt er den Arm eines Kameraden weg, der sich gegen seine Schultern lehnt. Du kitzelst ihn am Hals – er lächelt nicht mal; er bewegt nur den Kopf, wie um eine Fliege wegzujagen, und verliert sich wieder in der geheimnisvollen und poetischen Geschichte, wie der Vorhang in der Kirche zerriss und Finsternis über die Erde kam – und seine Gefühle schwanken zwischen Grauen und Freude.

Nun hat der Lehrer die Geschichte beendet, und alle stehen auf und drängen sich um den Lehrer und übertrumpfen sich mit ihren Versuchen, ihm zu erzählen, was sie davon behalten haben. Es gibt ein fürchterliches Durcheinander – der Lehrer kann kaum allen folgen. Die, denen es verboten ist, etwas zu sagen, weil der Lehrer weiß, dass sie alles behalten haben, geben sich nicht zufrieden: sie gehen zum anderen Lehrer; und wenn er nicht da ist, bedrängen sie einen Kameraden, einen Fremden, ja sogar den Mann, der für das Feuer sorgt, oder sie gehen in Gruppen von zwei und drei umher und betteln überall, man möge ihnen zuhören. Selten erzählt nur einer allein. Sie teilen sich selbst in Gruppen ein, wobei sich jeweils die zusammentun, die etwa gleich stark sind, und fangen an zu erzählen, und dabei ermutigen und korrigieren sie sich gegenseitig und warten, bis sie an der Reihe sind. ›Komm, wir machen's zusammen‹, sagt einer zum andern, doch der Angesprochene weiß, dass er nicht mithalten kann, und so schickt er ihn zu einem andern. Sobald sie die Geschichte losgeworden sind und sich beruhigt haben, werden Lichter gebracht, und eine ganz andere Stimmung kommt über die Jungen.

Zuweilen, wenn die Stunden uninteressant sind, und das kommt öfters vor (wir haben oft sieben lange Stunden am Tag), und wenn die Kinder müde sind, oder vor den Feiertagen, wenn zuhause die Öfen für ein heißes Bad entzündet werden, stürzen vielleicht plötzlich zwei oder drei Jungen während der zweiten oder dritten Unterrichtsstunde am Nachmittag in das Zimmer und suchen hastig nach ihren Mützen. ›Was ist denn los?‹ ›Wir gehen heim.‹ ›Und der Unterricht? Wir haben nachher noch Singen!‹ ›Die Jungen sagen, sie gehen heim‹, sagt einer und entkommt mit seiner Mütze.

›Wer sagt das?‹ ›Die Jungen sind weg!‹

›Was soll denn das?‹, fragt der verwirrte Lehrer, der seinen Unterricht vorbereitet hat. ›Hiergeblieben!‹

Doch noch ein Junge stürzt ins Zimmer, mit erregtem und verwirrtem Gesicht.

›Wieso bist du denn noch hier?‹, fährt er ärgerlich den Zurückgehaltenen an, der unentschlossen das baumwollene Futter in die Mütze zurückschiebt. ›Die Jungen sind schon ganz dort unten – schon mindestens an der Schmiede, glaube ich.‹

›Sind sie weg?‹ ›Ja.‹

Und beide laufen davon und rufen noch unter der Tür: ›Lebt wohl, Iwan Iwanowitsch!‹

Wer sind die Jungen, die beschlossen haben, nach Hause zu gehen, und wie haben sie das beschlossen? Weiß der Herr. Du wirst nie herausfinden, wer es beschlossen hat. Sie berieten sich nicht erst, es gab keine Verschwörung, ein paar Jungen wollten einfach nach Hause gehen. ›Die Jungen gehen!‹ – und ihre Füße poltern die Treppe hinunter, und einer rollt die Stufen hinunter wie eine Katze, und dann, durch den Schnee springend und purzelnd und den schmalen Weg entlang um die Wette laufend sausen die Jungen nach Hause.

Das kommt ein bis zwei Mal in der Woche vor. Für den Lehrer ist das ärgerlich und unangenehm – wer wollte das leugnen? Doch wer wollte andererseits auch leugnen, dass die fünf, sechs, sieben Stunden pro Tag pro Klasse, die von den Schülern aus eigenem Antrieb und mit Vergnügen besucht werden, durch einen einzigen solchen Vorfall eine umso größere Bedeutung erlangen? ... Ihre fortgesetzte Bereitschaft, trotz der ihnen gewährten Freiheit zur Schule zu kommen, beweist meiner Ansicht nach keineswegs die besonderen Qualitäten der Schule in Jasnaja Poljana, – ich glaube vielmehr, dass sich das in der Mehrheit der Schulen erreichen ließe und dass der Wunsch, zu lernen, bei den Kindern so stark ist, dass sie, um diesen Wunsch zu befriedigen, viele harte Bedingungen auf sich nehmen und viele Mängel vergeben werden.«

Immer wieder muss ich beim Lesen von Tolstoj an die Unterschiede zwischen den Bauernkindern und unseren eigenen Kindern denken. Wie hätten diese derben Burschen auf Julio, Vicente und Stanley reagiert, die sich nicht mit Erwachsenen unterhalten konnten – von Autoritätspersonen ganz zu schweigen –, ohne sich ganz klein zu machen oder zu prahlen? Die Kinder der Bauern waren Kinder der Unterdrückung. Wenn wir bei Tolstoj bestimmte Ausdrücke lesen – »ein feiner Musiker«, »ein bemerkenswerter Mathematiker«, »die Korrektheit seiner poetischen Vorstellungen« – müssen wir daran denken, dass auf diese so überaus begabten Kinder ein Leben auf den Feldern und in den Stallungen wartet, und wir spüren die Revolution in der nicht allzu fernen Zukunft. Und doch habe ich den Eindruck, dass einige der Kinder in der First Street mit schlimmeren Entbehrungen leben mussten, mit einer Unordnung und Verarmung, die an den eigentlichen Wurzeln des Lebens nagten. Anstelle der Felder und wachsenden Dinge, der Tiere und Bäume, des Wetters und des Himmels, kannten sie nur den nervenaufreibenden Lärm der Straßen, die schäbigen Gebäude, das Gedränge auf den Gehwegen, die sternlose graue Dunkelheit, die über unseren Köpfen hängt, wo früher einmal der Himmel war. Während die Bauernkinder Fertigkeiten erwarben, die sie einmal als Bauern und Zimmerleute und in Dutzenden anderer notwendiger Berufe brauchen konnten, und daher wussten, dass sie in der Tat unentbehrliche Menschen waren, hatten unsere nichts erlernt und konnten nichts tun und fühlten sich keineswegs für den inneren Arbeitsprozess unentbehrlich, der ein Land aufrechterhält. Sie waren – und fühlten sich – überflüssig. Gleichzeitig wurden sie von allen Seiten gestoßen und bedrängt. Schaufenster, Reklametafeln, Plakate – alles redete ihnen ein, Dinge zu wollen, und drängte sie zum Kauf. Das Fernsehen ersetzte die Familienstimmen am Abend. Ihre Eltern waren verwirrt und aufgewühlt. Sie konnten nirgendwo hingehen. Die Straßen waren feindselig und einengend. In Hauseingängen und Treppenhäusern roch es nach Pisse und Wein. Es war gar nicht verwunderlich, dass unsere älteren Schüler misstrauisch und gewalttätig, ungeduldig, gereizt, unentwickelt waren. Es war verwunderlich, ein nicht endendes Wunder sogar, dass sie so viel von der Vitalität ihrer Jugend bewahrt hatten, und dass sie so schnell auf radikale Veränderungen in ihrer Umwelt reagierten.

Bevor er die Schule in Jasnaja Poljana gründete, hatte Tolstoj Schulen in Frankreich, Deutschland und England besucht und sich mit der wachsenden Literatur über Erziehung vertraut gemacht. Seine Kritik an den herrschenden Bräuchen erschien in den ersten Nummern der Zeitschrift, zusammen mit seinen eigenen streng logisch aufgebauten Theorien zur Erziehung, die, und das ist ein nicht unwichtiger Aspekt, ebenso sehr von moralischen Überlegungen ausgingen, wie von der Natur des Lernvorganges. Die Beziehungen zwischen seiner eigenen Praxis und dieser früheren Kritik wird in Beobachtungen wie dieser hier deutlich:

»Die Schule wird nicht so eingerichtet, dass die Kinder bequem lernen können, sondern dass die Lehrer angenehm unterrichten können. Unterhaltung, Bewegung und Fröhlichkeit, notwendige Voraussetzungen des Lernens, sind für den Lehrer nicht angenehm, und deshalb sind in den Schulen – die auf dem Prinzip des Gefängnisses gebaut sind Fragen, Unterhaltungen und freie Bewegung verboten ... Schulen, die von oben und mit Gewalt etabliert werden, sind nicht wie ein Schäfer für die Herde, sondern eine Herde für den Schäfer.

Anstatt sich zu überzeugen, dass es notwendig ist, ein bestimmtes Objekt, mit dem man erfolgreich umgehen will, zu studieren (in der Erziehung ist das freie Kind dieses Objekt), wollen sie nur mit den Methoden unterrichten, die sie kennen und die sie für die besten halten, und wenn sie damit nichts erreichen, wollen sie nicht die Art ihres Unterrichts ändern, sondern die Natur des Kindes selbst. Aus dieser Haltung entwickelten und entwickeln sich selbst heute noch (Pestalozzi[14]) solche Systeme, die ein ›mécaniser l'instruction‹ erlauben würden – jene ewige Tendenz der Pädagogik, alles so einzurichten, dass ohne Rücksichtnahme auf Lehrer oder Schüler die Methode immer dieselbe bleiben kann.«

Ich habe hauptsächlich solche Stellen zitiert, die sich mit den Beziehungen zwischen Lehrern und Schülern auseinandersetzen. Tolstoj experimentierte in erheblichem Umfang mit Lehrplan und Lehrmethoden. Wenn diese Experimente für unsere heutige Situation weniger relevant scheinen, dann liegt das daran, dass wir diese Dinge bereits mit ungeheurem Aufwand erforscht haben. Um einen gegliederten Lehrplan sind wir nicht verlegen, und was Lehrstoff und Methoden angeht, so fehlt es nicht an Abwechslung und Raffinesse. Uns fehlt nur das Wesentliche: eine brauchbare Beziehung zwischen Schülern und Lehrern, eine lebendige Verknüpfung von Schule und Gemeinschaft.

Eine letzte Beobachtung Tolstojs ist es wert, hier betont zu werden, da Amerika auf einmalige Art von einem Leseproblem heimgesucht wird –, und zwar stellt er fest, dass es nicht schwierig ist, lesen zu lernen, sondern leicht. Es kommt darauf an, die Hindernisse aus dem Weg zu räumen, die die dem Lesen inhärente Beziehung zum Sprechen verschleiern, und mit den Praktiken Schluss zu machen, die die für diese Fächer normalerweise so starke und tiefe Motivation zerstören. Im Rahmen eines Hearings zur Dezentralisierung, das der Präsident des Manhattan Borough im November 1967 veranstaltete, vertrat Paul Goodman die Sache der Kleinschulen und gründete einen großen Teil seiner Argumente auf eine brillante Zusammenfassung der Bedingungen, die nötig sind, wenn ein Kind lesen lernen soll. Die öffentlichen Schulen, so führte er aus, zerstören diese Voraussetzungen systematisch.

»Nach dem Urteil einiger Neurophysiologen wird ein emotionell normales Kind aus mittelständischer Umgebung, das den ganzen schriftlichen Einflüssen des modernen städtischen und stadtnahen Lebens ausgesetzt ist, im Alter von neun Jahren lesen lernen, so wie es im Alter von drei Jahren sprechen lernte. Es ist ihm nachgerade nicht möglich, die Regeln der geschriebenen Sprache nicht zu lernen, es sei denn, es wird systematisch gestört und entmutigt ... «

Goodmans Ansprache erschien zuerst in den »Chelsea Clinton News«.[15] Er bekam Briefe der Zustimmung, aber auch – von Lehrern und Schulvorständen – missbilligende Äußerungen. Sie konnten nicht glauben, dass ein Kind ohne Unterricht so viel erreichen konnte. Sie konnten auch nicht glauben, dass sich das Lesen viel leichter erlernen lässt, als das Sprechen. Tolstoj berichtet nicht nur einmal von Unterhaltungen dieser Art:

»Ich fragte ihn (einen vierzehnjährigen Bauernjungen) nach der Silbentrennung, und er kannte sie; ich forderte ihn zum Lesen auf, und er las, ohne erst umständlich zu buchstabieren, obwohl er nicht geglaubt hatte, er könne das. ›Wo hast du das gelernt?‹ ›Im Sommer war ich mit einem anderen Schäfer zusammen; er konnte lesen, und er hat es mir beigebracht.‹

›Hast du eine Fibel?‹ ›Ja.‹

›Woher hast du sie?‹ ›Ich habe sie gekauft.‹ ›Wie lange lernst du schon?‹

›Seit dem Sommer: ich habe alles gelernt, was er mir draußen auf dem Feld gezeigt hat.‹«

Und an anderer Stelle:

»… ein zehnjähriger Junge brachte einmal seinen Bruder zu mir. Dieser Junge, sieben Jahre alt, las gut; er hatte das an den Abenden im Laufe eines Winters von seinem Bruder gelernt. Ich kenne viele solche Beispiele, und wer sich die Mühe macht, unter der Masse danach zu suchen, wird sehr viele solcher Fälle finden.«

In seiner eigenen Schule verwendete Tolstoj das gegenseitige Unterrichten, das unter Kindern solche Wunder vollbringt. (Wie uns Joséph Featherstone von den liberalisierten öffentlichen Schulen Englands erzählt: »Zuerst ist es schwer zu sagen, wie sie eigentlich lesen lernen, da es keine getrennten Fächer gibt. Ein Teil der Antwort wird ganz allmählich klar, und es überrascht amerikanische Besucher, die es gewohnt sind, den Lehrer für den produktiven Faktor der Erziehung zu halten: Kinder lernen voneinander.«) Andere Methoden, derer er sich bediente, waren Gruppenlesen, das Auswendiglernen von Gedichten und Gebeten und individuelle, ungesteuerte Arbeit. Sowohl die phonetische, als auch die »Sehen-und-Sprechen«-Methode spielten eine Rolle. Alles ging jedoch auf die erste der vier Methoden zurück die Tolstoj so beschreibt:

»Die erste, von Müttern auf der ganzen Welt praktiziert, ist keine scholastische, sondern eine domestische Methode. Sie besteht darin, dass die Schüler zum Lehrer kommen und mit ihm zusammen lesen wollen, und daraufhin liest der Lehrer und erklärt jede Silbe und die Kombination von Silben – es ist die allererste rationale und beständige Methode, die der Schüler als erster verlangt und auf die der Lehrer unwillkürlich stößt. Trotz all der Mittel, die den Unterricht mechanisieren sollen und angeblich ermöglichen, dass ein Lehrer mit einer großen Zahl von Schülern arbeitet, wird diese Methode immer die beste bleiben, und die einzige, mit der man den Leuten beibringen kann, zu lesen, und zwar fließend zu lesen.«

10

Ich habe behauptet, dass Kinder positiv heilend aufeinander wirken können, wenn man es zulässt, dass sich ihre Beziehungen natürlich entwickeln. Natürlich gibt es Grenzen und Ausnahmen; und ich spreche hier nicht von Kindern, die sich in einem Vakuum der Vernachlässigung austoben, sondern von solchen, die diese Beziehungen in einer ihnen zustehenden Atmosphäre gestalten, die vom Schutz und der Sorge der Erwachsenen geprägt wird. Mit »natürlich« meine ich Situationen, die wir normalerweise beobachten, wenn Kinder – ohne Erwachsene spielen, in Parks und auf unbebauten Grundstücken, auf Picknicks (dabei können die Eltern in der Nähe sein, nehmen aber nicht an den Spielen teil), auf Spaziergängen und manchmal – wenn das auch schwierig ist – auf den Großstadtstraßen. Wir werden bei solchen Gelegenheiten vielleicht von der Energie und dem Schwung der Kinder überrascht, doch wenn wir auf die kleinen Details in ihren Beziehungen achten, erkennen wir eine Erscheinung, die uns recht bekannt ist: ein Gefühl für Anständigkeit und Fairness, das die Kinder in den ersten Lebensjahren zu Hause lernen. Wir Erwachsenen sind natürlich die ursprüngliche Quelle dieses moralischen Empfindens, doch wenn ein Kind erst mal drei Jahre alt ist, hat sich eine andere Quelle fest etabliert und ist weit fruchtbarer, anspruchsvoller und attraktiver, als alles, was wir zu bieten haben. Diese größere Quelle ist das Erleben des Kindes selbst, seine Welt aus Spielkameraden, aufregenden Momenten, Spielen und Projekten und Entdeckungen. Wenn wir nur einen Moment nachdenken, verstehen wir, warum das so ist: die ersten Verhaltensregeln, die wir unseren Kindern beibringen, sind keineswegs nur Maximen, sondern unmittelbar und weitgehend zweckmäßig. Das Kind sieht ganz deutlich, dass es sein Spielzeug und seine Bonbons teilen muss, sonst hört seine Beschäftigung mit diesen Dingen auf, Spaß zu machen; dass es Absprechungen einhalten muss, sonst hört das Spiel auf; dass es auf andere Rücksicht nehmen muss, sonst kann es keine Freunde haben. Die soziale Notwendigkeit setzt sich in jedem Augenblick und auf tausenderlei Weise durch, und während unsere Kinder heranwachsen, werden unsere ursprünglichen Lehrsätze gefestigt und präzisiert, nicht mehr durch unsere Bemühungen, sondern durch den bloßen Druck der Notwendigkeit. Das soll nicht heißen, dass unsere eigenen Worte und Taten wertlos werden (denn das werden sie nie), sondern dass sich die Gewichte verschoben haben: wir haben jetzt wenig zu bieten, und des Kindes eigene Welt viel. Das meiste, wonach es verlangt, findet es in dieser Welt; es muss von seinen Gleichaltrigen kommen, und von denen, die geringfügig älter sind, und aus seiner eigenen Tätigkeit. Und die Kinder zögern nicht lange. Sie sind durchaus bereit, sich mit den Forderungen anderer und mit den Erfordernissen der unterschiedlichsten Situationen auseinanderzusetzen. Sie kommen mit solchen Dingen viel besser zurecht als wir Erwachsenen. Wir reden geringschätzig davon: »Sie schließen schnell Freundschaft«, oder: »Na ja, Kindern fällt es leicht, miteinander zu spielen.« Wir vergessen dabei, oder übersehen, dass die Wahl der Kinder nicht zufällig und auch nicht unlogisch ist, sondern eine Sache der Beobachtung, Urteilskraft, Großzügigkeit, Intelligenz, Geduld. Außerdem stützt sie sich deutlich auf die gesellschaftlichen Konzessionen, die das Leben zu Hause bestimmen. Wir sind normalerweise klug genug, uns aus alledem herauszuhalten, wenn es sich im Hinterhof oder im Wohnzimmer abspielt, doch sobald die Kinder in der Schule oder in Situationen sind, die eigens ihnen zuliebe arrangiert worden sind, tun wir so, als seien sie für eben diese praktische Geselligkeit untauglich, die wir sie bereits haben meistern sehen. Wir überlassen den Erwachsenen sämtliche Entscheidungen und gehen dazu über, den Kindern alles vorzuschreiben: was sie spielen sollen und wie lange und welche Beziehungen sie zueinander haben sollen. Der fruchtbare und komplexe Prozess, den wir vielleicht im Hinterhof beobachtet haben, kommt zum Stillstand. Die sittliche Notwendigkeit ergibt sich nicht mehr aus dem eigenen Erleben des Kindes, sondern wird ihm von oben aufgezwungen, oft in so grob vereinfachten Formen, dass sie nicht mehr sittlich genannt werden kann.

Ich möchte mit ein paar Beispielen aus der First Street zeigen, wie sich die Kinder halfen und gegenseitig den Wachstumsprozess förderten. Das geschah fast immer in einer Art und Weise, die die Lehrer nicht kopieren konnten, und die ohne ein hohes Maß an Freiheit nicht hätte existieren können. Zuerst möchte ich jedoch der Üppigkeit des natürlichen Spielens von Kindern die sterile Starrheit des von Erwachsenen organisierten Spielens gegenüberstellen. Es gibt dafür kein besseres Beispiel als das der Baseball-Kinderliga, denn was für Jungen würden jemals aus eigenem Antrieb so etwas auf die Beine stellen? Wie könnten sie den hirnverbrannten Fehler begehen, Wettbewerb mit Spiel zu verwechseln? Man braucht nur an die üblichen Spiele der Jungen zu denken – auf Sandplätzen, Wiesen, Parks, selbst Stockball auf der Straße. Sie sind variabel und vielfältig, abwechselnd angestrengt und fröhlich und mit allen möglichen Vorfällen angereichert. Die Spieler machen untereinander viel Aufhebens um ihre Persönlichkeiten, ihre Stärken und Schwächen, und ihre spitzen Bemerkungen fliegen in nicht erlahmender Lebhaftigkeit hin und her. Sie hören nicht zu spielen auf, um ein Argument zu Ende zu führen, vielmehr sind die Streitereien ein Grundzug des Spiels; sie werden mit großem Geschrei ausgetragen und können endlos dauern; ihre Skala reicht vom reinsten Gefühlsausbruch bis zur kleinlichsten Pedanterie. Was vielleicht wie ein Wettkampf um das lauteste Geschrei aussieht, ist in Wirklichkeit voller Individualität. (Ich habe einmal erlebt, wie ein Junge einen solchen Zweikampf dadurch gewonnen hat, dass er das Wort »irrelevant« gebrauchte. »Was soll'n das heißen, irrelevant!!« »Es ist irrelevant, sage ich!« »So, tatsächlich?« »Tatsächlich!« »Was soll'n das heißen, irrelevant!!« »Es spielt einfach keine Rolle, das heißt es!« »Ach so …« Wenn der andere auch schon vor dem großen Wort seinen Schwung verloren haben mag, so ist es doch klar, dass er das Wort gewann.) In den Pausen werfen sich die Jungen ins Gras. Sie ringen miteinander, machen Handstände, schlagen Purzelbäume. Sie werfen mit Prügeln und Steinen nach den Bäumen in der Nähe und rufen den vorbeifliegenden Vögeln nach. Ein selbstbewusster Spieler macht vielleicht ein paar Tanzschritte, wenn er sich bückt, um einen harmlosen Bodenroller aufzunehmen. Wenn sich ein Spieler im Außenfeld langweilt, steht er nicht da und zieht die Hosen hoch und hämmert auf seinen Handschuh ein, sondern er spielt mit den Käfern im Gras, sieht die Wolken an, lässt sich einen lustigen Spruch einfallen, um ihn dann dem Stümper, der gerade am Schlagen ist, zuzurufen – und der ruft ihm gleich die entsprechende Antwort zurück. Fast immer ist ein Hund auf dem Spielfeld, und kein Teil des Spieles ist fröhlicher oder intensiver, als der zwischen den Jungen und dem Hund, der, wenn es ihm gelungen ist, ihnen den Ball wegzuschnappen, sie in einer Schlangenlinie anführt, die voller Gelächter und Geschrei ist, während der Hund über die Schulter schaut und mit steifen Beinen davontrabt, bis er schließlich eingefangen wird und die Ohren zurücklegt, während sie ihm den Ball wieder abnehmen. Niemand hat den Spielstand vergessen, oder auch nur, wer gerade am Schlagen ist. Das Spiel geht weiter. Oft tummeln sich Vögel oder Eichhörnchen auf dem Spielfeld, und manchmal eine lärmende Schar jüngerer Kinder, die von Zeit zu Zeit Reißaus nehmen müssen, und die den etwas Älteren ihre kindischen Versionen angriffslustiger Sprüche zurufen. Nichts bleibt unbemerkt, nichts ungenützt. Das Spiel geht weiter, bis die Dunkelheit ein Ende bereitet, und die Gewinner lassen sich kaum von den Verlierern unterscheiden, denn zu dem Zeitpunkt lassen alle einmal den Ball fallen, kichern und wälzen sich im Gras.

Ich habe das alles in einer verallgemeinernden Form dargestellt, doch das Spiel, das ich beschrieben habe, habe ich tatsächlich vor kurzem in einem Park in New Jersey gesehen. Am andern Ende desselben Parkes lief zur selben Zeit ein Spiel der Baseball-Kinderliga ab. Die Trainer und Schiedsrichter waren dienstfreie Bullen, die da ihre Schuldigkeit taten; sie warfen den Kindern Beleidigungen an den Kopf und Spötteleien von der vulgärsten Sorte. Alles war verboten. »Du sollst auf den Ball achten und sonst auf nichts, du Schwachkopf!«

Doch ein Spiel mit Bullen ist sowieso eine Sache für sich. Das übliche Spiel in der Kinderliga ist, mögen die Funktionäre auch noch so sanftmütig sein, eine Sache von Uniformen und Ergebnistafeln, Schiedsrichtern und Trainern, Rekordlisten und Publizität. Und auf den Tribünen, rings um die Jungen, ist ein Publikum aus Erwachsenen (die für sich selbst etwas tun sollten), die nur darauf warten, stolz auf sie sein zu können. Unter welchem Druck diese Jungen stehen! Sie sind angespannt und stumm. Sie versuchen, sich männlich und ernst zu geben, und man sieht auf einen Blick, dass sie sich gehemmt und unwohl fühlen und sich sehr darüber ärgern, dass sie sich bewähren müssen. Die Gewinner jubeln. Die Verlierer weinen. Welch seltsame Ereignisse im Spiel von Kindern. Und wer hat es erfunden? Nicht die Jungen selbst, sondern nervöse Erwachsene, die damit ihre eigenen Beklemmungen loszuwerden suchen.

Ich übertreibe nicht, wenn ich sage, dass das Spielen von Kindern positiv heilend sein kann. Mächtige Einflüsse wirken sich aus und vereinigen sich zu einer treibenden Kraft, ähnlich der der psychotherapeutischen

188

Methoden, die auf dem Wachstum des Ich aufbauen (wenn es auch in Wirklichkeit genau umgekehrt ist).

Kindern geht es beim Spielen um ihr Vergnügen und um Aufregung, und um sich vergnügen zu können, müssen sie im Rahmen der vorhandenen Fähigkeiten Beziehungen zueinander herstellen. Auf höchst pragmatische Weise bekommen sie ein Gefühl für diese Fähigkeiten, sie stellen sich immer wieder aufs neue darauf ein, bis sie schließlich genau das haben, was sie wollen, nämlich ein Spiel, an dem alle begeistert mitmachen können. Das heißt nicht, dass sie die Mängel ihrer Spielkameraden ignorieren. Im Gegenteil, die Gleichgültigkeit, mit der sie Gefühle verletzen, scheint oft recht grob. Wenn ein verkrüppelter Junge mitspielt, tut niemand so, als sei er nicht verkrüppelt, niemand will ihn in seiner Mannschaft haben, und die, die ihn ganz am Schluss bekommen, rufen bestimmt: »Er kann überhaupt nicht laufen! Wenn wir ihn nehmen müssen, müsst ihr uns aber Harry dazugeben!« Wenn wir uns jedoch einen solchen Fall näher ansehen, erkennen wir, dass die Jungen nicht so sehr grob, als vielmehr nüchtern sind. Der Junge ist verkrüppelt. Er kann tatsächlich nicht laufen. Und tief im Innern weiß er, dass seine Empfindungen für die Jungen nicht so wichtig sind, wichtig ist dagegen das Spiel. Auch für ihn ist es wichtig, wichtiger als seine Empfindungen. Außerdem kann er nur als Krüppel mitspielen ... und wenn wir warten, um zu sehen, was geschieht, wird uns klar, dass diese Nüchternheit oder Grobheit die einzige echte Möglichkeit für ihn ist, von den Jungen akzeptiert zu werden. Er macht mit und läuft eben so schnell er kann. Die Lage wird sich ändern, wenn die Jungen älter werden. Die Offenheit des Spielens wird den Härten des Wettbewerbs weichen, und der verkrüppelte Junge wird keine Chance mehr haben.

Doch physische Mängel sind nicht die einzigen Beeinträchtigungen, die die Kinder bemerken und denen sie sich anpassen. Sie registrieren auch ganz genau Temperament und Charakterzüge der einzelnen. Vicente, war, wie bereits erwähnt, in seinen ersten Wochen in der First Street wie ein kleines Baby. Er musste seinen Willen haben und bekam Wutanfälle, wenn es nicht nach seinen Vorstellungen lief. Diese Eigenschaft trat bei den Völkerballspielen deutlich zutage, und die anderen Jungen ärgerten sich darüber. Doch sie brachen das Spiel nicht ab und verbaten Vicente auch nicht, teilzunehmen. Sie beließen es auch nicht dabei, ihn zu kritisieren. Und sie spielten andererseits nicht so, als sei er ein »ganz normaler« Junge. Sie beschwerten sich direkt bei ihm – »Sei nicht immer so lahm!« (wenn er den Ball festhielt, um ihnen zu trotzen) – und gleichzeitig senkten sie die Anforderungen des Spieles ein wenig und machten ihm viele Zugeständnisse. Sie gingen jedoch mit dem Spiel nicht bis zu seinem Niveau herunter, sondern kamen ihm nur so weit entgegen, dass er sich danach strecken und sich anstrengen musste. Diese Kombination aus Zugeständnissen, Druck, Kritik und Akzeptieren hatte eine gewaltige Wirkung, wie man sich leicht ausmalen kann. Es war jedoch die normale Dynamik spielender Kinder ohne Einfluss Erwachsener. Denn wenn ich mich eingemischt hätte, wenn ich es gewesen wäre, der Vicente anschrie, anstelle der anderen Jungen, dann hätte das keine gute Wirkung gehabt, denn ich hatte ihm keine Zugeständnisse gemacht. Und ich war kein Rivale von ihm. Und meine Kritik würde für ihn nicht dieselbe Einbuße an Vergnügen oder Hoffnung auf Lob darstellen, wie die Kritik der Jungen. Und Vicentes besondere Fähigkeiten konnten mir nicht viel bedeuten, so wie sie später seinen Mannschaftskameraden viel bedeuteten. Er war so beweglich wie ein Eichhörnchen, und obwohl seine Mannschaftskameraden stöhnten, wenn er schlecht warf (worauf er sich dann umdrehte und sie anschrie), lachten sie vergnügt und zustimmend, wenn er die Hände in die Hosentasche steckte und den härtesten Würfen seiner Gegner auswich. Sein Gesicht hellte sich auf, wenn er ihre Stimmen hörte, und er wandte sich ihnen breit grinsend und mit einem übermütigen Schrei zu. Ich habe das so oft beobachtet, dass mir klar wurde, dass das, was die Jungen ganz instinktiv und aus Notwendigkeit und zum eigenen Vorteil machten, in seiner Dynamik den Dingen glich, die ich selber als Lehrer und Therapeut (während meiner Ausbildung) mit den schwer gestörten Kindern in einer anderen Schule gemacht hatte. Ich hatte nämlich versucht, ihre starken Punkte so zu stützen, dass sie noch stärker wurden, und ich hatte Symptome nur als Handlungen betrachtet und hatte genau die Anforderungen gestellt, die sie erfüllen konnten, zusammen mit meiner Hilfe und Unterstützung. Ich hatte auch bemerkt, dass selbst gestörte Kinder einander helfen konnten, wenn auch nicht so häufig und nicht in demselben Ausmaß, wie normale Kinder.

Als Stanley zur First Street kam, waren die guten Auswirkungen, die die Jungen aufeinander hatten, sehr stark herabgesetzt. Doch selbst Stanley sprach gelegentlich auf die Anreize und den Druck unbeaufsichtigten Spielens an. Besonders eine dieser Gelegenheiten bleibt mir im Gedächtnis und ist es wert, geschildert zu werden, denn sie enthüllt nicht nur ganz deutlich die Dynamik des Spielens, sondern zeigt auch, dass die Nichteinmischung des Lehrers keineswegs ein passives Sichheraushalten ist, sondern auf die Kinder einen ganz besonderen Einfluss ausübt.

Die Jungen spielten Völkerball in der Turnhalle, Vicente, José und Julio gegen Stanley und Willard. Stanley trat dauernd über die Mittellinie, wenn er den Ball warf. Die Jungen beklagten sich bitter, dass er betrüge, doch er bedrohte sie und sagte, sie sollten das Maul halten. Alle hatten Angst vor ihm, aber sein Betrügen war wirklich unerträglich, und schließlich rief Julio über die ganze Turnhalle weg zu mir herüber; ich saß auf dem Boden und schaute wie gewöhnlich ihrem Spiel aus der Ferne zu.

»Er geht dauernd über die Linie!« Ich reagierte nur mit einem Kopfnicken. »Ja aber, das ist doch gegen die Spielregeln, Mann!«

Wieder nicke ich und zeige ihnen deutlich, dass ich weiß, dass er Recht hat.

Jetzt ruft auch José herüber, denn sie sind alle aufgebracht. »Sag ihm doch, er soll's bleiben lassen, Mann!«

Ich schüttle den Kopf, »nein«, und zucke mit den Achseln. Sie verstehen, dass ich damit sage: »Das ist eure Sache, nicht meine.« Das passt ihnen ganz und gar nicht. Es steigert ihre Wut noch mehr. Julio, von allen der beste Spieler, ärgert sich am meisten; er macht eine heftige Armbewegung und schreit: »Scheiße, Mann, ich stecke auf!«, und verlässt das Spielfeld. Doch nun geht Stanley mit geballter Faust auf ihn zu.

»Du willst aufstecken, eh? Mensch, ich brech dir das Genick!«

Julio duckt sich, doch er weicht nicht zurück und brummt: »Ist mir doch gleich, Mann.«

Stanley starrt ihn an, und Julio, nicht gerade kampflustig, erwidert seinen Blick. Man kann ihnen das Verlangen und die Befürchtungen fast von den Gesichtern ablesen. Beide wollen weiterspielen. Das Spiel war erregend; sonst wäre es gar nicht erst zum Streit gekommen. Die Rivalität war groß, sonst hätte Stanley nicht so provozierend, so bewusst beleidigend betrogen. Er weiß, dass er Julio nicht zum Weiterspielen zwingen kann. Selbst wenn seine Drohungen Erfolg hätten, würde Julio nur halbherzig weiterspielen, und Stanley, der ein guter Werfer ist, ist ganz besonders auf Julio, dessen Stärke im Ausweichen liegt, angewiesen. Stanley sieht sein eigenes Vergnügen am Spiel schwinden. Er weiß auch, wenn er Julio ernsthaft angreift, ist das ganze Spiel kaputt, denn die Spannung und der Reiz des Wettkampfs hängen tatsächlich von vorherigen Vereinbarungen ab, und eine Keilerei würde die zunichte machen. Außerdem werden Julios Mannschaftskameraden, obwohl sie ihn nicht besonders mögen, sicherlich ihre Solidarität mit dem puerto-ricanischen Landsmann bekunden. All diese Überlegungen spiegeln sich mehr oder weniger deutlich auf Stanleys recht intelligentem Gesicht wider. Er hatte den Unterkiefer vorgeschoben und Julio aus zusammengekniffenen Augen angesehen. Jetzt grunzt er und gibt Julio einen Klaps auf den Arm. Julio brummt: »Blöder Ficker«, und geht endgültig vom Spielfeld. Einen Augenblick zögert er, dann geht er aus der Turnhalle. Vicente und José rufen ihm nach: »Julio! Los komm!« »Maricón! Komm zurück!« Doch er ist verschwunden, und so beschimpfen sie ihn und schreien: »Wirf den Ball, Mann! Wir schlagen dich auch so!« – obwohl sie von Anfang an auf verlorenem Fuß gestanden hatten. Stanley wirft, und das Spiel geht weiter, doch es ist überhaupt nicht mehr aufregend. Willard hat die ganze Zeit kein Wort gesagt. Sein Schweigen und sein mürrisches Gesicht machen jedoch deutlich, dass er keinen Spaß mehr daran hat. Stanley sieht das sofort und versucht, das Spiel lebendig zu machen, indem er große Reden führt und den Ball aus Leibeskräften wirft. Sein eigenes Gesicht ist jedoch ausdruckslos. Vicente und José lassen sich zu schnell aus dem Spiel werfen. Die nächste Runde beginnt. Julio erscheint in der Tür und schaut zu. Vicente ruft ihm zu: »Scheiße, Mann, komm doch!«, doch Julio schüttelt den Kopf und brummt: »Nein, Mann.« Jetzt plötzlich ertönt Willards Stimme. »Auf, komm, Julio, er mogelt nicht mehr.« Und Stanley, der den Ball hat, schreit: »Stimmt, alte Henne! Auf, los, alte Henne!« und wirft mit dem Ball nach Julio, der ihn fängt und zurückwirft. Stanley fängt ihn und kreischt: »Auf, los, alte Henne! Auf, los, alte Henne!«, und rennt nach vorn zur Linie – keinen Zentimeter darüber – und wirft den Ball wieder nach Julio. Diesmal weicht Julio dem Ball aus, doch er tut das in Richtung zum Spielfeld, und José formt sofort einen Trichter mit seinen Händen und ruft Stanley zu: »Los, auf, alte Henne, gack, gack, gack!« und augenblicklich läuft das Spiel wieder auf vollen Touren. Die drei Puerto-Ricaner, Meister im Verspotten, präsentieren sich als

Zielscheiben, halten ihre Ärsche hin und wedeln mit den Armen. Sie formen die Hände zu Trichtern und schreien alle gleichzeitig: »Gack, gack, gack, gack!« Stanley grinst. Er läuft zur Linie vor – aber nicht darüber und ruft: »Nichts als'n Haufen verfickte Hennen da drüben!« und wirft den Ball. Julio weicht aus, greift sich mit einer Hand zwischen die Beine und ruft: »Klar, Mann, willst du'n Wurm?« Das Spiel ist wieder fröhlich, obszön und spannungsgeladen, oder vielleicht sollte ich nicht sagen »wieder«, denn die Jungen sind jetzt viel besser in Fahrt als vorher. Und, was am wichtigsten ist, am Ende des Spiels verlassen sie die Turnhalle als eine Clique, und die Unterhaltung geht lebhaft hin und her.

Die Auswirkungen dieses Spiels auf Stanley und Julio bedürfen wohl kaum eines Kommentars. Doch wie steht es mit meiner eigenen Weigerung, ins Spiel einzugreifen? Was bedeutete es für die Jungen, dass ihr Lehrer keine Anstalten machte, die Spielregeln durchzusetzen? Bedeutete es, dass er sich nicht um sie kümmerte? Kaum, denn sie hatten mich in Hunderten von Situationen kennengelernt. Sie wussten, dass ich mich um sie kümmerte, und sie wussten ganz genau (wahrscheinlich besser, als ich selber), wo meine Fürsorge endete. Meine Weigerung bedeutete das Naheliegende. Sie bedeutete nicht nur, dass das Spiel ihre Sache war, sondern die Spielregeln dazu. Und so entzog ich mich ihnen nicht, sondern setzte mich in Wirklichkeit in Beziehung zu einer Sache, die viel größer war, als das Spiel, einer Sache, die die Jungen in anderen Zusammenhängen wiederholt erlebt hatten. Diese größere Sache war ihr unabhängiges Leben in der Welt. Die mir zustehende Rolle gegenüber ihrer Unabhängigkeit war die des Beobachters und Beschützers, und das war genau die Rolle, die ich gespielt hatte. Die Absicht war, alle Fragen der Moral und des Benehmens in das Erlebnis selbst zu verlegen, das heißt, in die Jungen selbst, und nicht in irgendeine Autoritätsperson. Eine zusätzliche Wirkung dieser bedeutenden Übertragung von Verantwortung war, dass jeder Junge die notwendige Beziehung zwischen seiner eigenen Erregung und den Verhaltensregeln, die ihn mit anderen in einer sozialen Gruppe verbanden, erleben konnte. Das heißt also, dass ihr Spielen – weil es unbeaufsichtigt war – den moralischen Druck hervorbrachte, der nun einmal unzertrennlich mit Spielen verbunden ist, denn im Grunde ist Moralität genau das: das Gefühl für die notwendige Beziehung zwischen dem Ich und anderen, Gruppenverhalten und individuelle Erfüllung.

Es ist an dieser Stelle erwähnenswert, dass die meisten Spiele, die Kinder spielen, nicht von ihnen selbst erfunden werden, wenn sie auch sicherlich stark ausgeschmückt werden und oft einem nicht so genau gegliederten, rein kreativen Spielen Platz machen. Die Spiele sind eine Form des Brauchtums, eine Tradition, die in manchen Aspekten auf Stammesbräuche zurückgeht. Wir neigen dazu, in erster Linie die physischen Aspekte des Spielens zu bemerken – die Bewegungen und Fertigkeiten, die Erregung – und diese sind so wichtig, dass wir an ihrem großen Wert für Kinder gar nicht zweifeln. Doch die innere Dynamik der Spiele – die starken und einfachen Strukturen, die Regeln, Fertigkeiten, Individuen, Gruppen, Verluste, Belohnungen, Kraftaufwand und Ruhepausen zu klaren Einheiten zusammenfügen – die ignorieren wir oft, obwohl es genau diese Strukturen sind, die es verdienen, gesellschaftliche Kunstprodukte genannt zu werden. Sie sind auf höchst pragmatische Art entstanden, oft im Laufe von Jahrhunderten, und die Tatsache, dass sie immer noch existieren, ist der Beweis, dass wir sie sehr hoch schätzen. Ich erwähne das, weil wir Erwachsenen – vor allem wir Lehrer –, wenn wir kleinen Kindern beim Spielen zuschauen, zu der Annahme neigen, wir selbst hätten, da die Kinder ja neu sind, eine Menge zu bieten. Wir übersehen dabei, dass wir mit einer dauerhaften und zwingenden Tradition konkurrieren.

Unter den Jungen war es Vicente, der von seinen Kontakten mit anderen Kindern den größten Nutzen zog; unter den Mädchen Maxine. Das heißt keineswegs, dass die anderen Kinder aus diesen Kontakten wenig Nutzen zogen, denn das Gegenteil ist der Fall, sondern dass die Veränderungen bei Vicente und Maxine spektakulär waren.

Maxines Laufbahn in den öffentlichen Schulen glich einer Katastrophe. Ihre Lage hatte sich laufend verschlechtert, und der Versuch mit der First Street war ihre letzte Chance.

Ich habe verschiedentlich betont, dass man die Vorstellung der Freiheit, will man sich verständlich machen, im Zusammenhang mit Handlungen und Individuen erläutern muss; und ich habe eben erwähnt, dass Kinder beim Spielen gegenseitig das Wachstum ihres Ich fördern. Lassen Sie mich Maxines Erfahrungen – sowohl in der öffentlichen Schule, als auch in der First Street – im Rahmen des Verhaltens beschreiben, das am ehesten symptomatisch genannt zu werden verdient; wir werden dabei sehen, wie sich die verschiedenen Umwelten auf sie auswirkten und welche

Rolle die Kinder selbst spielten. Maxine war ganz groß im »Überprüfen der Grenzen«. Wie fast immer bei neurotischem Verhalten, so war auch dieses ständige Prüfen selbstzerstörerisch. Sie konnte wegen irgendeines Gegenstandes kreischen und sich streiten, der ihr im Grunde genommen sehr wenig bedeutete; oder sie benahm sich feindselig gegen die Lehrer, wo sie doch eigentlich deren Freundschaft wollte. Dieses Verhalten war verschleiert und obskur; es war in der unmittelbaren Situation nicht zweckmäßig. Und doch verbarg sich dahinter eine Tendenz, die zweckmäßig war – oder es sein könnte – wenn sie sich nur erhellen ließe. Es lohnt sich näher darauf einzugehen, denn das Verhalten, das sich etwas ungenau mit dem Ausdruck »überprüfen der Grenzen« umschreiben lässt, wird in pädagogischen Schriften oft falsch interpretiert. Kinder, die sich so verhalten, sind nicht an Handlungsfreiheit interessiert. Sie verschwenden auch nicht ihre Zeit, auch wenn sie sicherlich in einem Dilemma stecken. Die Hauptquelle für das falsche Verständnis ist die, dass der Ausdruck oft ausschließlich auf das Kind bezogen wird, so als beschreibe er ein Charakteristikum oder einen Charakterzug, während er auf das Kind in seiner besonderen Umwelt bezogen werden muss. Er umschreibt die Dynamik einer Situation, nicht das Verhalten eines Individuums.

Maxine hatte eine gewisse Furcht vor ihren eigenen Impulsen. Sie musste wissen, wie sehr sie sich darauf verlassen konnte, dass andere – sowohl Kinder, als auch Lehrer – mit den Impulsen fertig wurden, mit denen sie selbst nicht fertig wurde. Sie fürchtete aber auch die anderen Kinder, nicht physisch, sondern als Konkurrenten und Rivalen, denn in ihren Augen waren ihre Altersgenossen weit reifer, als sie. Und deshalb musste sie wissen, welche Sonderrechte sie bekommen konnte und wo sie ihre Sicherheit vielleicht verankern könnte. Und daher musste sie genau wissen, wo die Macht lag. Es war, als frage sie sich, zu welchen Bedingungen sie Teil einer Gruppe sein könne, zu welchen Bedingungen sie ihre persönlichen Wünsche zufrieden stellen könne. Was für eine gute Sache würde ihr angeboten werden, wenn sie ihre kindischen Wünsche aufgab? Sie wollte auch wissen, welche Aspekte im Verhalten ihrer Lehrer die echte Autorität des Erwachsenenlebens ausmachten. Welchen Aspekten konnte sie vertrauen, und welchen Personen, denn ihr Bedürfnis war viel zu groß, als dass sie es sich erlauben konnte, ihre Beziehungen auf reinen Launen aufzubauen. All das steckte hinter ihrem »Überprüfen der Grenzen«; und es ist erwähnenswert, dass solches Überprüfen bei jüngeren ganz normal ist (und deshalb völlig anders aussieht) und im Familienkreis eine alltägliche Sache ist. Das Ziel dieser ganzen Aktivität, von dem Maxine selber allerdings nur eine höchst verschwommene Ahnung gehabt haben konnte, war genau das, und da würde jeder Erwachsene zustimmen, was für ihr Wachstum unerläßlich war: die ordnende Gliederung des Ich und der Welt – eines Ich, das mehr sein konnte als Impulse, einer gesellschaftlichen Betätigung, die mehr sein konnte, als Zwang. Ihre Bedürfnisse waren so extrem, dass sie jede Gelegenheit zu ihrer Befriedigung heranzuziehen versuchte. Und hier sehen wir, warum ein solches Verhalten so überaus beunruhigend ist, denn die Bedürfnisse, die Maxine in so extremen Formen spürte, sind tatsächlich eine elementare Sache im Leben eines jeden Kindes, ganz zu schweigen vom Leben Erwachsener, die sie in Augenblicken schwerer Versuchung spüren. Ihre Machenschaften gingen ihren Klassenkameraden und Lehrern sehr nahe. Sie war unwiderstehlich. Würde man mit etwas Distanz die Situationen, die sie herbeiführte, von der komischen Seite sehen, wäre die Figur, die sich ergeben würde, ganz genau die von Harpo Marx.

Das Wort »Grenzen« hat also nichts mit Regeln und Vorschriften und Autoritätspersonen zu tun. Es bezieht sich auf die Grenzlinie, an der sich individuelle und soziale Notwendigkeiten treffen und verschmelzen, der wahre Grat der Notwendigkeit. Mit anderen Worten, die Frage »Wer bin ich?« gehört zu der Frage »Wer bist du?«. Es sind gar keine zwei Fragen, sondern eine einzige, unauflösliche Tatsache.

Wie stellte Maxine diese doppelte Frage? Sie tat es dadurch, dass sie Dodie die Limonade klaute, und dass sie irgendeine laute Belanglosigkeit dazwischenrief, als Rudella ihre Lehrerin etwas fragte, und dadurch, dass sie allen anderen Kindern die Magneten wegnahm und ihren Lehrer ins Schienbein trat und in der Mittagspause Eléna die Kekse wegschnappte. Und welche Antworten bekam sie? Aber lassen Sie mich zuerst die Antworten der öffentlichen Schule schildern, denn sie hatte dort genau dieselben Dinge getan. Sie hatte jemand die Kekse weggenommen, doch es war die Lehrerin, die antwortete, nicht das Opfer; und so konnte Maxine nicht feststellen, welche Bedeutung ihr Akt unter Gleichaltrigen hatte. Und jene lange und feine Kette der Reaktionen von Kindern – mit all ihren überraschenden Wendungen aus Geduld und Großzügigkeit – konnte nicht einmal anfangen, Gestalt anzunehmen. Und wenn Maxine sich direkt an die Lehrerin wandte, dadurch dass sie während des Unterrichts schrie und sie übertönte, wurde sie auf die übliche Weise bestraft und wieder einmal der individuellen, beziehungsreichen Antwort beraubt, die ihr so viel bedeutet hätte. Doch sie drängte immer weiter, schuf Krise auf Krise und bestand darauf, eine Beziehung herzustellen.

Nun wird auch die andere Seite des »Überprüfens der Grenzen« deutlich. Was waren denn die Grenzen? Die Lehrerin selbst war durch Anordnungen von oben eingeengt, und durch die unerbittlichen Anforderungen des Stundenplans. Sie musste sich ihren Lebensunterhalt verdienen, musste sich mit Vorgesetzten gut stellen und viele Vorschriften einhalten, die ihren eigenen Ansichten zuwiderliefen. Sie konnte ihre Gefühle nicht ausdrücken oder danach handeln, und war gezwungen, eine Geduld zu entwickeln, die oft nichts anderes war, als reine Zurückhaltung. Man könnte sagen, dass sie selbst in einem Dilemma der Grenzen steckte. Wo lag der Grat der Notwendigkeit? Opferte sie sich für eine unwürdige Vorstellung von gesellschaftlichen Anforderungen? Wer besaß die Macht? Die Lehrergewerkschaft? Die Inspekteure der Schulbehörde? Die Eltern?

Das Dilemma der Lehrerin wirkte sich auf Maxine aus. Es vertiefte ihre Verwirrung und beraubte sie einer Beziehung. Und es frustrierte – ganz genau – ihr Bedürfnis nach Grenzen.

Die Formen der Notwendigkeit sind bei Kindern gleich wie bei Erwachsenen. Mit der Notwendigkeit lässt sich nicht streiten; sie ist auf die eine oder andere Weise überwältigend, was soviel heißt, wie: sie besitzt eine höhere Vernunft, eine überzeugende Funktion, eine unwiderlegbare Gewalt, die Macht von Zahlen. Stellen wir uns vor, Maxine sucht nach dem Grat der Notwendigkeit. Sie versteht, dass ihre Lehrerin kompromittiert ist, denn sie sieht, dass ihrem Verständnis Grenzen gesetzt sind und dass sie sich selten von ihren Gefühlen oder ihren Einsichten lenken lässt. Die Lehrerin ist ein Werkzeug in den Händen anderer. Aber wer sind diese anderen? Und welche Macht hat die Lehrerin? Denn Maxine will Sicherheit, und sie muss es wissen. Und was sind eigentlich die Anforderungen der Gruppe? Und überhaupt, was ist die Gruppe? Es scheint keine zu geben, denn den Kindern wird nicht erlaubt, echte Beziehungen zueinander herzustellen. Wir wissen, dass Maxine das Gefühl hat, ein bisschen eigenartig zu sein, und dass sie vermutet, dass ihre Bedürfnisse ungewöhnlich sind. Wie soll sie irgend jemanden darauf aufmerksam machen? Und wen? Und was können die schon tun?

Das Überprüfen geht immer weiter ... und der Grund liegt nicht bei Maxine, sondern in der Tatsache, dass es bei den Bedingungen, die in den öffentlichen Schulen herrschen – oder in jedem stark von Institutionen beherrschten Lebensbereich , einfach keine Grenzen im eigentlichen sozialen und psychischen Sinn gibt. Alles ist willkürlich.

In der First Street überprüfte Maxine die Grenzen und stieß – siehe da! – auf Grenzen. Sie schnappte sich Dodies Limonade und ging daran, sie zu trinken: ein Schluck, zwei ... Dodie schaut sie mit großen Augen an ... drei Schlücke ... »Heh!« Dodie stürzt sich auf die Flasche. Maxine weicht aus, doch Dodie erwischt sie, und wenn sie sie auch nicht schlägt, so macht sie es ihr doch unmöglich, die Limonade zu trinken. Maxine hat eine Menge zu überlegen. Das Verbrechen ist offenbar nicht so riesengroß. Dodie erlaubte ihr zwei Schlücke, war aber offensichtlich gekränkt. Mehr erlaubt ihr Dodie nicht. Eine Stunde später spielen sie zusammen. Dodie hat sie nicht abgewiesen. Man kann also mit Dodie spielen, aber man kann nicht ihre ganze Limonade trinken. Sie kann auch schnell laufen, und ich wette, sie wird mich irgendwann mal verprügeln. (Dodie schlug Maxine tatsächlich eines Tages ... und sie blieben trotzdem Spielkameraden ... und die Tage des Limonade-Stehlens waren längst vorbei.)

Maxine nimmt Eléna die Kekse weg. Das dauert nur eine Minute. Eléna wirft sie zu Boden und tritt sie in den Hintern und beschimpft sie dabei auf Spanisch. Die Tritte tun nicht weh, aber es sind immerhin Tritte. Das ist also keine Quelle für Kekse! Doch Eléna macht Eindruck mit ihrer Heftigkeit, und vielleicht ist sie eine Quelle für Sicherheit, eine wirklich wertvolle Freundin. Eine Stunde später spielen sie in ihrem »Schloss«. Eléna ist die Königin, und Maxine entscheidet sich aus verschiedenen Gründen dafür, ihr Baby zu sein.

Maxine schreit, während Rudella mit Susan, ihrer Lehrerin spricht. Rudella ist von Abscheu erfüllt. »Warum hältst du nicht das Maul, Maxine! Du machst immer so ein Geschrei!« Andere Stimmen unterstützen sie. »Stimmt, Maxine!« »Halt's Maul, Maxine!« Niemand bestraft sie. Susan sagt: »Was ist denn, Maxine? Wenn du's so eilig hast, dann los, raus damit.« Oder auch Susan ärgert sich und schreit sie an. Auf jeden Fall

198

gibt es für Maxine wieder eine Menge zu überlegen. Susans Ärger ist direkt und persönlich; er reicht nicht weiter. Susan nimmt sich selbst ernst, und Maxine muss sie auch ernst nehmen. Und wenn die Kinder alle zusammen über sie herfallen, dann ist das selbst für ihre beachtlichen Widerstandskräfte zuviel. Während sie endlose Minuspunkte für schlechtes Betragen einstecken kann, endlose Stunden nachsitzen kann, endlose Strafpredigten und Verweise hinnehmen kann, muss sie dieser massierten Stimme ihrer eigenen Gruppe Beachtung schenken. Sie braucht sie. Es sind ihre Spielkameraden. Doch Maxines Bedürfnis nach ihnen wird durch ihr Bedürfnis nach Maxine ausgeglichen. Es ist eine Basis des Gebens und Nehmens. Außerdem sind Maxines spezielle Bedürfnisse akzeptiert worden, sie werden zwar nicht unbedingt befriedigt, aber sie sind einfach als Eigenschaften, die zu ihr gehören, akzeptiert worden. Ihre Beklemmungen liegen offen zutage. Und dasselbe gilt für die vielen Impulse, die sie so schlecht meistern kann; und – Wunder über Wunder! – die anderen werden damit fertig, werden tatsächlich in genau der Form mit ihnen fertig, in der sie zu Tage treten! Maxine stößt einen Seufzer der Erleichterung aus. Sie kann die schlimmsten Dinge anstellen und hat immer noch eine soziale Gruppe um sich, weil sich die Leute tatsächlich zu wehren wissen. Und sie weiß jetzt, wo die Macht ist. Sie ist gleich hier, direkt vor ihrer Nase. Die Kinder haben einen Teil davon, und die Lehrer haben den Rest. Und sie haben sie tatsächlich, denn es gibt keinen Schulvorstand, keinen Lehrplan, keinen Boss. Mann, sogar den Lehrern ging mal der Hut hoch! George hat sie neulich verprügelt, als sie all die Magneten genommen und ihn gegen das Schienbein getreten hat. Genau wie Eléna, nur noch schlimmer, denn die Schläge taten weh. Doch eine halbe Stunde später spielten sie zusammen, und er war nicht mehr wütend.

Mit der radikalen Umweltveränderung in der First Street kam die inhärente Vernünftigkeit im prüfenden Verhalten Maxines allmählich an die Oberfläche und erreichte ihren Zweck. Denn die Grenzen waren da und konnten von ihr entdeckt werden, die echte Grenzlinie in ihrer ganzen Besonderheit, an der Maxines verworrenes Ich auf die weniger verworrenen Anforderungen der Leute traf, die ihre Gruppe bildeten. Ihr Bedürfnis nach Beziehungen wurde erfüllt, und damit auch ihr Bedürfnis nach Sicherheit. Auch war sie hier nicht gezwungen, sich wegen der Eigenart ihrer Bedürfnisse für etwas ganz Besonderes zu halten, denn alle

Kinder hier waren etwas Besonderes, jeder konnte sich ohne Hemmungen auf seine ganz spezielle Art ausdrücken und hatte direkten Zugang zu den anderen und zu den Lehrern. Niemand musste sich Gedanken darüber machen, welche geheimnisvollen hierarchischen Notwendigkeiten wohl hinter den Worten und Taten der Lehrer stecken mochten. Es gab keine verborgene Macht. Die vernünftige Reaktion ergab sich aus der jeweiligen Gelegenheit, so wie alles andere – Empfindungen, Ansichten ... selbst das täglich neue Konzept von den angemessenen Lernzielen.

Doch obwohl die Lehrer die Freiheit hatten, so gut zu sein, wie nur möglich, so beweglich, nachsichtig und geduldig wie nur möglich, so war ihre Rücksichtnahme auf die Kinder gar nichts, verglichen mit der Art und Weise, wie die Kinder aufeinander Rücksicht nahmen. Wir hatten viele Rowdys. Es gab viele Aggressionen und Beleidigungen. Die Geduld und Versöhnlichkeit der Kinder überwand alles. Selbst die älteren Jungen mit ihrer verständlichen Abneigung gegen Willard und Stanley fanden Wege des Vergebens und Vergessens. Es gelang ihnen, den Kontakt aufrechtzuerhalten, der für das Wachstum von Beziehungen so entscheidend ist, die in sich selbst die Mittler aller Veränderungen sind. Es liegt auf der Hand, dass Kinder dazu gezwungen sind. Die entscheidenden Zusammenhänge in ihrem Leben werden immer von Erwachsenen bestimmt. Kein Kind sucht sich seine Stadt aus, seine Nachbarschaft, seine Straße. Kein Kind bestimmt den Zeitpunkt, an dem seine Familie zusammenpackt und wegzieht. Gleich wo sie sind, die Kinder brauchen einander. Die gewalttätigen Zurückweisungen im Leben Erwachsener sind ein Luxus, den sie sich nicht leisten können. Für sie ist es wichtig, dass sie die Fähigkeit haben, sich gegenseitig Rechnung zu tragen. Sie finden Wege, ihre Unterschiede zu überwinden. In jedem anderen Zusammenhang verstünden sich diese Wege von selbst; doch wenn man über Erziehung schreibt, muss man sie eigens erwähnen: Geduld, Versöhnlichkeit, Entgegenkommen.

Denken wir auch an jene anderen Unterschiede zwischen dem Leben von Kindern und dem der Erwachsenen; denn wenn wir auch wissen, dass wir in einer verhängnisvollen Welt leben, so sind wir alles andere als begeistert von der Feststellung, dass es nichts anderes ist, als die Schwere dieser Verhängnisse, die unser eigenes Leben von dem unserer Kinder unterscheidet: Kinder sind aktiv in ihren Beziehungen zueinander – sie ge-

200

stalten sie durch allerlei Spiele und Projekte. Das heißt, sie bleiben nie in so genannten »zwischenpersönlichen Beziehungen« stecken. Denn zwischenpersönliche Beziehungen sind nichts anderes, als eben diese Worte, abgelenkte Taten und Gefühle, die eintreten, wenn gemeinsame Tätigkeit erlöscht oder unmöglich wird: unsere langen Unterhaltungen, unsere Ansichten, unsere Einstellungen. Wir haben »Beziehungen« zueinander, das heißt, wir irren durch den schwülen Dschungel aus Charakterzügen, Neurosen, Komplexen, trivialen Aggressionen, praktiziertem Egoismus, Reue, Verbitterung, Eigenliebe, Selbstgefälligkeit, Arroganz, Rachsucht usw. Kinder tun das nicht, können das nicht. Sie durchdringen diesen Dschungel schnell – er ist ohnehin immer rudimentär – und gehen einen Schritt weiter zu irgendeiner erregenden gemeinsamen Tätigkeit.

Und Kinder haben keinen falschen Stolz.

Und sie kennen den Ehrgeiz nicht, der bei Erwachsenen oft dazu führt, dass sie andere Personen als Objekte behandeln. Und sie haben kein Interesse an der formalisierten Macht eines Amtes, Standes usw.

Und keiner von ihnen schafft sich jenen spezialisierten Vorrat an, der sich auf die Schwächen anderer gründet – so wie sich die Gesellschaft der Erwachsenen in speziellen Diensten ergeht, und die, die sich spezialisieren, müssen feststellen, dass sich ihre Beziehungen auf die Schwächen anderer gründen, und dass sie letzten Endes davon abhängig werden. Kinder knüpfen ihre Beziehungen an die Stärken und Fähigkeiten anderer, denn nur die ermöglichen gemeinsame Aktivitäten.

Und Kinder unterhalten sich nicht in der Fachsprache, oder in Abstraktionen, sondern in einer impulsiven, lebendigen Sprache.

Und sie opfern ihre Unternehmungslust nicht der Bequemlichkeit.

Und ihre Hoffnung ist nicht wie die vieler Erwachsener, durch eine verkümmerte Urteilskraft kompromittiert, ein Schutzwall gegen Enttäuschungen; sie nimmt vielmehr eine fast animalische Form unbewussten Vertrauens an, so dass wir sie als Energie und Appetit – und beinahe als schöpferischen Willen – sehen.

Ich habe das Leben der Erwachsenen viel zu öde skizziert, doch ich glaube, es ist deutlich geworden, worauf es hier ankommt- Hätten wir uns ein neurotisches oder unglückliches Kind vorzustellen und müssten die Qualitäten der Umwelt nennen, die wir ihm wünschten, würden wir die Dinge aufführen, die ich hier beschrieben habe. Wir würden sagen, es soll eine Umwelt sein, die entgegenkommend und versöhnlich ist; und es soll eine Umwelt sein, die es aus sich herausgehen und an Gruppenaktivitäten teilnehmen lässt; und die Anreize zur Geselligkeit sollen attraktiv und lebendig sein, sie sollen jedoch seinen eigenen Fähigkeiten genau angemessen sein; die Umwelt soll einen echten Druck ausüben, sie soll ganz bestimmte und klar umrissene Anforderungen an ihn stellen, doch sie sollen gleichzeitig elastisch sein; und es soll keine förmliche Bestrafung oder lang anhaltende Achtung geben; und es soll physischen Kontakt und physische Anstrengung in reichem Maße geben; und die Umwelt soll ihm ein Gefühl für die Fertigkeiten und verschiedenen Verhaltensweisen geben, die zu größerem Vergnügen, größerer Sicherheit führen ... und die Belohnung für diese Art des Wachsens sollen unmittelbar sein und in den Aktivitäten selbst zum Ausdruck kommen.

Diese Attribute einer heilenden Umwelt sind nahezu selbstverständlich. Sicherlich ist es auch selbstverständlich, dass dies ganz genau der so alltäglichen Umwelt entspricht, die sich ergibt, wenn Kinder miteinander spielen.

Es wäre klug, sich auch dann auf das Spiel von Kindern zu berufen, wenn es darum geht, die Mindestverpflichtungen einer beliebigen Schule festzulegen. Auch hier leisten uns wieder die allergewöhnlichsten Attribute gute Dienste: der Glanz im Gesicht der im Spiel vertieften Kinder, das Feuer in ihren Stimmen, der flinke Einsatz ihrer Erfindungsgabe, die Genauigkeit und Komik ihrer Beobachtungen. Man könnte ohne jegliche Sentimentalität – von der fröhlichen Intelligenz der Kindheit sprechen. Damit sollen nicht Leiden und Ernst der Kindheit außer Acht gelassen werden, oder ihre gelegentliche Gewalttätigkeit, oder die immer wieder auftretende Verständnislosigkeit, die manchmal Kinder, wie Tiere, geheimnisvoll erscheinen lässt; es soll hier lediglich festgestellt werden, dass sich unter Kindern, sobald sie unter sich sind, die Qualität fröhlicher Intelligenz bemerkbar macht und ihre Spiele charakterisiert. Niemand braucht erinnert zu werden, dass dies einer der schönsten menschlichen Züge ist. Er ist in der Literatur und in der Philosophie gepriesen worden, vom täglichen Leben ganz zu schweigen. Wir müssen jedoch daran erinnert werden, dass die fröhliche Insel der Kindheit kein Produkt der Schulen ist, sondern des Familienlebens und der Natur und einigen der angesammelten Erfahrungen unserer Zivilisation. Im Gegenteil: Wir geben diese Qualität der Schule, wenn wir ihr unsere Kinder geben. Wenn wir völlig unfähig wären, die positiven Ziele der Erziehung zu nennen, könnten wir immer noch auf einem Minimum an Verantwortlichkeit bestehen: Zerstört nicht, was bereits existiert. Wenn ihr schon der Intelligenz der Kindheit nichts hinzufügen könnt, dann zerstört sie wenigstens nicht!

Das wäre unsere Ermahnung an die Schulen, wenn wir unsere instinktive Lebenshoffnung in Worte fassen wollten. Nach meiner Erfahrung äußern alle mir bekannten Eltern von schulpflichtigen Kindern diese Hoffnung in negativer Form, das heißt, sie drücken ihre Befürchtung aus, die Schule könnte ihre Kinder brutalisieren. Und ich spreche nicht nur von Weißen des Mittelstandes. Neger und Puerto-Ricaner quält diese Furcht ganz besonders, denn sie erweist sich schon nach kurzer Zeit als berechtigt. Ihre Kinder, die wie alle Erstklässler begierig zur Schule gehen, mit einem naiven Stolz auf ihre neuen Übungshefte und langen Bleistifte, kommen schon bald verwirrt und mit angstvollen Gesichtern nach Hause, Gesichter, in denen sich nach zwei oder drei Jahren dieser mürrische Trotz festgesetzt hat, der den fortschreitenden Intelligenzverlust reflektiert, der, wie verschiedene Untersuchungen bewiesen haben, zum festen Bestandteil des Schullebens in den Slums geworden ist.

Es ist besser, gar keine Schule zu besuchen, als eine schlechte. Es gibt nichts in der Umwelt des Kindes, das einer so systematischen Zerstörung fähig wäre. Doch wenn der Schulbesuch ganz unterbleibt, kommt es zur Vernachlässigung, denn es ist keine andere Vorsorge getroffen worden.

Je mehr man diesen Gedanken nachhängt, desto deutlicher wird es, dass die tieferen Probleme der Grunderziehung in den Schulen nicht gelöst werden können. Es sind Probleme der Kommunen. Doch die Idee, Schulen um das Leben der Eltern und der Kinder herum zu planen – und ich meine damit nicht, die Eltern sollten an den Aktivitäten der Kinder oder an der Erwachsenenbildung teilnehmen – wird so selten erwähnt, dass man meinen könnte, man berühre damit ein Tabu.

11

12. 3. 1965

Geburtstagsparty für Dodie. Wir hielten sie in Susans Klassenzimmer ab, gleich nach der Mittagspause. Die kleinen Geschenke und Kerzen, die Dekorationen aus Buntpapier (eine Überraschung) und das Bewusstsein eines besonderen Anlasses erregten die grenzenlosen Sehnsüchte bei einigen der Kinder. Ihre Stimmen wurden immer lauter. Es war, als hätten wir einen Hebel bewegt und Tonnen von Kohlen stürzten eine Rutschbahn hinunter, zusammen mit einer Art musikalischer Begleitung. Es war, als sei ein Texas-Wirbelwind über einen Spielplatz gefegt und habe Dutzende von Kindern durch die Luft gewirbelt, und Katzen und Hunde und Papageien und Glocken ... und dann öffnete sich der Strudel (wie immer!). Kleine Gruppen spalteten sich ab. Dodie und Rudella gingen auf den Flur hinaus. Die Kleinen drängten sich um Gloria und gingen mit ihr nach oben. Die älteren Jungen durchstöberten den Schrank, und Kenzo schaute ihnen ganz behutsam über die Schultern, um zu sehen, was sie machten.

Ich ging ins vordere Zimmer und setzte mich hin, um erst mal wieder Atem, d. h. eine Lunge voll Gauloise, zu bekommen. Der kleine Michael Hasty, ein sehr hellhäutiger Neger von noch nicht acht Jahren, kam mit vorsichtigen Schritten zur Tür herein. Er hatte sich eine Geburtstagstorte gemacht, einen umgestülpten Pappbecher mit einer Kerze oben drauf. Er hatte schützend die Schultern vorgebeugt und schirmte die Kerzenflamme mit einer Hand ab.

Michael ist wahrscheinlich das einsamste Kind in der Schule. Sein Gesicht sieht bekümmert aus, und in seinen Gesten liegt etwas Frierendes, Kränkliches. Doch in ihm steckt auch eine große Heftigkeit und eine panische Angst, dicht unter der Oberfläche. Er kann andere auf sadistische Art reizen, und wenn er Angst hat, schlägt er in blinder Wut um sich.

Er sagte: »Schau, was ich hab, George.«

Genau in dem Augenblick kam Stanley ins Zimmer. »Heh!« schrie er. »Gib mir 'ne Kerze!« Michael machte einen Schritt zurück und sagte: »Nein ...«

Stanley kniff die Augen zusammen. »Wenn ich dir sage, du sollst eine Kerze hergeben, dann gibst du eine Kerze her.«

Michael lief hinter das Pult, doch Stanley beugte sich darüber und blies die Kerze aus und schlug sie dann mit einem schnellen Hieb von dem Pappbecher. Michaels Gesicht sah aus, als kreische er, obwohl er keinen Ton von sich gab. Er warf mit dem Pappbecher nach Stanley und traf ihn mitten im Gesicht. Jetzt wurde Stanley von Panik übermannt. Der Becher war praktisch ohne Gewicht, doch Stanley blinzelte und wurde blass, und dann kreischte er plötzlich in blindem Zorn und sprang über das Pult. Bevor ich ihn halten konnte, hatte er Michael zwei Mal geschlagen.

Ich stand zwischen ihnen. Beide riefen jetzt durcheinander. Michael stand der Schrecken im Gesicht. Er schrie: »Ich hol mir ein Messer, du Arschficker! Ich bring dich um!« (Und das von einem noch nicht Achtjährigen.) Wieder wurde Stanley bleich. Es überraschte mich, wie sehr er Angst hatte. Er hörte auf, sich gegen meinen Zugriff zu wehren und lief zum Schrank an der hinteren Wand des Zimmers, wo er einen Haufen Stoffe und alte Hüte zur Seite warf. Als er zurückkam, hielt er ein langes Metzgermesser in der Hand.

»Jetzt hab ich ein Messer, du Arschficker! Versuch doch mal, mich umzubringen!«

Michael holte tief Luft und sagte ganz leise: »Er hat ein Messer, George.«

Ich nahm Stanley das Messer ab. Michael lief aus dem Zimmer. Ich hielt Stanley am Arm fest. Ich war wütend und schrie: »Wir dulden keine Messer in der Schule!« Er wehrte sich und fluchte. »Ich bring so viele Messer, wie ich will, du Arschficker! Nimm bloß deine beschissenen Hände weg!«

Ich packte ihn fest an beiden Schultern und fing an ihn durchzuschütteln, kein kurzes Schütteln, sondern ein langes, langes, langes Schütteln, so dass selbst seine Arme schlaff wurden. Sein Gesicht änderte sich von Minute zu Minute, so als fielen Masken ab. Das düstere brutale Gesicht verschwand, und zum Vorschein kam das Gesicht eines nicht ganz zwölf Jahre alten Jungen, dem sich alles drehte und der sich einfach bemühte,

206

seine Orientierung wieder zu finden. Dann verschwand auch das Gesicht, und ich sah das Gesicht eines kleinen Kindes vor mir, das eine Ausrede sucht und heulen will. Babytränen formten sich in seinen Augen und rannen ihm über die Wangen, auf beiden Seiten der Nase. Ich hörte auf, ihn zu schütteln und setzte ihn neben mich in einen Stuhl. Während er versuchte, wieder zu Atem zu kommen, erklärte ich ihm, dass ich nie zulassen würde, dass ihn jemand mit dem Messer angreift. So wenig wie ich es zulassen würde, dass er jemanden mit dem Messer angreift. Wir würden überhaupt keine Messer in der Schule erlauben. Er wollte etwas sagen, doch ich wiederholte meine Feststellung nochmals Wort für Wort, und er hörte mir mit leicht gesenktem Kopf zu.

17. 3. 1965

Das am meisten vom Mittelstand geprägte Kind in der ganzen Schule ist der kleine Bertrand Kleist, dessen Eltern radikale Aktivisten sind. Er ist ein kräftiger, gescheiter, draufgängerischer Sechsjähriger, gut umsorgt und optimistisch. Sowohl Willard, als auch Stanley haben einen Narren an ihm gefressen und behandeln ihn wie ein Maskottchen, wenn wir auf Ausflüge gehen. Die drei saßen zusammen im Bus stadteinwärts, und Stanley legte Bertrand einen Arm um die Schulter. In solchen Augenblicken ist Stanley wirklich zärtlich. Man kennt ihn dann kaum, so wie vor einigen Tagen, als er zehn Minuten lang neben Laura saß und ihr ganz zart die Haare bürstete.

Wir hatten uns in drei Gruppen auf die Busse verteilt und sammelten uns jetzt wieder und gingen in den Central Park, in der Absicht, von einem kleinen Hügel hinter den provisorischen Tribünen in der Gegend der 60. Straße dem Festzug zum St. Patrick's Day zuzuschauen. Mehrere Polizisten waren jedoch dort stationiert, ausdrücklich zu dem Zweck, Leute von dort zu verjagen. Ich fragte einen der Bullen, weshalb wir diesen ganz logischen und völlig ausreichenden Platz nicht besetzen konnten. Er wusste es nicht, und sein eigenes Verhalten war ihm tatsächlich peinlich. Er riskierte ein trauriges Lächeln und sagte:

»Da müssen Sie schon im Rathaus fragen, ich bin nur ein Soldat.«

Ein paar von unseren Kindern liefen den Hügel hinunter und schlichen sich zu reservierten Plätzen. Im Nu folgte ihnen unsere ganze Schule, alle kletterten über die Steinmauer und halfen sich gegenseitig auf die

Tribüne. Ein typisches Unternehmen der First Street. Wir eigneten uns nicht für diese Welt.

Doch die Leute auf der Tribüne, eine Mischung aus Kindern und Erwachsenen, amüsierten sich über unsere Invasion und streckten uns hilfreiche Hände hin und rückten zusammen, damit es genügend Sitzplätze gab. Und so machten wir es uns auf den besten Plätzen gemütlich.

Die Luft war frisch, und auf der Tribüne herrschte eine lebhafte Stimmung. Ich kaufte ein Dutzend Erdnussbeutel und reichte sie an unsere Kinder und an die hilfreichen Nachbarn weiter. Es sah so aus, als sollte es doch noch lustig werden.

Nationalgarde und ein Aufgebot von Reserveoffizieren marschierten an der Spitze des Festzuges, und sie marschierten in einen Mantel des Schweigens gehüllt an uns vorbei. Und da wird immer von der Begeisterung der Öffentlichkeit für das Militär geredet.

Doch schon kam eine Schar in Reithosen gekleidete Debütantinnen auf ausgelassenen braunen Pferden, und sie wurden mit lebhaftem Beifall begrüßt. Auf die Beifallsrufe folgte eine einzelne Stimme: »Hallo, Schöne! Hallo, Schöne! Nicht du, du bist ja hässlich, das Pferd!«

Es war Stanley. Er hatte die Hände zu einem Trichter geformt. Neben ihm saß Michael Hasty und verfolgte jede seiner Bewegungen. Als sich Stanleys Stimme legte, erhob sich Michaels: »Hallo, Schöne! Hallo, Schöne! Nicht du, du bist ja hässlich, das Pferd!« Er hatte ebenfalls die Hände zu einem Trichter geformt. Als einige weitere Soldaten vorbeimarschierten (wieder unter Schweigen), schrie Stanley: »Gebt ihnen einen Orden!« und Michael wiederholte es, die Worte und den Tonfall. Nun kam eine Gruppe Würdenträger im Frack, mit leuchtend roten Schleifen auf der Brust. Sie zogen die Hüte, als sie an den Tribünen vorbeimarschierten, und Stanley schrie: »Gebt ihnen Hundekuchen!«, und sein Echo wiederholte: »Gebt ihnen Hundekuchen!« Ich saß in der obersten Reihe. Sie saßen drei Reihen von mir entfernt. Ich hatte mich vorgebeugt und ihnen zugerufen, und jetzt schrie ich wieder, doch eine Menge strahlend roter Uniformen war in Sicht gekommen – die Blaskapelle der Cardinal Spellman High School – und sowohl Michael als auch Stanley schrien aus Leibeskräften: »Da kommen die Schwulen!«

Zu dem Zeitpunkt waren wir bei unseren hilfreichen Freunden nicht mehr allzu beliebt. Um die Sache noch schlimmer zu machen, fingen Mi-

208

chael und Stanley an zu streiten. Stanley starrte ihn feindselig an und ballte eine Faust. Michael bekam es mit panischer Angst zu tun und schlug zu. Sein Schlag traf Stanley mitten im Gesicht und jagte ihm zunächst Angst ein, die zu den Schmerzen und der Größe des Siebenjährigen, der sie verursacht hatte, in keinem Verhältnis standen; doch dann überkam ihn rachsüchtige Wut. Er begann auf Michael loszudreschen.

Die Leute auf der Tribüne wichen vor ihnen zurück. Ich packte Stanley an den Handgelenken und hob ihn hoch und stellte ihn dann hinunter auf den Boden.

Er stand da und fluchte und schrie und wollte auf die Tribüne zurückklettern und weiter auf Michael einschlagen.

»Den Arschficker bring ich um! Du verfickter Schwuler, dich bring ich um!«

Stanley ist weiß, Michael ein hellhäutiger Neger. In kurzer Zeit ergriffen alle Neger und Puerto-Ricaner auf der Tribüne Partei für Michael und gegen Stanley. Ein großer puerto-ricanischer Junge machte sich daran, von der Tribüne herunterzuklettern, um Stanley eine Lehre zu erteilen, und ich musste ihn daran hindern.

Inzwischen hatte sich Mabel, die wie Tausende von Zuschauern auf Stanley aufmerksam geworden war, einen Weg zu ihm gebahnt. Sie erschien jetzt neben ihm und nahm ihn mit auf einen Platz inmitten ihrer Gruppe.

Der Festzug wurde immer einförmiger. Die Leute auf der Tribüne langweilten sich allmählich und wurden unruhig. Susan und ich nützten Stanleys Abwesenheit aus und riefen unsere Kinder zusammen und gingen. Michael blieb ganz in meiner Nähe. Wir tranken noch etwas in der Imbissstube in der Nähe unserer Schule, bevor wir zurückgingen, und eben als der Chor der Strohhalme zu den letzten Takten kam, mit jenem röchelnden, schlürfenden lauten Geräusch, der die letzten Schlückchen begleitet, kam Mabel mit dem Rest der Jungen herein, wahrscheinlich, um ihnen eine Limonade zu spendieren. Stanley schrie und stürzte auf Michael los. Ich hielt ihn auf und redete ernst mit ihm. Es war mir klar, dass wir ihn nicht behalten konnten, wenn er weiterhin auf seiner Rache bestand. Ich sagte ihm, er müsse die Schule verlassen, wenn er Michael weh tue.

»Ich tu ihm nicht weh, ich bring ihn um!«

Ich wiederholte meine Worte.

»Das ist mir doch egal! Ich bring ihn um!«

Inzwischen drängte uns der Chef der Imbissstube, schleunigst zu verschwinden. Das Hin und Her ging auf dem Gehweg weiter, wobei sich Michael hinter meinem Rücken versteckt hielt.

Stanley wiederholte seine Drohung. Ich sagte ihm, die Entscheidung liege bei ihm. Und dann sagte er plötzlich, völlig unerwartet: »Okay, nur ein einziger Boxhieb.«

Michael kam sofort nach vorne und sagte: »Okay – ein Boxhieb«, und stellte sich mutig hin. Stanley gab ihm einen heftigen Schlag gegen den Arm und ging davon.

Michael hatte mich vorher schon gebeten, ihn nach Hause zu begleiten, und so ging ich mit ihm die Straße hinunter. Doch nach ein paar Hauserblocks sagte er: »Jetzt hab ich keine Angst mehr, George. Ich kann allein nach Hause.«

Er hatte sich ganz besonders gefürchtet, nachdem er das riesige Klappmesser gesehen hatte, das ich an diesem Morgen Stanley weggenommen hatte. Stanley hatte vor allem deswegen mit dem Messer herumgefuchtelt, weil er sichergehen wollte, dass ich es sah. Er wollte offensichtlich feststellen, ob ich mein Wort halten und es ihm abnehmen würde.

18. 3. 1965

Da ich geradewegs nach Hause ging, nachdem ich Michael ein Stück weit begleitet hatte, hatte ich immer noch Stanleys Messer in der Tasche. Stanley begrüßte mich heute morgen damit, dass er nach seinem Messer schrie. Ich sagte ihm, ich werde es ihm nach Schulschluss geben, und er dürfe es nie wieder mitbringen.

»Gib mir mein Messer!«

»Wir dulden keine Messer in der Schule.« » Ich will mein Messer!«

»Jeder, der ein Messer in die Schule bringt, wird für den Rest des Tages nach Hause geschickt.«

»Das ist mir scheißegal! Gib mir mein Messer!«

Ich ging ins vordere Zimmer, um meinen Mantel aufzuhängen. José, Julio und Vicente pfuschten an einer elektrischen Heizplatte herum. Willard schaute ein Buch mit Bildern aus Vermont an. Wir hatten uns über den Zuckerahorn unterhalten und wie der Saft aufgefangen und zu Sirup

210

verkocht wird, und wie der Sirup noch einmal zu Zucker verkocht wird. Ich hatte ein Glas Sirup mitgebracht, und wir hatten vor, Zucker daraus zu machen. Die Jungen wollten wissen, wie er schmeckt. Stanley erschien in der Tür. »Gib mir das beschissene Messer!« Ich sagte ihm, niemand könne ein Messer haben und in der Schule bleiben, und ich sagte es wütend, denn ich hatte genug von ihm. Er fing an noch lauter zu schreien, auf eine rhythmische, entschlossene Art: »Gib mir das beschissene Messer! Gib mir das gottverdammte Messer! Gib mir das gottverdammte, scheißbeschissene Messer!«

Ich nahm das Messer aus der Tasche und knallte es ihm in die Hand. Dann packte ich ihn am Kragen und am Hosenboden und lief mit ihm die zwei Treppen hinunter und schob ihn aus der Haustür und sagte ihm, er solle morgen wiederkommen, ohne Messer. Und ich ging wieder hinauf, keuchend und schnaufend. Und da war Stanley. Er war den anderen Eingang hereingekommen und hatte die andere Treppe benützt. Ich packte ihn wieder und schob ihn wieder hinaus und forderte ihn wieder auf, morgen ohne Messer zurückzukommen, und keuchte wieder die Treppen hoch. Diesmal wartete er etwa fünf Minuten, dann platzte er ins Zimmer, schreiend und fluchend und Drohungen ausstoßend. Ich war nicht nur zu müde – und sowieso besiegt, es war auch so offensichtlich, dass er in der Schule bleiben wollte (der notorische Schulschwänzer), dass ich wusste, ich konnte keinen dritten Versuch machen. Ich ging mit ihm in ein anderes Zimmer und schloss die Tür zu (denn ich wollte ihn nicht gedemütigt sehen), und schüttelte ihn an den Schultern, bis sein Gesicht klar zu werden begann, und dann (nicht ohne Schwierigkeiten, aber Gott sei Dank mit Erfolg) legte ich ihn übers Knie und versohlte ihm aus Leibeskräften den Arsch. Die ersten Tränen waren ihm gekommen, als ich ihn durchschüttelte, und jetzt flossen sie noch freier – Kindertränen. Ich setzte ihn neben mich und hielt ihn fest, nicht um ihn zu trösten, sondern um ihn zum Zuhören zu zwingen. Ich sagte ihm, er könne sein Messer nicht haben, solange er in der Schule sei; ich würde es ihm nach der Schule wiedergeben (ich hatte es wieder an mich genommen).

»Das soll ich glauben? Das hast du gestern gesagt und es mir dann nicht zurückgegeben.«

»Warum habe ich es nicht zurückgegeben?« »Das weiß ich doch nicht.«

»Weil ich nicht zur Schule zurückgekommen bin, deshalb. Wo bin ich denn hingegangen?«

»Ich weiß nicht.«

»Wer ist mir mit gegangen?« »Michael.«

»Warum ist er mit mir gegangen?« Ein leichtes Lächeln spielte um seine Lippen. »Ich weiß nicht.«

»Oh doch, das weißt du ganz genau. Weil du ihm Angst eingejagt hast, deshalb.«

Als ich ihn gehen ließ, war sein Gesicht klarer und friedlicher, als ich es je gesehen hatte. Er sah so verändert aus, dass José, als er im Flur an ihm vorbeiging, sich verdutzt nach ihm umdrehte, sagte aber nichts.

Die Tatsache, dass ich Stanley verprügelt hatte, machte mir klar, dass ich mit ihm nicht fertig wurde. Nicht dass es ein Fehler gewesen wäre, ihn zu verprügeln. Es war genau das Richtige gewesen (und konnte nicht wiederholt werden). Er ist dem Kind in sich fürchterlich entfremdet und wird deshalb von kindlichen Ängsten getrieben. Dadurch dass ich ihn verprügelte, behandelte ich ihn als Kind. Ich hatte zu dem von ihm zurückgestoßenen Teil seiner selbst eine Beziehung hergestellt. Und ich hatte ihn spüren lassen, dass ich dem Verhalten gewachsen war, mit dem er selbst nicht fertig wurde. Doch genau das ist der Haken, denn wenn ich auch im Prinzip damit fertig werde, schaffe ich es in Wirklichkeit doch nicht. Ich habe das alles schon einmal mitgemacht, und ich weiß, dass ich es nicht noch mal schaffe.

Vor Jahren hatte ich es an der Schule für schizophrene Jugendliche mit einem achtjährigen Jungen zu tun, der das personifizierte Böse zu sein schien. Er war ein verblüffend schönes Kind, dunkelhaarig, mit besonders großen, weichen Augen, langen Wimpern und roten, roten üppigen Lippen. Wenn er ein anderes Kind weinen hörte, bekam er Lachkrämpfe. Sein Körper fing dann an zu zittern, er beugte den Rücken und sprang mit steifen Beinen auf und ab und schlug immer wieder die Fingerspitzen zusammen. Er machte sich immer wieder unbemerkt an die jüngeren Kinder heran und zwickte oder schlug sie. Er sammelte Käfer und riss ihnen die Beine aus und sperrte die zuckenden Leiber in ein Einmachglas. Einmal fand er während der Spielstunde auf dem Hof eine Glasscherbe und schnitt damit zwei Kinder. Die Wunden waren glücklicherweise nicht ernsthaft, wenn die eine davon auch genäht werden musste. Und so debattierten wir unter uns – so wie wir jetzt über Stanley debattierten – über dieses Kind. Nur etwa die Hälfte der Kinder war imstande, Fortschritte zu machen. Ivan war unter den intelligentesten und gehörte zu den wenigen, für die wir Hoffnung hegten. Doch die entscheidende Überlegung war die: wenn wir ihn abwiesen, war sein Leben so gut wie vorüber, denn die einzigen Einrichtungen des Staates kamen Kerkern gleich. Wir beschlossen, ihm noch eine letzte Chance zu geben. Ich hatte noch nie mit ihm gearbeitet. Ein anderer Lehrer übernahm meine Kinder, und drei Wochen lang, fünf Stunden täglich, widmete ich mich Ivan. Später wurde er ein Mitglied meiner Gruppe, doch in diesen drei Wochen gehörten wir einander ganz allein. Es sah so aus, als wolle er mich überlisten, eine Schwäche entdecken, und damit eine Ausstiegsmöglichkeit für sich selbst. Doch genau das Gegenteil war der Fall, denn wenn er sich auch mit offener Verzweiflung auf mich stürzte und zeitweilig mit dämonischer Energie und Gewitztheit, wie es schien, so wollte er in Wirklichkeit nur entdecken, dass ich ihn zügeln konnte, und das hieß für ihn: dass ich ihn vor ihm selbst schützen konnte. Maxine, Vicente und Stanley sind »impulsiv«. Ivan würde man kaum so beschreiben. Ein Zittern packte ihn – lief offenbar sein Rückgrat entlang – und schleuderte ihn dann praktisch auf irgendjemand. Meine Aufgabe war es einfach, das vorauszuahnen: Ich musste da sein, wenn ihn der Impuls packte, und ihm dann, oft mit sanfter Gewalt, helfen, damit zurechtzukommen, indem ich ihm etwa den Arm um die Schulter legte und neben ihm herging und ihm verschiedene Atemtechniken beibrachte. Nach drei Wochen war es, als stoße er einen großen Seufzer der Erleichterung aus. Er fühlte sich sicher. Er reihte sich unter die anderen Kinder meiner Gruppe. Ich war seine rechte Hand, und er war inzwischen sogar stolz auf die Tatsache, dass ich es nicht zuließ, dass er anderen wehtat.

Ich muss immer wieder an Ivan denken, wenn ich Stanley beobachte, vor allem in einem Punkt: Ivans Grausamkeit, die ihm das größte Vergnügen zu bereiten schien, verlor sich zusehends, nachdem er eine höhere Stufe der Betätigung kennen gelernt hatte. Sein Problem ging zum Teil darauf zurück, dass sich die durchaus normalen Aggressionen des menschlichen Lebens nicht richtig entwickelt hatten. Er »zergliederte« – um Frederick Perls Wort zu benützen – seine Nahrung nicht, weder durch Beißen, noch durch Zermahlen, sondern er zerriss sie mit den Fin-

213

gern zu kleinen Stücken und saugte die Stückchen auf und schluckte sie. Er gebrauchte seine Hände auch nicht mit der normalen Angriffslust, die wir für selbstverständlich halten, wenn wir die alltäglichen Veränderungen in unserer Umwelt vornehmen. Er gebrauchte seine Hände wie die Krallen eines Vogels: nur die Nägel. Selbst wenn er ein anderes Kind schlug, dann war das nicht eine Hand, die zuschlug, sondern ein Stück Holz, mit einer Schnur an seinem Arm befestigt. Ganz ähnlich war sein Atem nicht in Übereinstimmung mit den Anforderungen seines Körpers, wenn er in Bewegung war. Solche Dinge waren es – und es gab noch viele andere –, mit denen wir arbeiteten, die wir neu zu gliedern versuchten. Im Laufe der Monate erlebte Ivan kurze Augenblicke, in denen er angemessen »funktionierte«. Diese Momente waren ihm so wichtig, dass man bei anderen Gelegenheiten erleben konnte, wie er sich bemühte, sein eigenes Verhalten aus diesen seinen besten Momenten zu kopieren.

Verglichen mit Ivan ist Stanley ein normaler Junge, auch wenn er offensichtlich gestört ist. Er hat mit Ivan gemeinsam, dass auch er Gleichaltrige nicht ertragen kann, sondern sie einschüchtert und ihre Beziehungen sabotiert. Ich weiß, wenn ich ihn unter meine Fittiche nehmen, ihn vor ihm selbst beschützen und die Verantwortung für die Impulse übernehmen würde, die er selbst nicht meistern kann, dann könnten wir ihn hinkriegen. Die Wirklichkeit sieht aber so aus, dass ich dazu nicht imstande bin. Ich habe die notwendige Geduld nicht mehr, oder die Hingabe, oder – das wichtigste – die Liebe. Das wurde mir klar, als ich ihn verprügelte, denn ich sah, wie richtig es war – nicht richtig an sich, und bestimmt nicht richtig als Strafe (was es gar nicht war; es war Zwang und Wut), sondern richtig als erster Schritt in einer langen Kette enger Verantwortung, die schließlich zu einer zweckmäßigen Parallele der Liebe führen müsste. Ich konnte diese Kette nicht aufrechterhalten. Und die First Street School war keine Schule für gestörte Kinder. Und deshalb war das Verprügeln falsch, was nichts anderes heißt, als dass wir Stanley loswerden müssen.

Willard ist es langsam satt, dass Stanley dauernd den Ton angibt. Er versteht, dass er eine Art Handlanger ist; doch er kann es nicht mit Stanleys Gerissenheit aufnehmen.

Willard und ich sind uns nie nahe. Er vertraut sich mir nie an. Doch er begreift allmählich, dass ich ihn mag, oder vielmehr, dass ich gewisse

Dinge an ihm mag ... und er muss die gleichen Dinge selber schätzen, denn als er heute Kenzo anfauchte und die Faust hob, warf er mir einen versteckten Blick zu, und ein fast scheues Lächeln huschte über sein Gesicht. Er ließ seine Hand fallen und ging davon.

Willard und José werden allmählich Freunde. Sie reden jetzt öfter miteinander und lächeln. Die Ähnlichkeit ihrer Charaktere ist der Grund dafür. Beide haben eine im wesentlichen gesunde Selbstachtung. Beide sind vernünftig. Beide sind mutig. Mehr als alles andere wollen sie gelobt werden.

Ich gab Mabel Stanleys Messer, und sie gab es ihm dann am Ende des Tages.

21. 3. 1965

Heute änderten die Jungen zum ersten Mal die Mannschaften in ihrer fast endlosen Serie an Völkerballspielen. Willard kam mit einem breiten Grinsen über die Mittellinie und bestand darauf, dass Julio und Vicente mit Stanley spielten, und er und José wollten ihnen standhalten.

Doch nach dieser plötzlichen Änderung fehlte dem Spiel die Intensität, die es immer gehabt hatte, denn es hatte bisher eine ganze Menge Feindseligkeit aufgesaugt.

Ich hatte im Umkleideraum den Plastikdeckel irgend eines Kanisters gesehen; er hatte die Form jener »Frisbees« oder »fliegenden Untertassen«, die die Kinder in den Parks einander zuwerfen. Ich ließ ihn mitten unter sie segeln und sagte nichts. Sie hoben ihn sofort auf und fingen an, ihn sich zuzuwerfen, als Ersatz für einen Fußball. Und nun fingen sie zum ersten Mal seit Willards und Stanleys Ankunft an zu spielen, richtig zu spielen, und waren recht fröhlich und erfinderisch dabei.

Sie hatten alle den James-Bond-Film »Goldfinger« gesehen, in dem die große Gefahr von einem ungeschlachten Orientalen ausgeht, der einen steifen Hut mit einer stählernen, rasiermesserscharfen Krempe trägt. Er tötet mehrere Leute, indem er seine tödliche Melone durch die Luft segeln lässt und ihnen damit die Kehle durchschneidet. Der Plastikdeckel wurde zu der Melone aus »Goldfinger«. Und eine besondere Spielregel wurde sofort erfunden: man durfte ihn erst berühren, wenn er völlig zum Stillstand gekommen war. Solche Zauberkräfte hatte er! Es gab ein großes Geschrei und viel Schauspielerei. Einer nach dem andern trat an die Linie,

215

mit dem Deckel auf dem Kopf, und schnitt furchterregende Gesichter, so dass die anderen mit gespieltem Entsetzen durcheinander hasteten. Vor allen Dingen wurde dabei sehr viel gelacht.

Willards Bruder, der aus der Erziehungsanstalt entlassen worden war und einige Wochen zuhause zugebracht hatte (Wochen, in denen Willard stets übler Laune war), machte wieder eine Dummheit und ist erneut in der Erziehungsanstalt. Mabel verbrachte den Vormittag damit, Willard und Stanley zu helfen, ihm einen Brief zu schreiben. Am Nachmittag arbeiteten die Jungen an ihrem ersten Gruppenprojekt, einem Billardtisch. Sie gingen alle mit Mabel zum Holzgeschäft und dann in die Eisenhandlung, um Werkzeuge zu kaufen: eine Laubsäge, Nägel und Schrauben, Leim.

25. 3. 1965

Drei Funktionäre von den öffentlichen Schulen kamen heute zu uns, um uns zu inspizieren. Sie waren wie eine fremdartige Rasse, so wie sie sich mit ihren Pokergesichtern unter uns bewegten, mit ihren steifen Gesten, dunklen Anzügen und Krawatten. Flüchtig betrachtet waren sie grotesk oder komisch. Wenn man ihnen jedoch ins Gesicht schaute, sah man, dass es ihre Funktion war, die grotesk war, ihre Rolle im komplizierten Räderwerk der Maschine. Die Männer selbst bezahlten den Preis. Sie waren abwechselnd verlegen, beschämt, verärgert, gelangweilt, jenseits aller Gefühle. Einer von ihnen – der angenehmste und intelligenteste – hatte im Gesicht jene empfindliche Röte des starken Trinkers.

Sie waren alle rücksichtsvoll und wollten unseren gewohnten Betrieb nicht stören, zum Teil deshalb, weil sie selbst so stark exponiert waren, denn alle unsere Gruppen sind klein, und wenn ein Beobachter ins Zimmer kommt, drehen sich alle nach ihm um und beobachten ihn.

Die Behörden haben uns nie viel Schwierigkeiten gemacht, und heute begriffen wir auch, warum, denn die Funktionäre entdeckten allenthalben Probleme aus der Vergangenheit. Und sie wollten sie in der Vergangenheit belassen.

»Tag, Stanley. Ach ja. Ich sehe, Willard ist auch hier!«

Und ein anderer: »Da ist Vicente. Ich sehe, Sie haben alle Hände voll zu tun. Ist das nicht José Portillo?«

Einer von ihnen ging in Susans Zimmer, und als er Maxine sah, wie sie sich über ein Buch beugte und geschäftig etwas auf ein Stück Papier zeichnete, murmelte er vor sich hin: »Mein Gott! Ist das Maxine?« Sie blickte auf und sah ihn und sagte: »Hallo! Willst du was sehn?«

Wir besprachen uns mit den Funktionären später. Wir hatten damit gerechnet, uns verteidigen zu müssen, doch sie redeten wie anerkennende Besucher. »Ich finde, es ist wunderbar, was Sie mit diesen Kindern hier machen.« Wir konnten keine gemeinsame Basis finden. Die Besprechung war kurz. In ihren Augen waren wir eins der Sicherheitsventile des Distrikts, und sie wollten uns auf keinen Fall verstopfen.

Einer von ihnen war in mein Zimmer gekommen, als ich gerade mit José arbeitete. Er sagte: »Stört es sehr, wenn ich mich eine Weile hierher setze?« Ich nickte und sagte: »Ja, allerdings.« Ich war sicher, dass er verstand, was ich sagen wollte – dass nämlich José zusammenklappen würde. Er zwinkerte mir zu und ging wieder hinaus. Später erklärte ich ihm die Lage, und er sagte: »Ich weiß, ich weiß. Wir hatten José vier Jahre lang drunten in der PS[public school: öffentliche Schule].«

Nach einigen Tagen der Ruhe hat Stanley wieder angefangen, die anderen zu terrorisieren. Sein Einfluss auf alle anderen ist einfach katastrophal. Wir beriefen eine Versammlung der ganzen Schule ein, um zu beschließen, mit welcher Bestrafung die zu rechnen hätten, die dauernd Schwächere drangsalieren. Die Hauptsünder waren anwesend und versuchten, die Abstimmung in ihrem Sinne zu beeinflussen, doch die jüngeren Kinder blieben fest, und alle hatten die Nase voll. Es wurde beschlossen, dass jeder, der ein jüngeres Kind schlug, der Schule einen Tag fernbleiben musste. Doch das ist eine nur schwer durchzusetzende Regel. Die Versammlung selber wird stärker wirken als die neue Vorschrift.

Während des Werkunterrichts bedrohte Stanley dauernd Julio, nicht immer direkt, sondern er setzte seinen Nerven zu, indem er mit seinem Hammer besonders viel Krach machte und murmelte: »Mir stinkt's allmählich. Mir stinkt's allmählich.« Die anderen Jungen bedrohen, weil sie vor Stanley Angst haben, jeden, den sie können, und machen ihrem Ärger Luft, indem sie die herumschubsen, die sich nicht wehren können.

Ich zitterte vor Wut, als ich heute die Schule verließ. Und vor Abscheu und Verachtung.

217

30. 3. 1965

Zwei Lehrerkonferenzen diese Woche: Was tun mit Stanley? Niemand bezweifelt seinen schlechten Einfluss auf die anderen, doch wenn wir ihn rauswerfen, findet er sich in kürzester Zeit in der Erziehungsanstalt wieder. Außerdem ist dies die einzige Schule, die er je besucht hat, und sie bringt ihm offensichtlich irgendeinen Nutzen. Wir riefen seinen psychiatrischen Fürsorger an, der seit einem Jahr einmal wöchentlich mit ihm zusammen ist. Wir verabredeten uns mit ihm zum Abendessen im Rappaports. Gloria und Susan entschieden sich, nicht zu kommen, und sagten, sie würden sich unseren Entscheidungen fügen.

Das Restaurant füllte sich langsam. Es gibt (hier und in Ratner's) immer noch erkennbare Spuren von den Glanztagen der jiddischen Theater in der Second Avenue, doch sie sind stark verblasst, von mehreren Wellen des »Neuen« überspült. Ich erkannte einige Theaterleute an einem langen Tisch in unserer Nähe. Ihr Off-Broadway-Stück war nach einem Sperrfeuer schlechter Kritiken abgesetzt worden, und sie hatten den Nachmittag damit zugebracht, es zu zerpflücken. Sie waren still und vermieden es in ihrem eigenartigen, für Kinder und Schauspieler typischen Verdruss, einander in die Augen zu sehen. Sie hatten darum geworben, geliebt zu werden.

Stanleys psychiatrischer Fürsorger traf schließlich ein, und wir erkannten uns ohne weiteres, obwohl wir uns nie vorher gesehen hatten. Er war Ende zwanzig, blond und ernsthaft, mit Spuren eines Akzentes aus den Südstaaten. Wir bestellten und fingen an, uns über Stanley zu unterhalten.

Der junge Psychologe hatte erst vor kurzem seinen Doktor gemacht und entwickelte nun das Gehabe seines Berufsstandes, was wegen der immer noch jungenhaften Gutmütigkeit seines Gesichtes allzu deutlich wurde. Da war der Eindringliche Blick, die Lange Pause, das Zweimalige Kopfnicken. (Letzteres besteht aus einem Nicken, einer Pause und einem weiteren Nicken. Das erste Nicken zeigt an, dass er einen gehört hat; die Pause bedeutet, dass man sich in einer Form geäußert hat, die er nicht akzeptieren kann; das zweite Nicken soll ausdrücken: »Machen Sie trotzdem weiter. Ich werde das später richtig stellen.«) Da war die Antwort-Die-Die-Frage-Korrigiert, und da war auch ein Manöver, für das sich schwer eine Bezeichnung finden lässt, obwohl ich es oft beobachtet habe.

218

Die Wirkung ist väterlich und arrogant zugleich, schwächt und bestärkt. Der Betreffende zieht die Augenbrauen hoch, während man redet, zeigt damit, dass er jedes einzelne Wort bezweifelt; und wenn man ausgeredet hat, senkt er bescheiden den Blick und enthält sich ganz betont jeglicher kritischer Anmerkung. Nichts von diesem ganzen Gehabe schien auch nur das geringste mit dem Gesagten zu tun zu haben. Es erinnerte mich an einen Freund am Ende seines Medizinstudiums. Wir halfen damals einem gemeinsamen Freund, sein Auto zu reparieren, und ich sagte: »Hmm. Ich habe mir den Finger aufgerissen.« Der neue Arzt betrachtete sich meinen verletzten Finger und machte eine ernste Miene und zupfte sich am neuen Schnurrbart. In vergangenen Jahren hatten wir zusammen beim Ballspielen und in den Wäldern zahllose Schnittwunden, Quetschungen, Schürfungen, Beulen und Schrammen erlitten und hatten kaum darauf geachtet. Doch dies war der am genauesten begutachtete und am gründlichsten untersuchte Kratzer, den ich je hatte. Schließlich sagte er feierlich mit einer bemerkenswerten Toleranz für die törichten Taten der sterblichen Menschheit : »Da tun wir am besten etwas Merthiolate drauf.« In ganz ähnlicher Manier sagte uns der junge Psychologe, Stanley brauche »feste Grenzen«.

»Ich weiß, Sie glauben an Freiheit, übertreiben Sie aber nicht. Er braucht Grenzen. Scheuen Sie sich nicht davor, ihm eine Tracht Prügel zu verabreichen.«

Und: »Es gelingt ihm ganz gut, auf einer Mann-zu-Mann-Basis Beziehungen zu Erwachsenen herzustellen.«

Kurz und gut, wir waren uns alle über Stanley einig – doch das hatte keinerlei Einfluss auf die Eindringlichen Blicke, das Zweimalige Nicken und die Langen Pausen. Der Psychologe war jedoch von Stanley bewegt worden, und seine eigene Sorge um ihn war bewegend.

»Wissen Sie«, sagte er, »ihm sind einfach sämtliche Wege verbaut. Wenn Sie ihn vor die Tür setzen, ist er endgültig draußen.«

Das war der eine Aspekt des Problems, über den wir mehr zu erfahren gehofft hatten – die Alternativen. Er erwähnte die vielen Anzeichen für die in Stanley steckenden großen Möglichkeiten. Und es stimmte, wenn man sich Stanley isoliert vorstellte – wenn man von seinem katastrophalen Einfluss auf andere Kinder absah – dann wurden einem seine Intelligenz und seine Vorstellungskraft bewusst, seine Bedürfnisse und sein unglückliches Familienleben. Der Gedanke, ihn rauszuwerfen, schmerzte. Wir fragten ihn, ob die First-Street-Schule für Stanley viel bedeutete. »Ganz sicher. Zum ersten Mal in seinem Leben *will* er die Schule besuchen. Er redet sehr viel davon.«

Das war genau das, was wir nicht hatten hören wollen.

Mabel und ich gingen später in ihre Wohnung und nahmen ein Stück Papier und einen Bleistift und fingen an eine Strategie zu entwerfen, mit der sich Stanleys Wirkung auf die anderen Kinder auf ein Minimum beschränken ließ. Mabel entschloss sich, ihren Vormittagsunterricht mit den jüngsten zu opfern. Ich machte einen neuen Zeitplan für José und sagte, Ja, ich werde jeden Tag eine Stunde allein mit Stanley arbeiten. Und dann schien es lächerlich, solche Pläne zu machen. Ich konnte nicht mit Stanley arbeiten, denn das wäre Psychotherapie, und ich konnte als Therapeut nur arbeiten, wenn ich wirklich und wahrhaftig mich selbst den Bedürfnissen des Patienten opferte. Aus eben diesem Grunde hatte ich diese Laufbahn abgebrochen; sie hatte mich zerrissen, und nachdem ich das vier Jahre lang mitgemacht hatte, war mir klar geworden, dass ich nicht mehr bereit dazu war.

Ich sagte: »Wir müssen ihn loswerden«, und griff zum Telefon, um dem Psychologen die schlechte Nachricht mitzuteilen. Mabel schaute finster drein. Ich hatte das schreckliche Gefühl, das einen überkommt, wenn man einem anderen Menschen wirklich wehtut. Ich sagte: »Scheiße«, und legte den Hörer wieder auf.

Wir machten uns erneut ans Planen und versuchten, unsere Aktivitäten neu zu ordnen. Wieder sagte ich: »Wir schaffen es nicht«, und griff zum Telefon. Diesmal wählte ich die ganze Nummer und ließ dann den Hörer fallen, als habe ich mir die Finger verbrannt. Wenn ich das jetzt so beschreibe, wird mir klar, dass hier eine ganz bestimmte Art des Sichgehenlassens sichtbar wird.

»Vielleicht können wir eine Hilfskraft einstellen, einen älteren Schüler oder einen Studenten, vielleicht jemanden von SNCC [Student Nonviolent Coordinating Committee], der uns in der Mittagspause helfen und jeden Tag mit den älteren Jungen aus dem Haus gehen kann.«

Wir machten uns wieder ans Planen.

Wir hatten nun wenigstens zugegeben, dass keiner von uns das hatte, was Stanley brauchte.

220

13. 4. 1965

Wir haben es mit zwei Hilfskräften versucht. Der erste war zu gehemmt und vornehm, der zweite zu intellektuell und geschwätzig. Die Jungen sahen in ihm einen Spinner und machten sich über ihn lustig, und er war unglücklich. Jetzt haben wir einen siebzehnjährigen Puerto-Ricaner, der in der Second Street wohnt (wo er erst vor ein paar Tagen mit dem Messer bedroht und ausgeraubt wurde). Er ist sehr sportlich und lebhaft und aus sich herausgehend, doch seine einzigen Vorbilder sind die Autoritäten in den öffentlichen Schulen und die watschelnden Bullen der PAL [Police Activities League], die sich nicht mal in der Nase bohren können, ohne aggressiv und bedrohend zu wirken. Mit anderen Worten, er ist zu sehr ein Produkt der Straßen, neigt zu sehr dazu, die Jungen herumzustoßen und auf eine engstirnige und schrecklich autoritäre Art kritisch zu sein. Doch wir müssen ihm die Chance geben, unseren Stil zu begreifen und zu übernehmen.

Die Tage werden wärmer, und gelegentlich sorgt ein prächtig blauer Himmel für Unruhe. Glorias und Susans Kinder machen wunderbare Fortschritte. Die älteren Jungen sind durcheinander, rastlos wegen des Frühlings (so wie ich) und von Stanley angetrieben. Sie wollen auf eigene Faust hinaus, sind aber gleichzeitig zu ängstlich, ihren sicheren Zufluchtsort zu verlassen. Sie sind von der Großstadt überwältigt, wie von ihrem eigenen Gefühl der Untauglichkeit, und so drücken sie sich in der Schule herum und führen große Reden und verwerfen fast alles, was wir ihnen bieten. Mabel hatte eine Idee, die mir zuerst nicht gefiel, die dann aber großartig ankam. Es ging darum, die Jungen in Arbeitskolonnen einzuteilen und sie für ihre Arbeit gut zu bezahlen. Die Vorstellung, Geld zu verdienen, spornte sie gewaltig an, und sie rannten mit Eimern und Wischlappen durch die Gegend. Unglücklicherweise gibt es nicht genügend Arbeit, die wirklich ins Gewicht fallen würde, obwohl wir zweifellos jede Woche ein bisschen auftreiben können. Würde die Schule uns gehören, gäbe es eine Menge Arbeit, und es würde den Jungen sehr viel bedeuten, in der Schule eine Einkommensquelle zu haben, die ihren Anstrengungen entspricht. Schließlich ist das ganz genau die Situation der Lehrer, und sie hat uns nicht korrumpiert, sondern unserer Anwesenheit hier die notwendige lebensnahe Dimension gegeben.

Heute hat mich José, zum ersten Mal seit Wochen, um eine Unterrichtsstunde gebeten. Es wurde eine gute. Er ist immer noch so weit zurück, dass ich nicht oft optimistisch bin, doch wenn ich meine früheren Schilderungen von ihm lese (wie ich das eben getan habe), sehe ich, wie sehr er doch vorangekommen ist. Er hat überhaupt keine Einbrüche mehr und hat aus seinem eigenen kleinen Übungsheft so viel gelernt, dass er immer wieder an gedrucktes Material herangehen kann. Ich habe ihm einen Satz Repetitionskarten gekauft, und er interessiert sich für sie, nicht als Hilfsmittel zum schematischen Lernen oder zur Wiederholung, sondern als Objekte: Karten, Wörter. Manchmal kommt Vicente herein, wenn wir fertig sind, und setzt sich neben mich und liest. José, der früher sofort aus dem Zimmer gegangen wäre, bleibt da und hört zu.

Wir hielten heute einen großen Rechtschreibe-Wettbewerb ab, mit Bargeldpreisen für die Sieger (und Trostpreisen für die Verlierer, die niedergeschlagen und sauer waren). Geld ist ein Zauberwort. Ich habe noch nie erlebt, dass sie sich so begierig auf eine organisierte Aktivität stürzten. Leider können wir die Sache nicht wiederholen. Die Schule ist zu klein. Die Sieger gewannen mit großem Vorsprung, und sie würden mit Sicherheit immer wieder gewinnen – Eléna und Kenzo.

16. 4. 1965

Jemand hat unserer Schule ein Fahrrad spendiert. Stanley und José blieben zusammen in der Turnhalle und fuhren damit, nachdem die anderen Jungen mit Ramon, unserem siebzehnjährigen Assistenten (der sich nicht bewährt hat), weggegangen waren.

José trug ein rotes Hemd, und er zog es aus. Ich hob es auf und sagte: »Hast du schon mal einen Stierkämpfer gesehen?« Auf so etwas hatten sie nur gewartet. Der Radfahrer übernahm die Rolle des Bullen, und der andere lockte ihn mit dem »roten Tuch«.

Stanley sprang lachend vom Fahrrad. »Toro entkommt! Toro springt ihn an! Toro wirft ihn zu Boden! Toro kitzelt ihn!«

Sie spielten erfinderisch und ohne sich zu streiten, und es tat gut, das zu sehen. Stanley kann sich so verhalten, wenn er mit jemandem allein ist. Später, in der Mittagspause, war er wieder Al Capone und belästigte die anderen und sorgte für eine hässliche Stimmung.

Ich nahm nach dem Mittagessen die Jungen eine Weile zur Seite und erzählte ihnen von den Stierkämpfen, die ich in Mexiko gesehen hatte.

222

Sie interessierten sich dafür, so wie sie sich für alle tapferen, gewalttätigen und gefährlichen Dinge interessieren.

26. 4. 1965

Ich bot José eine Unterrichtsstunde an. Die anderen Jungen saßen um uns her. Er schob den Unterkiefer vor und sagte: »Ich scheiß drauf.« Seine Lippen formten ein schwaches Lächeln, und in seinen Augen lag ein merkwürdiges Bitten. Es war klar, dass er den Unterricht wollte, sich aber fürchtete, das vor den anderen Jungen zuzugeben. Im Spaß sagte ich, ich würde ihn mit Gewalt ins Klassenzimmer zerren, ohne Gnade. »So? Dann brech' ich dir das Genick, Mann«, sagte er, immer noch lächelnd. Da bückte ich mich und lud ihn blitzschnell auf meine Schultern und trug ihn ins andere Zimmer und setzte ihn auf das Pult wie einen Mehlsack. Ich rief nach Mabel und bat sie, uns einzuschließen, und José grinste jetzt, sehr zufrieden, dass er auf diese Weise aus seinem Zwiespalt befreit worden war.

Ich öffnete die Packung mit den neuen Wortkarten. José lag in seiner ganzen Länge auf dem Pult, und ich setzte mich neben ihn. Er hatte Einwände gegen die große Zahl der Karten, es waren etwa hundert, doch ich sagte: »Es sind neue Wörter. Versuch nicht sie zu lesen. Schauen wir doch einfach mal durch, was wir haben.« Ich drehte eine Karte nach der anderen um. Er erkannte viele – zu seiner eigenen Überraschung – und die legten wir dann in ein getrenntes Häufchen. Ich machte ein zweites Häufchen aus Karten mit Wörtern, die er meiner Ansicht nach vielleicht in der näheren Zukunft würde lernen wollen. Das dritte Häufchen war für die schwierigen Wörter. Jetzt wurde jede Karte zum Anlass einer kurzen Besprechung. Ich deckte das Wort »hübsch« auf. »Ah ja«, sagte er strahlend, »leg's hierhin«, und deutete auf das zweite Häufchen. Und so ging es mit etlichen anderen. Und während er sagte, dass er sie bald lernen wolle, lernte er sie auf der Stelle und wusste es gar nicht. Es war eigenartig. Die Karten selbst waren konkrete Objekte, und die Wörter begannen auch wie Objekte auszusehen, so als sortierten wir Besitztümer aus. Bald forderte ich ihn auf, zu jedem Wort einen Satz zu bauen, selbst zu denen, die er nicht lesen konnte, und wir drehten immer mehr Karten um und redeten über Wörter und betrieben so dieses friedliche, unbeschwerte Spiel ziemlich lange.

Der Rest des Tages war ein Chaos, unser typisches Chaos mit Stanley, für eine Schilderung zu langweilig.

5. 5. 1965

José und Willard spielen das Beleidigungsspiel, ihre eigene Version von »The Dozens«. Jeder versucht, die Beleidigungen seines Gegners noch zu steigern und sie gegen ihn zu richten. Es ist ein traditionelles Spiel unter Negern, habe ich gelesen, obwohl wir etwas ganz ähnliches auch bei Shakespeare finden. Die Beleidigungen sind oft so gemein wie nur möglich, und das hat für Jungen in Josés und Willards Alter großen Anreiz.

Willard beschreibt mit den ausgestreckten Fingern seiner beiden Hände einen Kreis. »Das ist das Loch deiner Mutter, Mann.«

José mit seinen mangelhaften Englischkenntnissen verliert dauernd. Er sagt: »Lass dich ficken.«

Willard grinst und sagt: »Dazu gehören zwei, um mich zu ficken.« Er nennt seinen Schwanz ein heißes Würstchen und sagt, er werde Senf draufschmieren und Josés Arsch als Brötchen benützen.

José sagt: »Mann, das Loch deiner Mutter war so dreckig, dass du schwarz herausgekommen bist.«

Hätte José das vor zwei Monaten gesagt, hätte ihm Willard das Gesicht blutig geschlagen. Jetzt wird er nur rot, grinst sein »überlegenes« Grinsen und sagt: »Mir gefällt meine Hautfarbe, Mann«, – und bringt seine nächste Beleidigung an.

Wir haben in letzter Zeit in der Schule Filme gezeigt, und unsere Umwickelspule ging kaputt. Ich nahm José und Vicente mit in das Geschäft, wo ich eine neue kaufen wollte, José auf seinem Fahrrad, Vicente und ich zu Fuß.

José auf dem Fahrrad: Das führt zu dem für ihn typischen Verhalten. Er muss glauben, er sei viel besser, als das den Tatsachen entspricht. Er rast in unübersichtliche Kurven, ohne zu bremsen, überholt Lastwagen, ohne sich über möglichen Gegenverkehr Gedanken zu machen. Und anstatt sich auf diese Dinge zu konzentrieren, nimmt er lieber die Hände vom Lenker, um zu demonstrieren, wie gut er ist.

»Mann, der wird noch manchen Unfall bauen.« Vicente schüttelte den Kopf. Wir konnten José nur in der Ferne sehen.

Einen Augenblick später musste José mit einer scharfen Kurve einem Fußgänger ausweichen, rammte eine Parkuhr und segelte zu Boden.

Willard hat bei allen unseren Vorführungen den Projektor bedient. Er benimmt sich dabei sehr interessiert und intelligent und ist der einzige, der den Film richtig einlegen kann. Er hat sich stark verbessert, was sein launisches Wesen und seine Fähigkeit, Freundschaften zu schließen, angeht.

Wir haben nun schließlich Stanley doch ausgeschlossen. Die Kinder wissen ohne Skrupel, was sie wollen. Alle sind froh, dass er fort ist – ganz besonders Willard.

7. 5. 1965

Mabel und ich fuhren mit einer Gruppe der Kinder hinauf zum Bear Mountain. Seit Stanley fort ist, hat sich der ganze Geist der Schule bemerkenswert verbessert. Von den Jungen nahmen wir Willard, José, Julio, Vicente und Donald, einen neuen Jungen, mit. Von den Mädchen Rudella, Eléna, Dodie, Dolores und Hannah.

Die ländliche Szenerie wirkte, wie immer, zuerst aufregend auf sie, und dann besänftigend.

Wir hatten keine genaue Vorstellung, wo wir hingehen wollten, und verließen uns ganz auf den Zufall, der uns dann zum Eingang eines großen Campingplatzes im Wald brachte, wegen der Winterpause immer noch zu und mit einem langen Eisenrohr verriegelt. Wir konnten von der Straße aus die ruhige Wasseroberfläche eines Sees sehen.

Die Anlage war zu, war sie aber zu und abgeschlossen? Nein, das war sie nicht. Wir nahmen den Riegel heraus, fuhren hinein, verriegelten wieder ... und hielten am Ufer des Sees unser Picknick.

Die Jungen liefen zu einer kleinen Bucht, zogen sich aus und sprangen ins Wasser. José und Willard wollten sich nicht sehen lassen und bedeckten sich mit ihren Händen, doch Vicente kletterte auf einen Felsen und stand dort oben, als wolle er über die ganze Welt weg pissen und schrie: »Heh, Mädchen, wollt ihr meinen Schwanz sehen?« – und seine Stimme klang wie Glockenläuten über dem Wasser.

Die Mädchen wandten sich ab, einige kicherten, andere machten ein angewidertes Gesicht. Rudella sagte: »Diese blöden Jungen!«

Doch ein paar Minuten danach, als sie die nackten Leiber im See herumtoben und plätschern sahen, kam jener jammervolle weibliche Ausdruck über ihr Gesicht- Die Jungen haben immer das ganze Vergnügen. Dann fanden sie jedoch einen Bach, in dem sie waten konnten, und bald ging das fröhliche Geschrei hin und her.

Wir aßen unser Mittagessen beim See, sammelten unsere Abfälle ein und fuhren dann zu dem alten Bradley-Erzbergwerk und machten uns daran, es zu erforschen.

Ein guter Tag. Alle waren müde auf der Heimfahrt. Die Mädchen stimmten im Bus Lieder an.

12. 5. 1965

Da Stanley weg ist, brauchen wir Ramon, unseren Assistenten, nicht mehr, und wir haben ihn gehen lassen.

Weitere Fahrräder sind gestiftet worden. Wir sind jetzt ziemlich viel draußen, und das ist auch gut so. Die Unterrichtsstunden sind kurz, selbst die mit José. Die Jungen haben mit einigem Interesse auf einfache Geografie und Landkarten reagiert. Vielleicht lässt sie der Wandertrieb des Frühlings für sie – oder für uns – lebendig werden. José ordnet alles danach ein, wie es im Verhältnis zu Puerto Rico liegt. Er hatte eine Rakete gezeichnet, die sich dem Mond nähert, und ganz dort unten war der Umriss der Ostküste zu erkennen. Zu meiner Überraschung war das mehr oder weniger korrekt skizziert – bis auf Puerto Rico, das sehr groß war, wenn auch die Form stimmte. Ich entdeckte, dass er damit angefangen und den Rest später eingezeichnet hatte.

18. 5. 1965

Mit José und Vicente und dem kleinen Michael Hasty im Zoo in Bronx. Die anderen Jungen und einige der jüngeren gingen mit Mabel nach Staten Island.

Dieser idiotische Trotz der ganzen Clique gegenüber Erwachsenen ist vorbei. José und Vicente mögen mich beide, und es ist ihnen offensichtlich lieber, das auch zeigen zu können. Sie fürchten sich jetzt auch nicht mehr davor, ihr Verlangen nach Aufmerksamkeit auszudrücken. Mit anderen Worten, die Kinder nützen jetzt, da Stanley weg ist, uns und ihre eigene Freiheit besser aus.

Es war ein guter Tag. José interessierte sich für viele Dinge und stand lange Zeit vor bestimmten Käfigen und stellte Fragen und gab Kommentare ab. Er zeigte lachend auf einen großen Adler mit einer weißen Halskrause und glänzenden schwarzen Federn auf der Brust und an den Flügeln. »Schau«, sagte er, »er ist reich«, und machte dabei eine Geste, als streiche er über den Pelzkragen am Mantel eines reichen Mannes. Vicente hält es immer noch nicht lange an einem Ort aus. Er rannte von Käfig zu Käfig und schrie mit seiner durchdringenden Stimme: »Heh, sieh mal hier! Sieh doch!« Er hatte Zigaretten dabei, und ich ließ ihn nicht rauchen. Er lief davon und grinste über die Schulter zu mir zurück und zündete eine Zigarette an und stellte sie stolz zur Schau, während er den Weg zwischen den Käfigen entlang stelzte. Schon bald runzelte er die Stirn und hustete, und einen Augenblick später trottete er wie ein Fünfjähriger neben mir her und hielt sich an meiner Hand fest. Der kleine Michael hat sich noch nicht mit ihnen befreundet, und er hielt einen gewissen Abstand von uns, war einmal vor, einmal hinter uns und kam nur selten her und sagte etwas, höchstens wenn José und Vicente auf eigene Faust loszogen, dann kam er her und redete mit mir.

Wir kamen an den Käfig der Wickelbären, und erlebten die Fütterung mit. Es waren fünf Bären da, sie waren etwa so groß wie Hauskatzen und hatten einen braunen Pelz. Sie gingen nervös auf und ab und kletterten auf ihrem schrägen Baumstamm herum … und dann erschien der Fressnapf. Drei der Bären fingen an zu fressen, doch die anderen zogen sich jeder in eine Ecke zurück, um sich dort unterwürfig niederzukauern. Die Jungen sahen das und fragten, was es zu bedeuten hätte. Ich konnte nur Vermutungen anstellen: es waren die Weibchen (ich konnte jedenfalls erkennen, dass die anderen Männchen waren). Die Weibchen wurden ungeduldig und krochen nach vorne, und eines der Männchen drehte sich um und bedrohte sie. Die Weibchen gingen wieder in eine unterwürfige Stellung. Es ließen sich deutlich drei Positionen unterscheiden: Der Kopf war zur Seite gedreht; der Kopf war zur Seite gedreht, und das ganze Tier lag flach auf dem Boden; das Tier war völlig zusammengerollt, wie im Schlaf. Es interessierte die Jungen, zu erfahren, dass diese Positionen Signalen gleichkamen (ich hatte Lorenz gelesen), und dass sich die Tiere auf diese Weise verständigen.

Wir blieben bis drei Uhr im Zoo. Die Jungen waren erschöpft. Sobald wir uns in der U-Bahn niedergelassen hatten, schlief Vicente ein, zuerst mit dem Kopf an meiner Schulter, später in meinem Schoß. José lehnte sich an meine andere Schulter, und bald war auch er in tiefem Schlaf, nach hinten gegen den Sitz gesunken. Nur Michael schlief nicht. Er stand lange Zeit auf der Plattform zwischen den Wagen und betrachtete die Schienen, doch schließlich kam er dann und setzte sich neben uns. Ich musste Vicente und José in der Fourteenth Street wachrütteln.

»Wa ...? Wa ...? Ach so!«

Sie schlugen verwirrt die Augen auf und stürzten dann mit verlegenem Grinsen zur Tür und riefen uns ihr Lebwohl über die Schulter zu.

20. 5. 1965

Die Subkultur der Armut. In dieser Welt nehmen die Kinder an, dass grundsätzlich alles, was gesagt wird, zu ihrem Nachteil ist. Wir standen vor der Schule und überlegten uns, wohin wir gehen sollten. Viele waren für den Strand, darunter auch José, doch José hatte keine Badehose und beschwerte sich laut darüber. Mabel sagte: »Vielleicht können wir Badehosen mieten, wenn wir dort sind.«

»Bockmist!«, schrie José. »Ich will an den Strand!«

Ich sagte zu ihm: »Ich gebe dir auf der Stelle fünf Dollar, wenn du wiederholen kannst, was sie gesagt hat.«

»Was?«

»Ich gebe dir fünf Dollar, wenn du wiederholen kannst, was sie gesagt hat.«

Inzwischen horchten alle zu. José schrie: »Klar, Mann!« Und ich sagte: »Schieß los.«

Er hatte das Kinn kampflustig vorgestreckt, und er schaute mich aus zusammengekniffenen Augen an. Langsam drehten sich seine Augen auf eine Seite. Auf seiner Stirn bildeten sich Runzeln. Er ließ den Unterkiefer hängen. Langsam überzog eine Röte sein Gesicht, und er lächelte hilflos.

»Was hat sie gesagt?«, sagte er.

18. 6. 1965

Letzter Schultag. Wir gingen wieder zum Alpine Park, der auf dem New-Jersey-Ufer des Hudson liegt, günstig für uns, klein, fast immer menschenleer, bis auf einige Fischer. Der Park ist ein schmaler Streifen, nahe am Fluss, mit Picknicktischen, Feuerstellen, einem gewundenen schmalen Weg, der unter den Bäumen am Ufer entlangführt. Hinter uns waren die mit Wäldern bewachsenen Klippen des Steilufers, vor uns das Wasser und die ehrfurchtgebietende Unermesslichkeit der Stadt, schön aus dieser Entfernung.

Wir hatten die ganze Schule in den Kleinbus geladen, Kinder hatten andere Kinder auf dem Schoß, Kinder und Lehrer saßen auf dem Boden. Ein Bulle schaute zum Fenster herein, als wir eben von der Schule wegfuhren, und er brachte den Mund nicht mehr zu. »Du großer Gott«, murmelte er, »fahr vorsichtig, Kumpel.«

Jungen und Mädchen – welch primitive Unterschiede zeigen sich sofort, wenn man erst mal aus der Stadt draußen ist! Schon fünf Minuten nach unserer Ankunft richteten sich die Mädchen unter den Ästen eines Baumes ein Haus ein, und die Jungen rannten in alle Richtungen davon. José unterhielt sich mit einem Fischer. Willard und Julio untersuchten die Feuerstellen und rannten dann davon und schleuderten Steine ins Wasser. Vicente hechtete sich mit dem Kopf voraus in einen Abfallkorb und suchte nach weiß-Gott-was.

Maxine, Eléna und Dolores waren an diesem Vormittag einkaufen gegangen, und wir waren alle gut mit roten Würsten und Hamburgers, Marshmallows und kleinen Gurken, Brötchen und Kartoffelchips versorgt. Ich forderte die Jungen auf, Holz fürs Feuer zusammenzutragen. Keiner weigerte sich. Keiner reagierte. Ich hätte genauso gut die Seemöwen beauftragen können. Ich suchte also selber nach Holz und schichtete zunächst Papier und Reisig in zwei der Grills und legte dann Holzkohle darauf. Ich tränkte die zwei Häufchen mit Feuerzeugbenzin ... und die plötzlichen Flammen und die Rauchwolken zogen die Jungen mit erstaunlicher Geschwindigkeit an. Feuer! Ich weiß nicht mehr, was sie im einzelnen sagten, doch sie sprangen aufgeregt umher und schrien unentwegt. Und sie konnten – jetzt, da die Feuer einmal brannten – dem Drang nicht widerstehen, die Flammen zu schüren. Sie hasteten umher und suchten Holz, und jeder trug seinen Stecken zum Feuer bei. Inzwischen hatten die Mädchen und Lehrerinnen die Esswaren auf einem Tisch in der Nähe ausgebreitet. Ich erklärte den Jungen, dass die Feuer eine ganze Weile brennen müssten und dass wir unser Essen erst kochen könnten, wenn die Flammen und der Rauch weg seien und die Holzkohle glühe. Ihre Reaktion darauf war, mit ihren langen Stecken, die sie sich bereits be-

sorgt hatten, Hals über Kopf zu dem Tisch zu rennen. Sie kamen mit auf-
gespießten Würsten zurück und stießen sie in den Rauch und die Flammen. Susan, die meinen Vortrag über das Feuer gehört und die Ergebnisse gesehen hatte, saß am Tisch und lachte und lachte. Bald drängten sich
alle Kinder um die Feuer und rösteten Würste. Gloria und Mabel legten
eine Reihe Hamburger bereit. Wir hatten eine riesige Plastiktube Senf
mitgebracht, und Maxine griff sie sich und rannte zwischen den Köchen
und Essern herum und schrie: »Senf! Senf! Wer will Senf?« – und verteilte Senf in solchen Mengen, dass wir immer wieder hörten: »Heh, Maxine! Nicht soviel!« Auf die Würste folgten Marshmallows, und bald
schon sahen wir, wie sie die Übersättigung langsamer machte und ihre
Augen starr werden ließ, so wie das eben geht, wenn man lange ins Feuer
starrt und zuviel isst. Die Stille wurde auf höchst vorhersehbare Weise gebrochen, und wir wurden – auch das war vorhersehbar – davon überrascht, denn die Jungen hatten sich um die Feuer gestellt und holten jetzt,
wie auf Kommando, ihre stupsnasigen, begierigen kleinen Pimmel heraus,
ins Licht hüpfende kleine Hündchen, und löschten die Flammen mit einem kräftigen Ammoniak-Guss. Es war so vulgär, so unvermeidlich, so
humorvoll, so historisch und universell, dass wir Lehrer – die wir auf Gar-
tenfesten bei Freunden am Stadtrand immer den Wunsch unterdrücken,
in den Grill zu pissen – uns vor Lachen schüttelten und dem Ritual seinen Lauf ließen.

Und nun wieder die primitiven Unterschiede, denn die Mädchen, sogar Maxine, halfen den Lehrerinnen beim Aufräumen und verstauten Pa-
pierteller und Brötchenreste in den Körben. Einige banden ein langes Seil
an einen Baum und zwirbelten das andere Ende in gleichmäßigen Kreisen
und spielten Seilhüpfen. Andere warfen sich einen Wasserball zu. Sie
spielten tatsächlich alle ganz in der Nähe. Die Jungen jedoch waren wieder ausgeschwärmt. Nach einer Weile rief ich sie zusammen. Ich hatte ein
längeres Stück eines kräftigen Seils mitgebracht, und ich hielt es hoch
und rief: »Kommt, wir bauen eine Schaukel!«, und sie kamen alle angerannt, denn im Leben eines Großstadtjungen gibt es kaum einmal eine
Schaukel.

Wir nahmen den Weg, der durch die Bäume am Ufer entlang führte.
Am Anfang des Weges stand ein hölzernes Schild: NUR FÜR ROUTI-
NIERTE KLETTERER. José studierte das Schild grimmig. Er sagte:

»Nur für ...«, und wusste nicht mehr weiter. Julio las es vor: »Da steht ›Nur für routinierte Kletterer‹.« José sagte: »Bockmist«, und alle machten sich vor mir her auf den Weg. In dem Moment bekam ich den besten Anblick des ganzen Tages zu sehen, denn Willard und José gingen nebeneinander her und hatten sich die Arme um die Schultern gelegt. Wir fanden einen überhängenden Baum, und bald sprangen die Jungen mit dem Seil in den Händen von einem Felsen und ließen sich über das Wasser hinaus und wieder zurück schwingen. Mehrere Bretter waren ans Ufer geschwemmt worden und einer jener Gleitbalken, wie man sie an Anlegestellen sieht. José zog sich aus und packte den Balken und stürzte sich in den Fluss. Die anderen machten es ihm nach. Der Fluss war stark verschmutzt, doch ich dachte mir, sie würden es schon überleben, und deshalb ermahnte ich sie nur, in Ufernähe zu bleiben.

Auf der Heimfahrt im Bus wurde wieder gesungen. Eléna und Maxine stimmten ein Lied nach dem andern an, und wir Lehrer lernten dabei von den Kindern, denn wenn wir auch bei all den Sitzungen mit Barney dabei gewesen waren, so hatten wir doch kein Fünftel von dem gelernt, was die Kinder gelernt hatten. Sie sangen immer noch, als wir wieder in der East Side waren – so viele Texte! so viele Strophen! Ich hätte nie geglaubt, dass das so angenehm sein könnte oder dass sich der Friedensengel so lange in unserer chaotischen Mitte aufhalten würde.

Ich fuhr jedes Kind an seine Haustür, oder doch in seine Straße, und die Lehrerinnen auch, bis nur noch Willard und José im Bus waren. Sie saßen nebeneinander hinten im Bus, die ganze Fahrt schon. Sie hatten sich nicht am Singen beteiligt, aber sie hatten zugehört. Seit einigen Wochen schon ist Willard ruhig und friedlich, sein Gesicht strahlt oft stundenlang milde Gelassenheit aus, macht sogar einen glücklichen Eindruck. Ich sah ihn im Spiegel, und mir wurde bewusst, dass er den ganzen Tag gelächelt hatte, denn ihre Unterhaltung war auf ein Nichts zusammengeschrumpft, und sein Gesicht war zur Maske geworden. An seiner Ecke sprang er aus dem Bus und wandte sich José mit einem angespannten Grinsen zu. »Wir laufen uns sicher öfter mal über den Weg. Bis bald, Mann.« Ich sagte ihm Lebwohl, doch er achtete nicht auf mich und gab mir keine Antwort. José sagte: »Klar, Mann. Bis bald.« Ich sah Josés Gesicht geschwind im Rückspiegel, als ich den Bus wieder auf die Straße steuerte. Er hatte angefangen zu weinen. Er hatte die Schultern hochgezogen und bedeckte das

Gesicht mit einer Hand und versuchte die Tränen zurückzuhalten. Dann ließ er sich einfach gehen, saß aufrecht, mit hängenden Armen, da, und Tränen liefen ihm übers Gesicht.

Ich sagte nichts zu ihm, doch zehn Minuten später hielt ich vor meiner Wohnung an und bat ihn, einen Augenblick zu warten. Ich brachte einen Pelz herunter, den ich vor Jahren in Guatemala gekauft hatte, eine Zibetkatze, glaube ich, gelbbraun mit schwarzen Flecken. Er wischte sich mit dem Ärmel die Tränen ab. Er wollte wissen, ob ich das Tier geschossen hätte, doch das hatte ich nicht, ich hatte es nach einem erfolglosen Jagdausflug auf dem Indianermarkt gekauft. Ich zeigte ihm das von der tödlichen Kugel hinterlassene Loch. Als ich ihn in seiner Straße aussteigen ließ, warf er das Fell über die Schulter, und ich sah, wie er es zurechtrückte und glatt strich, während er die Straße hinunterging.

Freunde von uns haben José und Eléna eingeladen, eine Woche auf ihrer Farm in New Hampshire zuzubringen. Mabel und ich werden sie hinbringen und dann nach Maine weiterfahren, wo wir versuchen wollen, ein Haus zu mieten. Andere Freunde, in Vermont, werden Rudella eine Weile zu sich nehmen, zusammen mit ihrem jüngeren Bruder, der nächstes Jahr First Street besuchen wird. Später im Sommer wollen Gloria und Mabel mit einer größeren Gruppe nach Maine gehen. Sie wollen, dass ich mitkomme, aber ich glaube nicht, dass ich dabeisein werde. Ich habe für eine Weile genug von Kindern, und ich möchte hier raus.

12

Die Krise im öffentlichen Schulwesen erzeugt, ähnlich wie bei der rasch fortschreitenden Auflösung anderer gesellschaftlichen Institutionen, Befürchtungen und Zweifel, und wir reagieren so, wie das verängstigte Leute nun einmal tun: wir versuchen mit Gewalt Ordnung herzustellen und glauben, wenn wir erst die Symptome beseitigt hätten, hätten wir auch die Krankheit geheilt. Wir sprechen immer häufiger von Kontrolle, als hätten wir Angst, alles würde sich in nichts auflösen, wenn die Dinge unserem (eingebildeten) Zugriff entglitten. Und deshalb habe ich auf all diesen Seiten immer wieder eine einzige einfache Wahrheit in den Vordergrund gestellt: dass nämlich die erzieherische Funktion nicht auf unserer Fähigkeit, zu kontrollieren, oder unserem Willen, zu unterrichten, beruht, sondern vielmehr auf unserer menschlichen Natur und auf der Natur des Erlebens. Ich habe versucht ihre Attribute so zu schildern, wie sie in ihren Handlungen zum Ausdruck kommen, denn sie sind – in der Sache – die Grundlage alles Lehrens und alles Lernens. Dewey nennt sie den Ausgangspunkt der Erziehung. Wenn diese tieferen Attribute unseres Lebens auch oft durch Angst verwischt werden, so überleben sie dennoch. Sie sind die Quelle für Begabungen, die weit stärker sind, als unser Talent zum bürokratischen Planen. Ich habe darauf gedrängt, dass wir ihnen vertrauen, dass wir etwas Zutrauen zu den Lebensprinzipien haben, die in Wirklichkeit all die gut gegliederten Elemente in unserer Existenz geformt haben, solche Prinzipien wie unsere inhärente Geselligkeit, unsere inhärente Vernünftigkeit, unsere inhärente Gedankenfreiheit, unsere inhärente Neugier und unser inhärentes (solange die Lebenskraft intakt ist) Verlangen nach mehr. Konkret heißt das, wir müssen die Individuen von ihrer derzeitigen Anonymität im Schraubstock der Bürokratie befreien: die Schüler, weil ihnen ja schließlich diese ganze Aktivität gilt; die Lehrer, weil sie es sind, die handeln müssen. Ich habe unsere Versuche beschrieben, um genau das bei Vicente, José und Eléna und all den andern zu erreichen. Ich weiß, dass wir das in vieler Hinsicht nicht geschafft haben, doch die Aufgabe, die wir uns stellten, ist heute die entscheidende erzieherische Aufgabe in diesem Land.

Ich habe ausführlich von den Schulen A. S. Neills und Leo Tolstojs gesprochen. Ich habe wenig über die Philosophie John Deweys gesagt, obwohl es genau seine Gedanken sind, die die von mir beschriebenen Methoden und Ideale am profundesten ausdrücken. Es lohnt sich, näher darauf einzugehen, denn es gibt immer noch viele Leute, die, mehr oder weniger aus Gewohnheit, annehmen, die »progressive Erziehung« der Deweyschen Schulen sei ein echter Prüfstein für Deweys Gedanken. Das war aber nicht der Fall, wie Dewey selbst 1936 in »Experience and Education« wohlwollend einräumte,[16] wo er auf die Entgleisungen und Auswüchse der neuen Schulen hinwies und betonte, wie extrem schwierig es sei, eine Philosophie des Erlebens erzieherisch anzuwenden. Die gleichen Leute – Erzieher, Lehrer und Autoren pädagogischer Schriften – werden bezweifeln, dass ein so zwangloses und verwildertes Milieu, wie das in der First-Street-Schule, überhaupt so etwas sein kann, wie eine Nutzanwendung der Deweyschen Gedanken in unserer Zeit. Sie vergessen, dass Dewey nicht Methodik, sondern Technik beschrieb, und dass sich Technik den Bedürfnissen der Zeiten und den Bedürfnissen der Individuen ständig neu anpassen muss. Sie glauben vielleicht auch, weil Dewey die experimentelle Wissenschaft als Modell für die Erziehung hinstellte, müsse das Herz der Schule das Labor sein, oder vielleicht der Werkraum, und das ganze Unternehmen müsse die Sauberkeit und Endgültigkeit eines erfolgreichen physikalischen Experimentes haben. So hat das Dewey aber nicht gemeint. Er betonte immer und immer wieder – und zwar schon 1902 – dass man nicht die äußeren Verfahren der empirischen Wissenschaft übernehmen müsse, sondern die Dynamik, die in dem Verhältnis von Wissenschaft und Erleben steckt. Die Wissenschaft verarbeitet das Erlebte auf einmalige und einmalig nachahmbare Art. Sie kann sich keine Starrheit oder einfach rhetorische Ehrerbietung leisten, und doch baut sie auf der Vergangenheit auf. Sie ist zweckmäßig und lebt ganz im Leben der Gegenwart, und doch steht sie der Zukunft offen und ist kein Feind von Veränderungen. Freies Denken ist ihre Essenz, und doch hält sie sich diszipliniert an neu sich ergebende Bedeutungen. Sie legt größten Wert auf Ideen, kann ohne sie nicht funktionieren, definiert sie genauestens, und doch verherrlicht sie sie nie als endgültige Wahrheiten. Sie ist stets Ge-

234

genstand einer Zusammenarbeit. Egoismus, Anmaßung, die Machtgelüste des individuellen Willens – sie werden alle durch die Autorität der Wahrheit und die nachweisbare Struktur der natürlichen Welt gedämpft. Dies waren die Attribute, die Dewey zitierte, als er die empirische Wissenschaft als Modell für das gesellschaftliche Bemühen, das wir Erziehung nennen, vorschlug. Das Modell war vor allem deshalb so eindringlich, weil er es über und gegen die autoritäre Tradition stellte, die sich nie die Mühe gemacht hatte, sich eine Philosophie zu Grunde zu legen, die nie ihre Methoden der Vernunft unterordnete, und die den Akt des Lernens – worauf Dewey hartnäckig bestand – zum reinen Zufall gemacht hatte.

Es wäre vielleicht angebracht, Deweys Gedanken, seinen Denkstil und seine Geistesrichtung mit dem allgemein üblichen Stil unserer Pädagogen zu vergleichen, nicht nur, um die Unterschiede zwischen einem Philosophen und einem »Experten« aufzudecken, sondern um auch herauszufinden, weshalb unsere maßgeblichen Pädagogen Deweys tiefsten Erkenntnissen gegenüber so feindselig gesinnt sind (wie auch gegenüber den verwandten Anschauungen Neills und Tolstojs). Ich muss zugeben, dass ich diese Analyse nicht unparteiisch durchführen kann. Und es hätte nicht viel Sinn, sie überhaupt durchzuführen, sähe man sich nicht mit der Tatsache konfrontiert, dass organisierte Mittelmäßigkeit in diesem Land heute eine so große Macht ausübt. Während der Einfluss eines Philosophen auf der Autorität seiner Ideen beruht, beruht der Einfluss unserer Pädagogen auf einschlägigen Beziehungen zur zentralen Macht des pädagogischen Establishments. Ihre Ideen, wenn man sie einfach als solche nimmt, sind oft so schwach, dass man nur darüber staunen kann. Das trifft häufig beim einflussreichsten dieser Pädagogen, Jerome S. Bruner, zu, dem Direktor des »Center for Cognitive Studies« an der Harvard-Universität. Bruners Bücher sind nicht ohne Vorzüge, doch ich will es anderen überlassen, sie zu preisen. Ich möchte hier eine zugegebenermaßen einseitige, unfaire und vielleicht von meiner Verärgerung diktierte Analyse des Fehlers vornehmen, der für Bruner charakteristisch ist und seinen Beitrag meiner Ansicht nach so schädlich macht. Und ich meine damit nicht nur Bruner. Seine Fehler kennzeichnen das ganze Fach. Der positive Zweck dieser negativen Kritik wird in einem Moment sichtbar werden.

Das neueste Buch Bruners ist »Toward a Theory of Instruction«.[17]

Seine Ideen – verglichen mit der tatsächlichen Praxis der öffentlichen Schulen – scheinen aufgeklärt und human. Es befasst sich mit angeborenen Motiven, natürlicher Neugier, mit dem Geben-und-Nehmen aller sozialen Vorgänge. Jede Einzelheit gründet sich auf jahrelange Forschung. Doch da ist ein Haar in der Suppe. Für sich allein genommen fällt es nicht ins Gewicht. Doch wenn man es auf die harten Tatsachen der Umwelt in den Schulen überträgt, wird es – wie ich zeigen werde – in der Tat zu einer wichtigen Angelegenheit.

Bruner beschreibt die angeborenen Motive des Lernwillens und zählt dazu unter anderem »die tiefempfundene Bindung an das Netz gesellschaftlicher Wechselbeziehungen«.

»Die Verwaltung unserer Schulen [schreibt er] ist dieser ineinander greifenden Natur des Wissens gegenüber merkwürdig blind. Wir haben ›Lehrer‹ und ›Schüler‹, ›Experten‹ und ›Laien‹. Doch die Gemeinschaft des Lernens wird irgendwie übersehen. Was man ganz sicherlich unterstützen kann – und was an den besseren High Schools bereits entwickelt wird –, das ist eine Methode, die dem Geben und Nehmen eines Seminars nahe kommt, in dem die Diskussion der Träger des Unterrichts ist. Das sind Wechselbeziehungen. Voraussetzung ist jedoch, dass man eine Sache von entscheidender Bedeutung erkennt: man kann nicht gleichzeitig diese Wechselbeziehungen haben und verlangen, dass alle dasselbe lernen oder auf dieselbe Weise die ganze Zeit schön abgerundet sind. Wenn Gruppen, die auf dieser Basis arbeiten, den Lernvorgang dadurch unterstützen sollen, dass sie jeden Einzelnen anspornen, seine Bemühungen zum Wohl der Gruppe beizusteuern, dann werden wir Toleranz für die spezialisierten Rollen brauchen, die sich entwickeln – den Kritiker, den Neuerer, den Nachfasser, den Warner. Denn wenn sie diese ineinander greifenden Rollen kultivieren, bekommen die Teilnehmer ein Gefühl dafür, wie eine Gruppe auf der Basis von Wechselbeziehungen funktioniert.«

Diese Kriterien Bruners stammen nicht aus dem Leben, aus der Natur oder aus der Erfahrung, sondern aus dem geschlossenen System der Schulen. Er hat sich mit der Frage auseinandergesetzt: Wie können wir unsere Schulen verbessern? Es ist vielleicht deutlich, dass seine Antworten die Antworten eines Verwaltungsmannes sind. Doch vielleicht ist es nicht so deutlich, dass seine Frage die Frage eines Technokraten ist. Denn angesichts der gegenwärtigen Krise im Erziehungswesen würde die Frage »Wie können wir unsere Schulen verbessern?« weder den Wissenschaftler, noch den Philosophen befriedigen. Beide würden statt dessen fragen: Wie können wir unsere Jugend erziehen?

Ich möchte diese Gedanken Bruners zerlegen. Und ich möchte es so tun, dass ihre entscheidende Umweltwirkung auf die Jugend deutlich wird. Für den Fall, dass es noch irgend einen Zweifel gibt, dass dieselbe Stimme endlos durch die Pyramide der Kontrolle nach unten sickert, führe ich zwei weitere Beispiele an:

»Was wir vorschlagen würden ... ist, dass wir noch mehr darüber in Erfahrung bringen sollten, wie Kinder lernen, und wie verschiedene Kinder auf verschiedene Weise lernen, bevor wir irgendwelche Lösungen anbieten. Wenn wir genügend Erfahrungen gesammelt haben, wird es unserer Meinung nach vielleicht möglich sein, eine bessere Übereinstimmung zwischen den Zielen des Lehrplans und den Vorstellungen der Schüler herzustellen; und sicherlich eine bessere Übereinstimmung zwischen jenen Zielen, dem Bewertungssystem und den Wertvorstellungen der Schüler.« (Mary Alice White, The Urban Review, April 1968.)

Diese Sätze repräsentieren eine solche Quintessenz der in sich selbst verstrickten bürokratischen »Forschung«, dass ich mich verpflichtet fühle, sie gleichsam rot zu unterstreichen. Wer hätte vermutet, dass diese Pädagogin im Jahr 1968 schreibt? Kein Schulabschluss, Analphabetentum, Vandalismus, Barbarei, Verlust der Intelligenz, Verlust des Lebensmutes, Apathie, die sich zu Ekel steigert, Ekel, der sich zu Wut steigert – so sehen für viele Millionen Schüler und Familien die Erfahrungen in den öffentlichen Schulen tatsächlich aus. Solche Tatsachen wiesen auf die grundlegende Verantwortlichkeit der Erzieher hin. Und wie verantwortungsvoll sich die hier gibt, während sie sich die Tatsachen vom Leib hält, aus lauter Achtung vor ihren banalen Erkenntnissen, ihren »besseren Übereinstimmungen« und »Wertvorstellungen« und ihrem animistischen Glauben, dass im Lehrplan selbst »Ziele« steckten!

Es ist sinnlos, das andere Beispiel auch noch zu zitieren.

Und am liebsten würde ich auch nicht mehr zu Bruner zurückkehren, doch ich muss auf die Tatsache eingehen, dass unsere Gesellschaft dadurch, dass sie ihren Technokraten die Macht in die Hände gegeben hat, die zerstreuten Millionen entrechtet hat, die sonst vielleicht vernünftige

Kommunen bilden würden – die einzige angemessene Basis für die erzieherische Funktion. Es ist nichts Neues, dass wir eine herzlose Technokratie geworden sind. Vielleicht muss aber darauf hingewiesen werden, dass wir auf dem besten Weg sind, auch eine geistlose zu werden. Auf diese Unterscheidung möchte ich letzten Endes hinaus, die Unterscheidung zwischen echtem Denkvermögen, echtem Geist und reiner Verstandestätigkeit, denn wenn eine Nation jemals Weisheit nötig hatte (wie wir sie, glaube ich, bei Dewey finden), dann ist das unsere Nation, und zwar heute.

Wodurch wird das Denkvermögen zu einer reinen Verstandestätigkeit reduziert? Letzten Endes, wie ich versuchen werde zu zeigen, durch fehlende Liebe. Deutlicher noch durch einen Mangel an Vorstellungskraft, Mitgefühl, Beobachtung – Mangel an Widerhall. Und dieser Mangel an Widerhall, an Reaktion, ist kein rein negatives Phänomen. Wir finden nicht etwa eine Lücke, wo die Reaktion sein sollte. Vielmehr finden wir den Versuch, zu kontrollieren. Diese Verdrängung entspricht genau dem Mangel an Denkvermögen, auf den wir anspielen, wenn wir geringschätzig von »Abstraktionen« sprechen; denn wir wollen damit nicht sagen, dass man sich beim Denken keiner Abstraktionen bedienen soll, sondern dass Abstraktionen, wenn man es zulässt, dass sie den Platz dessen einnehmen, was man nur als die Masse der Welt bezeichnen kann, nicht mehr als wesentliche Komponenten des Denkens erscheinen, sondern nur noch als Abstraktionen.

Bruner erzählt uns, dass jedes Kind eine »tiefempfundene Bindung an das Netz gesellschaftlicher Wechselbeziehungen« erfährt. Oberflächlich betrachtet scheint das eine wahre Feststellung über das Leben zu sein. Andererseits liegt es auf der Hand, dass Kinder keine Netze und Bindungen erfahren, sondern vielmehr mit anderen Kindern, Erwachsenen, Spielen, Gegenständen usw. Erfahrungen sammeln. Feilschen wir da um Worte? Keineswegs. Wir wollen von Motiven, Wünschen, Bedürfnissen reden.

Wir wollen wissen, wie sich die Erfahrung dem Kind selbst mitteilt, und wie dem Erwachsenen selbst. Wir wollen wissen, was daran das Wesentliche, das Leben selbst ist. Es ist verhängnisvoll für unsere Untersuchung, wenn wir in den Fehler verfallen, zu glauben, unsere eigenen abstrakten Beschreibungen – »Bindung an das Netz usw.« – teilten sich im unmittelbaren Erleben derer, die wir beobachten, wirklich als Tatsachen mit. Wenn wir das zulassen, verlieren wir das Objekt unserer Untersuchungen aus den Augen. Damit fangen wir an, unsere eigenen Abstraktionen unter dem Eindruck, dass wir immer noch von der organischen Entfaltung des Lebens sprechen, abzuflachen. Ob wir uns dessen bewusst sind, oder nicht, wir haben angefangen, die Phänomene zu begrenzen und zu kontrollieren. Schauen wir uns die Folgen dieses Fehlers an. Er ist chronisch, und seine Folgen sind universell.

Wir sehen zunächst, dass die entscheidende philosophische und wissenschaftliche Frage an uns vorübergeht. Wie sollen wir die Jugend erziehen? Bruner ist daran nicht interessiert. Er spricht vielmehr vom Unterricht und ist bemüht, seine Wirksamkeit im Rahmen des bereits bestehenden Systems der Schulen zu verbessern.

Nun erscheint jene hochtrabende Phrase »tiefempfundene Bindung an das Netz gesellschaftlicher Wechselbeziehungen« im wahren Licht als das »Geben und Nehmen eines Seminars«. »Das«, so sagt er uns, »sind Wechselbeziehungen.« Stimmt das? Ist es nicht vielmehr der Verwalter selbst, der Sozialingenieur, der »Schulmönch«,[18] der sich, die Hände hinter dem Kopf verschränkt, in seinem Stuhl zurücklehnt, die Krawatte zwanglos verschoben, und das Füllhorn öffnet, indem er mit seinen Schülern plaudert, anstatt sie, was er ja auch könnte, den Schrecken einer Prüfung zu unterziehen? Wechselbeziehungen, gesellschaftliche Wechselbeziehungen, das Netz gesellschaftlicher Wechselbeziehungen, tiefempfundene Bindung ... und wir landen schließlich beim »Geben und Nehmen eines Seminars«! Man würde annehmen, die Wechselbeziehungen hätten mit dem Adelsstand des Lebens zu tun, mit unserem eigenen herannahenden Tod und dem sich fortsetzenden Leben der Welt im Leben der Jungen. Und mit der Einzigartigkeit der Schüler und unserer eigenen Einzigartigkeit. Und mit der Tatsache, dass Erleben, so wie es sich mitteilt, immer irgendwie neu ist und sich immer zu Situationen entwickelt – überdies Situationen, in denen wir nur unseren Teil geben können, nicht den Teil der anderen Person. Die Fragen, die mit den Wechselbeziehungen zusammenhängen, sind Fragen des Wollens und der Bedürfnisse, der Bedürfnisse des Individuums und der Gesellschaft: Sollen wir die Anwesenheit des Schülers erzwingen? Sollen wir ihn ohne seine Zustimmung »bewerten«, für unsere eigenen Zwecke, die wir auch noch geheim halten? Sollen wir Dauer und Gehalt unserer Begegnung vorherbestimmen?

Sollen wir im Voraus die Grenzen unserer eigenen Reaktion vorschreiben, so wie wir sie vorschreiben, wenn wir so gütig, so innig wissen, dass wir unterrichten wollen?

Es ist, glaube ich, deutlich, dass Bruner, wenn er von Wechselbeziehungen spricht, in Wirklichkeit, vielleicht ohne es zu wissen, an Kontrolle, Intrigen und Manipulationen denkt. Denn nun entdecken wir, dass es nicht das derzeitige Leben der Schüler ist, nicht ihre derzeitigen Interessen, Neigungen, Abneigungen, Loyalitäten, Ideale, Leidenschaften, Rivalitäten usw., die sie im Klassenzimmer anspornen dürfen, sondern vielmehr sind es gewisse »Rollen«, die ihnen zur Verfügung stehen »der Kritiker, der Neuerer, der Nachfasser, der Warner« – und der kluge Verwalter wird die Schüler bei der Erforschung dieser Rollen lenken, damit sie »ein Gefühl dafür bekommen, wie eine Gruppe auf der Basis von Wechselbeziehungen funktioniert«; und damit sie, weiß Gott, ja kein Gefühl dafür bekommen, was es heißt, im Zentrum anderer Leben lebendig zu sein, mitten unter aufregenden Ideen, ernsten Entschlüssen, erfinderischen und geistreichen Einfällen und vielleicht (kann es gesagt werden?) einer glühenden Liebe für das Lernen! Wenn ein Pädagoge von einem Jungen sagen kann: »Er hat eine Rolle übernommen«, dann hat der Junge alles andere erlebt, nur keine Rolle. Irgend eine Idee hat ihn beflügelt, eine Reaktion des Verstehens oder der Überzeugung. Seine echten Wünsche haben sich auf ein echtes Objekt oder eine echte Person gestürzt. Wenn Leute Wechselbeziehungen zueinander herstellen, dann heißt das nicht, dass sie »ein Gefühl dafür bekommen«, sondern dass sie sich tatsächlich miteinander beschäftigen. Merkwürdige Leute, unsere Pädagogen, aber wirklich! Sie entdecken die Autonomie angeborener Motive und gesetzmäßigen Wachstums und bestehen dann darauf, diese autonomen Dinge zu manipulieren! Sie bestätigen den Wert eines vom Instinkt gelenkten Lebens – und fordern Systeme, die das völlig außer Acht lassen. Sie erklären ihre Hochachtung vor Tatsachen und verschanzen sich jahrelang in experimentellen Labors, aus denen sie schließlich in einem Nebelschleier aus Abstraktionen wieder auftauchen, um hauptsächlich in einem Punkt zuzustimmen: dass mehr Forschung notwendig sei. Und wenn ihnen diese Forschung schließlich Binsenwahrheiten vermittelt, die jede Mutter kennt, und sie es wenigstens dabei belassen könnten, dann sind sie nicht bescheiden genug, das zuzugeben und sich zu-

240

rückzuhalten. (Welch umfangreiche Forschungsarbeit führt Bruner doch an, um zu beweisen, dass Babys herumtasten und Dinge anschauen – »Neugier ist der Prototyp des angeborenen Motivs«; dass das dreijährige Mädchen wünscht, sie könnte ihr Essen so gut zerkleinern wie ihr fünfjähriger Bruder – »der Wunsch nach größerer Tauglichkeit und das Bestreben, es einem Vorbild gleichzutun«; und dass neunjährige Jungen gern Besorgungen machen und praktische Ratschläge geben und es sehr gern haben, wenn sie für ihre wirklichen Beiträge und nicht für ihre unwirklichen gelobt werden – »tiefempfundene Bindung an das Netz gesellschaftlicher Wechselbeziehungen«.)

Die Umweltwirkung dieser Denkweise, dieser reinen Verstandestätigkeit, dieser Geistlosigkeit ist ganz klar. Die Schule selbst wird zum manipulierenden Faktor. Und dieser Manipulation lässt sich nur schwer widerstehen, denn sie scheint auf solcher Hochachtung vor »angeborenen Motiven« und »autonomen Funktionen« zu beruhen, obwohl sie diese Funktionen bei jeder Gelegenheit verletzt, die Lebensenergien einschränkt, sie so lange abrundet und lenkt, bis schließlich nur noch ein schwacher Abklatsch des Wachstums übrig bleibt, während doch das Wachstum selbst das ist, was erwünscht ist.

Wenn ich mich bei meinen Klagen allzu sehr von meiner Verärgerung habe leiten lassen, dann lassen Sie mich die Eintönigkeit dadurch unterbrechen, dass ich nun doch noch jenes andere Beispiel anführe.

»Während nun die Regeln der gegenseitigen Achtung einseitig sein können und eine übergeordnete Person vielleicht das Recht zu gewissen Vertrautheiten hat oder zu Eingriffen in den metaphorischen Grenzbereich um das Ich, Dinge, die die untergeordnete Person nicht erwidern kann, so muss der Übergeordnete den Untergeordneten dennoch achten und ihn nicht allzu sehr bedrängen. Während man erwarten kann, dass Lehrer das Recht haben, Schüler anzufassen, vor allem auf freundliche Art, sollte man nicht erwarten, dass Schüler dasselbe Recht frei ausüben dürfen.«

Diese auserlesenen Töne stammen aus einem Buch, das sich »Realities of the Urban Classroom« nennt (von G. Alexander Moore, jr.). Es wurde von der Regierung und einer Stiftung finanziert (der Titel allein ist schon ein Stipendium wert), und ist vielleicht ein Beispiel für die »Erfahrungen«, von denen wir, wie uns Fräulein White sagt, noch viel mehr sammeln müssen, »bevor wir irgendwelche Lösungen anbieten«. Wie sehr sich doch philosophisches Denken von der technokratischen Verstandestätigkeit unterscheidet, die ich eben mit Beispielen demonstriert habe!

Für Dewey ist Erziehung eine Funktion des Erlebens und eine Tatsache des Lebens, nicht die Aktivität eines geschlossenen Schulsystems. Und Schulen fügen den Erfahrungen der Kinder nicht etwas Artneues hinzu, sondern arbeiten mit Vorgängen und Fähigkeiten, die bereits vorhanden und erheblich entwickelt sind.

»Der Erzieher, der das Kind in die Hände bekommt ... muss Wege finden, bewusst und absichtlich das zu tun, was die ›Natur‹ in den früheren Jahren erreicht.«

Daraus folgt, dass wir keine Bedingungen schaffen dürfen, die eben die Prozesse verletzt, auf denen das ganze Unternehmen ruht. Wie ich in anderem Zusammenhang bereits erwähnte, besteht Dewey darauf, dass an erster Stelle die Zweckmäßigkeit steht, mit der das Kind alles Neue aufnimmt, denn es nimmt nichts in ein Vakuum auf, sondern in »die Kontinuität der Erfahrungen«, wie sich Dewey ausdrückt. Und deshalb kann der Lehrer nicht einfach unterrichten, denn es gibt im gesamten Leben keine Gelegenheit, bei der reine Information, losgelöst vom Gebrauch und den Bedeutungen der Erfahrung, als ein allein ausreichendes Motiv erscheint. Die Aufgabe des Erziehers ist es, Erfahrungen zu vermitteln. Um das tun zu können, muss er zuerst mit seinen Schülern eine Basis der gegenseitigen Beeinflussung herstellen, nicht als Lehrer, sondern als Mensch; denn es gibt keinen anderen Weg, die zweite entscheidende Komponente der Erfahrung zu vermitteln, und das ist die Kontinuität. Dewey meint damit nicht einfach die Kontinuität des Lehrplans, sondern die Kontinuität des Lebens, innerhalb dessen die Schule selbst nur eine von vielen Funktionen einnimmt. Nun sind aber gewisse Bedingungen für gegenseitige Beeinflussung und Kontinuität unerlässlich. Soll der Lehrer an dieser Wechselwirkung teilnehmen, muss er seine Schüler individuell kennen lernen. Doch wie soll er sie kennen lernen, wenn sie nicht frei sind, sich zu offenbaren, jeder Einzelne in seiner Einzigartigkeit? Aus solchen Überlegungen ergeben sich die Struktur der Schule, die Freiheiten, Verantwortlichkeiten und Beziehungen, die ich in früheren Kapiteln beschrieben habe.

Es gibt viele Gründe, warum Deweys Ideen so schwer in die Tat umzusetzen sind. Schon seine Gedankengänge sind schwierig und scharfsinnig (was immer man auch über seinen schlichten, hausbackenen Yankee-Stil sagen mag). Und sie sind noch schwieriger durchzuführen. Wie Tolstoj versteht auch er Methode nicht als einen rein formalen Begriff, der seinen eigenen Anlass vorwegnimmt, sondern als das, was geschieht. Die so genannten erzieherischen Methoden, die auf unseren Hochschulen gelehrt werden, lassen sich in der Tat nicht gebrauchen. Es sind reine Möglichkeiten, oft Behinderungen und überhaupt nichts wert, bis sie von der Bildfläche verschwinden und als Technik neu erscheinen. Und Technik lässt sich nicht lehren, ganz sicherlich aber erlernen. Der Grund dafür ist einfach: jedes Auftauchen von Technik, jede Anwendung, jede Lösung ist einmalig. Die Arbeit des Lehrers ist wie die des Künstlers; er formt etwas Gegebenes, und kein ernsthafter Künstler wird im Voraus sagen, er wisse, was gegeben sein wird. Dewey würde sicherlich den Vorschlägen Paul Goodmans und Elliott Shapiros zustimmen, dass die Gruppentherapie in der Ausbildung der Grundschullehrer einen zentralen Platz einnehmen soll. Das Werkzeug des Lehrers ist er selbst. Gruppentherapie bringt uns in Berührung mit uns selbst. Sie erhellt Emotionen und reduziert die schwachen Punkte im Benehmen des Einzelnen. Wir müssen durch uns selbst gehen, um von den mechanischen Begriffen der Methode zu den lebendigen Realitäten der Technik zu gelangen.

Lassen Sie mich drei tiefgehende Gründe beschreiben, weshalb Deweys Ideen so schwer in die Tat umzusetzen sind. Sie machen es zuerst erforderlich, dass der Erzieher gegenüber der Erfahrung bescheiden ist, wie auch gegenüber dem endlosen Sichausdehnen und Fortschreiten des Lebens, denn dieses Fortschreiten ist die Erfahrung der Jungen. Es ist jedoch genau diese Tatsache des Lebens, die Angst, Kummer, Reue und Neid in den Herzen der Erwachsenen hervorruft. Es ist nicht leicht, sich von ganzem Herzen dem Strom des Lebens hinzugeben, der einen buchstäblich im Staub zurücklässt. Wenn wir oft die Unterschiede zwischen den Jungen und uns geringschätzig behandeln und die alten Wege und die alten Vorrechte und die alten Notwendigkeiten vorziehen, dann tun wir das, weil wir uns im Grunde unseres Herzens zu allen Zeiten der Tatsache des Todes entziehen. Doch genau das bedeutet Bescheidenheit gegenüber der Erfahrung: sich mit dem Gedanken an den Tod abgefunden zu haben. Es ist eine schwierige geistige Aufgabe; und sie liegt genau im Zentrum der erzieherischen Funktion.

Der Erfahrung gegenüber aufgeschlossen sein heißt auch, dass wir alte Erfolge nicht mit alten Techniken wiederholen können. Wir können das erzieherische Ereignis nicht im Voraus organisieren. Sicher, wir können planen und vorbereiten, aber wir können es nicht organisieren, bis wir drin sind und die Schüler selbst ihre einzigartigen Beiträge geleistet haben. Wenn wir also mit unserer Neigung, zu organisieren, über einen bestimmten Punkt hinausgehen, schadet sie der Erfahrung, schadet sie dem Lehren. Vieles, was mit dem Beruf des Lehrers zusammenhängt, ist eben deshalb für das Lehren schädlich. Doch eben dieser Hang zur Organisation und zur Hervorhebung der angenehmen Seiten des Berufs – man denke an die Bedeutung der Sachkenntnis, das Vergnügen an der hochtrabenden Sprache, den Stolz auf die Methode – setzt sich hauptsächlich aus zwei Dingen zusammen, die beide unentrinnbar menschlich und schwer zu überwinden sind: Angst und Eitelkeit. Auch da wieder eine schwierige geistige Aufgabe.

Es könnte jedoch sein, dass keine dieser zwei Aufgaben so groß ist wie das Hindernis, das Deweys Ideen überall in der gesellschaftlichen und wirtschaftlichen Struktur des Landes im Wege steht. Nach Deweys Vorstellung fließt der lebenswichtige Atem der Erziehung direkt von der Gemeinde in die Schulen. Die Funktion des Lehrens ergibt sich aus der Gemeinde. Das Produkt des Lehrens kehrt in sie zurück. Dewey, der 1902, 1916, 1936 schrieb, hatte verständlicherweise keine Vorstellung von der unglaublichen Verdichtung zentralisierter Macht, die sich in diesem Land seit dem Zweiten Weltkrieg vollzogen hat. Erziehung muss gelebt werden. Sie kann nicht verwaltet werden. Und wir sind, als Nation, eine widerliche Schweinesuhle aus Verwaltungsfunktionen geworden.

Die Hoffnung, die Deweys erzieherische Ideen beseelt und die er am ausführlichsten in »Democracy and Education« darstellte, scheint heute völlig utopisch: »Charakter und Geist sind Haltungen einer aktiven Teilnahme an den gesellschaftlichen Verhältnissen ..., das heißt, dass wir in den Schulen im Modell eine Projektion der Gesellschaft schaffen können, die wir realisieren möchten, und wenn wir die Geister in diesem Sinne bilden, gelingt es uns, die größeren und widerspenstigeren Faktoren der Erwachsenen-Gesellschaft allmählich umzuwandeln.«

Was würde Dewey wohl heute, angesichts der Degeneration unserer gesellschaftlichen Einrichtungen, als die erste Aufgabe der Erziehung bezeichnen? Mir scheint, er würde sich besonders über die gesellschaftlichen Auswirkungen beunruhigt zeigen, die als individuelle Züge auftauchen, in gewissem Sinn als Charakterzüge. Das Analphabetentum von Jugendlichen, die intelligent geboren worden und jahrelang in die Schule gegangen sind, ist solch ein individueller Zusammenbruch, der auf den ersten Blick als gesellschaftliche Auswirkung zu erkennen ist. Das Misstrauen gegenüber den Erwachsenen, das heute unter den Jungen so sehr um sich greift, ist eine gesellschaftliche Auswirkung (denn es ist zutiefst unnatürlich). Die Verwilderung und Gewalttätigkeit so vieler Kinder in den Slums; die Passivität so vieler Kinder in den Vororten, und ihre Bereitschaft, sich herumkommandieren zu lassen; der schlechte Gesundheitszustand unserer Jugend (gemessen am Weltstandard); das außergewöhnliche Anwachsen der Jugendkriminalität – das sind alles gesellschaftliche Auswirkungen. Sie sind in erster Linie das Werk unserer Politiker und Erzieher, wenn sie auch offensichtlich das Produkt unserer Gesellschaft insgesamt sind. Dewey formulierte viele seiner Ideen unter Berücksichtigung der fundamentalen menschlichen Natur, wie sie in den Jungen sichtbar wird. Es ist eine der bemerkenswerten Tatsachen des Lebens (und vielleicht das Einzige, was uns vor uns selbst rettet), dass diese angeborene Natur, bevor sie der Schule und den niederschmetternden Auswirkungen des öffentlichen Lebens ausgesetzt wird, in den allermeisten Fällen eine völlig angemessene Entwicklung im Leben zu Hause bewältigt – und dass sie diese Entwicklung auf höchst gewöhnliche, alltägliche, selbstverständliche Weise bewältigt. (Und auch diese bemerkenswerte, logische Folge soll festgehalten werden: Wenn das Kind das Zuhause als eine mehr oder weniger totale Umwelt verlassen hat, wird es bei all seinen Erfahrungen mit Lehrern, Experten und ausgebildeten Lehrkräften nie wieder eine Unterstützung finden, die seinem Wachstum so förderlich wäre, wie die, die es bei Vater und Mutter, Schwestern und Brüdern, Verwandten und Freunden gefunden hat.) Dewey bezeichnete diese selbst-verständliche Entwicklung des Kindes als den Ausgangspunkt der Erziehung. Es ist jedoch ein Ausgangspunkt, der weiterläuft. Er bleibt während des ganzen Lebens das einzig mögliche Fundament für die erzieherische Funktion. Nichts lässt sich hinzufügen. Nichts soll abgezogen werden. Wachstum und Entwicklung sind ein Formen von Mächten, die bereits vorhanden sind. Und deshalb meine ich, dass Dewey uns heute sagen würde, unsere erste Aufgabe sei es, diese selbstverständliche Befähigung des Kindes, diese ganz gewöhnlichen menschlichen Kräfte aus der Vernachlässigung, dem Missbrauch und der Degeneration, in die sie geraten sind, zurückzuholen, Es gibt kein anderes Fundament, auf dem sich aufbauen ließe. Mit anderen Worten, wir können überhaupt nicht von Lehren und Lernen reden, wenn wir nicht von Mitteln und Wegen reden, mit denen sich die Kräfte erhalten lassen, die in dem Kind zu sehen sind, wenn es mit der Schule beginnt. Das ist natürlich das, was ich mit meinen Erzählungen von der First-Street-Schule beschrieben habe. Wir hielten uns an Summerhill und an Tolstoj, doch in viel stärkerem Maße noch an Dewey.

Ich hoffe, es ist klar, dass ich First Street nicht als Modell für ein Erziehungssystem hinstelle. Sicherlich sehe ich darin jedoch ein Modell für den unerlässlichen ersten Schritt. Und da der erste Schritt in der Tat das stets weiterlaufende Fundament ist, empfehle ich die Art von Beziehungen, die wir in der First Street herstellten, die Art von Freiheit, die Lehrer und Kinder und Eltern genossen, die Achtung vor der Erfahrung, das Fehlen jeden Zwanges, den Glauben an die inhärente Geselligkeit der Kinder; ich empfehle all diese Dinge als das Umweltmodell für ein ganzes System, denn sie sind ein ganz wesentlicher Teil des erzieherischen Erlebnisses und nicht nur der logischen Grundlage einer Schule. Als Schule waren wir viel zu begrenzt, als dass wir ein Modell für andere Schulen hätten liefern können (die ohnehin ihre eigenen Probleme haben werden), und das ist sicherlich so klar geworden, dass ich es kaum zu erwähnen brauche. Andere haben jedoch ein Modell vorgeschlagen, und bei mancher Gelegenheit – an unseren guten Tagen oder auf unseren besten Ausflügen in die Stadt – schwebte mir dieses Modell vor: Überall in der Stadt, doch ganz besonders in den ärmeren Vierteln, wo das Bedürfnis am größten ist, gibt es kleine Schulen, mit ein, zwei oder drei Räumen, für kleine Kinder, in Ladenräumen und Parterrewohnungen, mehrere in jedem Straßenblock. Die Lehrer wohnen in der Nachbarschaft, und die Schulen sind mit dem Leben innerhalb des Blocks eng verflochten. Erwachsene, Heranwachsende und die Kinder haben alle eine Aufgabe und ein Interesse an der Schule; sie bilden alle zusammen eine natürliche Kontinuität. Die Heranwachsenden helfen zeitweilig als Hilfskräfte und Privatlehrer aus und führen Spiele und Exkursionen an. Manche arbeiten für ein Gehalt, andere freiwillig. Alle kennen die Kleinen, denn es sind Kinder aus der Nachbarschaft und Brüder und Schwestern. Eltern gehen aus und ein, wie es ihnen gefällt. Einige kochen Mittagessen, helfen bei Ausflügen, überwachen Aufräumarbeiten und ähnliches. Manche für ein Gehalt, andere freiwillig. Sie arbeiten nicht mit jüngeren Mitgliedern »der Öffentlichkeit«, sondern mit den Spielkameraden ihrer eigenen Kinder. Die Kinder in der Schule fühlen sich sicher und umsorgt. Sie haben zu Erwachsenen, die ihnen etwas bedeuten und die sie auf der Straße oft sehen, verlässliche Beziehungen hergestellt. Sie haben mit anderen Kindern aus der Nachbarschaft Freundschaft geschlossen oder doch eine Grundlage für gemeinsames Arbeiten gefunden. Sie wissen, zu wem sie gehören und wer zu ihnen gehört. Die gigantischen öffentlichen Schulen sind inzwischen zu Zentren für spezialisierte Tätigkeiten umgewandelt worden. Einige widmen sich den schönen Künsten, andere den Naturwissenschaften, und wieder andere befassen sich mit soziologischen Aufgaben, die von der ganzen Gemeinde durchgeführt werden. Die Kinder kommen zu bestimmten Zeiten in diese Zentren, um die Labors und die besonderen Geräte zu benützen, um Spiele zu machen und sportliche Wettkämpfe auszutragen und Theater zu spielen und einfach um all die erregenden Dinge auszukosten, die in der größeren Welt rings um sie her zu finden sind. Und es ist erregend, denn wenn sie sich hier auch in größerer Zahl treffen, so sind sie doch nicht der Anonymität ausgeliefert, sondern wissen immer noch, zu wem sie gehören und wer zu ihnen gehört. Es besteht eine lebhafte Rivalität zwischen den Schulen eines Blocks, und es gibt viel Gelegenheit zum gesellschaftlichen Austausch. Diese größeren Zentren gelten auch nicht mehr einfach als Schulen. Sie sind zu Gemeinschaftshäusern für alle geworden und gehören ausschließlich den Leuten der Umgebung. Abends sind sie mit Erwachsenen und Jugendlichen und Kindern gefüllt. Es wird getanzt und gespielt, es gibt Orchester, Filme, Jazzgruppen, Hobbyräume, offene Klassen für Erwachsene, Versammlungsräume für politische Aktionen. Und kein einziger der Anwesenden, nicht eine Seele, glaubt, dass die Gebäude oder irgendwelche ihrer Funktionen dem Staat gehören. Sie gehören denen, die sie benützen. Diese verschiedenen Arten der Benützung sind so sehr ein Teil des Lebens, dass jeder Gedanke an Zwang eine groteske Vorstellung geworden ist. Die Erziehungsbürokratie ist zu fast gar nichts zusammengeschrumpft, und die Verantwortung liegt jetzt dort, wo sie hingehört: auf den Schultern derer, die den Kindern am nächsten stehen, und derer, die aus ganz persönlichen Gründen das größte Interesse an ihnen haben.

Die Idee von Straßenschulen, Schulen in Ladenräumen, Minischulen ist bei mehreren Gelegenheiten von Paul Goodman und Elliott Shapiro zur Debatte gestellt worden. Die First-Street-Schule selbst verdankt ihre Existenz zu einem großen Teil Goodmans Einfluss. Ich möchte beide zitieren. Ihre Schriften sind anderweitig erhältlich und brauchen hier vielleicht nicht wiederholt zu werden. Doch sie sind wichtig und können eine Wiederholung gut ertragen.

Nat Hentoff zitiert die Worte von Shapiro in »Our Children Are Dying« (ein unglücklicher Titel, meine ich, für ein positives und wertvolles Buch):

»Nehmen wir diese Gegend. Sie ist arm. Geschäfte schließen, viele Ladenräume stehen leer – manche mit Hinterhöfen – und könnten als Schulzimmer benützt werden. In dem Gebiet zwischen der 11th und der 145th Street und der Seventh und der Eighth Avenue gibt es zwischen vierzig und fünfzig potentielle Schulräume. Warum sollte man sie nicht hauptsächlich für kleine Kinder ausnützen – man könnte die Hinterhöfe als Schulhöfe mitbenützen und hier und da Büchereien einrichten. Man könnte die Büchereien Eltern und Kindern zugänglich machen, sie könnten bis acht oder neun Uhr abends geöffnet bleiben. Wir würden damit zum Herz der Kommune vorstoßen, es käme zu einer Wechselbeziehung zwischen der Kommune und den Schulen, die man nirgends in der Großstadt findet – und auf dem Land auch nicht. Wir befänden uns ständig an der Öffentlichkeit, und es stünde den Leuten jederzeit frei, hereinzukommen und nachzusehen, was wir treiben. Und wenn sie wollten, könnten sie als elterliche Hilfskräfte aushelfen. Ein solcher Plan würde den Raummangel der Schulen beheben und würde eine echte Dezentralisierung darstellen. Es könnte ein Ansporn auf dem Weg zu einer neuen Gesellschaft sein. Ich habe der Behörde diese Idee vorgetragen, zusammen mit meiner Schätzung, dass sich mit 4000 Dollar jedes leere Geschäft in einen Schulraum umwandeln ließe. Die Schätzung der Behörde lag bei 10000 Dollar, aber auch das ist noch wenig, wenn man bedenkt, dass die

Erstellungskosten eines durchschnittlichen Klassenzimmers in einer regulären Schule 60 000 Dollar betragen ... Schulräume in leeren Läden könnten die Möglichkeiten der Integration erweitern. Bei der Ausdehnung von Straße zu Straße würde man die Distriktgrenzen durchstoßen und in Gegenden vordringen, die eine Änderung der rassischen Zusammensetzung der Klassen ermöglichen würden. (Shapiro weist auch darauf hin, dass man die Weißen des Mittelstandes am ehesten dadurch für die Gettoschulen interessiert, dass man eben diese Schulen zu den allerbesten macht.)«

Im Rahmen des Hearings zur Dezentralisierung, das der Präsident des »Manhattan Borough« im November 1967 abhielt, drückte sich Paul Goodman in dieser Sache so aus:

»Für Sechs- bis Elfjährige schlage ich ein System winziger, radikal dezentralisierter Schulen vor. Als einer, der seit zwanzig Jahren auf demokratische Dezentralisierung drängt, interessiere ich mich natürlich für den Bundy-Bericht, doch ich rede hier von einer Dezentralisierung bis hinunter zur Ebene praktischer Anwendung. Wenn ich winzige Schulen sage, denke ich dabei an achtundzwanzig Kinder mit vier Lehrern (ein Erwachsener auf sieben Kinder), und jede Schule sollte von ihrem eigenen Stab und den Eltern verwaltet werden, und auch die Kinder sollten, so wie in Summerhill, ein weitgehendes Mitspracherecht haben. Die vier Lehrer sind:

Ein regulär ausgebildeter und bezahlter Lehrer. Da die Klassen zur Zeit im Durchschnitt achtundzwanzig Schüler haben, sind solche Leute verfügbar.

Ein Student, der eben sein Studium an einem College in New York abgeschlossen hat und vielleicht gerade dabei ist, sein Fachstudium zu beginnen. Gehalt: 2 000 Dollar. Es fehlt nicht an Kandidaten für eine interessante und nützliche Tätigkeit in einer freien Atmosphäre.

Eine des Lesens und Schreibens kundige Hausfrau und Mutter, die auch Mittagessen kochen kann. Gehalt: 4 000 Dollar. Kein Mangel an Kandidatinnen.

Ein geschickter, williger und intelligenter High-School-Absolvent. Gehalt: 2 000 Dollar. Kein Mangel an Kandidaten.

Ein solcher Stab lässt sich ohne weiteres rassisch und ethnisch mischen. Und es ist auch möglich, wie das die First-Street-Schule demonstriert, dass in einem so kleinen Rahmen, wo den Kindern individuelle Beachtung geschenkt wird, die Klassen rassisch und ethnisch gemischt sind; die Leute aus dem Mittelstand sind weniger zurückhaltend, wenn sie nicht mehr fürchten, dass ihre Kinder von einer Übermacht erdrückt und in ihrer Entwicklung gebremst werden. (Es ist uns nicht gelungen, Integration von oben her durchzusetzen, doch von unten her lässt sie sich erreichen, in Schulen, die vollkommen auf lokaler Ebene kontrolliert werden, wenn wir den Eltern beweisen können, dass es für die Zukunft ihrer Kinder so am besten ist.)

Was die Räumlichkeiten betrifft, so würde die winzige Schule zwei, drei oder vier Räume in vorhandenen Schulhäusern belegen, oder in Untergeschossen von Kirchen, in Heimen der Fürsorge, die sonst während der Schulstunden leer stehen, in frei werdenden Räumen in neuen Wohnvierteln, in leeren Ladengeschäften. Die Räumlichkeiten sind besonders unwichtig, da ein großer Teil der Aktivitäten außerhalb der Schulräume abläuft. Die Räume sollten sich in ein Clubhaus verwandeln lassen, ganz nach den Wünschen der Gruppe dekoriert und ausgerüstet. Es könnte eine Schule pro Straßenblock geben, aber es ist auch ratsam, viele solcher Schulen in rassischen und ethnischen Grenzgebieten anzusiedeln, um die Vermischung leichter zu machen. Für größere Versammlungen, ärztliche Versorgung und einige Spiele könnten zehn winzige Schulen gemeinsam die Einrichtungen einer der derzeitigen öffentlichen Schulen benützen.

Die Kostenersparnis eines solchen Aufbaus liegt in der fast totalen Ausschaltung der von oben nach unten agierenden Verwaltung und der Art von besonderen Einrichtungen, die eben auf Grund übermäßiger Größe und Starrheit erforderlich sind. Die hauptsächlichen Aufgaben einer zentralen Verwaltung wären Konzessionen, Zuteilung der Geldmittel, Auswahl von Standorten und ein geringes Maß an Inspektion. Es würde keine Schulvorstände und Assistenten mehr geben, keine Sekretärinnen und Hilfskräfte. Lehrplan, Texte und Ausrüstungen würden vom Bedarf bestimmt – und trotz der angeblichen derzeitigen Einsparungen wären sie immer noch billiger. Viel weniger würde sinnlos verschwendet. Buchführung und Protokolle würden auf ein Minimum beschränkt. Spezielle Beamte, die Schulschwänzern nachgehen, sind überflüssig, wenn der Lehrer und seine Sieben den Fehlenden zu Hause aufsuchen und nach ihm sehen können. Man braucht kaum zusätzliche Erzieher und Psychologen, da der Stab und die Eltern immer engen Kontakt halten und das ganze Unternehmen so angelegt ist, dass sie überflüssig werden. Organisatorische Untersuchungen großer, von oben nach unten gelenkter Unternehmen zeigen, dass die Gesamtkosten konstant mindestens 300 Prozent über den Kosten für die unmittelbaren Funktionen liegen, in diesem Fall also den Wechselbeziehungen zwischen Lehrern und Schülern. Ich würde diese 300 Prozent dazu verwenden, die Zahl von Erwachsenen zu steigern und die Möglichkeiten des Unterrichtens abwechslungsreicher zu gestalten. Außerdem liegt beim derzeitigen Zustand des Immobilienmarktes in New York ein großer Vorteil darin, mit dem Neubau von 4-Millionen-Dollar-Schulhäusern aufzuhören und statt dessen winzige Schulen in bereits vorhandene Lücken zu verlegen.«

Goodman beschreibt die pädagogischen Vorteile eines solchen Systems, mit besonderer Berücksichtigung des Leseunterrichts. Im weiteren Verlauf bringt er dann ein Argument, das dazu angetan ist, Lehrer und Pädagogen in Rage zu versetzen. Ich gebe ihm in dieser Sache recht, denn ich habe in meiner eigenen Lehrtätigkeit die Bestätigung erhalten.

»Ich bin der Ansicht, dass dem allgemein üblichen Lehrplan für die ersten fünf Schuljahre kein Wert beizumessen ist. Für ein kleines Kind ist alles in seiner Umwelt erzieherisch, wenn es sie mit der entsprechenden Lenkung erfährt. Normale Kinder können ohnehin den Lehrplan für die ersten acht Jahre in vier Monaten lernen, im Alter von zwölf Jahren.«

Ich möchte gerne den Rest von Goodmans Ansprache zitieren, denn darin werden sehr viele Dinge kurz und prägnant zusammengefasst, von denen wir viel in der First Street in der Praxis erfuhren:

»Für das Unterrichten dieser Altersgruppe hat die übliche Lehrerausbildung meiner Ansicht nach wenig Wert. Jeder wohlmeinende Erwachsene, der lesen und schreiben kann, weiß genug, um einem kleinen Kind eine ganze Menge beizubringen. Kleine Kinder zu unterrichten ist eine schwierige Kunst, doch wir wissen nicht, wie sich das Talent zum Improvisieren, das erforderlich ist, ausbilden lässt, und die Nicht-Ausgebildeten scheinen es in gleichem Maße zu besitzen: Man vergleiche die eine Mutter mit der anderen, oder die große Schwester oder den Bruder mit anderen. Weil man in diesem Alter das Kind unterrichtet, und nicht ein Fach, ist die Psychotherapie die Kunst, auf die es ankommt, und die nützlichste Vorbereitung auf die normale Schule ist wahrscheinlich Gruppentherapie. Das wichtigste Kriterium für die Auswahl habe ich bereits erwähnt: Man sollte Spaß daran haben, auf Kinder zu achten. Unter den angeführten Voraussetzungen würden viele junge Leute mit dem Unterrichten in Berührung kommen und es schließlich zu ihrem Beruf machen; dagegen beträgt im Schulsystem New Yorks der jährliche Abgang nahezu zwanzig Prozent, die jahrelange Ausbildung wird vergeudet.

Doch wie bereits erwähnt gibt es einen verhängnisvollen politischen und administrativen Widerstand gegen diesen Vorschlag. Zunächst einmal hat die öffentliche Schulbehörde nicht die Absicht, fast ihre gesamte Tätigkeit einzustellen. Bei ihrer Mentalität muss sie jede radikale Dezentralisierung für nicht verwaltbar und gefährlich halten, denn alles kann nicht kontrolliert werden. Bestimmt wird sich ein Kind das Bein brechen, und die Versicherungsgesellschaften werden nicht dafür aufkommen; bestimmt wird ein Teenager eine Dummheit machen, und in den Daily News werden sich die Schlagzeilen überstürzen.

Dem Lehrerverband wird der Vorschlag deswegen verhasst sein, weil er die beruflichen Voraussetzungen entwertet und die Schulen mit den Unbefugten überschwemmt. Da sie sich zum großen Teil in die Zwangsjacke der öffentlichen Schule haben stecken lassen, halten die meisten erfahrenen Lehrer ein freies und erfinderisches Unterrichten für unmöglich.

Am folgenschwersten ist jedoch, dass arme Eltern, die sich für ihre Kinder erheben, dazu neigen, eine Erziehung, die nicht straff gegliedert ist, für herabsetzend zu halten, denn sie nehme, so glauben sie, die Kinder nicht mehr ernst und sei leicht unmoralisch. Bei der derzeitigen Black-Power-Gereiztheit in Harlem ist die durchaus mögliche, leicht zu erreichende Vermischung selbst nicht erwünscht. (Im übrigen bin ich eher für den schwarzen Separatismus, wenn er dazu dient, die Macht der schwarzen Kommunen zu festigen. Doch Kinder müssen, wie Kant sagte, für die bessere Gesellschaft der Zukunft erzogen werden, und die kann nicht gespalten sein.)

Trotz dieser folgenschweren Widerstände empfehle ich, dass wir, anstatt das nächste neue Schulhaus zu bauen, dieses Schema mit 1 200 Kindern ausprobieren.«

Auch Shapiro erwähnt das Misstrauen, mit dem die Armen freie Aktivitäten in der Schule betrachten. Einige der Eltern in der First Street machten ähnliche Einwände gegen den Lärm, das Fehlen von Bestrafung und die scheinbare Unordnung in unseren Klassen. Sie dachten, wir spielten nur herum. Doch sie hatten Kontakt mit einigen der anderen Eltern, die ihre Ansicht nicht teilten; und sie bemerkten dann natürlich die Veränderungen in ihren eigenen Kindern. Bevor das Schuljahr auch nur annähernd vorbei war, hatten sie ihre Meinung gründlich geändert. Dass sich die Dinge in diesem Sinn entwickeln, scheint wahrscheinlicher, als eine unerschütterliche Opposition. Shapiro erwähnt einige relevante Ereignisse. Er war eben Schulvorstand an der öffentlichen Schule Nr. 119 in Harlem geworden. Die Eltern waren schon seit vielen Jahren gleichgültig.

»Die Eltern trauten uns nicht, und aus gutem Grund. Eines der Probleme mit Eltern in einer solchen Gegend ist angeblich, dass sie den Mund nicht aufmachen. Doch sie haben oft gute Gründe, den Schulverwaltern nicht viel zu sagen. Sie denken: »Warum haben die Kinder keine Fibeln, die sie mit nach Hause nehmen können, und warum haben sie verschiedene andere Dinge auch nicht?« Aber oft fragen die Eltern nicht, weil sie spüren, dass der Schulvorstand dem System, und nicht den Kindern verbunden ist, und sie sagen sich. »Was soll's? Er tut ja doch nichts, um das System zu ändern.« Und deshalb ist es ein Akt der Intelligenz ihrerseits, wenn sie sich weigern, in einen zwangsläufig heuchlerischen Dialog einzutreten.

Hier akzeptierten die Eltern nur sehr langsam, dass wir aufrichtig über die Mängel der Schule redeten. Wir sagten ihnen, dass unsere Anstrengungen dadurch behindert würden, dass wir nicht die ausreichenden Mittel hätten. Diese Art von Eingeständnis war für sie ein neues Erlebnis. Wir gaben zum Beispiel zu, dass wir nicht genug Bücher hätten und brachten schließlich die Eltern dazu, an die Schulbehörde zu schreiben und um mehr zu bitten. Mit ihren und unseren Anstrengungen gelang es, mehr zu bekommen, und dann entdeckten wir, dass viele derselben Eltern, die bis dahin einen so redescheuen Eindruck gemacht hatten, sich recht gut auszudrücken vermochten und sehr intelligent waren. Am Anfang kamen vielleicht zehn Eltern zu den Versammlungen, doch nach und nach hatten wir siebenhundertundfünfzig bei wichtigen Versammlungen. Neulich war die Halle einmal so voll, dass ich, als einer der Redner des Abends, mit einem Stehplatz auf dem Flur vorlieb nehmen musste.«

Lassen Sie mich hier ein Wort über die Wirkung sagen, die die First

Street auf die Eltern der Schüler hatte. Das ist einer der wichtigsten Aspekte, und ich habe noch nicht viel darüber gesagt.

Es gab sehr viel Kontakt zwischen den Eltern und den Lehrern. Es war eine kontinuierliche und zweckmäßige Sache, die sich im Laufe der Zeit auf gesellschaftliche und viele andere Begegnungen ausdehnte. Wir plauderten oft nach der Schule mit den Müttern, die ihre Kinder abholten. Doch alle Eltern hatten die Telefonnummern aller Lehrer, und sie riefen häufig an, um Fragen zu stellen, Auskünfte zu geben, sich zu beschweren und Vorschläge zu machen. Die Eltern lernten einander kennen. Allein der gesellschaftliche Austausch schon war ermutigend, doch bald kam noch viel mehr dazu, denn sie hatten viele gemeinsame Bedürfnisse und stellten fest, dass sie einander helfen konnten. Sie tauschten Kleider aus, passten abwechselnd auf ihre Kinder auf, legten Geld zusammen, um ein älteres Kind damit beauftragen zu können, die jüngeren Kinder zur Schule zu bringen. Einige taten sich zusammen und entwarfen eine Strategie gegenüber dem Fürsorgeamt. (Das wurde fortgesetzt – jetzt in stärkerer und politischerer Form.) Einige begannen sich für Bürgerrechte zu interessieren und haben inzwischen Anteil an kommunalen und Black-Power-Aktionen. Viele luden die Kinder zu sich nach Hause ein. Viele halfen in der Schule mit, bei besonderen Anlässen und auf Exkursionen. Manche kochten abwechselnd Mittagessen (eine verstand sich besonders gut darauf, Hähnchen zu braten), und die Mädchen wechselten sich darin ab, diese Mittagessen, in Stanniol gewickelt, von dem jeweiligen Haus zur Schule zu tragen. (Unsere Brathähnchen-Tage waren denkwürdig.) Bei einem Vater, einem Gastwirt, war für uns einmal in der Woche Tag der offenen Tür. Der Fortschritt der Kinder wirkte sich stark auf das Leben in den Familien aus, nicht nur, weil die Hoffnung neu belebt wurde, sondern weil die Kinder nicht mehr nur Anlass für Ärger und Kritik waren. Im gleichen Maß, in dem die Kinder glücklicher wurden, wurden es auch die Eltern. Nicht alle Veränderungen kamen der Kommune zugute. Manche waren romantischer Natur. Eine Mutter blühte plötzlich auf und wurde eine Off-Broadway-Schauspielerin. Zwei fanden einen neuen Mann. War dies eine Auswirkung der Schule? Wer weiß? Eine Frau sieht hübscher aus, wenn sie nicht Sorgen und ein Gefühl der Isolierung bedrücken. Ich beanspruche auch diese Veränderungen für die Schule. All diese Veränderungen bei den Eltern wirkten sich wieder auf die Kinder aus.

Bis zu einem gewissen Grad gaben diese neuen Beziehungen unter ihren Eltern der ganzen Umgebung eine neue Richtung: sie war auf dem Weg dazu, eine Gemeinschaft zu werden.

Und was war das Schicksal der First Street?

Im Leben der Kinder und ihrer Eltern sind Unternehmungen wie die First-Street-Schule bestenfalls Behelfsmaßnahmen. Lehrer haben uns gefragt, was für »Langzeitwirkungen« wir erreicht hätten. Leute, die unter den Armen gearbeitet haben, stellen diese Frage nicht. Für sozial schwache Gruppen, die in Großstadt-Slums wohnen und vor allem für Leute, die von der Fürsorge leben, sind die alltäglichen Probleme des Lebens wie eine Lawine: sie wachsen an und kommen schneller. Die Langzeitwirkungen sind einfach die Wirkungen, die weitergehen, und es gibt keinen Zweifel darüber, wie sie aussehen: Armut, Vernachlässigung, Missbrauch, Rassismus, Trostlosigkeit der Umwelt.

Unser Geld ging langsam aus. Früh im zweiten Jahr setzten wir Lehrer uns zusammen und setzten einen Bittbrief auf, mit dem wir bei Stiftungen und Regierungsstellen um Unterstützung nachsuchten. Die allgemeine Krise im Erziehungssystem hatte sich unter den vielen Krisen unseres Landes einen der vorderen Plätze erobert, und es gab viele neue Organisationen auf diesem Gebiet, von Stiftungen finanziert und voller Prestige, sie nannten sich Urban dies und Urban jenes und machten große Worte zugunsten der Armen. Wir glaubten, unsere Schule liege genau auf der Linie der Dinge, die sie unterstützten. Und so schilderten wir unsere Methoden und die Ergebnisse, die wir damit erreicht hatten, und beschrieben den Werdegang der Kinder, indem wir ihre Eltern und Lehrer zitierten, um zu zeigen, wie sie sich verändert hatten. Wir betonten die Sparsamkeit unseres Unternehmens und den Rückhalt vonseiten der Eltern und wiesen darauf hin, dass viele Schulen wie die unsre, in der ganzen Umgebung verbreitet, zu Brennpunkten des kommunalen Lebens werden könnten. Es war ein einfaches und aufrichtiges Heftchen, sauber gedruckt. Wir adressierten ein Exemplar an jede Stiftung im Land und an jede auch nur entfernt in Frage kommende Regierungsbehörde und schoben sie alle in einem Kinderwagen zum Postamt. Es waren so viele, dass wir zweimal fahren mussten, und jedes Mal war der Kinderwagen bis oben hin voll.

Die Ergebnisse dieser Mühe waren gleich Null. Drei Briefe kamen an, auf teurem Briefpapier mit wohlklingenden Titeln oben drüber, Urban dies und Urban jenes, und drückten die Art von Mitgefühl aus, die genau eine Briefmarke und ein Blatt Papier wert ist. Ein paar Monate danach erhielt ich eine Erklärung dafür, und da sie direkt von der Quelle kam, lohnt sich vielleicht die Wiedergabe.

Ich wurde auf einer Party dem Vertreter einer Stiftung vorgestellt, der früher einmal damit beschäftigt gewesen war, Geld zu organisieren, und jetzt eine weniger verantwortungsvolle Stelle auf den unteren Ebenen des Erziehungs-Establishments hatte, jene Ebenen, die, nicht wegen ihrer Kontakte mit den Armen, sondern weil sie nicht so vornehm sind wie die höheren oder Bundes-Gefilde, als fließender Übergang zur Realität betrachtet werden und denen die Pflicht übertragen wird, das Vokabular der Veränderung auszuarbeiten. Sie veröffentlichen Zeitschriften auf Hochglanzpapier (The Urban Review) und füllen sie mit künstlerischen Aufnahmen von Negerkindern. Sie betreiben Grundlagenforschung über die Krankheiten der Städte (das Urban Institute), wo doch bereits eine ganze Bibliothek voller Expertenberichte existiert, und zwar schon seit zehn Jahren. Mein Informant war ein kräftiger, gutaussehender Mann, mit buschigem Backenbart, Hornbrille und einem Anzug im Londoner Stil. Er hatte eine Menge getrunken, wie wir alle, und war sehr leutselig. Ich ging zu der riesigen Kleiderablage im Flur und holte ein Exemplar unserer Broschüre aus meiner Aktentasche. Seine miniberockte Freundin hing an seiner Schulter, während er sich damit beschäftigte. Zuerst hatte er die Stirn in Falten gelegt, doch jetzt blätterte er das Heftchen durch und begann zu lächeln und den Kopf zu schütteln. Bei jedem »tsk, tsk«, das aus ihm kam, warf mir seine Freundin freundliche, mitfühlende Blicke zu. Sein Lächeln schien sich nie zu ändern, doch sein Gesicht hatte einen liebenswürdigen Ausdruck angenommen.

»So kann man das nicht machen«, sagte er.

»Was wollen Sie damit sagen, so nicht?«

Er zuckte mit den Achseln, als lohne sich bei so vielen Fehlern eine Analyse nicht. »Ihr Format ist tot«, sagte er schließlich. »Und es sollte auf Glanzpapier sein.« Er blickte auf und sah mein Gesicht und sagte: »Das soll kein Witz sein.«

Ich weiß, dass mir der Ärger im Gesicht stand. Er sah das und fing seinerseits an, ärgerlich zu werden und mir die Leviten zu lesen. »Wenn Sie tatsächlich Geld auftreiben wollen, dann hören Sie mir gut zu, weil ich Ihnen sagen kann, wie man das macht. Ich behaupte nicht, dass es in Ordnung ist, dass man es so machen muss. Das ist etwas ganz anderes. Stimmt's? Wenn Sie meine persönliche Meinung hören wollen, gut, was Sie hier haben, beeindruckt mich. Eine gediegene Sache, das Ganze, so was brauchen wir. Ich wollte bloß, verdammt noch mal, ich hätte mit Ihnen reden können, bevor sie's verschickten. Ich hätte Ihnen mit Sicherheit einen Zuschuss verschafft.«

»Die Frage ist nicht, ob sie's verdient haben, oder nicht«, sagte seine Freundin, »die Frage ist ...«

Ihr Einwurf ärgerte ihn. »Sie haben keinerlei Projekt hier.« Er blätterte wieder in dem Heftchen. »Sie werfen bloß mit einem Haufen Vermutungen um sich. Welche Kontrollen haben Sie? Von welchen Voraussetzungen gehen Sie aus? Wer ist bei Ihnen für die Forschung zuständig? Sie erwähnen keine ...«

Die Party war laut. Musik brandete plötzlich auf, und er musste schreien. Eine bekannte Jazzband spielte am anderen Ende der Wohnung. Die Wohnung selbst sah aus wie eine städtische Kunstgalerie. Man hatte das Gefühl, dass alles zum Verkauf ausgestellt war, eben erst hergebracht worden war und bald wieder verschwinden werde. Zwei Dienstmädchen und zwei Barkeeper waren für den Abend eingestellt worden. Alle waren weiß. Etwa zwei Dutzend der zweihundert Gäste waren schwarz. An dem Abend hatte die Premiere eines schwarzen militanten Theaterstücks stattgefunden, das mit den weißen Liberalen gründlich ins Gericht ging und von weißen Liberalen finanziert, besucht und beklatscht worden war.

Und die Schlussfolgerung aus der Information meines Informanten, denn nach seinem Wutausbruch war er wieder liebenswürdig geworden – war, dass wir nur ein regelrechtes Forschungsprogramm über die Durchführbarkeit einer solchen Schule, wie wir sie in der Praxis bereits betrieben, hätten aufziehen müssen, um genügend Zuschüsse zu bekommen. Denn »Schulen wie die Ihre werden in der Stadt dringend gebraucht«.

Ich erzählte das alles Mabel und sagte deprimiert: »Wir hätten ein Projekt finanzieren und die Schule insgeheim betreiben sollen.«

»Leute, die so denken«, sagte sie, »richten sowieso keine Schulen ein.«

(Ich glaube, heute würden wir unseren Zuschuss bekommen, wenn wir ihn beantragen würden, und vielleicht nicht aus einer, sondern aus mehreren Quellen. So sehr hat sich das Klima verändert. Die Verzweiflung der Armen ist jetzt Zorn. Ihre Forderungen sind zu stark – und zu berechtigt – als dass sie ignoriert werden könnten. Es wird auch langsam klar, dass viele Lehrer und Schulinspektoren, die in einer veralteten Bürokratie gefangen sind, genau die Änderungen, die ich beschrieben habe, begrüßen würden.)

Doch es war nicht nur das fehlende Geld, das die Schule zu ihrem Ende brachte. Wir selbst waren nicht stark genug motiviert, um die Opfer zu bringen, die zu ihrer Erhaltung nötig gewesen wären. Ich widmete mich wieder ganz meiner Tätigkeit als Schriftsteller, und im zweiten Jahr nahm Michael Eigen meinen Platz ein, ein Psychologe, der auf seinen Doktorgrad hinarbeitete. Mabel kümmerte sich um unser Baby, ein Mädchen (und schleppte es fast jeden Tag mit in die Schule, wo es zu einem wichtigen Stück Anschauungsmaterial wurde). Gloria hatte geheiratet. Susan war nach dem zweiten Jahr erschöpft und sehnte sich nach einem Erwachsenen-Milieu. Damit war die Sache erledigt, und das ist an sich vielleicht noch nicht mal ein Übel. Dennoch, wir zogen uns von unserer gemeinsamen Sache zurück, und dies ist die Form, die unser Rückzug nahm. Wir hatten gehofft, Gelder aufzutreiben und unsere Schule intakt jüngeren Kräften zu überlassen. Das war ein Luftschloss. Doch dieser Traum und unsere Rückkehr, wenn man so will, ins Privatleben, enthüllten eine wichtige Wahrheit: Unternehmungen dieser Art – Funktionen der Kommune – können nicht als Dienstleistungen durchgeführt werden. Es sind die Lebensinteressen derer, die in der Kommune wohnen, und sie müssen in der Kommune entstehen. Es ist von elementarer Bedeutung, dass Mitglieder der Kommune für diese Arbeit befähigt werden, finanziell und durch entsprechende Ausbildung, denn je näher wir an das Zuhause und an die Nachbarschaft der Kinder herankommen, desto wahrer, desto korrekter wird die Motivation derer, die mit den Jungen arbeiten. Ich möchte gleich noch einmal auf diese Überlegungen zurückkommen.

Wir schlossen die Schule am Ende des zweiten Jahres. Wir überließen unseren Kleinbus leihweise LEAP, nur ein paar Straßen entfernt, und gaben ihnen auch einige Bücher und Hilfsmittel, denn sie betrieben eine eigene Schule, unter Leitung von Martin Greenhut, der zu den fähigsten

Leuten überhaupt gehört, die ich jemals in Kommunen habe arbeiten sehen. (Für eine Weile hatten wir gehofft, er würde First Street übernehmen.) Wir gaben auch einen Teil unserer Geräte einer Gruppe von Eltern, die, obwohl fast alles gegen sie sprach, eine eigene Schule aufzuziehen versuchten.

Und was wurde aus den Kindern? Lange bevor das zweite Jahr zu Ende ging, waren einige der Familien weggezogen. Eléna und José (die mich ein paar Mal besuchten) wohnten jetzt in Brooklyn und konnten nicht mehr zur First Street kommen. Michael Hasty verzog nach Bronx. Auch Vicente, Julio und Willard zogen weg, und zogen dann noch einmal um, und wir wissen nicht, wohin. Neue Kinder nahmen ihre Stelle ein. Die Schule war im zweiten Jahr etwas größer.

Mit einigen der Kinder haben wir immer noch Kontakt. Mabel und Gloria – inzwischen mit eigenen Kindern – haben während der Sommerferien wieder eine Gruppe mit aufs Land genommen. Wir wussten, dass Maxine und Eléna, die in der First Street so große Fortschritte gemacht hatten, sich auch weiterhin gut hielten. José tritt auf der Stelle und wird höchstwahrscheinlich wieder zurückfallen. Michael Hasty steckt in Schwierigkeiten. Dodie und Rudella, die so lebhaft gewesen waren, sind jetzt recht zornige und verbitterte junge schwarze Mädchen, sie haben ganz genau erkannt, welche Grausamkeit ihnen von allen Seiten entgegengebracht wird und welche Privilegien es dort draußen gibt, rings um ihre Insel der Armut. Michael, Dodie und Rudella waren in der Gruppe, die aufs Land ging. Allen fehlt die Schule.

Einige missen sie schmerzlich. Viele sind uns böse, weil wir sie im Stich gelassen haben, zu Recht.

Stanley kam eines Tages zu mir in die Wohnung. Ich war im hinteren Zimmer am Schreiben, als ich das Summen der Hausglocke und lautes Geschrei auf der Straße hörte. Ich schaute aus dem Fenster, und da stand er, mit vier jungen Negern, die alle viel größer waren, als er. Ich sagte ihnen, sie sollten heraufkommen.

Stanley flunkerte mir etwas vor: Einer der jungen Neger sei nicht zur Schule gegangen und würde Schwierigkeiten bekommen, wenn er keine Entschuldigung von zu Hause bringe – und die könne er nicht bekommen. Würde ich ihm eine schreiben? (»Warum schreibst du sie denn nicht?« »Ach was, ich hab keine Handschrift wie'n Erwachsener.«) Ich schenkte ihnen Limonade ein. Während wir uns unterhielten, schauten sich seine Kumpane in der Wohnung um. Zwei von ihnen gingen zur Tür hinüber und schauten sich ganz genau das Fox-Polizeischloss an, die übliche Ausrüstung in diesem Viertel. Da ich der Meinung bin, dass das Schulschwänzen zu den wenigen konstruktiven Gewohnheiten der öffentlichen Schulen gehört (wie gut mich doch Stanley kannte!), schrieb ich ihnen die Entschuldigung, wenn ich ihnen auch die Geschichte nicht abnahm. Als ich sie zur Tür begleitete, sprang der gründlichste Schlossprüfer zur Seite. Ich fragte ihn, was er denn daran so interessant finde, und er grinste und sagte: »Nix.«

Und so können wir uns keiner großen Taten mit Langzeitwirkung rühmen. Die unmittelbaren Wirkungen waren oft eindrucksvoll. Wie leicht ließen sie sich erweitern! Wie leicht, in der Tat – wenn es nicht nahezu unmöglich wäre.

Ich möchte dieses Buch mit einem Wort an Lehrer und Eltern beschließen, denn wir sehen uns heute nicht einer einfachen Auswahl unter verschiedenen Methoden des Massenunterrichts gegenüber – als ob auch nur eine von ihnen funktionierte –, sondern der biblischen Frage in all ihrer Tragweite: Wenn aber das Salz kraftlos wird, womit wird man's würzen? Das heißt nichts anderes, als dass jede Hoffnung auf einen frischen Wind in der Erziehung völlig außerhalb des derzeitigen Establishments liegt. Sie liegt bei den Eltern selbst und bei neu belebten Kommunen und bei jüngeren Lehrern. Ich will auch sagen, warum das so ist, warum unsere Pädagogen, als Klasse und institutionelle Machtgruppe verstanden, zutiefst unfähig sind und ersetzt werden müssen. Ich verfolge damit nicht den Zweck, die Bürokraten zu tadeln, sondern Eltern und Lehrern eine entscheidende Wahrheit in Erinnerung zu bringen, eine Wahrheit, die für jedermann selbstverständlich sein sollte, es aber nicht ist: dass es in menschlichen Dingen – und Erziehung ist ein menschliches Streben *par excellence* – keine Kompetenz ohne Liebe gibt. Es ist dies die Art von Feststellung, die viele Leute, und vor allem unsere Technokraten, als sentimental abtun, und deshalb möchte ich etwas ausführlicher davon reden und ihren Wahrheitsgehalt deutlich machen. Und ich möchte betonen, dass ich hier nicht von herausragenden Leistungen spreche, sondern von einfacher Kompetenz. Lassen Sie mich weiterhin betonen – denn die Frage der Kompetenz mündet letzten Endes in eine Frage nach den Eigentümlichkeiten der einzelnen Leute –, dass ich nicht behaupte, unter unseren fünfzigtausend Bürokraten gebe es keine Personen von echtem Wert. Es geht ganz genau darum, wie die Institution auf das Individuum wirkt. Die Institution, das Erziehungssystem mit all seinen Verzweigungen, verdirbt das Individuum, und wenn das auch in vielen Fällen zu beachtlicher Sachkenntnis führen mag, so bleibt die Tatsache doch bestehen, dass Kompetenz zerstört wird.

Wenn ich Liebe die notwendige Grundlage der Kompetenz in menschlichen Dingen nenne, so rede ich dabei nicht nur von der Emotion der Liebe und auch nicht nur vom sittlichen Handeln und Fühlen, das damit verbunden ist, sondern von Liebe und Anteilnahme in dem ganz allgemeinen und primitiven Sinn, in dem sie eine hintergründige Bedingung des Lebens darstellen, so wie wir von kleinen Kindern sagen, dass sie so leben, »als seien sie verliebt«, und so wie Erwachsene, die durch Katastrophen und extreme Anforderungen ihre Einfachheit wiederfinden, eine konstruktive Energie und ein Mitgefühl offenbaren, die offensichtlich verallgemeinert und elementar sind.

Diesem Hintergrund der verallgemeinerten Liebe haftet nichts an, das theoretischem Denken oder formalisierter Forschung schaden würde. Im Gegenteil, wo es um menschliche Dinge, um Menschen aus Fleisch und Blut geht, wie etwa in der Philosophie, Psychologie und Pädagogik mit all ihren Verzweigungen, wird uns dieser Hintergrund der Liebe stärker als irgendwo sonst bewusst, und ganz besonders dort, wo wir auf hervorragende Leistungen treffen. Der Grund liegt auf der Hand: die Vorgänge auf diesem Gebiet – oft von der feinsten, kaum fassbaren Art – lassen sich gar nicht wahrnehmen, wenn nicht eine gewisse Sensitivität im Beobachter darauf anspricht. Diese Sensitivität muss sich, wenn wir von Kompetenz sprechen wollen, über eine erhebliche Reichweite erstrecken; und eine Reichweite dieser Größenordnung lässt sich nicht aufrechterhalten, es sei denn auf Grund eines aktiven Prinzips der Sorge, Attraktion, Anteilnahme. Was wir Neugier nennen, ist nicht einfach eine Sache des Intellekts, sondern ist in sich selbst eine verallgemeinerte Form der Liebe. Einstein nannte sie »heilig«. Beim Lesen humanistischer Untersuchungen leiten wir oft den Hintergrund der Liebe von den vielen beobachteten Einzelheiten her, von der Feinheit der Beobachtungen und dem unerschütterlichen Beharren auf Werten. Das sind ganz einfach die Eigenschaften eines Menschen, der Anteilnahme empfindet. Manchmal, so etwa in den Schriften Darwins, Kants, Whiteheads oder Freuds, spürt man, wie sich der Autor entzücken und verzaubern ließ von den Massen realer Vorgänge, die unser Leben formen. Auch Dewey in seiner knorrigen Art schreibt mit Liebe; und was sonst, wenn nicht diese tiefe, unauslöschliche Anteilnahme, könnte dem Auge eine solche Schärfe verleihen, der ganzen Mühe des Lebens solche Geduld und Integrität und Ausdauer? Es spielt daher keine Rolle, ob Liebe ausgedrückt wird, oder ob es eine Liebe für Ursachen und Bedeutungen ist, und nicht eine Liebe für individuelle Personen. Wir sind uns ihrer als eines Hintergrunds bewusst, einer Quelle, eines Zustandes, in dem der Schriftsteller seiner Welt gegenübertritt. Wir sind uns jedoch nicht allein dessen bewusst, denn wir sehen auch, dass allein die Gegenwart des Sprechers vor uns in dieser verallgemeinerten Anteilnahme ihre Bedeutung findet. Sie ist das Motiv seiner Ansprache. Sie ist die Berechtigung für seine Worte. Kommunikation, in ihrem ursprünglichen Sinn als Gemeinsamkeit und Veränderung, ist von diesem Hintergrund der Liebe losgelöst nicht denkbar. Man könnte auch von den sinnlichen Elementen sprechen, die zur Anteilnahme gehören. Die Welt ist attraktiv. Sie ist in ihren sinnlichen Formen attraktiv. Unsere Kenntnis ihrer Formen beginnt mit der Reaktion (die schnell schöpferisch wird), und wir können nur mit unseren Sinnen reagieren. Wir können Gefühle nicht durch Analyse kennenlernen, sondern nur durch Gefühle. Die verallgemeinerte Liebe, die ich hier beschrieben habe, ist ein Kriterium der Ganzheit. Wird sie verringert, verlieren wir Schritt um Schritt unsere Welt, und wenn unsere Welt in Stücke geht, geschieht dasselbe mit uns. Man könnte es so ausdrücken: dass es keinen anderen Weg gibt außer dieser ursprünglichen Grundlage der sorgenden Anteilnahme, durch die die Vorgänge und Formen der Welt ihre Erfüllung als Geist finden können. Wenn dieser Hintergrund verdorben wird oder untätig bleibt, lässt sich echter Geist, echtes Denken nicht erreichen. Was wir an ihrer Stelle sehen, ist reine Verstandestätigkeit. Goethe sagt, sinngemäß: Alles Überlegen dieser Welt bringt uns nicht zum Denken. Wir müssen von Natur aus richtig sein, dann kommen uns die Gedanken von selbst, wie die Kinder Gottes, sie springen auf und rufen: »Hier sind wir!« Für Thomas Mann ist diese Harmonie die Freude des Künstlers, ein Denken, das zu Fühlen, ein Fühlen, das zu Denken werden kann.

In diesem Sinn kann man dann auch sagen, dass ein Versagen des Geistes im Grunde genommen nichts anderes ist, als ein Versagen der Liebe. Die Bedingungen, die die Anteilnahme als lebensnotwendigen Atem des Daseins in der Welt zunichte machen, zerstören das Denken und machen Kompetenz in menschlichen Dingen zu einer Unmöglichkeit. Es ist unnötig darauf hinzuweisen, dass die tödliche Starrheit bürokratischer Institutionen die organischen Anforderungen sorgender Anteilnahme zunichte macht. Es genügt zu sagen, dass Wissenschaftler, Künstler, »gebildete Leute« aller Arten (vorausgesetzt, sie haben Integrität), Leute, die selbständig zu denken vermögen und alle Kinder ganz und gar nicht dazu bereit sind, ihre Sensibilität und ihren Willen den Forderungen des Bürokraten zu opfern.

Ich habe drei Beispiele für die Redeweise unserer Pädagogen zitiert. Lassen Sie mich darauf zurückkommen, damit ich kurz die charakteristischen Merkmale des Philosophen und des »Experten«, des Wissenschaftlers und des Technokraten vergleichen kann.

Was ist die gesellschaftliche Funktion der Fachsprache? Ich habe gesagt, echte Kommunikation sei Gemeinsamkeit und Veränderung. Die Fachsprache ist nicht unschuldig. Der Mann, der sie spricht, der vor uns von Rollen und auf der Basis von Wechselbeziehungen funktionierenden Gruppen schwatzt, und von Wertvorstellungen und den Zielen des Lehrplans und besserer Übereinstimmung und übergeordneten und untergeordneten Personen, der hat die Absicht, uns auf Distanz zu halten; er will seine Spezialität – sein kleines Stück eines im wesentlichen unteilbaren Ganzen – eben als Spezialität für sich behalten. Er hat kein Interesse daran, sich uns anzunähern, uns eine Fähigkeit zu vermitteln, sondern über uns zu stehen und uns zu manipulieren. Kurzum, er will ein »Experte« bleiben. Der Philosoph möchte, im Gegensatz dazu, dass alle Menschen zu Philosophen werden. Seine Redeweise erzeugt Gleichheit. Er hat die Absicht, sich uns anzunähern und uns die Fähigkeit zum selbständigen Denken und Handeln zu vermitteln. Er isoliert nicht kleine Spezialitäten, an die er sich klammern kann, sondern er stellt große Formen wieder her, Formen, denen er Bescheidenheit entgegenbringt, die er auch uns lehrt. Er ist Teil der Gemeinschaft, und weder er noch wir können ihr entrinnen.

Und wie unterscheidet sich der Technokrat vom Wissenschaftler? Es genügt, einen einzigen fundamentalen Unterschied zu nennen, denn es ist der entscheidende. Während der Wissenschaftler keine Autoritäten außer der Natur oder der Wahrheit anerkennt und von Regierung, Klassen oder Vorgesetzten keine Prämissen übernimmt, kehrt der Technokrat diese entscheidende Einstellung des freien Denkens um und übernimmt ausgerechnet seine Prämissen von anderen. Es spielt dabei nur eine geringe Rolle, ob er sich einen Wissenschaftler nennt und aus der Forschung eine kleinere Gottheit macht und aus der Grundlagenforschung eine größere. Seine Methoden sind, bei näherem Hinsehen, nicht ernsthaft. Seine Objektivität ist nicht objektiv. Sie ist ohne Schwere oder Risiko. Ist es zum Beispiel objektiv zu sagen, wir müssten unsere Schulen verändern, aber nur im Rahmen der bereits bestehenden Autorität? Wissenschaftler unserer Tage haben entdeckt, dass allein schon der Akt der Beobachtung die Erscheinung beeinflusst. Sie schließen sich selbst in ihre Gleichungen ein. Unsere Technokraten haben diesen entscheidenden Schritt noch nicht getan, und werden ihn nie tun.

Wozu nun diese ganzen Feststellungen? Man könnte doch auch ganz einfach sagen: »Unsere Pädagogen haben versagt. Auf der ganzen Linie. Sie sind inkompetent.«

Ich habe es in diese Form gekleidet, um zu sagen, dass jede Lösung, die die bestehende autoritäre Bürokratie fortbestehen lässt, zum Scheitern verurteilt ist. Und es lag mir sehr viel daran, zu sagen, dass Kompetenz ohne Liebe unmöglich ist, denn in diesem zentralisierten, technologischen, »Experten«-geplagten Zeitalter, in dem wir leben, muss das unbedingt gesagt werden. Wenn man es sagt, deutet man damit gleichzeitig auch schon die Richtung der entscheidenden Veränderung an. Wir müssen Autorität dorthin übertragen, wo bereits eine Teilnahme besteht. Wir müssen sie dort ansiedeln, wo nichts die Umwelt prägt, das den lebenswichtigen Atem der Teilnahme unweigerlich zerstören wird. Autorität muss bei der Kommune liegen. Sie muss örtlich, häuslich, bescheiden, empfindsam sein. Und sie muss ein für allemal an die Personen gebunden sein, die jetzt und in Zukunft Sorge und Anteilnahme empfinden. Eine andere Hoffnung besteht meiner Ansicht nach nicht.

Das Wort Kommune wird natürlich viel missbraucht, und es ist oft ein vager Begriff. Es bedeutet nicht einfach nachbarliche Beziehungen, obwohl nachbarliche Beziehungen in einer Kommune unerlässlich sind.

Ich habe versucht, deutlich zu machen, warum ich glaube, dass Eltern und Lehrer, »Laien«, »gewöhnliche Leute«, echte Kompetenz besitzen können – und vielfach besitzen – wenn es darum geht, kleine Kinder zu erziehen; und warum sie der Technokrat, der in seinem Glaskasten sitzt, nicht besitzt und gar nicht besitzen kann. Doch in Wirklichkeit braucht keine Kommune ohne Weisheit auszukommen. Die größten Geister sind, im Grunde genommen, ihre ständigen Bewohner. Genau so wie manche Menschen mit der Bürokratie dem Staat verbunden sind, sind andere mit der Kommune verbunden. Alle Philosophen gehören den Kommunen. Alle Wissenschaftler. Alle Künstler. Es spielt keine Rolle, wie schwierig oder gehoben ihre Arbeit ist; ihre Funktion ist es, Ebenbürtige zu schaffen. Und deshalb braucht die Autorität, die die erzieherische Funktion lenken muss, nicht einen Deut ihrer Möglichkeiten einzubüßen, nur weil sie örtlich und häuslich ist. Um es anders auszudrücken: Eine Kommune ist keine echte Kommune, wenn sie nicht, im Prinzip, universell ist.

Lassen Sie mich mit den Worten zweier Männer schließen, die der Kommune gehören. Sie geben den Vorstellungen die richtige Größe und den so wichtigen belebenden Atem.

»Ich sehe im Grunde nur zwei Alternativen, zwischen denen sich die Erziehung entscheiden muss, will sie sich nicht ziellos treiben lassen. Die eine davon drückt sich in dem Versuch aus, Erzieher dazu zu bewegen, zu den intellektuellen Methoden und Idealen zurückzukehren, die Jahrhunderte vor der Entwicklung wissenschaftlicher Methoden aufkamen. Dieser Appell kann vorübergehend erfolgreich sein in einer Zeit, in der allgemeine Unsicherheit herrscht, sowohl in emotioneller und intellektueller, als auch in ökonomischer Hinsicht. Denn unter diesen Bedingungen ist der Wunsch aktiv, sich auf etablierte Autorität zu stützen. Das hat jedoch mit all den Bedingungen des modernen Lebens so wenig gemeinsam, dass ich es für töricht halte, in dieser Richtung die Lösung zu suchen. Die andere Alternative ist eine systematische Nutzbarmachung wissenschaftlicher Methodik als Modell und Ideal intelligenter Erforschung und Ausnutzung der in der Erfahrung steckenden Möglichkeiten.«

Diese Worte stammen von Dewey, sie stehen in »Erfahrung und Erziehung«. Tolstoj ist der andere Mann, wenn auch die folgenden Worte nicht von ihm stammen, sondern von einem ehemaligen Schüler von ihm, der sich im hohen Alter an die Schule in Jasnaja Poljana erinnert.

»Wir umringten Lew Nikolajewitsch, packten ihn hinten und vorne, versuchten, ihm ein Bein zu stellen, ihn mit Schneebällen zu bewerfen, wir stürzten uns auf ihn, kletterten ihm auf den Rücken und wollten ihn umwerfen. Doch er war höchstens noch entschlossener als wir und trug uns wie ein starker Ochse auf dem Rücken. Nach einer Weile ließ er sich dann aus Erschöpfung oder eher aus reinem Vergnügen doch in den Schnee fallen. Dann war unsere Ekstase unbeschreiblich! Wir begannen sofort ihn mit Schnee zuzudecken und uns in einem Haufen auf ihn zu werfen und schrien: ›Der Haufen ist zu klein! Der Haufen ist zu klein!‹

Die Schule machte uns Spaß, und wir arbeiteten begierig mit. Doch Lew Nikolajewitsch arbeitete noch begieriger als wir. Er war so sehr in seine Arbeit mit uns vertieft, dass er oft das Mittagessen vergaß. In der Schule war seine Erscheinung stets seriös. Er verlangte von uns Sauberkeit, ordentlichen Umgang mit den Schulsachen und Wahrhaftigkeit ... Er bestrafte nie jemanden wegen irgendwelcher Streiche, wegen Ungehorsams oder Müßigkeit; und wenn wir zu laut wurden, sagte er nur: ›Etwas ruhiger, bitte!‹ ... Durch solche Vergnügungen und Fröhlichkeit und durch die raschen Fortschritte im Lernen kamen wir Lew Nikolajewitsch so nahe wie der Faden des Flickschusters dem Wachs. ... Wir verbrachten den Tag in der Schule und vertrieben uns den Abend mit Spielen, wobei wir bis spät in die Nacht auf seinem Balkon saßen. Er erzählte uns Geschichten aus dem Krieg oder wie ein Koch in Moskau seiner Tante die Kehle durchschnitt und wie ihn einmal auf der Jagd ein Bär biss, und er zeigte uns die Narbe an seinem Auge. Unsere Gespräche zogen sich endlos hin. Wir erzählten ihm fürchterliche Dinge – von Zauberern und Walddämonen. ... Er erzählte uns Geschichten, furchtbar oder lustig, sang Lieder und passte dabei den Text uns an. ... Er war ganz allgemein ein großer Spaßvogel und ließ keine Gelegenheit aus, kräftig zu lachen. ...

Fünfzig Jahre sind seither vergangen. Ich bin bereits ein alter Mann. Doch meine Erinnerungen an Lew Nikolajewitschs Schule und an ihn selbst sind immer noch deutlich vor mir. Sie machen mir immer wieder Mut, vor allem, wenn ich in Schwierigkeiten stecke. ... Die Liebe Lew Nikolajewitschs, die damals entflammte, brennt immer noch strahlend in meiner Seele und erhellt mein ganzes Leben; und die Erinnerung an jene strahlenden und glücklichen Tage habe ich nie verloren und werde ich nie verlieren.« (Aylmer Maude, The Life of Tolstoy.[19])

Vielleicht sollte das Wahrzeichen unserer amerikanischen Grund-schulen ein Medaillon ohne Worte sein, eine Darstellung Tolstojs mit den Kindern auf seinem Rücken.

*

Der Einfluss meiner Frau durchzieht diese Seiten in mehrfacher Hin-sicht, und ich möchte ihr dafür danken. Ja, ich möchte ihr für das ganze Buch danken.

Danke, Mabel.

ANMERKUNGEN

1 Paul Goodman (1911-1972), Mitbegründer der Gestalttherapie, Schristeller und Sozialkritiker; zu seinen schulkritischen Schriften zählt insbesondere: Compulsory Mis-education (1964; dt. Das Verhängnis der Schule, Frankfurt/M. 1975). John Holt, Aktivist der Kinderrechtsbewegung und des »home-schooling movements«, vgl. u. a. How Children Fail (1964; dt. Chancen für unsere Schulversager, Freiburg/Br. 1970); How Children Learn (1967; dt. Wie Kinder lernen, Weinheim 1971); Escape from Childhood (1975; dt. Zum Teufel mit der Kindheit, Wetzlar 1978); Teach Your Own, New York 1980. Mary Frances Greene und Orletta Ryan, The School Children: Growing Up in the Slums, New York 1965. Nat Hentoff hat sich inzwischen einen Namen als Jazz-Kritiker gemacht; Our Children are Dying and the Headmaster, New York 1966. James Herndon, The Way It Spozed To Be, New York 1969 (auf dt. ist sein Buch von 1971 »How to Survive in Our Native Land« erschienen: Die Schule überleben, Stuttgart 1972). Jonathan Kozol engagiert sich noch heute für die Belange unterprivilegierter Kinder; Death at an Early Age, New York 1967. Herbert Kohl ist ein führender Vertreter der »Open Classroom«-Idee; The Open Classroom (1969; dt. Antiautoritärer Unterricht in der Schule von heute, Reinbek 1971). Jerome S. Bruner, The Process of Education (1963; dt. Der Prozess der Erziehung, Berlin 1970). Zu Jean Piaget vgl. im Nachwort S. 324ff. Zu Joseph Featherstone vgl. seinen Rückblick in ders., Dear Josie: Witnessing the Hope and Failures of Democratic Education, New York 2003. – Übrigens ist schon in der Taschenbuchausgabe (Vintage Books 1970) die Aufzählung dieser »bekannten« Autoren gestrichen worden. Offensichtlich waren sie zumindest z. T. schon nicht mehr so aktuell.

2 John Dewey (1859-1952); sein Ideal einer demokratischen Schule, in der durch Erfahrung gelernt wird (»learning by doing«) wird sowohl von der offiziellen us-amerikanischen Schultheorie als auch von den Schulkritikern für sich reklamiert.

3 A. S. Neill (1883-1973), Theorie und Praxis der antiautoritären Erziehung (1960), Reinbek 1969. Das Buch des stark von Wilhelm Reich beeinflussten Pädagogen ist das wohl einflussreichste der »antiautoritären« Erziehung. Wenn man es heute liest, zeigt sich, dass die meisten der inzwischen entstandenen Vorurteile gegen die antiautoritäre Erziehung unzutreffend sind (so hat Neill weder Eigentumsdelikte noch Grenzüberschreitungen von Kindern gegenüber Erwachsenen toleriert). Leo N. Tolstoj (1828-1910), Die Schule von Jasnaja Poljana (1862), Wetzlar 1980. Dennison zitiert im Laufe des Buches ausführlich aus dem Bericht Tolstojs.

4 Jean-Jacques Rousseau (1712-1778). Der französische Aufklärungsphilosoph und Zivilisationskritiker gilt als der Begründer der neuzeitlichen Pädagogik, vgl. Herwig Blankertz, Die Geschichte der Pädagogik, Wetzlar 1982, S. 69ff.

5 Sonderschule für emotional gestörte oder straffällige Kinder.

6 Elliott Shapiro (1911-2003) gehörte zu der usprünglichen Gruppe um Laura und Fritz Perls und Paul Goodman, die in den End-1940er und beginnenden 1950er Jahren die Gestalttherapie begründet hat; vgl. das Interview mit ihm in: Anke und Erhard Doubrawa (Hg.), Erzählte Geschichte der Gestalttherapie, Wuppertal 2003.

7 Tochter von Paul Goodman. Sie praktizierte später auch als Gestalttherapeutin.

8 Wilhelm Reich (1897-1957). Der Psychoanalytiker gehört mit seinem Engagement für die sexuelle Befreiung sowie für emanzipatorische und körperorientierte Therapieformen sowohl zu den bedeutenden Vorläufern der Gestalttherapie als auch zu den »Helden« der Jugendrebellion der 1960er Jahre. Zu Neill vgl. Anm. 3, zu Goodman Anm. 1.

9 Alfred North Whitehead (1861-1947), britischer Mathematiker und Philosoph. Aims of Education (1929), New York 1967.

10 Dt. in: Summerhill pro und contra, Reinbek 1971, S. 73ff.

11 Sylvia Ashton-Warner (1908-1984) lehrte 17 Jahre an Maori-Schulen. Aus den Erfahrungen hat sie 1963 ihre neuartige Methode des Leseunterrichts unter dem Titel »Teacher« veröffentlich (New York 1986). Ihre Methode weist starke Ähnlichkeiten mit derjenigen von Paolo Freire auf.

12 Gemeint sind die ersten weißen Siedler in Nordamerika (Puritaner, die vor der religiösen und politischen Verfolgung in England flüchteten).

13 Dt. John Dewey, Demokratie und Erziehung (1916), Weinheim 2000. Zu Dewey vgl. Anm. 2.

14 Zu Pestalozzis »mechanischer Methode« vgl. im Nachwort den entsprechenden Abschnitt.

15 »A Prescription for Mini-Schools«, Chelsea-Clinton News, Vol. 22, No. 26, 23. Nov. 1967.

16 John Dewey, Erfahrung und Erziehung (1936), in: ders. Psychologische Grundfragen der Erziehung, München 1974.

17 Dt. Jerome S. Bruner, Entwurf einer Unterrichtstheorie, Hamburg 1974 (amerikanische Neuausgabe: Cambridge 2004).

18 Begriff von Paul Goodman in: Compulsory Mis-education (1964; dt. Das Verhängnis der Schule, Frankfurt/M. 1975). Goodman bezeichnete mit ihm ironisch die Leute, die das Zur-Schule-Gehen zu einem unhinterfragbaren Glaubensdogma machen.

19 Aylmer Maude, The Life of Tolstoy (1908-10), Oxford University Press 1987. Aylmer Maude hat zahlreiche Werke Tolstojs ins Englische übersetzt.

STEFAN BLANKERTZ
GESTALTPÄDAGOGIK, SCHULE UND FREIHEIT
ZUR EINER NEUFASSUNG
DER KRITIK AM ÖFFENTLICHEN SCHULSYSTEM

GIBT ES EINE GESTALTPÄDAGOGIK?

Auf den ersten Blick mag die Frage, ob es eine Gestaltpädagogik gäbe, irritierend oder sogar arrogant erscheinen. Es gibt Veröffentlichungen, die das Wort »Gestaltpädagogik« im Titel führen oder im Text benutzen.[1] Einige meiner eigenen Veröffentlichungen werden zur Gestaltpädagogik gerechnet.[2] Wie kann man da fragen, ob es eine Gestaltpädagogik gäbe?

Die Frage ist im Zusammenhang der Arbeit an dem »Lexikon der Gestalttherapie« aufgekommen, das ich mit Erhard Doubrawa verfasst habe.[3] Schauen wir uns die Begriffe »Gestaltberatung«, »Gestaltcoaching«, »Gestaltpaartherapie«, »Gestaltsupervision« und sogar »Gestalttherapie« selbst an. In diesen Wortzusammenstellungen bezeichnet »Gestalt« die Anwendung eines bestimmten Konzeptes, nämlich das der »Gestalt«, auf einen Arbeitsbereich, nämlich den der Beratung, Supervision, Therapie usw.

Ganz anders verhält es sich bei dem Begriff »Gestaltpsychologie«. Hier bedeutet »Gestalt«, dass aus diesem Begriff heraus die Psychologie konstituiert wird, also die Wissenschaft (= Logie) von der Seele (= Psyche). Aus dem Begriff der »Gestalt« erwachsen die psychologischen Prinzipien

1. der Wahrnehmung von Sinn (anstelle unverbundener »Daten«),
2. des Prägnantwerdens einer Figur auf einem Hintergrund sowie
3. der Auffassung, das Ganze sei mehr als die Summe seiner Teile.

In der Anwendung auf die Therapie folgt aus diesen Prinzipien des »Gestalt«-Konzepts unter anderem, dass Aggression einen zentralen Stellenwert im Lebensprozess einnimmt. Die Wahrnehmung von Sinn bedeutet nämlich immer, dass der Wahrnehmende den Dingen um sich herum Sinn gibt, sie also aus seiner Perspektive heraus umgestaltet. Die Behinderung der aggressiven Energie, der Energie zur Gestaltbildung, ist der Ausgangspunkt psychischer Probleme, die in der Therapie behandelt werden.

Die Frage lautet nun, ob die Pädagogik ein Anwendungsgebiet oder eine Wissenschaft sei. Als Anwendungsgebiet wird der Begriff »Pädagogik« fast ausschließlich im Zusammenhang mit der Institution Schule verwendet. Das Wort »Pädagoge« ist nahezu synonym mit dem des »Lehrers«, meist sogar eingeschränkt auf »Lehrer in einer öffentlichen Schule« – ein Lehrer z. B. an einer privaten Sprachenschule wie Inlingua oder Berlitz wird normalerweise nicht als »Pädagoge« tituliert. Daneben gibt es jedoch die Pädagogik als Wissenschaft von der Hilfestellung beim Aufwachsen, also bei der – in Wilhelm von Humboldts Worten – »höchsten und proportionierlichsten Bildung der Kräfte des Menschen zu einem Ganzen«.[4] Inzwischen ist der Begriff »Pädagogik« zwar dem der »Erziehungswissenschaft« weitgehend gewichen, aber wird immer noch im Sinne der Bezeichnung einer Wissenschaft verwendet.

Schauen wir uns auf dem Hintergrund dieser Überlegung die Entwicklung dessen an, was als »Gestaltpädagogik« bezeichnet wird.

■ **1. Phase:** Das Schul-Experiment. In den 1960er Jahren hat Paul Goodman den Kreis um ihn herum dazu angeregt, aktiv in der Alternativschul- bzw. Free-School-Bewegung mitzuwirken.[5] Besonders hervorzuheben ist die im vorliegenden Buch beschriebene »First Street School«. Sie lag in einem New Yorker sozialen Brennpunkt und ist von den Gestalttherapeuten George Dennison und Susan Goodman, eine Tochter Paul Goodmans, 1964 gegründet worden. Weder Paul Goodman noch George Dennsion benutzten den Begriff »Gestaltpädagogik«. Aber ihre Anregungen bilden nach wie vor den Hintergrund und immer noch das – wenn auch bisweilen nur noch versteckt angedeutete – Ideal der heutigen »Gestaltpädagogik«. Allerdings wird dieses Ideal – die eigentümliche Kombination des selbstbestimmten »antiautoritären« Lernens mit dem klaren Bekenntnis zur Abgrenzung und zur Authentizität des erwachsenen Personals – inzwischen eher rituell angerufen, als in einer pädagogischen Theorie reflektiert.

■ **2. Phase:** Das Scheitern. Spätestens Mitte der 1970er Jahre musste die Alternativschul-Bewegung in dem Sinne als gescheitert erklärt werden, dass sie versagt hatte, in einem nennenswerten Umfange eine nicht- oder außerstaatliche Alternative zur Institution Schule zu schaffen. Demgegenüber hat die öffentliche Schule ausgewählte Vorstellungen der Alternativschulen aufgegriffen und inkorporiert. Dieses Scheitern ist, so lautet meine These, weder theoretisch aufgearbeitet noch emotional bewältigt worden. Warum das gute, humane und auch allseits akzeptierte Ideal damals nicht hatte umgesetzt werden können, ist den Verfechtern der »Gestaltpädagogik« immer noch nicht klar. Für die Entwicklung einer glaubwürdigen Gestaltpädagogik wäre es m. E. unabdingbar, die Theorie des Scheiterns der Free-School-Bewegung nachzuliefern. Meinen eigenen Beitrag dazu werde ich im Folgenden skizzieren.

■ **3. Phase:** Therapie für Lehrer. Der Begriff »Gestaltpädagogik« wurde Ende der 1970er Jahre geprägt und zwar mit dem Hintergrund, dass einige Ideen aus der Alternativschul-Bewegung (wie selbstbestimmtes Lernen usw.) einen Platz in den öffentlichen Schulen erhalten sollten. Der genuine Beitrag der Gestaltpädagogik bestand darin, nicht einfach die Forderung nach einem idealen Unterricht zu stellen, sondern darauf zu achten, wie die Lehrer psychisch (und nicht nur didaktisch) darin unterstützt werden könnten, einen solchen Unterricht auch durchzuführen. Dies war sehr notwendig, weil die Lehrer zwischen renitenten Schülern, behindernder Bürokratie und Querelen unter Kollegen vielfach zusammenbrachen und immer noch zusammenbrechen. Der Ansatz, die Lehrer psychologisch zu unterstützen, wurde in der Folge weiterentwickelt und stellt die dritte, bis heute anhaltende Phase der Gestaltpädagogik dar. Sie ist im Wesentlichen ein »Überlebenstraining für Lehrer«. Dies ist eine wichtige Funktion, aber keine eigentlich pädagogische, sondern eine therapeutische. »Gestaltpädagogik« ist dergestalt Gestalttherapie für Lehrer.

Fazit dieser Betrachtung ist, dass »Gestaltpädagogik« in ihrer gegenwärtigen Form ebenso ein spezielles Anwendungsgebiet der Gestalttherapie ist wie z. B. »Gestaltsupervision«: Im Bereich der Pädagogik, also bei Lehrern der öffentlichen Schule, wird mit der gestalttherapeutischen Haltung Unterstützung angeboten. Für eine »Gestaltpädagogik« im Sinne der Konstituierung der Wissenschaft vom Heranwachsen aus dem Begriff der Gestalt stehen die Chancen demnach schlecht.

Auf der anderen Seite findet sich bei Erving und Miriam Polster an einigen Stellen der Hinweis auf eine »Gestalt-Lerntheorie«.[6] Angesichts der Tatsache, dass der Begriff »Pädagogik« im Amerikanischen sehr selten verwendet wird – außer Paul Goodman ist mir kein Autor bekannt, der das tut –, kann man den Hinweis auf eine »Gestalt-Lerntheorie« durchaus als ein Indiz für eine »Gestaltpädagogik« im Sinne der Wissenschaft nehmen. Macht man sich allerdings auf die Suche nach der »Gestalt-Lerntheorie«, auf die die Polsters hinweisen, so findet man nichts. Der Hinweis der Polsters zielt nicht auf eine existente Gestalt-Lerntheorie, die man irgendwo nachlesen kann, sondern ist bestenfalls als Aufforderung zu verstehen, eine solche zu formulieren.

Im Folgenden werde ich im ersten Teil meine Theorie des Scheiterns der Alternativschul- bzw. Free-School-Bewegung darlegen und im zweiten Teil Ansätze zu einer u. a. von George Dennison angeregten Gestaltpädagogik entwickeln.

Die Theorie des Scheiterns der Alternativschul-Bewegung steht darum am Beginn und ist darum in ihrer Ausführlichkeit so wichtig, weil nur sie es vermag, den (gestalt-)pädagogischen Gedanken von Goodman, Dennison und ihren Mitstreitern, Vorgängern und Nachfolgern zu retten: Nur wenn es gelingt, das Scheitern auf *andere* Weise als durch das eigene Versagen zu erklären, könnte das den (gestalt-)pädagogischen Gedanken davor bewahren, als »utopisch« oder »praxisuntauglich« abgetan zu werden.

THEORIE DES SCHEITERNS

Daran, dass die Hoffnungen der Alternativ- bzw. Free-School-Bewegung, die George Dennison in dem vorliegenden, 1969 verfassten Buch zum Ausdruck bringt, gescheitert sind, gibt es wie gesagt keinen Zweifel, obwohl das Image der öffentlichen Schulen seit Mitte der 1960er Jahre nicht besser geworden ist.[7] (Vielen Konservativen erscheint heute im Rückblick sogar, dass zu jener Zeit die Schulwelt noch in Ordnung gewesen sei!) Michael Rossman, ein führender Vertreter der Free-School-Bewegung in den USA, hatte 1972 vorausgesagt, dass es 1975 an die 25 000 bis 30 000 Free Schools mit rund 2 Millionen Schülern geben werde. Stattdessen stagnierte die Zahl der Free Schools auch in den USA bei wenigen Tausend. In Deutschland hat die »Freie Schule Frankfurt« nach jahrelangen Prozessen eine Sonderzulassung mit Bestandsschutz erhalten,[8] ebenso wie einige wenige andere Überbleibsel aus der »antiautoritären« Zeit. Derzeit gibt es wieder eine Handvoll illegaler freier Schulen in Deutschland, aber von einem nennenswerten Einfluss kann keine Rede sein. Die wenigen Erziehungswissenschaftler und Bildungsökonomen, die es angesichts dessen überhaupt für Wert hielten, sich mit Free-School-Gedanken und radikaler Schulkritik aus den USA zu beschäftigen, haben aus dem Scheitern der Bewegung zwei zentrale Thesen abgeleitet:[9]

1. Ein Netz von dezentralen, nicht-öffentlichen und an den Bedürfnissen der Beteiligten (Schüler, Lehrer, Eltern) orientierten Schulen sei nicht in der Lage, eine stabile Grundlage für die Versorgung der Gesamtgesellschaft mit den ökonomisch, politisch, sozial und kulturell notwendigen Bildungsgütern zu schaffen. Die Schulen würden zu leicht und zu schnell zerfallen. (Beleg im vorliegenden Buch: Am Ende der zwei Jahre als Lehrer in der First-Street-School schreibt George Dennison, er habe »die Nase voll« von Kindern.) Überdies gäbe es kaum oder wenig Möglichkeiten, sicherzustellen, dass diese Schulen einen Mindeststandard erreichen.

2. Nicht-öffentliche Schulen könnten die soziale Ausgewogenheit nicht garantieren. Sie stünden entweder nur »den Reichen« offen, die es sich leisten können, Schulgeld zu bezahlen, oder sie seien auf zusätzliche öffentliche Mittel bzw. Spenden angewiesen. Auch damit würden sie für Instabilität anfällig, wie ebenfalls an der First-Street-School und ihrer Unfähigkeit abgelesen werden kann, nach den zwei Jahren ihrer Existenz die weitere Finanzierung aufrecht zu erhalten.

Nicht nur die Kritiker der Free-School-Bewegung, sondern auch deren Befürworter haben einen ökonomischen Mechanismus nicht zur Kenntnis genommen, auf den Milton Friedman schon Mitte der 1950er Jahre hingewiesen hat: Die fehlende Möglichkeit von Alternativen zur öffentlichen Schule liegt darin begründet, dass die öffentlichen Schulen ihre Einkünfte aus gesicherten Steuern beziehen, während die Alternativschulen darauf angewiesen sind, dass die Menschen über das in den Steuern enthaltene Schulgeld hinaus bereit sind, in das Wohlergehen ihrer Kinder zu investieren. Um die Chancen fair zu verteilen und eine Konkurrenz zwischen staatlichen (»öffentlichen«) und privaten Angeboten herzustellen, schlug Friedman vor, das Bildungsbudget in Form von Gutscheinen an die Eltern zu verteilen, die sie an den Institutionen ihrer Wahl einlösen könnten.[10] Konkret würde das dann so aussehen: Die Eltern von José, Eléna, Maxine usw. hätten das Geld, das der ihren Kindern zustehende Platz an einer öffentlichen Schule kosten würde, in Form eines Gutscheins in die Hände bekommen. Wenn ihre Kinder nicht die öffentliche Schule besuchten, hätten sie die Gutscheine z.B. an die »First Street School« (oder eine andere Einrichtung ihrer Wahl) geben können. Sofern es den Betreibern der »First Street School« gelungen wäre, die Kinder und deren Eltern kontinuierlich von ihrer Sinnhaftigkeit zu überzeugen, hätte es nie ein Finanzierungsproblem gegeben.

Dieser einfache, praktikable, ausgewogene und in keiner Weise radikale Vorschlag wird besonders in der deutschen Erziehungswissenschaft fast einhellig abgelehnt und inhaltlich wenig diskutiert. Erfahrungen mit Gutscheinversuchen werden nicht aufgearbeitet, höchstens wird am Rande bemerkt, sie seien »gescheitert«. Erziehungswissenschaftler, Pädagogen und Bildungspolitiker, die in den 1970er Jahren die »Emanzipation vom repressiven System« gefordert haben oder die sich heute in der Tradition dieser Forderungen sehen, werden angesichts des von Friedman vorgeschlagenen Gutscheinkonzepts zu entschiedenen Verfechtern einer öffentlichen Schule, die den unwissenden Schülern und hilflosen bis böswilligen Eltern gegenüber wenigstens darauf bestehen könne, das »richtige Bewusstsein« zu vertreten.

Die Beschäftigung mit Friedmans Gutscheinmodell ermöglicht es, einen ökonomischen und politischen Rahmen für die pädagogische Freiheit des Experimentierens und der selbstorganisierten Bildung zu denken, den die Alternativ- und Free-School-Bewegung zur Entfaltung gebraucht hätte und an dessen Nichtexistenz sie gescheitert ist. Dabei hat sie zu diesem Scheitern insofern selbst beigetragen, als sie von wenigen Ausnahmen (wie z.B. Christopher Jencks[11]) abgesehen sich mit Finanzierungsfragen nicht ernsthaft auseinandergesetzt hat.

Unter den inzwischen zahlreichen Gutscheinversuchen beschäftige ich mich nun mit zwei gut dokumentierten Erfahrungen, die mir für die Diskussion besonders interessant erscheinen.

Bildungsgutscheine in Chile

Das größte Experiment mit den von Milton Friedman vorgeschlagenen Bildungsgutscheinen findet in Chile seit 1980 statt. Dieses Experiment wird von Gegnern der Entstaatlichung im Schulwesen bisweilen als Beispiel ins Feld geführt, um so mehr, da Chile noch der Geruch der faschistischen Militärdiktatur anhaftet. Ich brauche auf diesen Aspekt hier jedoch nicht weiter einzugehen, weil in Chile das System der Bildungsgutscheine auch nach dem Ende der Militärdiktatur fortbesteht.

Öffentliche Schulen sind in Chile Angelegenheit der Gemeinden: Die Gemeinden erhalten finanzielle Mittel des Zentralstaates in Abhängigkeit von der Schülerzahl ihrer Schulen. Die öffentlichen Schulen sind bezüglich ihrer Binnenstruktur (z.B. Anstellung von Lehrern) autonom. Private Schulen erhalten den gleichen Betrag pro Schüler, wenn die Schulen entsprechend anerkannt sind und wenn das Einkommen der Eltern der Schüler unter einem gewissen Limit liegt. Alle Schulen in Chile – öffentliche, private gutschein-subventionierte und private nicht-subventionierte Einrichtungen – sind am Ende der Pflichtschulzeit (achtes Schuljahr) gehalten, ihre Schüler an einem standardisierten Leistungs- und Fähigkeitstest teilnehmen zu lassen.

Ein Vergleich der Testergebnisse zwischen den öffentlichen und den gutschein-subventionierten privaten Schulen ergibt nach Ansicht einiger Statistiker keine deutliche Überlegenheit der privaten Schulen, z.B. Patrick McEwan und Martin Carnoy (2000); andere Statistiker sehen allerdings sehr wohl eine solche Überlegenheit, z.B. Caroline Hoxby (1994) und Dante Contreras (2002).[12] Aus den – in ihrer Faktengrundlage allerdings anzweifelbaren – Behauptungen von Patrick McEwan und Martin Carnoy ist die Schlussfolgerung abgeleitet worden, dass private Schulen entgegen der Erwartung von Milton Friedman keine höheren Leistungen als öffentliche Schulen hervorbringen würden.

Ungeachtet der Frage, welche Statistiker recht haben, ist die Schlussfolgerung nicht zwingend: Die öffentlichen Schulen sind in Chile echten Marktbedingungen unterworfen, d.h. sie haben keinen Vorteil gegenüber der privaten Konkurrenz. Die öffentlichen Schulen stehen im fairen Wettbewerb mit den privaten Schulen. Darum ist es anzunehmen, dass auch öffentliche Schulen sich verbessern oder aber eben vom Markt verschwinden. Diesen Effekt nenne ich nach dem Erfinder des Gutscheinsystems, Milton Friedman, den »Friedman-Effekt«. Dieser Effekt zeigt sich auch im Wisconsin-Experiment, das im nächsten Abschnitt dargestellt wird. Dass der »Friedman-Effekt« in Chile greift, wird auch von den durchschnittlichen Testergebnissen belegt, die mit Ausnahme eines kurzen, erklärungsbedürftigen Einbruchs Ende der 1980er Jahre kontinuierlich von 1980 bis 1996 angestiegen sind. In der Tat stimmen nach meiner Übersicht alle Beobachter – auch die ausgesprochenen Kritiker der Privatschulen – darin überein, dass das chilenische Schulsystem aufgrund der Regionalisierung und aufgrund der Schulautonomie große Fortschritte gemacht hätte.[13]

In Zeiten angespannter öffentlicher Kassen wird mit dem Gutscheinsystem auch die Hoffnung verbunden, hohe Qualität zu günstigeren Preisen zu bekommen. Was sagt das chilenische Beispiel bezogen auf die Kostenfrage? Patrick McEwan und Martin Carnoy gehen davon aus, Chile würde zeigen, dass private Schulen nicht kostengünstiger arbeiten würden als öffentliche Schulen. Um das im chilenischen Kontext herauszufinden, braucht man jedoch keine Statistik. Denn obwohl die Schulen um Schülerzahlen konkurrieren, konkurrieren sie nicht mittels eines niedrigen Preises – denn die Pro-Kopf-Summe für jeden Schüler ist nicht variabel. Mit anderen Worten: Es gibt gar keinen Anreiz, Schuldbildung günstiger anzubieten. Diesen Effekt nenne ich den »Niskanen-Effekt« nach dem Ökonomen William Niskanen, der das Nachfrageverhalten öffentlichen Gütern gegenüber systematisch erfasst hat: Nach dem Niskanen-Theorem werden kosten- und gebührenfrei zur Verfügung gestellte (öffentliche) Güter so nachgefragt, als ob sie tatsächlich keine Ressourcen beanspruchen würden. Damit kommt es zu einer Überkonsumption öffentlicher Güter bei dem gleichzeitig vorherrschenden Gefühl, es gäbe von ihnen »zu wenig« (Freibier-Effekt). In Bildungssystemen von Entwicklungsländern, in denen Privatschulen einen Anreiz für niedrige Kosten haben, lassen sich dagegen Einsparungen zwischen 20 % und 80 % beobachten.[14]

Zu einer Frage der Werthaltung kommt es in einem anderen Streitpunkt bezüglich des Chile-Experimentes. Es zeigt sich, dass die Wahlmöglichkeit der Eltern in Chile tendenziell zu verschiedenen Segregationen (»Absonderungen«) führt. Die öffentlichen Schulen werden von Kindern besucht, deren Eltern durchschnittlich einen etwas geringeren Sozialstatus haben als die Eltern der Kinder, die zu privaten gutscheinsubventionierten Schulen gehen. Unter den Privatschulen gibt es überdies katholische, protestantische und anderswie weltanschaulich oder religiös geprägte Schulen.

Dies wird von Pädagogen, die die Hauptaufgabe der Schule in der »Integration« sehen, abgelehnt. Jedoch lässt sich feststellen, dass erzwungene Integration zu größeren Problemen zwischen verschiedenen Bevölkerungsgruppen führt. Freiwillige Segregation führt paradoxer Weise zu mehr Integration als erzwungene Integration. Diesen Effekt nenne ich den »Mises-Effekt« nach Ludwig von Mises, der darauf in seinem Buch »Liberalismus« (1927) hingewiesen hat. Übrigens: Im nordamerikanischen Kontext weisen öffentliche Schulen eine größere Segregation auf als private.[15] Die starke Segregation im öffentlichen US-Schulsystem hat sich seit den Tagen, die George Dennison beschreibt, nicht reduziert – ganz im Gegenteil ist sie nach, trotz und vielleicht durch die großangelegten teuren Integrations-Maßnahmen nur noch schlimmer geworden.[16]

Ein spezieller Kritikpunkt innerhalb des Segregations-Vorwurfs besagt zudem, dass die Kinder engagierter Eltern von der Möglichkeit profitieren, eine Schule ihrer Wahl zu besuchen, während die übrigen Kinder »zurückbleiben«. Dies wäre vor allem die Folge davon, dass gute Schüler in guten Schulen zusammen kämen und sich dort gegenseitig förderten. Um diesem Effekt entgegen zu wirken, vertreten manche Kritiker die Meinung,[17] die Zusammensetzung der Schulen sollte durch »Zufall« bestimmt sein, um eine Durchmischung der Bevölkerung zu erreichen. Die Frage darf jedoch erlaubt sein, ob guten Schülern tatsächlich auferlegt werden sollte, dass ihr Lernerfolg durch störende, unzufriedene und schlechte Klassenkameraden behindert wird. Die Erlaubnis, Schüler abzulehnen, die nicht in das Konzept einer Schule passen, ist eine Grundvoraussetzung für vernünftige Pädagogik: Jeder weiß, dass ein paar Störenfriede oder Uninteressierte genügen, um jeden sinnvollen Unterricht zu sabotieren. Dies nenne ich die »Goodman-Hypothese«.[18] Stellen wir uns einfach mal vor, George Dennison hätte den renitenten Stanley nicht der Schule verweisen dürfen! Eine weitere Anmerkung zum Chile-Experiment folgt aus der Goodman-Hypothese: In Chile herrscht trotz allem dennoch Zwangsschule mit Schulpflicht bis zum achten Schuljahr und Berechtigungswesen als Voraussetzung für den Berufszugang. Der Hypothese Goodmans zufolge ist die Schule jedoch nicht der beste Lernort für alle Kinder. Diejenigen Kinder, die im Kontext des chilenischen Gutscheinsystems »zurückbleiben«, sind eventuell als Opfer der Schulpflicht anzusehen. Ihre Zeit wird verschwendet sowie das Geld ihrer Eltern. Denn die Gutscheine werden schließlich aus Steuermitteln bezahlt, sodass wie überall sonst im Staatsschulsystem der Schulbesucht nur kostenlos zu sein scheint. »There Ain't No Such Thing As A Free Lunch« (TANSTAAFL) sagt Milton Friedman: Umsonst ist nichts.

Alles in allem scheinen mir die Kritiker des chilenischen Gutscheinsystems von Testergebnissen besessen zu sein.[19] Über den Lebenserfolg, den die Schüler der Schulen haben, gibt es keine mir bekannten Statistiken. Wohl aber gibt es Statistiken über die Zufriedenheit der Schüler, Lehrer und Eltern mit ihren Schulen: In allen Systemen, die freie Schulwahl ermöglichen (nicht nur in Chile), ist diese Zufriedenheit extrem hoch. Ich finde, das wichtigste Kriterium in der Beurteilung von Bedingungen des Aufwachsens sollte sein, wie zufrieden alle Beteiligten sind – darin eingeschlossen ist natürlich, dass eine Schule ihren Schülern dabei helfen soll, im weiteren Leben gut klar zu kommen.

Bildungsgutscheine für »Unterprivilegierte« in Wisconsin

Der sozialpolitische Effekt der Bildungsgutscheine kann noch genauer in einem Experiment in Wisconsin, USA, beobachtet werden. Die Ökonomin Caroline M. Hoxby hat dieses Experiment wissenschaftlich begleitet.[20] Das Experiment in den 1990er Jahren sah vor, dass die Eltern von sozial benachteiligten Kindern in Brennpunktgebieten das Geld, das der Staat für Schulbildung aufwenden würde, in Form von Gutscheinen bekommen. Diese Gutscheine konnten sie an einer Institution ihrer Wahl einlösen. Im Gegenzug erhielten die öffentlichen Schulen der an dem Experiment beteiligten Bezirke keine direkten öffentlichen Zuwendungen mehr, sondern nur im Verhältnis zu der Zahl der Kinder, die sie unterrichteten.

Diese Situation entspricht genau dem Szenario, das die Kritiker der Bildungsgutscheine besonders fürchten: Sie gehen in einem solchen Fall davon aus, dass die Besten der Kinder bzw. die Kinder der noch am engagiertesten Eltern von den entsprechenden Schulen »abwandern«, während die schlechtesten bzw. vernachlässigsten Schüler zurück bleiben. Dies ist im öffentlichen Schulsystem ja ohnehin Gang und Gäbe: Engagierte ebenso wie karriereorientierte Eltern setzen alles daran, dass ihre Kinder zu ihrer Meinung nach »guten« Schulen gehen. Erst auf diese Weise entstehen ja überhaupt die so genannten »Brennpunkt«-Schulen.

Hoxby hat nun nicht die Schulen untersucht, zu denen Kinder hin »abwandern«, sondern diejenigen, die Auffangbecken für die zurückbleibenden Kinder bilden, deren Eltern keine aktive Wahl einer anderen Institution getroffen haben bzw. die von keiner anderen Institution aufgenommen worden sind.

Der Maßstab der Untersuchung waren die Ergebnisse von standardisierten Tests (die ähnlich funktionieren wie die Tests der Pisa-Studien). Dieser Rückgriff auf standardisierte Tests mit aller ihrer Problematik mag pädagogisch wenig einfallsreich erscheinen. Das entwertet jedoch die Ergebnisse von Hoxby nicht, sondern sollte Bildungsforscher dazu anregen, intelligentere und differenziertere Verfahren zu entwickeln. Immerhin legt Hoxby die durchschnittlichen Testergebnisse der ganzen Schule zugrunde und unterscheidet nicht zwischen »schlechten«, »mittleren« und »guten« Schülern, die nach der weiterhin gültigen pädagogischen

Standardmeinung im Sinne einer »Normalverteilung« (25:50:25) vorkommen sollten. Damit ist die Ökonomin pädagogisch aufgeklärter als die meisten Pädagogen.

Ich gebe ausgewählte, repräsentative Zahlen aus dem umfangreichen Material der Hoxby-Studie wieder:

Tabelle 1		Ergebnisse 4. Schuljahr		jährliche
Fach	Schulstatus	1996-1997	1999-2000	Veränderung
Mathe	betroffene Schulen	34,5	53,3	+6,3
	Vergleichsgruppe	50,0	60,6	+3,5
Lesen	betroffene Schulen	44.2	46.5	+0,8
	Vergleichsgruppe	59,0	55,0	−1,3

Die im Test ermittelte durchschnittliche Leistungsstärke der Kinder in der Vergleichsgruppe ist deutlich höher als die der betroffenen Schulen. Dies ergibt sich zwangsläufig daraus, dass an dem Experiment ausdrücklich nur die Schulen beteiligt waren, die in sozialen Brennpunkten lagen. Interessant ist jedoch, dass die in das Experiment einbezogenen Schulen im Verlauf des Experiments die Leistungsstärke der Kinder deutlich erhöhen konnte und zwar mehr als die der Vergleichsgruppe. Bezüglich der Lesefähigkeit hat die Leistung in der Vergleichsgruppe sogar abgenommen, während sie in der Gruppe der betroffenen Schulen (leicht) zugenommen hat.

Damit dies nicht als Effekt von eventuell erhöhten Geldmitteln gedeutet werden kann, sehen wir uns die gleichen Tabelle dargestellt als »Produktivität« an. Unter Schulproduktivität versteht Hoxby die Testergebnisse bezogen auf die Ausgaben: Produktivität wird von ihr gemessen als Testpunkt pro tausend Dollar Ausgabe für jeden Schüler. Je größer die Verhältniszahl, um so größer ist die Produktivität. Auch hier könnte man sich ein feinsinnigeres Maß für die Schulproduktivität wünschen. Das von Hoxby entwickelte Maß ist jedoch, bis ein besseres vorgelegt wird, ein guter erster Ansatz, überhaupt die Produktivität von Schulen zu untersuchen.

| Tabelle 2 | | Produktivität | | jährliche |
Fach	Schulstatus	1996-1997	1999-2000	Veränderung
Mathe	betroffene Schulen	4,18	6,09	+0,64
	Vergleichsgruppe	5,65	6,65	+0,33
Lesen	betroffene Schulen	5,35	5,31	−0,01
	Vergleichsgruppe	6,68	6,04	−0,21

Das Ergebnis von Tabelle 2 ist deckungsgleich mit dem aus der Tabelle 1: Die Vergleichsgruppe ist »produktiver« (die Schüler bringen einen bildungsfreundlicheren Hintergrund mit, sodass es einfacher und damit auch kostengünstiger ist, sie zu unterrichten), aber die in das Experiment einbezogenen Schulen holen deutlich auf. Bezüglich des Lesenlernens (das in den USA seit Jahrzehnten eine besondere schwierige Situation darstellt, wie aus George Dennisons Bericht ja auch deutlich hervorgeht) ist der Abfall der Produktivität anders als in der Vergleichsgruppe sehr gering. Verknüpfen wir Tabelle 2 mit Tabelle 1, so zeigt sich, dass die in das Gutscheinsystem einbezogenen Schulen durch den geringfügig erhöhten Einsatz von Geldmitteln die Lesefähigkeit ihrer Schüler steigern konnten, während in der Vergleichsgruppe trotz deutlich größerem Einsatz von Geldmitteln die getestete Lesefähigkeit sogar noch abgenommen hat.

Wie lässt sich das Ergebnis der Hoxby-Studie interpretieren? Die öffentlichen Schulen haben innerhalb dieses Experimentes die Wahl, entweder einer zunehmenden Abwanderung tatenlos zuzusehen, die letztendlich in der Schließung der Schule und Entlassung der Lehrer münden würde, oder aber aktiv zu werden und zu versuchen, Eltern und Schüler zu überzeugen, in dieser Schule zu bleiben. Während über Jahrzehnte hinweg die Lehrerfunktionäre in den USA (wie auch in Deutschland) davon gesprochen haben, ein Verbesserung der Bildung gerade der Unterprivilegierten sei nur mit mehr und noch mehr Geld zu erreichen, schafften es die Lehrer in den vom Gutscheinplan betroffenen Schulen innerhalb weniger Jahre, sensationelle Erfolge bei den unterprivilegierten, bildungsfeindlichen Schülern zu erreichen. Dafür geben sie nicht mehr, sondern eher weniger Geld aus.

Die Funktionen der öffentlichen Schule

Das Gutscheinmodell von Milton Friedman würde es den experimentier-
freudigen Lehrern, Eltern und Schülern erlauben, pädagogische Ideen
und Innovationen auszuprobieren, ohne dass denjenigen Menschen, die
am Hergebrachten festhalten möchten, irgendetwas aufgezwungen würde: Sie könnten einfach so weitermachen wie gewohnt. Sozial nachteilige
Folgen sind nach den vorliegenden Erfahrungen nicht zu erwarten. Auch
die Bildungsbudgets des Staates würden nicht größer werden müssen.
Diese Ideen vertrete ich seit gut dreißig Jahren.[21] All die Jahre habe ich
die Erfahrung gemacht, dass Argumente für die Entstaatlichung von
Schulen schlichtweg ignoriert werden. So konnte ich zum Beispiel wiederholt darauf hinweisen, dass ein steuerfinanziertes öffentliches Schulwesen keineswegs sozial gerecht sei, die nachfolgende Diskussion aber
drehte sich stets darum, dass man sich aus sozialpolitischen Gründen keine Entstaatlichung der Schule denken könne. Das hätte ich verschmerzen
können, wenn jemand sich die Mühe gemacht hätte, mein Argument zu
widerlegen. Auf diese Mühe warte ich bis heute. Die soziale Funktion der
Schule wird immer noch unhinterfragt vorausgesetzt, ohne dass es eines
Beweises bedürfte. Vielmehr sind die wenigen bisherigen Versuche, den
staatlichen Einfluss in bescheidenstem Ausmaße zurückzufahren, dahin-
gehend ausgelegt worden, dass die Hamburger Erziehungswissenschaft-
lerin Ingrid Lohmann mir zurufen zu müssen meinte, für eine anarchisti-
sche Kritik der Schule sei es zu spät, weil der Staat sich schon überall aus
der Bildungsverantwortung heraus stehlen würde.[22]

Andererseits gibt es durchaus heftige Kritik an der Schule, besonders
nach dem sog. Pisa-Schock. Die Schule würde nicht mehr tun, was man
von ihr erwarte, nämlich eine für das Leben und besonders für den Beruf
angemessene Grundlage bei den jungen Menschen zu schaffen. Doch diese Kritik mündet allenthalben in der Forderung nach einer Veränderung
der öffentlichen Schule. In den folgenden Abschnitten möchte ich der
Frage nachgehen, warum das so ist. Meine Frage lautet: Wie schafft es das
abstrakte Prinzip der Staatsschule, sich unangreifbar zu machen, während
gleichzeitig die konkrete Schulwirklichkeit so heftig attackiert wird? Es
hat nämlich meiner Erfahrung nach gar keinen Zweck, eine noch so
durchdachte Blaupause von Alternativen zur öffentlichen Schule vorzulegen, wenn die Bereitschaft, die Staatlichkeit der Schule als Prinzip ernst-

haft in Erwägung zu ziehen, gar nicht vorhanden ist. Die Antwort auf die Frage nach dem Erfolg des Staatsschulprinzips besteht aus vier miteinander verzahnten Funktionen der Schule. Die Analyse jeder der Funktionen beziehe ich auf die aktuelle Bildungspolitik. Die vier Funktionen sind Bevormundung, Selektion und Regelung des Berufszugangs durch das Berechtigungswesen, Überwälzung von Kosten und Umverteilung.

Bevormundung. In einer Berliner Realschule wird Deutsch als Pflichtsprache auf dem Schulhof eingeführt. Ein Bundestagsvizepräsident, SPD, findet das gut. Die konservative Tageszeitung »Die Welt« applaudiert zu dieser Idee der Zwangsintegration.[23] Die Koordinatorin für Sprachförderung des Berliner Senats schreibt dazu in der Welt, die Schule sei der einzige Ort, wo viele Kinder Deutsch lernten. Nur ein paar verstreute linke und grüne Politiker sowie einige Vertreter ausländischer Volksgruppen kritisieren die Entscheidung der betreffenden Realschule und sehen in »Deutsch als Pflichtsprache auf dem Schulhof« kein geeignetes Modell.[24]

Vom freiheitlichen Standpunkt aus könnte man fragen: Warum nicht den Schulen freistellen, wie sie das wirkliche oder vermeintliche Sprachproblem lösen wollen? Warum nicht dann, wenn es alternative Angebote gibt, Eltern oder sogar die Schüler selbst entscheiden lassen, welches das bessere Modell für sie ist? Der freiheitliche Standpunkt ist scheinbar nicht sehr attraktiv, denn er wird von kaum jemandem vorgebracht, auch und insbesondere von den konservativen Bildungsexperten nicht, die so gern vom Elternrecht reden, wenn es darum geht, das Einheitsschulsystem in der besonderen Form der Dreigliedrigkeit zu verteidigen.

Um herauszufinden, warum der freiheitliche Standpunkt als so wenig attraktiv erscheint, analysiere ich die erwähnte Aussage der Koordinatorin für Sprachförderung in der Berliner Senatsverwaltung für Bildung, Jugend und Sport: »Die Schule ist der einzige Ort, wo viele Kinder Deutsch lernen.«

Genauer betrachtet, ist der Satz dreist. Die Muttersprache wird zunächst im Elternhaus und dann unter Gleichaltrigen gelernt. Kinder, die in einer Umgebung leben, in der die Muttersprache nicht gesprochen wird, lernen von den Gleichaltrigen die Fremdsprache. Im Alter von ungefähr 3 bis 12 Jahren brauchen sie dazu, wenn sie denn Interesse haben, wenige Wochen. ... *wenn sie denn Interesse haben* ... Der Satz der Berliner

Koordinatorin für Sprachförderung deutet in diesem Zusammenhang darauf hin, dass ein solches Interesse offenbar nicht vorliegt. Darum soll die Schule eingreifen. Es geht, kurz gesagt, um *Bevormundung*. Diese Bevormundungsabsicht wird aber nicht als solche bezeichnet, sondern verkleidet sich als »eigentliches« Interesse der Kinder, die dieses allerdings scheinbar nicht erkennen. Der Satz müsste also lauten: »Die Schule ist der einzige Ort, an welchem wir die Kinder zu ihrem eigenen Besten dazu zwingen können, Deutsch zu lernen, wenn sie nicht – wie es natürlich wäre – es von sich aus tun.« Zu diesem Thema findet sich viel Material auch in dem vorliegenden Buch von George Dennison.

Der Bevormundungsaspekt macht die öffentliche Schule so attraktiv: Man meint, mit Hilfe der Schule dasjenige Gesellschaftsmodell durchsetzen zu können, das man für richtig hält. Nicht, weil die Schule versagen würde, dieses Ziel zu erreichen, wird an ihr so verbissen festgehalten, sondern weil sie so effektiv bei der Bevormundung ist. Allerdings soll diese Effektivität noch weiter gesteigert werden, indem letzte Zufluchtsstätten autonomen kindlichen Handelns und Lernens angegriffen werden.[25] Die Forderung, auf dem Schulhof deutsch zu reden, könnte offensichtlich nur dadurch umgesetzt werden, dass die Gespräche der Kinder bis in die privatesten Bereiche hinein überwacht oder dass ausgedehnte Systeme von Denunziantentum installiert werden.

Wenn es gegen den Bevormundungsaspekt der Schule so wenig Widerstand von den betroffenen Eltern und Schülern gibt, so darum, weil sie akzeptieren, dass die Unterdrückung letztlich zu »ihrem Besten« geschieht. Die Schule vertritt die Interessen der Kinder in Hinsicht ihrer Zukunfts- und Berufsaussichten. Niemand mehr hat heutzutage eine Chance in Leben, es sei denn durch eine gelungene Schuldbildung. Bezogen auf die Güte und Zukunftsfähigkeit der Schulbildung gibt es allerdings weitverbreitete Kritik. Schauen wir uns die Kritik an der mangelnden berufsqualifizierenden Qualität der Schulbildung als nächstes etwas genauer an und fragen uns, warum nicht wenigstens diese Kritik zu Veränderung oder zur Entwicklungen von Alternativen führt.

Selektion und Kostenüberwälzung. Grundlage meiner Analyse ist die Bemerkung des Ausbildungsverantwortlichen einer Bank. In der Presse wurde er mit der resignativen Bemerkung zitiert, von 100 Bewerbungen seien 80 Prozent schlichtweg unbrauchbar, weil schon das Anschrei-

290

ben orthografische Fehler enthalte.[26] Die Bewerber seien nebenbei bemerkt Abiturienten. Sagt das nicht alles über das Ungenügen der Schule? »Pisa« lässt also grüßen. Genauer betrachtet offenbart die Bemerkung des Ausbildungsverantwortlichen ganz andere Dimensionen der Debatte. Ich stelle zwei Fragen, die schnell zeigen, dass es sich bei der Klage um das Versagen der Schule um nichts als Heuchelei und Krokodilstränen handelt.

Die erste Frage lautet: Um wie viele Ausbildungsstellen hat es sich gehandelt? Das Faktum: Um zehn.

Also: Auch wenn alle Bewerber ein korrektes Anschreiben abgeschickt hätten, wären eben nicht mehr als zehn von ihnen genommen worden. Die 80 Bewerber, die aufgrund orthografischer Fehlerhaftigkeit ihres Anschreibens abgewiesen wurden, hätten selbst mit einer besseren Schulbildung keinen Ausbildungsplatz von der Bank bekommen. Der Ausbildungsverantwortliche hat 20 Bewerber in die engere Wahl gezogen und von ihnen dann zehn ausgewählt. Wenn nun alle 100 Bewerber eine in seinen Augen bessere Schulbildung gehabt hätten, hätte der Ausbildungsbeauftragte schlicht ein anderes Kriterium als das der orthografischen Richtigkeit der Anschreiben anlegen müssen, um eine Vorauswahl zu treffen, es sei denn, er wäre bereit, fünf mal mehr Bewerber unter die Lupe zu nehmen. Sogar wenn er dazu bereit gewesen wäre, hätten am Schluss nicht mehr als eben genau die vorgesehenen zehn Bewerber einen Ausbildungsvertrag bekommen.

Die Aussage, mit besserer Schulbildung habe man mehr Chancen, bleibt für jeden Bewerber in der individuellen Perspektive richtig. Aus ihr darf allerdings gerade nicht abgeleitet werden, dass es weniger Jugendliche ohne Ausbildungsplatz oder weniger Arbeitslose gäbe, wenn bloß die Schulbildung der Ausbildungsplatz- bzw. Arbeitslosen besser wäre. Genau diese Einsicht drückt sich auch in den Forderungen nach schärferer Auslese und Leistungsorientierung in den Schulen aus: Wenn weniger Schüler Abitur machen würden, hätte der besagte Ausbildungsbeauftragte der Bank anstatt 100 Bewerber vielleicht nur die 20 gehabt, die keine orthografischen Fehler gemacht haben. Die 80 anderen Jugendlichen hätten dadurch jedoch keine höheren Chancen auf einen Ausbildungsplatz. Dagegen hätte unser Ausbildungsbeauftragter weniger Arbeit. Die Schule soll selektieren, damit stets genau so viele qualifizierte Bewerber zur Verfügung stehen, wie gebraucht werden.[27] Das ist Planwirtschaft im Bereich des Humankapitals.

Nun zu der zweiten Frage: Was würde unser Ausbildungsbeauftragter tun, wenn er 30 Stellen zu besetzen gehabt hätte? Es standen ihm ja nur 20 zur Verfügung, die über seiner Meinung nach ausreichende orthografische Fähigkeiten verfügten. Hätte er die 10 verbleibenden Stellen nicht besetzt? Nein, jedenfalls nicht, wenn sie für das Unternehmen wirklich nötig sind.

Die Antwort auf die Frage, was unser Ausbildungsbeauftragter tun würde, wenn er 30 Stellen zu besetzen gehabt hätte, erfordert ein bisschen Fantasie und Wühlen in der Geschichte. Wir suchen Zeiten, in denen Vollbeschäftigung und Arbeitskräfteknappheit geherrscht hatten. Eine erste Möglichkeit für unseren Ausbildungsverantwortlichen wäre es, die verschiedenen Arbeitsplätze daraufhin zu untersuchen, an welchen orthografische Fähigkeiten unverzichtbar und an welchen sie nicht so wichtig sind. Diese erste Möglichkeit verweist auf die Einsicht, dass die Auswahlkriterien der Stellenbesetzung nicht objektiv gegeben sind, sondern zumindest in gewissem Ausmaße den Umständen angepasst werden können. Eine zweite Möglichkeit bestünde darin, die Bewerber daraufhin anzuschauen, bei welchen es aussichtsreich sein könnte, ihnen durch Weiterbildung die fehlenden Fähigkeiten zu vermitteln. Diese zweite Möglichkeit ist in doppelter Weise erhellend: Zum einen zeigt sich hier wieder, dass es den angesprochenen planwirtschaftlichen Anspruch gibt, in der Schule so viele geeignete Bewerber zu produzieren, wie gebraucht werden; zum anderen dass die steuerfinanzierte Bildung eine Überwälzung von Kosten auf die Allgemeinheit darstellt.

Anstatt darüber zu jammern, dass die Schule nicht in der gewünschten Weise für das Berufsleben qualifizieren würde, könnten die Eltern, Arbeitgeber und Jugendlichen selbst eigenfinanzierte Alternativen suchen oder, wenn es sie noch nicht gibt, aufbauen. Aber es ist ja viel praktischer, auf Kosten der Allgemeinheit so viel Qualifikation wie möglich erlangen zu wollen und dann nur den übrig bleibenden Rest mit eigenen Geldmitteln zu finanzieren.

Selbstredend stehen die eigenfinanzierten Alternativen zur Schule unter der ökonomischen Restriktion des Friedman-Theorems[28] – sie müssen nämlich gegen die scheinkostenlosen öffentlichen Angebote konkurrieren. Am Rande bemerkt: Dieses Theorem trifft nur dann zu, wenn die Qualifikationsleistung des scheinkostenlosen öffentlichen Angebotes mehr als Null beträgt, also nicht völlig versagt. Vor allem aber erklärt das Friedman-Theorem nicht, warum es keine öffentliche Diskussion über Entstaatlichung gibt. Denn wenn die steuerfinanzierte öffentliche Schule sowohl teuer als auch nicht in der Lage ist, angemessen zu qualifizieren, wäre doch die logisch einleuchtende Antwort die der Entstaatlichung. Die Forderung nach Entstaatlichung wird jedoch nicht gestellt, weil die Kräfte, die die politische Diskussion beherrschen, zumindest subjektiv meinen, von der Steuerfinanzierung zu profitieren.

Berechtigungswesen. Ein weiteres Element, das die öffentliche Schule zum unangefochtenen Erfolgsmodell macht, ist in dem obigen, auf Überlegungen von Paul Goodman basierenden Hinweis enthalten, es gäbe keinen anderen Zugang zu beruflichen Chancen als die Schulbildung. Es ist üblich, dies als »natürliche« Gegebenheit der industriellen Entwicklung zu kennzeichnen. Inwiefern dies nicht die einzige Interpretationsmöglichkeit darstellt, möchte ich an der Aussage eines anderen Ausbildungsbeauftragten deutlich machen. Sie steht allerdings dem Mainstream der Überzeugungen entgegen. Es handelt sich um eine persönliche Mitteilung aus dem Bereich der Maschinenbaubranche. Vor noch nicht allzu langer Zeit konnte man mit Hauptschulabschluss Maschinenbauer werden. Heute ist Abitur notwendig. Allerdings könnten die betrieblichen Arbeiten laut diesem Ausbildungsbeauftragten immer noch auch Hauptschüler übernehmen. Das Problem besteht darin, dass sie die Berufsschule nicht schaffen würden. Darum werden Abiturienten genommen. Während jedoch Maschinenbauer für Hauptschüler ein attraktiver Beruf darstellt und sich dementsprechend früher die besten Hauptschüler beworben haben, erscheint es Abiturienten weniger erstrebenswert, diesen Beruf zu ergreifen, und dementsprechend bewerben sich die schlechtesten, also anderswo chancenlosen Abiturienten. Hauptschüler allerdings haben keine Chance mehr, sodass jeder, der Maschinenbauer werden will, das Abitur anstreben muss. Auf diese Weise schafft die Ausbildungsordnung die Nachfrage nach Schulbildung ganz unabhängig von sachlicher Notwendigkeit. Ins Allgemeine übertragen nennen wir dies das »Berechtigungswesen«. Das Berechtigungswesen ist das machtvolle Instrument, mit dem sich die Schule unabdingbar macht und zwar immer diejenige Schulform, die die angestrebte Berechtigung zu verleihen in der Lage ist. Dann sieht es so aus, als sei die Schule »notwendig«. Sie ist es auch vom individuellen Standpunkt aus betrachtet, muss es aber vom gesellschaftlich-wirtschaftlichen Standpunkt her nicht sein. Nehmen wir den vorhin behandelten Aspekt von Knappheit des Arbeits- bzw. Ausbildungsplatzangebotes hinzu, ergibt sich eine Spirale, in der immer mehr Schule als notwendig erscheint: Da die vorhandenen Arbeits- und Ausbildungsplätze von den jeweils schulisch am höchsten Qualifizierten eingenommen werden, müssen alle, die eine Chance haben wollen, nach der höchstmöglichen schulischen Qualifikation streben. Da diese überdies noch scheinkostenlos angeboten wird, gibt es kaum eine Grenze für die Ausdehnung der Nachfrage nach schulischen Qualifikationen.

Aus dem Berechtigungswesen ergibt sich zusammen mit der Scheinkostenlosigkeit eine stark egalisierende Tendenz. Da die Schule jedoch ebenso eine selektive Funktion hat, wie ich vorhin gezeigt habe, muss sich der Leistungsdruck auf die Schüler unausweichlich erhöhen. Widerspricht dieses Ergebnis meiner Analyse aber nicht der angesprochenen verbreiteten Klage über die Schlechtigkeit der Schüler bzw. das Versagen der Schulen? Keineswegs. Denn aufgrund der beschriebenen Spirale der Höherqualifizierung sind die Ansprüche enorm gestiegen. Vergleicht man heutige Abiturarbeiten mit denen von vor 20, 30 oder gar 50 Jahren, so stellt sich heraus, dass kaum einer der früheren Absolventen heute auch nur die geringste Chance hätte, selbst wenn die Orthografie früher regelgerechter gewesen sein mag (doch selbst das ist fraglich).[29] Sogar schärfer tritt dies bei akademischen Arbeiten hervor. Noch in den 1970er Jahren wurden Dissertationen akzeptiert, die heute kaum als Seminararbeiten durchgehen würden.[30]

Sozialpolitik und Chancengleichheit. Wie angekündigt bleibt ein viertes Element, das die Staatsschule unangreifbar zu machen scheint, zur Analyse übrig. Es ist das in der Erziehungswissenschaft wichtigste, in der öffentlichen Diskussion jedoch gegenüber der Qualifikation zurückgetreten. Es hängt mit der schon erwähnten Steuerfinanzierung der Staatsschule zusammen und handelt von der Chancengleichheit. Die öffentliche Schule würde es, so wird argumentiert, Kindern von weniger finanzstarken Schichten ermöglichen, die ihnen angemessene Schulbildung zu erhalten, auch wenn ihre Eltern sich das eventuell nicht würden leisten können. Insofern ist dieses Argument nur das sozialdemokratische Gegenstück des schon erwähnten Wunsches der Unternehmen, die Ausbildungskosten auf die Allgemeinheit zu überwälzen. Hier nun sollen die Kosten für die Kinder von weniger verdienenden Eltern auf die Allgemeinheit überwälzt werden. Allerdings ist das Argument nur unter zwei Voraussetzungen wirklich stichhaltig, nämlich

1. Schulausbildung ist für Berufschancen notwendig. Ich habe gezeigt, dass dies kein objektives Erfordernis, sondern ein Ausfluss des Berechtigungswesens ist.

2. Die Ausbildungskosten sind bereits von den Unternehmen auf die Allgemeinheit überwälzt worden.

Darüber hinaus vermag das sozialpolitische Argument allein noch gar nichts gegen die Entstaatlichung auszurichten. Denn es ist leicht vorstellbar, dass Privatschulen ihre Angebote machen und die Familien, die sich die Angebote nicht leisten könnten, die entsprechende Unterstützung erhalten. Ich erwähne dies nicht, weil ich ein solches System der Umverteilung durch Bildungsgutscheine für erstrebenswert halte, sondern weil es zeigt, dass ohne Hinzunahme eines weiteren Aspektes das sozialpolitische Argument gegen die Entstaatlichung stumpf bleibt. Der Aspekt, der hinzu kommt, schließt den Kreis zum Anfang: Weniger verdienende Eltern, so wird von Erziehungswissenschaftlern und Sozialpolitikern gesagt, würden schlechte Entscheidungen hinsichtlich der Schulbildung ihrer Kinder treffen. Die öffentliche Schule sei notwendig, um diesen Eltern gerade keine Entscheidungsfreiheit zu lassen. Damit wiederum sind wir bei der Bevormundungsfunktion der Schule.

Der falsche Schein von Entstaatlichung

Obwohl eine Entstaatlichung des Schulwesens in der Diskussion weitgehend tabuisiert ist, erfreuen sich Versatzstücke der Schulkritik großer Beliebtheit bei Bildungspolitikern (bei den Erziehungswissenschaftlern allerdings nicht mehr). Öffentliche Schulen, so ist zu hören, sollten »professionell gemanagt werden wie Unternehmen«.[31] Die Realität allerdings sieht anders aus: Selbst Autoren, die wie Ingrid Lohmann den »Rückzug« des Staates aus dem Schulwesen bekämpfen, legen Zahlen vor, die das Gegenteil belegen.[32] Was es mit dieser Merkwürdigkeit auf sich hat, zeigt exemplarisch die Einlassung des saarländischen Ministerpräsidenten Peter Müller (CDU), der »weniger Staat« und »bewährte betriebswirtschaftliche Methoden« im Schulwesen fordert und dann feststellt, dem »Abbau bürokratischer Bevormundung« und dem »Verzicht auf staatliche Feinsteuerung«, werde »im schulischen Bereich am besten durch das gegliederte Schulsystem entsprochen«.[33] Diese Aussage kann schwerlich ernst genommen werden, denn das »gegliederte Schulsystem« ist ja bekanntlich nicht in einem Prozess freiwilliger Vergesellschaftung entstanden, sondern durch »staatliche Feinsteuerung«. Im Folgenden will ich zeigen, dass sowohl die konservativ-liberalen Befürworter als auch die sozialdemokratischen Gegner der Einführung der Marktbedingung für das Schulwesen kein geeignetes Verständnis des Prozesses freiwilliger Vergesellschaftung haben.

Es geht in dieser Diskussion nämlich um ein neues Modell der *staatlichen* Steuerung des Schulwesens. Als dieses neue Steuerungsmodell werden die angeblich effizienten »Managementmethoden« der »Betriebswirtschaft« herbeizitiert. Sie sollen in die bestehenden staatlichen Schulen eingeführt werden, um diese leistungsfähiger zu machen. Dabei setzt man stillschweigend voraus, dass es tatsächlich die lehrbuchhaft vorliegenden »Managementmethoden« seien, die ein Unternehmen erfolgreich machen. Dagegen steht folgende Beobachtung: Die Methoden, um Unternehmen zu managen, werden im betrieblichen Alltag häufig missachtet, führen zu vielfältigen Widersprüchen und enden nicht selten im Chaos, so dass man sich wundert, wie es überhaupt gelingen kann, gleichwohl halbwegs brauchbare Resultate zu erzielen.

Auch in Unternehmen gibt es Fehlentscheidungen. Keine bekannte Managementmethode schützt vor solchen, denn andernfalls würden Unternehmen nie in Schwierigkeiten geraten. Wie schaffen es die meisten Unternehmen, ihren jeweiligen Fehlentscheidungen gegenzusteuern? Nur Gegensteuerung ermöglicht, letztendlich doch noch erfolgreich zu sein, sodass die Ergebnisse des Marktprozesses aufs Ganze gesehen effizienter sind als alle Versuche mit der Staatswirtschaft. Die Managementmethoden führen nicht losgelöst vom Marktprozess zur Effizienz.[34]

Effizienz ist also nicht Kennzeichen von Unternehmen an sich, sondern sie wird erst durch den Marktprozess hergestellt: Die Entscheidungsträger in den Unternehmen müssen dann gegensteuern, wenn der Profit gefährdet ist. In den betriebswirtschaftlichen Lehrbüchern wird die formelle Art beschrieben, wie bei drohenden Verlusten das Management sein Unternehmen umstrukturiert, die Mitarbeiter und Führungskräfte weiterbildet und trainiert, die Herstellung effizienter macht, die Produkte überarbeitet oder das Marketing verbessert. Sehr viel weniger reflektiert ist in der Betriebswirtschaft die zweite, die informelle Form des Gegensteuerns.[35] Denn es können die Umstrukturierungen selbst sein, die die einschneidendsten Probleme verursachen. Wie in jeder Kommandowirtschaft sind auch in großen Firmen etliche Entscheidungen des Managements unrealistisch, widersinnig oder kontraproduktiv, oder sie basieren auf Daten, die auf ihrem Weg durch die Hierarchie nach oben verzerrt worden sind. In diesem Falle greift die informelle Form der Gegensteuerung, bei der Mitarbeiter und Zwischenvorgesetzte unsinnige Regelungen und Anordnungen unterlaufen. Ohne die informelle Form der Gegensteuerung – also ohne Regelverletzungen – könnte wohl kaum ein Unternehmen bestehen, denn die betriebswirtschaftlichen Managementmethoden verhalten sich zum Alltag in den Betrieben wie die Didaktiken zur Schulwirklichkeit.

Beide Formen der Gegensteuerung, die formelle wie die informelle, sehen sich Widerständen und Risiken bei ihrer Durchsetzung gegenüber: Formelle Gegensteuerungen wie etwa Restrukturierungen des Unternehmens greifen in eingespielte Abläufe ein und stellen angestammte »Besitztümer« von Führungskräften und Mitarbeitern in Frage. Informelle Gegensteuerungen bergen für die Mitarbeiter, die die vorgeschriebenen Abläufe missachten, Gefahr in sich, dass sie dafür sanktioniert werden – besonders dann, wenn die Regelverletzung nicht den gewünschten Erfolg hatte. Im Unternehmen werden die Widerstände überwunden und die Risiken in Kauf genommen, weil ein untätiges Verharren zum Bankrott führen müsste und damit den Verlust des Arbeitsplatzes auch für den nach sich ziehen würde, der sehenden Auges ein entscheidendes Problem nicht anpackt. Gleichwohl berichten Mitarbeiter mitunter davon, dass es zu Fehlentwicklungen in ihrem Unternehmen kommt und dass notwendige Veränderungen langsam vor sich gehen, sei es durch formelle, sei es durch informelle Maßnahmen. Die Bedingung des Marktes ist derart in zweierlei Hinsicht entscheidend für die Existenz des effizienten Unternehmens: Der fehlende Erfolg zwingt zur Gegensteuerung und der drohende Arbeitsplatzverlust verleiht den Mut, die auftretenden Widerstände gegen Veränderungen zu beseitigen und Risiken bei ihrer Durchsetzung einzugehen. Was geschieht jedoch, wenn eine Organisation durch Managementmethoden restrukturiert wird, ohne dass sie der Marktbedingung unterliegt?

Es ist nicht schwer, sich auszumalen, dass eine solche Restrukturierung zunächst viel hartnäckigeren Widerstand hervorruft: Eine Fortschreibung des Missstandes, der mit der Restrukturierung beseitigt werden soll, bringt keinen Bankrott und damit keinen Arbeitsplatzverlust mit sich. Deshalb finden die Versuche, den Besitzstand zu wahren, kaum eine Grenze: Die Besitzstandwahrung hat keine unerwünschten ökonomischen Konsequenzen für den Besitzstandwahrer selbst. Ist eine Restrukturierung aufgrund von äußerem politischen Druck hin gleichwohl vollzogen worden, gibt es in der nicht der Marktbedingung unterliegenden Organisation viel weniger Anreiz, mit informeller Gegensteuerung eventuell unsinnigen Auswirkungen zu begegnen. Denn eine informelle Gegensteuerung ist nicht nur mit Anstrengungen verbunden, sondern auch mit der Gefahr von Disziplinierung. Arbeitsplatzverlust droht einem Beamten oder einem Angestellten des staatlichen Sektors normalerweise nur, wenn er gegen Vorschriften verstößt. Bürokratische Aufwendungen, die in Unternehmen des privaten Sektors im Gefolge von ISO-Zertifizierung und »Total Quality Management« die Produktion zu hemmen drohten, sind durch informelle Gegensteuerungen, also gezielte Regelverletzungen, in den Unternehmen neutralisiert worden. Im Kontext einer Organisation, die ihren Erfolg nicht im Marktprozess bewähren muss, kann eine derartige Restrukturierung den Betrieb völlig lähmen. Es ist demnach zu vermuten, dass eine Einführung von Managementmethoden in der Schule die versprochenen positiven Wirkungen nicht zeitigen kann, wenn die Schule im Kontext der staatlichen Kommandowirtschaft verbleibt.

Warum unterzieht sich eine Organisation überhaupt einer Restrukturierung? Für Unternehmen habe ich den Grund bereits genannt: Es unterzieht sich ihr, weil es dem fehlbaren Urteil der Handelnden nach auf diese Weise besser im Marktprozess bestehen kann. Bestand im Marktprozess setzt voraus, dass das Unternehmen Produkte für seine Kunden zur Verfügung stellt, die die Kunden in der Relation von Preis zu Leistung überzeugen. Außerdem muss das Unternehmen diese Produkte so effizient herstellen, dass bei dem Preis, den die Kunden zu zahlen bereit sind,[36] noch Profit übrig bleibt.

Bei einer durch Steuern finanzierten Organisation[37] wie der öffentlichen Schule vermittelt sich der Druck der Veränderung auf andere Weise. Es sind vor allem Legitimationsprobleme, die von außen zur Veränderung drängen. Das neueste Legitimationsproblem hat sich für die öffentliche Schule aus der Diskussion um das schlechte Abschneiden Deutschlands in der Pisa-Studie ergeben. Ein weiterer heute immer wichtiger werdender Grund für den Ruf nach Veränderung im öffentlichen Schulwesen sind die leeren Staatskassen. Während sich also Veränderungsbedarf im Unternehmen aus der Beziehung zwischen Produkt, Kunde und Herstellung ergibt, verhält es sich bei der steuerfinanzierten Organisation anders: Nicht die Nutzer – im Falle der Schule sind das Kinder, Jugendliche und Eltern – definieren das Produkt, sondern die politische Öffentlichkeit. Ebenso bezahlen die Nutzer das Produkt nicht direkt, sondern die Steuerzahler insgesamt. Unter dem Gesichtspunkt freiwilliger Vergesellschaftung sind nicht Kinder, Jugendliche und Eltern die Kunden der Schule, sondern die finanziellen Instanzen, von denen die Schule erhalten wird, sowie die politischen Instanzen, die der Schule die Strukturen geben und die Inhalte vorschreiben.

Ein Unternehmen gerät im Marktprozess durch die Summe der Einzelentscheidungen der Kunden in Schwierigkeiten. Eine steuerfinanzierte Organisation gerät dagegen durch politische Entscheidungen der sie konstituierenden Instanzen in Schwierigkeiten.

Es ist wichtig, diesen Unterschied deutlich herauszuarbeiten, weil ein wesentliches Kennzeichen der Diskussion um die Schule die Widersprüchlichkeit der Forderungen ist, die an sie gestellt werden. Die Schule soll Begabte fördern und ebenso Chancengleichheit garantieren, sie soll Leistungsbereitschaft hervorrufen und ebenso das Eigenrecht der Kindheit beachten, sie soll für den Konkurrenzkampf fit machen und ebenso soziales Lernen ermöglichen, sie soll die Allgemeinbildung stärken und ebenso auf die spezialisierten Bedürfnisse der Informationsgesellschaft eingehen, sie soll die gemeinsamen Werte der Gesellschaft vermitteln, ohne dabei jedoch irgendeine relevante soziale Gruppe zu verärgern, und ebenso zur Kritikbereitschaft erziehen, sie soll in Übereinstimmung mit den Eltern handeln und ebenso die Fehler der häuslichen Sozialisation

299

korrigieren – um nur einige der offensichtlichsten Widersprüche aufzuzählen. Und natürlich soll sie mehr erreichen, jedoch weniger kosten.

Ein Unternehmen reagiert auf widersprüchliche Anforderungen der
Kunden mit einer Differenzierung des Angebots. Oft kann ein Unternehmen allerdings nicht einmal durch verschiedene Produkte alle sich
widersprechenden Kundenanforderungen erfüllen, sondern es bedarf
mehrerer Unternehmen mit eigenen Profilen nebeneinander. Es stellt für
die Kunden des einen Angebotes kein Problem dar, wenn es auch noch
andere Angebote gibt, weil sie jeweils nur das Produkt bezahlen, das sie
selbst nutzen möchten. Wer einen VW Golf kauft, hat nicht das Bedürfnis, auf das Aussehen oder die Motorleistung des Ford Focus Einfluss zu
nehmen. Dies ist bei der Schule bzw. allen steuerfinanzierten Organisationen anders: Da alle die Leistung durch die Steuern schon bezahlt haben, können sie berechtigter Weise erwarten, dass auch ihr Bedürfnis angemessen berücksichtigt wird. Daraus ergeben sich Legitimationsprobleme und Widersprüchlichkeiten, die typisch für so genannte öffentliche Güter sind.

Andererseits lassen sich die Kunden öffentlicher Güter eine sehr weitgehende Widersprüchlichkeit in den zur Verfügung gestellten Produkten
gefallen. Dies hängt mit der Abkoppelung von Bezahlung und Inanspruchnahme der Leistung zusammen. Wenn der Staat jedem Bürger, der
einen Führerschein besitzt, einen aus Steuermitteln bezahlten VW Golf
zur Verfügung stellen würde,[38] würden wahrscheinlich auch viele der
heutigen Käufer des Ford Focus dieses Angebot annehmen, anstatt sich
ein Auto zu kaufen, das sie bezahlen müssten. In Wahrheit würden sie ja
dann zwei Autos bezahlen, nämlich indirekt mit ihren Steuern den VW
Golf und direkt ihr Wunschauto. Im Gegenzug würden jedoch, demokratische Strukturen vorausgesetzt, alle Steuerzahler den Anspruch erheben,
über das eine, vom Staat angebotene Auto mitzubestimmen.

Das Produkt, das ein Unternehmen auf dem Markt anbietet, wird keine Kennzeichen enthalten, die die potenziellen Kunden nicht hinnehmen wollen. Das scheint ein solcher Allgemeinplatz zu sein, dass es banal
klingt, ihn auszusprechen. Doch im Vergleich zum Angebot öffentlicher
Güter ist es entscheidend, sich an diesen scheinbaren Allgemeinplatz zu
erinnern. Denn bestimmte Anforderungen an die Schule sollen geradezu
gegen den Willen einzelner Betroffener durchgesetzt werden. Das ein-

deutigste Beispiel ist die allgemeine Schulpflicht.[39] Ein anderes Beispiel sind etwa Integrationsprogramme, die den Widerstand von Eltern hervorrufen. Ein besonders wichtiges Beispiel stellt die Selektionsfunktion der Schule dar,[40] weil sich wohl niemand freiwillig aussortieren lassen wollte.

Wenn es um die Frage geht, welche Ziele die Einführung nicht-staatlicher Strukturen in das Schulwesen erreichen kann, muss also die Form dieser Ziele genau betrachtet werden. Ziele, die in sich widersprüchlich sind, können ebenso wenig unter der Bedingung freiwilliger Vergesellschaftung umgesetzt werden wie Ziele, die keine Zustimmung der Betroffenen haben. Aber genau diese beiden Zielformen, die widersprüchliche und die nicht zustimmungsfähige Form, herrschen in der Diskussion um das öffentliche Schulwesen vor. Darin liegt der Grund, warum zwar mit betriebswirtschaftlichen Elementen die Effizienz der Schule gesteigert werden soll, ohne aber die Bedingung freiwilliger Vergesellschaftung für sie herzustellen. Allerdings ist »Effizienz« keine unabhängige Größe. Sie kann nur im Zusammenhang mit der Zieldefinition ermittelt werden.

Bildungspolitik unter Kostendruck: Die Forderung nach Effizienz

Engen wir zunächst die Frage der Effizienz auf das Ziel ein, die leeren Haushaltskassen zu entlasten. Eine Entlastung der Haushaltskassen könnte auf zweierlei Weise geschehen, nämlich Senkung (1.) der Inanspruchnahme und (2.) der Kosten der Leistung. Als erstes untersuche ich die Möglichkeit der Senkung der Inanspruchnahme, oder bildungsökonomisch ausgedrückt: Senkung der Bildungsbeteiligung.

Eine Senkung der Bildungsbeteiligung wird selten offen gefordert, denn in einer hohen Bildungsbeteiligung sehen die meisten Politiker, Erziehungs- und Wirtschaftswissenschaftler einen Garanten für ökonomischen Wohlstand und sozialen Frieden. Indirekt jedoch zielen die Versuche, den Übergang zum Gymnasium wieder selektiver zu gestalten, auf eine fiskalisch motivierte Senkung der Bildungsbeteiligung. Noch versteckter ist diese Forderung, wenn sie die Form annimmt, die Abschlüsse von Real- und Hauptschulen müssten »wieder an Attraktivität gewinnen«.[41] Eine Auseinandersetzung darüber, wie verbreitet ein Gut sein soll, kann es nur geben, sofern dies öffentlich ist, also steuerfinanziert wird. Die durch Steuerfinanzierung erzielte Trennung der Bezahlung eines Gutes von seiner Inanspruchnahme, die ich Scheinkostenlosigkeit nenne,[42] führt zu einer Nachfrage, als ob das betreffende Gut unbegrenzt vorhanden sei.[43] Die Inanspruchnahme von Schule ist nicht ganz kostenlos, da von den Eltern die Unterhaltskosten getragen werden müssen. Darum sind in den 1960er und 1970er Jahren Verfechter einer vollkommenen Bildungsgleichheit stets dafür eingetreten, zusätzlich zur Schulgeldfreiheit Eltern auch unmittelbar finanziell zu unterstützen. Die Schulgeldfreiheit stellt dennoch eine bedeutende Senkung der unmittelbar von den Eltern zu tragenden Kosten für das Zur-Schule-Gehen der Kinder dar. Die Versuche, öffentliche Haushalte durch die Senkung der Bildungsbeteiligung zu entlasten, sind stets mit einem Verteilungskampf verbunden, solange die Bedingung der Scheinkostenlosigkeit herrscht.

Allerdings wäre es falsch, aus diesem Gedanken zu schlussfolgern, dass eine Finanzierung der Schule durch die Nachfrager zwangsläufig zu einer Senkung der Bildungsaufwendungen der Bevölkerung führen müsse. Beides ist möglich. Wenn der Staat den Eltern beispielsweise 400 Euro monatlich für die Finanzierung des Schulwesens über die Steuern abnimmt, diese aber nur 300 Euro für die Bildung ihrer Kinder ausgeben wollten, würden die Bildungsausgaben nach Einführung der Nachfrager-Finanzierung in der Tat sinken. Ganz anders sieht die Sache aus, wenn Eltern bereit wären, 500 Euro monatlich aufzuwenden. Die private Finanzierung des von ihnen gewünschten Bildungsweges würde 400 (Steuern) plus 500 (Privatschulgeld) gleich 900 Euro Gesamtaufwendungen ergeben. Das würde ihren Ausgabewillen jedoch übersteigen. Also nehmen sie die 400-Euro-Schule des Staates in Kauf und geben 100 Euro weniger aus. Dies ist keine bloße Annahme, zum Beispiel sank im 19. Jahrhundert in England der Anteil am Bruttosozialprodukt, der für die Elementarschule ausgegeben wurde, nach der Einführung der Schulgeldfreiheit.[44]

Mittels des Prozesses freiwilliger Vergesellschaftung ist eine Steuerung der Bildungsbeteiligung auf eine definierte Zielgröße hin nicht zu leisten. Gerade darum erscheint er denen als ungeeignet, die meinen, die Bildungsbeteiligung bzw. die Aufwendungen für das Schulsystem seien von zentraler Bedeutung für die Aufrechterhaltung des gesellschaftlichen Wohlstands (Ökonomen sprechen von »positiven externen Effekten«). Diese Meinung könnte aber auf einem Irrtum beruhen. Dazu zwei Beispiele: Vergleichbare Ausgabeniveaus für Primar- und Sekundarstufe (APS, in Prozent vom BSP) treffen mit unterschiedlichen Niveaus von Bruttosozialprodukt (BSP, pro Kopf in Dollar) und Pisa-Rängen (Naturwissenschaften) zusammen:

Land	BSP/1988	APS/1988	BSP/1998	APS/1998	PISA/2000
Japan	15.023	2,5	32.350	3,6	2
Deutschland	16.214	2,6	28.570	4,4	20
Australien	15.050	2,9	20.680	4,3	7
Finnland	14.244	4,6	24.280	5,8	3
Dänemark	15.015	4,6	33.040	6,8	22
Schweden	15.018	4,6	23.750	6,6	10

Nun mag es jeweils viele Gründe geben, die erklären, warum in dem einen oder anderen Land niedrige Ausgaben für das Schulwesen einen großen Zuwachs an Bruttosozialprodukt oder einen hohen Pisa-Rang ergeben bzw. umgekehrt, warum hohe Ausgaben keinen großen Zuwachs an Bruttosozialprodukt oder keinen hohen Pisa-Rang nach sich ziehen, die Statistik beweist jedenfalls, dass die Ausgaben für das Schulwesen nicht unabhängig von anderen Faktoren den Wohlstand bestimmen.[45] Es ist schon bedenkenswert, wenn in dieser Auswahl das Land mit den höchsten relativen Bildungsausgaben 1998 und dem höchsten Prokopf-Einkommen 1998 – Dänemark – den niedrigsten Pisa-Rang einnimmt, und das Land mit dem höchsten Pisa-Rang und dem zweithöchsten Prokopf-Einkommen 1998 – Japan – die geringsten relativen Bildungsausgaben 1998 verzeichnet.

Ein zweites Beispiel: In einer Simulation des Internationalen Währungsfonds für Tansania und Sambia wird der Schluss gezogen,[46] dass eine Erhöhung des Bildungsetats um 15% eine Steigerung des Bruttosozialproduktes zwischen 0,1 und 0,3 Prozentpunkte bewirken könnte. Allerdings werden zwei Voraussetzungen gemacht: (1.) Die Staatsausgaben dürften insgesamt nicht steigen. (2.) Für die zusätzlich Ausgebildeten müssten entsprechende Arbeitsplätze zur Verfügung gestellt (!) werden.

Um ein halbwegs bedeutsames Wirtschaftswachstum anzuregen, müssten die Bildungsausgaben nach dieser Rechnung um rund 150% steigen. Da das »Zur-Verfügung-Stellen« von Arbeitsplätzen für die Qualifizierten politisch nur durch die Ausweitung des Staatssektors zu erreichen wäre,[47] müsste die Summe der Staatsausgaben insgesamt steigen: Die erste Bedingung widerspricht also unmittelbar der zweiten. Außerdem wäre zu bezweifeln, dass das Bruttosozialprodukt steigen könnte, wenn die zusätzlich Qualifizierten im öffentlichen Dienst beschäftigt würden. Demnach würde die politische Erfüllung von Bedingung zwei die Voraussetzung – nämlich dass ein Wachstum stattfindet – sabotieren. Mehr Staatsausgaben bei gleichbleibender Wirtschaftskraft führen jedoch zwangsläufig zu einem sinkenden Bruttosozialprodukt.

Da die Möglichkeit sinkender Bildungsbeteiligung in der Diskussion mehr oder weniger ausgeklammert wird, stützen sich die offen ausgesprochenen Hoffnungen auf eine Entlastung des Staatshaushaltes im Wesentlichen darauf, dass Unternehmen effizienter im Sinne von kostengünstiger produzieren als Organisationen der öffentlichen Hand.

Ein Unternehmen produziert aus zwei Gründen kostengünstig: Erstens, weil Kunden davon überzeugt werden müssen, das angebotene Produkt zu erwerben. Die Kunden haben ja die Freiheit, das angebotene Produkt nicht zu kaufen. Die Kunden könnten – zweitens – das gleiche Produkt bei einem anderen, billigeren Anbieter kaufen. Dies ist selbst dann ein Grund für kostengünstige Herstellung, wenn das Unternehmen zur Zeit Alleinanbieter für dieses Produkt ist.[48] Denn wenn das Unternehmen sein Produkt zu einem Preis anbietet, der unterboten werden könnte, würden sich für einen neu entstehenden Konkurrenten hier gute Profitmöglichkeiten ergeben. Um die Bedingung konkurrierender Anbieter für die Schule herzustellen, müssten sowohl die Schulpflicht aufgehoben als auch das Berechtigungswesen beseitigt werden. Die Schulpflicht und das Berechtigungswesen begründen eine Sonderstellung der Schule, die noch über Monopole wie die frühere Post hinausgeht: Es ist nicht nur ein Anbieter des Produktes festgelegt, den jeder nehmen muss, der das Produkt erwerben will, sondern die Abnahme des Produktes ist darüber hinaus auch noch zumindest teilweise verpflichtend.

Der Effizienzdruck, der im Schulwesen gleichsam eine »Markt-Bedingung ohne Markt« herstellen soll, sieht nun vor, dass den Schulen fiskalpolitisch festgelegte Budgets zugewiesen werden, die unterhalb ihres jetzigen Geldbedarfs liegen (»Kostendeckelung«). Mit diesen Budgets müssen Schulen dann wirtschaften oder haushalten. Auf diese

Weise wird eine Ressourcenverknappung hergestellt. Aber was ist gewonnen? Zunächst wird eine nicht-freiwillig, sondern steuerfinanzierte Organisation alle politischen Mittel ausschöpfen, um eine Erhöhung des zugewiesenen Budgets zu erreichen oder zu erpressen.[49] In diesem Verteilungskampf geht es um Macht. Die Entscheidung liegt bei der stimmberechtigten Mehrheit der Bevölkerung, oder besser gesagt: bei der administrativen Vertretung dieser stimmberechtigten Mehrheit.

Wenn es zunächst nicht gelingt, die zugewiesenen Budgets zu erhöhen, wird eine steuerfinanzierte Organisation ihre Leistungen einschränken. Eventueller Unmut der Kunden wird mit Hinweis auf die verknappten Mittel abgewehrt. Man erwartet, dass auf diese Weise die Kunden zu Verbündeten im Verteilungskampf werden. Das heißt, nicht die Kunden (Kinder, Jugendliche, Eltern) entscheiden, ob sie für weniger Geld weniger Leistung haben oder ob sie nicht doch lieber mehr Geld ausgeben und dafür das Mehr an Leistung erhalten wollen. Die Kunden haben aufgrund der Monopolstellung der Schule keine Chance, auf einen anderen Anbieter auszuweichen. Darüber hinaus haben sie wegen der Schulpflicht nicht einmal die Möglichkeit, auf die Inanspruchnahme der Leistung ganz zu verzichten.[50] Und da die Schule über die Steuern finanziert wird, eröffnet sich auch nicht der Weg, der Schule die ökonomische Grundlage zu entziehen. Vom Marktprozess her gesehen ergibt sich kein Anreiz zu effizienterer Produktion des Angebotes »Schule«.

Selbst in der Struktur, dass Schulen pro Schüler eine gewisse festgesetzte Summe (»Gutschein«) aus Steuermitteln erhalten und den Eltern die Wahl der Schule offen steht, ergibt sich ein solcher Anreiz nicht, wie wir am Beispiel Chile gesehen haben. Die Struktur des Gutscheinsystems würde zwar bis zu einem gewissen Grad die Bedingung freiwilliger Vergesellschaftung für Schulen herstellen, nicht jedoch unter dem Gesichtspunkt der kostengünstigen Produktion: Die Nachfrager wählen das Angebot nicht unter Kostengesichtspunkten, da ein günstiger Einkauf ihre Ausgaben gar nicht berührt.

Wer demnach einen Anreiz zur günstigen Produktion von Unterricht schaffen möchte, kann nur so verfahren, dass er den Nachfragern ihre für das Schulwesen an den Staat über die Steuern abgeführten Mittel zurückerstattet und sie darüber hinaus nicht zwingt, diese Mittel vollständig für den Unterricht ihrer Kinder zu investieren. Ob man eine solche Maßnahme für vertretbar hält, ist eine andere Frage. Jedoch ist es unsinnig, die Hoffnung auf Effizienz an eine Struktur zu knüpfen, in der kein Anreiz zur günstigen Produktion besteht.

Allerdings müssen wir selbst diese Aussage noch differenzieren. Denn es ist gar nicht sicher, dass im Prozess freiwilliger Vergesellschaftung Unterrichtsangebote entstehen, die günstiger sind als unsere heutigen staatlichen Schulen. Wenn nämlich die Nachfrager in Wirklichkeit durchschnittlich mehr für den Unterricht ihrer Kinder ausgeben wollen würden und nur durch die Steuerfinanzierung daran gehindert werden, es zu tun, würde es vornehmlich teurere Angebote auf dem Bildungsmarkt geben. Die Existenz heutiger Privatschulen, die über den Betrag hinaus, den sie vom Staat als Subvention erhalten, Schulgeld verlangen, beweist, dass es diese Bereitschaft zu Mehrausgaben tatsächlich gibt; gleiches gilt für den Einkauf von Leistungen zusätzlich zum Besuch einer öffentlichen Schule wie etwa Nachhilfe.

Entstaatlichung der Schule und außerökonomische Zielvorgaben

Schon bei der Einschränkung der Effizienzfrage auf die Entlastung des Staatshaushaltes hat sich ergeben, dass es eine unsinnige Erwartung an freiwillige Strukturen im Schulwesen ist, genau definierte Ergebnisse zu erreichen. Die Bildungsbeteiligung kann durch Strukturen der Freiwilligkeit größer oder kleiner werden, das Ausgabeniveau kann steigen oder sinken, die Kosten pro Schüler können höher oder niedriger ausfallen, als es heute der Fall ist. Dies ergibt sich dann, wenn die Entscheidung des einzelnen Handelnden grundlegend ist. Andererseits ist es nicht möglich, die Vorteile der Freiwilligkeit mit genauen Zielvorgaben zu kombinieren; denn durch die Zielvorgaben werden die Mechanismen, die den Prozess der freiwilligen Vergesellschaftung effektiv machen, außer Kraft gesetzt.

Diese Argumentation trifft in noch höherem Maße auf Ziele zu, die in einem außerökonomischen Sinne die Effizienz der Schule bestimmen. So wird von konservativen Kreisen gern das Versagen der heutigen Schule bei der effizienten Vermittlung von Kulturtechniken kritisiert und gleichzeitig die Hoffnung an eine stärker marktwirtschaftliche Steuerung der Schule geknüpft, dass dieses Versagen überwunden werde. Aber gerade der konservative Nachdruck auf Leistung wirkt sich im pädagogischen

Alltag dergestalt aus, dass das Versagen nicht eine bedauerliche Ausnahme bleibt, sondern vielmehr den Grad des Erfolges definiert: Ein Lehrer hat dann seines Amtes gewaltet, wenn sich die Leistungen seiner Schüler in einer Normalverteilungskurve darstellen lassen. Es wird ja geradezu als Gütekriterium etwa des bayerischen Schulwesens ausgegeben, dass dort weniger Schüler das Abitur »packen« als anderswo in der Bundesrepublik. Der Lehrer, der rund 25 % schlechte, 25 % gute und 50 % mittlere Schüler produziert, hat nichts falsch gemacht, während einer, bei dem 100 % das Klassenziel erreichen, suspekt erscheinen würde.

Vom Prozess freiwilliger Vergesellschaftung her müsste die Frage ganz anders gestellt werden: Für die und nur für die, die ein bestimmtes Bildungsziel nachfragen, würden die Unterrichtsfirmen – gestützt durch eine »Null-Fehler-Strategie« – versuchen, eine 100 %ige Erreichung zu gewährleisten. Wer die Hoffnung formuliert, durch den Markt ließen sich allgemeine Bildungsstandards effizient vermitteln, unterstellt demnach, dass alle potenziellen Nachfrager die Erreichung dieser Standards anstreben. In Wirklichkeit kann nur derjenige für eine Struktur der Freiwilligkeit im Schulwesen eintreten, der bereit ist, über solche Zielsetzungen die einzelnen Handelnden selbst entscheiden zu lassen.

Demgegenüber wird in der gegenwärtigen Lage meist eine Doppelstrategie gefahren: Auf der einen Seite sollen marktwirtschaftliche Elemente die Schule effizienter im Sinne von kostengünstiger machen, auf der anderen Seite werden striktere Ziele formuliert, zum Beispiel über zentrale Prüfungen. Die Ziele werden administrativ vorgegeben, der Weg dorthin soll freigegeben werden.

Ökonomisch betrachtet ist dies eine durchaus denkbare Option. Wie etwa ein Automobilhersteller seinen Lieferanten bloß bestimmte enge Zielvorgaben für ein Teil – sagen wir: einen Motorblock – machen kann, während der Produktionsvorgang dann den Lieferanten überlassen bleibt, wäre es denkbar, dass der Staat in zentralen Prüfungen die Bildungsziele festlegt und es privaten Anbietern überlässt, die Kinder und Jugendlichen beispielsweise mit konkurrierenden pädagogischen Methoden zu jenen Zielen zu führen. Die Eltern der Kinder oder die Jugendlichen selbst würden bestimmen, zu welchem Anbieter sie gehen, aber sie wären aufgrund der Schulpflicht gezwungen, irgendeinen Anbieter zu wählen. Sie werden voraussichtlich den wählen, der dies am günstigsten tut, und sie werden den wählen, der sie am unproblematischsten die Prüfung bestehen lässt. Solch ein Modell existiert etwa im Bereich der Fahrschulen und des Führerscheins – bis auf die Tatsache, dass das Machen des Führerscheins nicht Pflicht ist. Das Funktionieren dieses Modells setzt voraus, dass die Mittel für den Schulbesuch individuell aufgebracht werden und nicht auf ein bestimmtes Niveau fixiert sind.

Dieses Modell hieße allerdings, den Begriff der Effizienz aufs Technische einzugrenzen. Auch wenn die zentralen Ziele völlig unsinnig wären, würde der Markt effizient zu diesen unsinnigen Zielen hinführen. Dies ist keine triviale Feststellung. Mit einer auf Freiwilligkeit basierenden Struktur des Schulwesens wird zum Beispiel auch die Hoffnung auf eine bessere Abstimmung zwischen Schule und Arbeitsmarkt verbunden. Im Vorwort zu dem politischen Sammelband »Nach dem Pisa-Schock« schreiben die Herausgeber Bernd Fahrholz (Vorstandsvorsitzender der Dresdner Bank), Sigmar Gabriel (SPD) und Peter Müller (CDU): »Zur Verbesserung unseres Bildungssystems darf Marktorientierung nicht länger ein Tabu sein. [...] Die stärkere Vernetzung von Wirtschaft und Bildungseinrichtungen – Betrieben, Arbeitsmarkt, Schulen und Universitäten – steckt das institutionelle Feld der Reform ab.«[51]

Diese Aussage hat verdeckt, aber notwendig zur Voraussetzung, dass die Autoren von einer schlechten Abstimmung zwischen bestehender Schule und Arbeitsmarkt ausgehen. Sie erwarten eine Lösung von der »Marktorientierung«. Damit diese Erwartung vernünftig sein kann, müsste sich die marktwirtschaftliche Reform der Schule jedoch auch auf die Zieldefinition erstrecken und darf nicht in der oben beschriebenen Weise auf die Zielerreichung beschränkt bleiben. Aber wenn die Zieldefinition sich im Prozess der freiwilligen Vergesellschaftung selbst ergeben soll, ist es unmöglich, vorgegebene Zielgrößen zu verwirklichen. Eine klassisch planwirtschaftliche Aussage von Guido Westerwelle (FDP) in dem gleichen Band sagt dagegen: »[E]ine Informationsgesellschaft braucht nicht nur Akademiker.«[52] Hier wird verborgen die leistungsunabhängige Selektionsfunktion der Schule angemahnt: Angenommen, alle Schüler eines Jahrgangs würden ein gedachtes objektives Leistungskriterium erfüllen, müsste die Schule das Kriterium zur Vergabe der Studienerlaubnis heraufsetzen, damit nicht mehr Abiturienten entstehen, als die »Informationsgesellschaft« angeblich »braucht«. In Wirklichkeit geht es allerdings wohl eher darum, nicht mehr Studienanfänger zu haben, als haushaltspolitisch zu verkraften sind. Marktwirtschaftlich gesehen lässt sich dazu nur sagen: Falls die Nachfrager selbst dann »Akademiker« zu werden wünschen, wenn dies nicht mehr höchste Einkommen garantiert, weil die entsprechenden Berufe bereits überfüllt sind, dann kann ihnen nicht verwehrt werden, entsprechende Unterrichtsprodukte zu erwerben.

Um als nicht unsinnig gelten zu dürfen, müsste die Erwartung an die marktwirtschaftliche Struktur der Schule anders formuliert werden: Die Nachfrager – seien es die Kinder und Jugendlichen oder die Eltern an ihrer statt – werden nie eine Wahl treffen, die ihnen nachteilig zu sein scheint. Dabei ist die Möglichkeit, dass sich die Nachfrager täuschen, allerdings durchaus mit zu berücksichtigen und unverzichtbarer Teil des Marktprozesses.[53] Eine marktwirtschaftliche Strukturreform der Schule würde einen völligen Paradigmenwechsel von der Vorgabenorientierung hin zur Akzeptanz subjektiver Entscheidungen einschließen.

Den positiven, teilweise illusorischen Erwartungen an eine marktwirtschaftliche Strukturreform des Schulwesens stehen massive Bedenken besonders von großen Teilen der traditionellen Erziehungswissenschaft gegenüber. Vielen dieser Bedenken haben Frank-Olaf Radtke und Manfred Weiß in einem Sammelband Ausdruck verliehen.[54] Obzwar sowohl die theoretischen Erwägungen als auch das diskutierte empirische Material zum Teil daran kranken, dass zwischen marktwirtschaftlicher Rhetorik und tatsächlich realisierter Bedingung der Freiwilligkeit im Schulwesen nicht hinreichend unterschieden wird, so gibt es doch Einwände, die den marktwirtschaftlichen Ansatz wesentlich betreffen. »Ganz sicher«, schreibt Radtke,[55] könne die marktwirtschaftliche Steuerung der Schule »Chancengleichheit und soziale Kohäsion« nicht gewährleisten und verweist auf die »beinahe jahrhundertealten Erfahrungen der USA mit der Segregation durch Schulwahlmöglichkeiten«.

Dieser Satz lässt es indirekt so erscheinen, als würden »Chancengleichheit und soziale Kohäsion« durch das gegenwärtige staatliche Schulwesen gewährleistet, was jedoch kaum jemand in einer solchen positiven Formulierung behaupten würde. Es kann demnach bloß um die relative Aussage gehen, die marktwirtschaftliche Strukturreform der Schule führe zu stärkerer rassischer und sozialer Segregation aufgrund von freier Schulwahl und rufe größere Chancenungleichheit durch die ungleiche Finanzkraft der Eltern hervor.

Der empirische Befund etwa von Sally Tomlinson zur Segregationstendenz unter der Bedingung von Wahlfreiheit lautet: »In Großbritannien fühlen sich weiße Eltern durch die freie Schulwahl dazu legitimiert, Schulen mit einem hohen Anteil an Minderheitenschülern zu meiden.«[56] Nun haben wir in der Tat festgestellt, dass bestimmte Ziele mit der Bedingung freiwilliger Vergesellschaftung unvereinbar sind, alle jene nämlich, die den subjektiven Entscheidungen der Nachfrager zuwiderlaufen. Ein Ziel wie »Die Schulen sollen soziale Integration erreichen« ist strukturell gleich mit demjenigen »Die Schulen sollen nur so viele Akademiker hervorbringen, wie das Beschäftigungssystem benötigt«. Beide Ziele sind mit dem Marktprozess nicht kompatibel. Allerdings würde dies auch für die jeweiligen Umkehrungen der beiden genannten Ziele gelten: »Die Schule soll eine ethnische Segregation aufrechterhalten« und »Die Schule soll mehr Akademiker hervorbringen, als vom Arbeitsmarkt aufgenommen werden können«.

Die Umkehrung der jeweiligen Forderung macht deutlich, dass sich der Prozess freiwilliger Vergesellschaftung nicht inhaltlich bestimmen lässt. Dies gilt analog etwa auch für das mit dem Marktprozess konkurrierende Modell der Demokratie: Es ist nicht der inhaltliche Ausgang einer Entscheidung, der darüber befindet, ob eine Entscheidung als demokratisch oder als undemokratisch zu gelten hat, sondern die Einhaltung des formalen Prozesses. Ebenso wenig definiert sich Gerechtigkeit unter dem Gesichtspunkt des Marktes nach einem inhaltlich festgelegten Ziel, sondern nach dem Prozess, durch den das Ziel zustande kommt.

Da die öffentlichen Schulen, wie wir gesehen haben, immer ein Kompromiss zwischen den unterschiedlichen Ansprüchen aller in der öffentlichen Meinung repräsentierten Steuerzahler darstellen und dabei mitunter großen Widersprüchlichkeiten ausgesetzt sind, wäre vom Prozess freiwilliger Vergesellschaftung demgegenüber zu erwarten, dass kompromisslosere Schulen entstehen. Bezogen auf die Segregationsfrage hieße das: Es würden sowohl deutlich segregierte als auch klar nicht-segregierte Schulen entstehen. Die Segregation kann dabei sowohl von der Mehrheitsethnie als auch von der Minderheitsethnie ausgehen. Schließlich ist es eine häufig anzutreffende Strategie von Minderheiten, eigene kulturelle Institutionen aufzubauen, um ihre ethnische, religiöse und kulturelle Identität auszudrücken – Schulen gehören zu diesen Institutionen überall dort nicht, wo sie zwingend öffentlich sind. Die Erfahrung mit einem Gutschein-Programm in Milwaukee erfüllt die genannte Erwartung: »Die Schülerschaft in den teilnehmenden [Gutschein-]Schulen reicht von Schulen, die nur von einer Rasse besucht werden über integrierte Schulen bis hin zu Schulen, die das Wahlprogramm benutzt haben, ihre fast ausschließlich weiße Schülerschaft zu diversifizieren.«[57]

Einem durch Freiwilligkeit strukturierten Schulwesen fehlen nicht prinzipiell Mittel zur Integration. Der Marktprozess lässt alle freiwilligen Mittel der Integration – das Angebot integrierten Unterrichts, Werbung dafür, Aufklärungsaktionen – zu; demzufolge können weitergehende Mittel, worin sie auch bestehen mögen, ausschließlich solche sein, die Zwangselemente enthalten. Wer würde von einer solchen Zwangsintegration profitieren? Wohl kaum die Benachteiligten. Durch die Zwangsintegration werden sie nämlich denjenigen ausgeliefert, von denen sie benachteiligt werden. Gegen das klassische Integrationsprogramm der 1960er Jahre beispielsweise, bei dem weiße und schwarze Kinder zwangsweise mit Bussen in entfernt gelegene Schulbezirke der jeweils anderen Rasse verbracht wurden (»bussing«), begehrten in den USA nicht nur weiße, sondern auch schwarze Eltern auf.

In anderen Kontexten wird dem Marktprozess übrigens die der Segregation entgegengesetzte Wirkung kritisch vorgehalten: Er würde wünschenswerte Unterschiede – etwa kulturelle oder regionale Differenzen – überformen. Alte und neue Globalisierungsgegner kritisieren die ungeheure Integrationskraft des Marktprozesses, wie das etwa im Slogan vom Coca-Cola-Imperialismus zum Ausdruck kommt. Positiv gewendet ist der Markt eine Form der Vergesellschaftung, die wie keine andere Diskriminierung überwinden hilft. Ein Beispiel aus der deutschen Schulgeschichte. Ein Direktor eines Gymnasiums sagte 1890 nach Einführung der Schulgeldfreiheit rückblickend: »Ich habe es in den letzten Jahren« – gemeint ist: nach Einführung der staatlichen Finanzierung der Schule – »erreicht, dass die Schülerkategorien, die in das Gymnasium eingetreten sind, sich wesentlich verändert haben. Früher« – gemeint ist: vor Einführung der staatlichen Finanzierung der Schule – »nahm ich bei der Anmeldung alles, was kam, zur Prüfung an. Da ich an einer städtischen

Anstalt wirkte und das Kuratorium sagte: Wir müssen Schüler haben, das Schulgeld muss herausgebracht werden, so blieb mir nicht viel anderes übrig.«[58]

Ökonomisch ausgedrückt würde es unter der marktwirtschaftlichen Bedingung auch im Schulwesen einen Preis für Diskriminierung geben:[59] Schulen, die ihre Schüler- und Lehrerschaft aus nur einer Rasse oder Schicht rekrutieren, müssen potentiell zahlungswillige Kunden aus anderen Rassen abweisen und gute preiswertere Arbeitskräfte anderer rassischer oder sozialer Herkunft ablehnen. Weniger Kunden und teure Arbeitskräfte bedeuten, dass die Grenzkosten steigen. Der Profit des Unternehmens sinkt, und die Eltern, die ihre Kinder auf eine rassisch getrennte Schule schicken, müssen dafür einen höheren Preis entrichten, ohne einen anderen Vorteil als den der Reinheit zu erhalten. Es mag Eltern geben, die den Preis für die Diskriminierung zahlen, und Unterrichtsfirmen, die den geringeren Profit hinnehmen, aber es wird, wie Erfahrungen in anderen Marktsegmenten zeigen, wohl kaum die Mehrheit sein.

Die freie Schulwahl führt in der gegebenen Struktur der staatlichen Finanzierung zur rassischen oder sozialen Segregation, weil durch die staatliche Finanzierung der Schulen der Preis auf Diskriminierung gesenkt wird. Es kann einen indirekten Preis (»opportunity costs«) durch eventuell längere Schulwege geben, aber direkte Kosten – also für die Nachfrager ein höheres Schulgeld, für die Anbieter höhere Aufwendungen für Personal – entstehen nicht.

Die negative Erwartung, ein durch Freiwilligkeit strukturiertes Schulwesen würde die Segregation verschärfen, lässt sich nicht in dem Sinne entkräften, dass Integration als verbindliches Ziel aufrecht erhalten werden könnte. Allerdings sind die Erfahrungen mit der »freien Schulwahl« kein Beweis für die mangelnde Integrationskraft des Marktprozesses, da die segregierende Wirkung der freien Schulwahl auf einen staatlichen Aspekt des Schulwesens zurückgeht, nämlich die Finanzierung durch Steuern.

Die negative Erwartung, ein durch Freiwilligkeit strukturiertes Schulwesen werde die Chancengleichheit zerrütten, gehört zweifellos zu den schärfsten Vorbehalten. Dabei wird allerdings von der Problematik des Begriffs »Chancengleichheit« abgesehen. Denn wer kann sich vorstellen, dass es im bestehenden staatlichen Schulsystem pädagogisch gelingen könnte, frei nach Comenius »allen alles« beizubringen und jeden zum gleichen Schulabschluss zu verhelfen? Wer wollte davon ausgehen, dass ein solches Unterfangen, 100 % einer Schülergeneration zum Abitur zu führen, aus den öffentlichen Haushalten finanziert werden könnte? Und wer dürfte erwarten, dass die auf eine solche (fiktive) Weise zu einem einheitlichen Abschluss geführten Schüler später auch die gleichen Chancen auf begehrte und gut bezahlte Arbeitsplätze erhalten? Diese Fragen gehören nicht zu dem Thema, welche Folgen eine marktwirtschaftliche Strukturreform des Schulwesens haben würde, zeigen aber, dass »Chancengleichheit« kein ideologiefreies Kriterium zur Beurteilung der bestehenden Schulstruktur darstellt.

Anstelle des problematischen Begriffs der »Chancengleichheit« beschränke ich mich auf die Auswirkungen der marktwirtschaftlichen Strukturreform des Schulwesens auf den allgemeinen und ungehinderten Zugang zu den Bildungsinstitutionen. Dass die Bedingung der Freiwilligkeit einen solchen allgemeinen und ungehinderten Zugang nicht bieten kann, ist weniger Erwartung als Notwendigkeit, da »den Schulen die Möglichkeit der Ablehnung von Schülern eingeräumt«[60] wird. Allerdings ist hier an den vorherigen Abschnitt anzuknüpfen. Im Marktprozess muss sich ein Unterrichtsbetrieb die Ablehnung eines Schülers sehr gut überlegen. Ein interessanter Fall ist etwa Indonesien: Dort hat sich ein effizientes Privatschulwesen in der Sekundarstufe für diejenigen Schüler herausgebildet, die von den prestigereichen, mit engen Aufnahmekriterien operierenden öffentlichen Schulen abgelehnt werden. Die Effizienz wird daran bemessen, dass Abgänger der öffentlichen Schulen auf dem Arbeitsmarkt zwar höhere Einstiegsgehälter bekommen, die Abgänger der privaten Schulen aber später dieses Manko wettmachen und sich besser bewähren, sodass ihr Bildungsnutzen insgesamt größer ist.[61] Eine ähnliche Entwicklung zeichnet sich in Vietnam ab.[62]

Es fällt nur leicht, Schüler abzulehnen, wenn die Finanzierung der Schule unabhängig von der Schülerzahl erfolgt.[63] Vom Standpunkt der sozialen Gerechtigkeit aus gesehen ist es dann allerdings in der Tat schwer einzusehen, warum eine staatlich finanzierte Schule das Recht haben sollte, einen Schüler abzulehnen, dessen Eltern mit ihren Steuern die Schule bereits bezahlt haben.

Ein zweiter Aspekt der erwarteten Ungleichbehandlung von Schülern verschiedener Sozialschichten ist mit dem Marktprozess jedoch unmittelbar verknüpft: Wenn die Schulen nicht staatlich finanziert werden, hängt die Möglichkeit der Inanspruchnahme an der Zahlungskräftigkeit des Nachfragers. Jeder hat formal das Recht, ein Auto der Marke Jaguar zu kaufen, aber nicht jeder hat die finanziellen Mittel dafür.

Die Steuerzahler insgesamt bezahlen das öffentliche Schulwesen. Wenn es nicht staatlich finanziert würde, müssten die Steuerzahler den für das Schulwesen vorgesehenen Steueranteil zurück erhalten (es sei denn, der Staat benutzt diese Maßnahme, um seine Steuereinnahmen in Relation zu den Ausgaben zu erhöhen). Es geht also nicht darum, ob die Gesamtheit der Bevölkerung in der Lage ist, Bildungsinvestitionen zu tätigen. Sie ist dazu in der Lage, weil sie es, wenn auch indirekt, bereits tut. Vielmehr geht es um eine von den Verteidigern des öffentlichen Schulwesens unterstellte Umverteilung: Die Reichen bezahlen – dieser Ansicht zufolge – mehr für die Schulen, als sie in Anspruch nehmen, während die Armen weniger bezahlen, als sie in Anspruch nehmen. Diese Ansicht ist sowohl ökonomisch gesehen als auch soziologisch gesehen fraglich.

Um an dieser Stelle nicht die von der Pädagogik gänzlich unabhängigen Gebiete der Regressivität der Steuern und die Produktion von Armut behandeln zu müssen, sei an dieser Stelle wiederum auf das ausführlich diskutierte Gutscheinkonzept von Milton Friedman hingewiesen. Um innerhalb des Gutscheinkonzeptes die Marktbedingung herzustellen, dürften die Haushalte jedoch nicht gezwungen werden, die Summe, über die der Gutschein ausgestellt ist, tatsächlich für das Produkt Unterricht auszugeben. Verfechter der Chancengleichheit werden damit nicht zufrieden sein. Denn es ist wahrscheinlich, dass so genannte »bildungsferne« Haushalte das zurück erstattete oder ausbezahlte Geld nicht für den Einkauf von Unterricht, sondern von Konsumgütern ausgeben. Weil der Beitrag der Schule zum Lebenseinkommen strittig ist,[64] bliebe abzuwarten, in wie weit sich ein solches Verhalten tatsächlich in schlechtere Chancen der Kinder auf Lebenseinkommen umsetzt. Wie dem auch sei: Eine Chancengleichheit dergestalt, dass sie den Kindern oder ihren Eltern aufgezwungen wird,[65] ist mit einer auf Freiwilligkeit basierenden Struktur des Schulwesens nicht zu leisten.

Es ist müßig zu denken, der Marktprozess stelle ein willfähriges »Steuerungsmittel« dar. Vielmehr ist er das Konzept der freiwilligen

Vergesellschaftung. Wer dieses Konzept wählt, muss mit der prinzipiellen Offenheit der Ergebnisse des Marktprozesses leben. Wer es verwirft, muss die jeweils befürworteten Zwangsmaßnahmen vernünftig begründen. Es gibt keinen dritten Weg.

Die Behauptung, durch »betriebswirtschaftliche Methoden« ließe sich die bestehende Schule mit den vorgegebenen bildungspolitischen Zielen verbessern, ist demgegenüber Ideologie. Die Aufgaben dieser Ideologie sind es, einerseits diverse Ziele wie Haushaltskürzungen, Festigung des dreigliedrigen Schulwesens, Lenkung von Schülerströmen, zentrale Prüfungen, Verkürzung der Schulzeit usw. als objektive Notwendigkeiten auszugeben, und andererseits die in ihrer Geduld arg strapazierten Steuerzahler zu beruhigen, es werde ja alles getan, um die Schule effizienter zu machen. Aber der Markt ist nicht die Zauberformel, mit der bessere Bildung in kürzerer Zeit für weniger Geld zu haben ist, sofern man für bessere Bildung eine materiale Definition zugrunde legt. Vielmehr ist der Marktprozess sowohl gegenüber dem Ziel »bessere Bildung« als auch demjenigen »kürzere Zeit« und »weniger Geld« indifferent. Man müsste das Angebot des Knowledge-Burgers (kurz und billig) neben demjenigen vom Humboldt-Gymnasium (lang und teuer) hinnehmen. Es verhält sich hierbei wie mit der Pressefreiheit: Sie garantiert kein Angebot von kulturell hochstehenden Druckerzeugnissen, ist aber dessen Möglichkeitsbedingung. Der Marktprozess ist dagegen nicht indifferent gegen eine pädagogische Praxis, die eine bloße Normalverteilung bei der Erreichung der versprochenen Ziele schon für erfolgreich hält. Ein McComenius Bildungs-Drive-In, in welchem versprochen wird, allen alles in kurzer Zeit beizubringen, müsste, um auf dem Markt bestehen zu können, dieses Versprechen auch einlösen.[66]

Der ökonomische Rahmen für »Gestaltpädagogik in Aktion«

Sofern Freiheit die Voraussetzung für das Gelingen von pädagogischen Bemühungen ist, wie die Gestalt- und Alternativschulpädagogik es behauptet, muss der politisch-ökonomische Rahmen der Schulpolitik den Beteiligten Wahlmöglichkeiten eröffnen. Für das Gelingen der gestaltpädagogischen Praxis wäre es somit unabdingbar, dass die Beteiligten – Schüler, Eltern und Lehrer – die Möglichkeit haben, sich ebenso leicht

315

gegen Gestaltpädagogik und gegen ein antiautoritäres Alternativschul-
konzept auszusprechen wie dafür. Die Alternativschul- bzw. Free-School-
Bewegung ist an den Finanzierungsbedingungen gescheitert, aber ebenso
daran, dass ausgewählte Teile ihrer Gedanken in das herrschende öffentliche Schulsystem integriert worden sind.

ELEMENTE EINER
GESTALTPÄDAGOGIK

Umrisse einer Gestalt-Lerntheorie

Ich übergehe an dieser Stelle die Frage, ob die Lerntheorie zur Psychologie oder zu Pädagogik gehört. Die Pädagogik durchzieht seit ihrem Beginn die bange Frage nach ihrer Autonomie.[67] Die Gestaltpsychologie ist Ende des 19., Anfang des 20. Jahrhunderts in Opposition zur so genannten Assoziationspsychologie entstanden. Gibt es eine der Assoziationspsychologie vergleichbare Theorie in der Pädagogik?

Etwas verkürzt und überspitzt möchte ich die Standard-Lerntheorie folgendermaßen skizzieren: Ein Mensch, auch und gerade ein junger Mensch lernt, indem er vom Einfachen zum Komplexen und vom Konkreten zum Abstrakten voranschreitet. Wir lernen zuerst Vokabeln und einfache grammatikalische Strukturen, um dann später eine Sprache verstehen, sprechen, lesen und schreiben zu können. Wir lernen zuerst das Rechnen, um später mathematische Operationen vornehmen zu können. Wir lernen zuerst geschichtliche Fakten, um später Zusammenhänge erkennen zu können. Das ist die Entsprechung zum psychologischen »Assoziationismus« in der Pädagogik.

Paul Goodman sah die Sache anders: »In jeder Gesellschaft ist die Erziehung der Kinder von größter Bedeutung. Aber in allen Gesellschaften, sowohl primitiven als auch hoch zivilisierten, geschah die Erziehung bis vor Kurzem meist beiläufig [incidentally]. Die Erwachsenen machten ihre Arbeit oder gingen anderen sozialen Aufgaben nach. Die Kinder waren nicht ausgeschlossen. Den Kindern wurde Aufmerksamkeit gezollt und sie lernten, dabei zu sein; sie wurden nicht ›unterwiesen‹. [...] Im Allgemeinen passt dieser beiläufige Prozess besser zur Natur des Lernens als direktes Lehren. [...] Der Urtyp erfolgreicher beiläufiger Erziehung ist die Art, in der Kleinkinder das Sprechen lernen.«[68]

Schauen wir uns an, wie ein Kind, dessen Eltern in ein Land ziehen, wo eine andere als die Muttersprache gesprochen wird, jene lernt, sehen wir die Schwäche der Standard-Lerntheorie: Ausgangspunkt des Kindes ist die Motivation zu kommunizieren, und indem es »dabei« ist, lernt es, die anderen zu verstehen und sich selbst verständlich zu machen. Die Sprache muss nicht in einfache, wenig komplexe Einheiten herunter gebrochen werden. Das Lernen des Kindes selbst vollzieht sich zwar schrittweise und seine Sprach-Fähigkeit steigt kontinuierlich, aber dabei werden zum Teil bestimmte komplexe und abstrakte Worte oder schwierige grammatikalische Konstruktionen vor den einfachen gelernt, wenn es die Situation nahe legt. Der von Goodman inspirierte Lehrer, Kinderrechts- und Homeschooling-Aktivist John Holt hat diesen Vorgang in dem Buch »How Children Learn« (Wie Kinder lernen, 1967) genau verfolgt, nachdem er vorher untersucht hatte, wie Kinder in den Schulen zu Versagern werden (How Children Fail, 1964). George Dennison verweist auf die Theorie John Holts im vorliegenden Buch und knüpft eigene Beobachtungen in dieser Richtung an.

Die Einsicht in die Struktur des Lernens ist allerdings nicht so neu wie es angesichts der Vorherrschaft der Standard-Lerntheorie erscheinen mag. Jean-Jacques Rousseau, von vielen als der eigentliche Begründer der neuzeitlichen Pädagogik angesehen, hat in seinem Erziehungsroman »Emile« 1762 bereits festgestellt, dass er sich nicht bemühen werde, seinem Zögling Emile das Lesen und Schreiben beizubringen. Vielmehr beschreibt Rousseau, dass Emile das Lesen lernt, als er Briefe erhält, die er unbedingt selbst lesen können möchte, weil sein Erzieher Jean-Jacques nicht zugegen ist, um sie ihm vorzulesen.

Ohne weitere Beispiele aneinanderzureihen, möchte ich darauf hinweisen, dass in der Geschichte der pädagogischen Theorie fast immer auf die realistische[69] Lerntheorie bezug genommen wird, in der das Interesse des Lernenden der Ausgangspunkt ist und das Lernen in hermeneutischen Zirkeln abläuft, d.h. Abstraktes und Konkretes, Komplexes und Einfaches bilden kein Nacheinander, sondern bedingen sich wechselseitig. Anders ausgedrückt: Gelernt werden immer Gestalten. Aus der Masse dessen, was den Hintergrund bildet, werden je nach Interesse und schon vorhandenen Fähigkeiten einzelne, aber schon in sich sinnvolle Teile in den Vordergrund gehoben und gehen dann wieder in den Hintergrund ein, wenn es sinnvoll ist, sich einem anderen Teil zuzuwenden.

Wenn wir danach suchen, wie dennoch die Standard-Lerntheorie ent-

318

stehen konnte, stoßen wir auf die Geschichte der Institutionalisierung der (Staats-)Schule im 19. Jahrhundert, und zwar in Preußen. Zunächst jedoch müssen wir uns mit dem Schweizer Pädagogen Johann Heinrich Pestalozzi beschäftigen, der Ende des 18. und Anfang es 19. Jahrhunderts gewirkt hat. Pestalozzi ist einer der wenigen bedeutenden Pädagogen, der die These vertreten hat, beim Lernen werde stets vom Einfachen zum Komplexen und vom Konkreten zum Abstrakten geschritten.

Beispiel: Beim Lesenlernen ging Pestalozzi nach eigenen Worten so vor, »das ganze Alphabet fünffach nach allen Vokalen zusammenzusetzen [...]. Alle Konsonanten laufen durch alle Vokale vorwärts und zurück: ab, ba, ec, ce, di, id, fo, of, fu, ug usw. Dann verfolgte ich die Methode mit drei Buchstaben: bub, dub, bic, cib, fag, gaf, goh, hog. [...] Jede zwei Reihen der Buchstaben müssen von den Kindern vollkommen gelernt sein, ehe man zu einer neuen fortschreitet. In der dritten Reihe folgen Zusammensetzungen und Verbindungen von vier und fünf Buchstaben, z. B. dud, dude, rek, reken, erk, erken. Von da aus hängte ich dann die von dieser einfachen Urgrundlage [sic!] ausgehenden Worte an ihre Fundamente an, z. B. [...], qua, quak, quaken [...]. Im Schreiben war meine Methode: sehr lange bei drei, vier Buchstaben, welche die Grundzüge vieler anderen enthalten, stehenzubleiben und Worte aus diesen zu formen und zusammenzusetzen, eher sie einen anderen versuchen durften [sic!]. Sobald sie ›m‹ und ›a‹ konnten, so mussten sie ›man‹ schreiben, und das so lange, bis sie das Wort in vollkommen gerader Linie und die Buchstaben mit Richtigkeit geschrieben hatten. [...] Überall war mein Grundsatz: das Unbedeutendste, so die Kinder lernten, zur Vollkommenheit zu bringen und nie, in nichts zurückzugehen, sie kein Wort, das sie einmal gelernt hatten, vergessen, keinen einzigen Buchstaben, den sie wohl geschrieben, jemals wieder schlechter schreiben zu lassen.«[70]

Drei pädagogische Anmerkungen zu dieser »Methode« vom Gestaltansatz her: Pestalozzi verneint mit ihr die Notwendigkeit, dass erstens etwas, das gelernt werden soll, in einen schon vorhandenen sinnvollen Rahmen gestellt werden können muss, zweitens dass das, was gelernt worden ist, in den Hintergrund gleiten können muss, und drittens dass das Ganze mehr ist als die Summe seiner Teile.

Wie dem auch sei, die pestalozzische Auffassung vom Lernen ist die Einstellung, die noch heute dazu führt, beispielsweise unbesehen davon auszugehen, dass, wer nicht Kopfrechnen könne, auch keinen Dreisatz beherrsche, und wer keinen Dreisatz beherrsche, sich nicht mit Quantenphysik befassen sollte.

Allerdings ist Pestalozzis »mechanische Methode«, wie er sie selbst nannte, unter einer ganz speziellen Bedingung entstanden: Er hatte es in der Schweiz mit in den Revolutionswirren Ende des 18. Jahrhunderts verwahrlosten Kindern zu tun. Er nahm sich ihrer in »väterlicher« und, wie er stets betonte, auch »mütterlicher« Weise an. Er wandte sich jedem Kind einzeln zu, um es zum Lernen zu motivieren; vor allem aber lernten die Kinder, wie Pestalozzi halb stolz, halb zerknirscht bemerkte, seinetwegen. Alles, was wir von Pestalozzi wissen, deutet darauf hin, dass er ein – im positiven Wortsinne – chaotischer Mensch war,[71] der auch als Lehrer – heilsam! – chaotisch agierte, sodass seine scheinbar strenge Methode ein Gegengewicht dazu bildete, um für etwas Struktur und Folgerichtigkeit zu sorgen.

Auf Pestalozzis »Methode« stieß der Preuße Wilhelm von Humboldt Anfang des 19. Jahrhunderts, ebenfalls in einer ganz speziellen Situation. Humboldt war als radikaler Liberaler gegen ein zentrales staatliches Schulsystem gewesen. Als Humanist verfocht er ein individuelles, selbstbestimmtes Lernen. Die Mechanik der Methode Pestalozzis lehnte er strikt ab. Brief an Goethe 1804: »Sagen Sie mir einmal selbst, was aus dem Menschengeschlecht würde, wenn alle Kinder nun 30 Jahre hintereinander nachbeteten: das Auge liegt unter der Stirn, 2 mal 2 ist 4, ein Quadrat hat 4 gleiche Seiten usf. [...] Auch der Bauer und Bettler hat eine Phantasie [...] auch in ihm kann und muss etwas Höheres geweckt werden, und bisher wurde es geweckt. Man las in allen Schulen kapitelweise die Bibel. Da war Geschichte, Poesie, Roman, Religion, Moral alles durcheinander; der Zufall hatte es zusammengefügt, aber die Absicht möchte Mühe haben, es gleich gut zu machen«.[72]

Aber 1811 änderte sich Humboldts Auffassung. Er wurde zum Kultusminister von Preußen berufen. Dieses Amt bekleidete er zwar kaum ein Jahr lang, aber in dieser kurzen Zeit prägte er das Schulsystem nicht nur Preußens und Deutschlands, sondern der ganzen Welt. Nun, Humboldt machte sich auf die Suche nach einer Möglichkeit, viele nach seiner nun geänderten Einschätzung[73] schlechte Elementarschul-Lehrer in kurzer Zeit dazu zu bringen, plan- und sinnvoll vorzugehen. Humboldt selbst sorgte sich jedoch vor allem um die Gründung der Universität; die Beschäftigung mit der Elementarschule war ihm eher lästig. Er entschied, dass die Pestalozzische Methode in ganz Preußen einzuführen sei. Aus einer Methode, die für eine Person, nämlich die des Pestalozzi, angemessen war und die er für seine ganz besonderen Kinder entwickelt hatte, wurde eine Methode, die alle Lehrer bei allen Kindern einsetzten.

Der verhängnisvolle Erfolg der Humboldtschen Reform nicht nur in Preußen, sondern in der ganzen Welt verdankt sich nun nicht ihrem pädagogischen Sinn, der sowohl von Humboldt als auch von Pestalozzi aus gesehen gar nicht gegeben ist, sondern ihrer Geeignetheit für eine zentral staatlich gesteuerte Institution, deren Ziel die Disziplinierung der Bevölkerung in einer sich emanzipierenden bürgerlich-industriellen Welt ist.

Von nun an verkommt Pädagogik zur Ideologie. Sie hält nämlich an der Fiktion fest, es ginge im Lernprozess darum, dass ein Lehrer sich mit einem Schüler um eine Sache kümmert. Dies wird die »pädagogische Triade« genannt.[74] In Wirklichkeit aber ist ein Lehrer vom Staat durch den Lehrplan dazu angehalten, vielen Schülern etwas beizubringen, die weder freiwillig dort sitzen, sondern vielmehr durch Schulpflicht bzw. Berechtigungswesen gezwungen, noch Interesse an dem Stoff haben, noch den Sinn des Lernens für ihr eigene Zukunft einsehen. Damit wird Pestalozzi, noch heute der Übervater der Grundschullehrerschaft, auf den Kopf gestellt. Dennoch zieht sich die Fiktion der »pädagogischen Triade« bis heute in der Didaktik durch, wie der Frankfurter Erziehungswissenschaftler Andreas Gruschka nachgewiesen hat.

Aus dem Gestaltbegriff lässt sich eine Lerntheorie entwickeln, die durchaus mit der Tradition der Pädagogik in Einklang steht. Das Problem beginnt an der Stelle, wo die Gestalt-Lerntheorie mit den institutionellen Bedingungen der Schule in Konflikt gerät, sodass eine Anwendung der Gestaltpädagogik auf den Wirkungsbereich der Pädagogen schwer möglich ist. Die Gestaltpädagogik im Sinne der Wissenschaft widerspricht der Gestaltpädagogik im Sinne der Anwendung auf einen Wirkungsbereich, nämlich dem der Lehrer. Vor hier aus ist verständlich, wenn sich die Gestaltpädagogik in ihrer Praxis zu einer Gestalttherapie für Lehrer entwickelt, weil es eine Praxis der Gestaltpädagogik unter den gegebenen Bedingungen schwerlich geben kann. Das war der Grund, warum Dennison und die anderen Alternativschul-Aktivisten in den 1960er Jahren die

Parole ausgegeben hatten: Raus aus der öffentlichen Schule! Lasst uns alternative, auf Freiwilligkeit basierende Institutionen aufbauen! Die Bedingungen ihres Scheiterns habe ich oben ausführlich analysiert.

Ideen zu einer gestaltpädagogischen Entwicklungstheorie

Eine gegenwärtig häufig zu hörende Klage lautet, der nachwachsenden Generation würden in Elternhaus, Kindergarten und Schule keine Werte mehr vermittelt. Diese Klage wird übrigens ununterbrochen geführt, seit es eine schriftliche Überlieferung gibt. Insofern muss es von den ersten überlieferten Aufzeichnungen an, sei es aus Ägypten, sei es aus Griechenland, sei es aus China, mit der Kultur der Menschheit stetig abwärts gegangen sein.[75] Auf Grund der fehlenden Wertevermittlung, so die heutige Form der Klage, würden die Kinder und Jugendlichen auf einer Stufe der Egozentrik verharren, auf welcher sie in asozialer Weise eigene Bedürfnisse den Gruppeninteressen überordnen und Konflikte gegebenenfalls mit Aggressivität regeln. Als Gründe für die fehlende Vermittlung von Werten werden Zweifel an der Gültigkeit der Werte und eine unkritische Orientierung an dem Vorrang individueller Bedürfnisse genannt. Die politisch Konservativen machen gern die 1968er Generation und ihre Relativierung von Werten für deren Verfall verantwortlich, die politisch Linken die neoliberale Freiheitsvorstellung seit den 1980er Jahren.

Das Menschenbild hinter diesen Vorstellungen ist unverkennbar: Das Individuum sei zunächst egozentrisch oder sogar antisozial, nämlich auf Bedürfnisbefriedigung ohne Rücksicht auf andere Menschen fixiert. Zu der Befriedigung eigener Bedürfnisse werde gegebenenfalls auch Gewalt eingesetzt. Nur ein von außen an die jungen Menschen herangetragener Set von Werten diszipliniere und sozialisiere sie und veranlasse sie, sich willig in die Gemeinschaft einzufügen.

Die Klage über die fehlende Vermittlung von Werten verweist indirekt auf ein Modell, wie Werte vermittelt würden. Dieses Modell der Vermittlung von Werten greift auf die Vorstellung von »Sozialisation« und »sozialem Lernen« zurück und ist nicht nur im akademischen Betrieb, sondern inzwischen auch in der Alltagstheorie fest verankert:

1. Vorbild. Die ältere Generation lebt die gewünschten Werte vor.
2. Erklärung. Die Heranwachsenden werden von den Werten überzeugt.

3. Sanktion. Von den Werten abweichendes Verhalten zieht Strafe nach sich.

Von der Sozialisationsforschung wird die dritte Möglichkeit, die Sanktion, meist als problematisch dargestellt, hat in der Alltagstheorie jedoch einen weit höheren Stellenwert. Unabhängig von dieser bemerkenswerten Differenz zwischen Alltagstheorie und wissenschaftlicher Ansicht bleibt festzuhalten: Wenn Vorbildfunktion und Erklärung funktionieren würden, bräuchte man keine Sanktionen. Andererseits wird alltagstheoretisch gern das Fehlen von Sanktionen gegenüber antisozialem Verhalten gerade in der frühen Kindheit als Ursache für spätere Gewaltbereitschaft angeführt. Sanktionen verbrämt man heute vielfach mit dem Euphemismus des »klare Grenzen Setzens«. (Das Problematische in dieser alltagstheoretischen Auffassung besteht – am Rande bemerkt – nicht in der Forderung nach dem Setzen klarer Grenzen, sondern in der Verschleierung, es handele sich nicht um Sanktionen.)

Das Problem des Sozialisations-Modells der Wertevermittlung fängt schon bei der Vorbildfunktion an. Für die Vermittlung von Werten auf die Vorbildfunktion zu verweisen, setzt voraus, dass der junge Mensch vornehmlich durch Übernahme von beobachteten Verhaltensweisen lerne. Entwicklung wird als »zunehmende Konformität« gesehen (wie Kohlberg in kritischer Absicht referiert).[76] Diese Annahme jedoch befindet sich in einem gewissen Gegensatz zu dem oben erwähnten Menschenbild, nach welchem die Orientierung an der Durchsetzung eigener Bedürfnisse das Verhalten steuere. Die Problematik des Vorbild-Gedanken kann ganz praktisch beobachtet werden: Die Empörung über die fehlenden Werte geht von Erwachsenen aus, die durchaus meinen, sich selbst im Sinne der geforderten Werte zu verhalten, denn andernfalls wären sie ja nicht empört. Zur Begründung der Tatsache, dass die Kinder gleichwohl diese Werte nicht »internalisieren« würden, wird auf schlechte andere Vorbilder verwiesen, z.B. Fernsehen und Computerspiele – Stichwort: Gewalt – oder antisoziale profitgierige Manager.

Warum jedoch entscheiden sich die Kinder für die entfernteren schlechten Vorbilder und gegen die unmittelbaren besseren Vorbilder? Die schlechten Vorbilder und ihre Werte bzw. »Unwerte« scheinen also einfach attraktiver für die Kinder zu sein. Eine an dieser Stelle oft eingeführte Hilfshypothese verschärft die Problematik eher noch: Alle Einflüsse auf das Kind müssten in die gleiche Richtung weisen, Elternhaus, Kindergarten, Lehrer, Medien, Wirtschaft, Politik. Damit wird dem schlechten Vorbild eine geradezu magische und infernalische Anziehungskraft zugeschrieben, sodass jede Ausnahme von dem guten Vorbild sofort dazu verführt, dem schlechten Vorbild zu folgen.

Damit gelangen wir zu der zweiten genannten Möglichkeit, Werte zu vermitteln, nämlich der über die Erklärung. Auch bei der Erklärung haben diejenigen, die einen Verfall der Werte diagnostizieren, offenbar wenig Erfolg, den Kindern und Jugendlichen darzustellen, warum das scheinbar attraktivere Böse dem im Grunde besseren Guten unterzuordnen sei.

Um das Versagen der Erklärung bei der Wertevermittlung zu untersuchen, greife ich Bemerkungen aus Jean Piagets 1932 zuerst erschienenen Werk »Das moralische Urteil beim Kinde« (1932) auf, in welchem auch eine Verbindung zu der dritten genannten Möglichkeit, der Sanktion, hergestellt wird.

Zuvor ein paar Worte zu dem der Sozialisationstheorie entgegen gesetzten Ansatz von Piaget, der von Lawrence Kohlberg in den 1960er und 1970er Jahren differenziert wurde. Piaget und Kohlberg gehen davon aus, dass die Entwicklung von Werten – oder, wie sie noch sagen: Moral – gegenüber den sozialen Einflüssen eine gewisse Robustheit aufweist. Die Entwicklung ist zwar auch von Einflüssen abhängig, folgt aber einer Logik, die nicht einfach durch jedweden Fehler oder jedwedes Defizit bei der Erziehung außer Kraft gesetzt wird. Ganz im Gegensatz zur Sozialisationstheorie ist es sowohl nach Piaget als auch nach Kohlberg geradezu notwendig für die gute moralische Entwicklung, heterogenen (und nicht homogenen!) Erfahrungen und Einflüssen ausgesetzt zu sein.[77]

Weil es im Folgenden nicht um die differenzierteren Stufen der Werte- oder Moralentwicklung von Kohlberg gehen soll, bleibe ich bei den einfachen zwei Stufen von Piaget: Nach Piaget entwickelt sich zunächst ein Bewusstsein von starren »geheiligten« Regeln, die es, egal woher sie stammen und wie sie begründet sind, zu befolgen gilt. Dies nennt er »Zwang und einseitige Achtung« und »moralischen Realismus«, was in etwa den Begriffen »positives Recht«, »geschriebene Gesetze« und »Legalitätsprinzip« in der Rechtstheorie entspricht. Die zweite Stufe nennt er »Gegenseitigkeit« und »Gerechtigkeit«, wenn sich Regeln und ihr Vollzug sinnvoll am Ideal der »gegenseitigen Achtung« und Gerechtigkeit ausrichten, wenn Regeln situativ sind und sich kommunikativ ergeben.[78] Die Methode von Piaget und Kohlberg, die Entwicklungspsychologie des moralischen Urteils zu untersuchen, besteht darin, Kindern verschiedenen Alters Geschichten vorzulegen, die das moralische Urteil herausfordern und ihre dokumentierten Reaktionen dann den jeweiligen Stufen der Moralentwicklung zuzuordnen.

Mit diesem Forschungsdesign lässt sich zuverlässig ermitteln, welcher Stufe der Moral ein bestimmtes Individuum in seinen Urteilsbegründungen folgt. Jedoch ergibt sich eine Lücke hinsichtlich der Frage, wie und wodurch die Entwicklung stattfindet. Dass es sich um eine kognitive Entwicklungslogik handelt, wie Piaget und Kohlberg behaupten, wird eher vorausgesetzt, als dass es sich aus den Untersuchungen selbst erschließt. Aus diesem methodischen Problem folgt die Lücke, nämlich dass die Autoren nicht wirklich zeigen können, was denn nun die Entwicklung des moralischen Urteils oder – wie man heute vielleicht lieber sagt – die Entwicklung der Werthaltung initiiere. Diese Lücke kann meiner These nach die gestalttherapeutische Aggressionstheorie schließen.[79] Um meine These darzustellen, knüpfe ich zunächst an das an, was Piaget selbst zu den entwicklungsbedingten Ursachen des zu überwindenden »moralischen Realismus« sagt.

Jean Piaget führt den kleinkindlichen »moralischen Realismus«, die Haltung also, die unterschiedslos alle Regeln wie objektive Naturgesetze behandelt, auf zwei Ursachen zurück:

1. Die erste Quelle des »moralischen Realismus« ist nach Piaget absolut unvermeidlich. Das Kind bildet ab ungefähr 2½ Jahren aus seinen negativen Erfahrungen resultierende, sein Verhalten regulierende Normen. Dabei unterscheidet es nicht zwischen

- schmerzhaften Folgen seines Verhaltens, die sich aufgrund objektiver Gegebenheiten einstellen (wie z. B. die Verbrennung beim Anfassen heißer Gegenstände), auf der einen Seite und
- tadelnden oder gar strafenden Reaktionen der Eltern, anderer Erwachsener oder größerer Kinder auf der anderen Seite.

Erst mit der Weiterentwicklung des kognitiven Unterscheidungsvermögens wird es dem Kind möglich, in natürliche Folgen von Handlungen und in von Menschen vorgenommene Reaktionen auf Handlungen zu differenzieren. Die erste Quelle des »moralischen Realismus« ist zwar unvermeidlich, erledigt sich aber im Zuge einer ungehinderten kognitiven Entwicklung des Kindes. Es ist wichtig zu beachten, dass Piaget diese Quelle des moralischen Realismus als wirklich unvermeidlich ansieht, selbst unter idealen Erziehungsbedingungen: Das Kind wird z. B. auch schon allein die Unterbrechung eines Handlungsimpulses, wenn es droht, etwas zu zerstören, als Zwang erleben, selbst wenn der Erwachsene versucht, dabei keine moralische Bewertung und keinen Tadel auszudrücken; und es ist noch nicht in der Lage, die eventuell begleitend gegebene Erklärung zu verstehen.

2. Die zweite Quelle des »moralischen Realismus« ist nach Piaget nur bedingt unvermeidlich. Sofern das Kind der Person, die einen Handlungsimpuls unterbricht, Achtung oder Liebe entgegenbringt, stellt der aus der Unterbrechung folgende Schmerz auch eine Art Sühne dar, um die durch die Missbilligung vorübergehend gestörte Beziehung wiederherzustellen. Sobald das Kind zwischen objektiv gegebenen Handlungsfolgen und von Autoritätspersonen gesetzte Handlungsregeln unterscheiden kann, ergibt sich Piaget zufolge ein unauflöslicher Widerspruch zwischen der von der Autorität geforderten Unterwerfung und der für die Entwicklung des Gerechtigkeitssinnes erforderlichen Autonomie. Ich selbst habe als Vater oftmals viel zu früh in Auseinandersetzungen meiner Söhne eingegriffen. Obwohl es mit der Rationalisierung geschah, für Gerechtigkeit und Schutz des Schwächeren sorgen zu wollen, hat meist auch der unterlegene jüngere Sohn den Eingriff als ungerecht empfunden. Dagegen hat schon Leo Tolstoj dazu geraten, sich auch in gewaltsame Streitigkeiten unter Kindern nicht einzumischen, wie George Dennison zitiert. Der sich durch die Einmischung ergebende Widerspruch zwischen Gehorsam und Autonomie kann nach Piaget selbst die wohlmeinende Autoritätsperson nicht auflösen. Für die Entwicklung des Gerechtigkeitssinnes hält Piaget die Vergesellschaftung unter Gleichaltrigen für absolut unverzichtbar. In der Kindergesellschaft lernen die Heranwachsenden, Regeln aufzustellen, zu verhandeln und zu befolgen, die, wie Piaget schreibt, aus der »immanenten Bedingung [...] der gesellschaftlichen Beziehungen« folgen.[80]

Auf dem Hintergrund der Piagetschen zweiten Quelle für den »moralischen Realismus« können wir nun erkennen, warum die landläufige

Vorstellung, Werte würden durch »Erklärung« vermittelt, sich nicht in Wirklichkeit transformieren lässt: Das Kind, das entwicklungsmäßig für Erklärungen zugänglich sein könnte, also zwischen objektiven Handlungsfolgen und gesatzten Regeln kognitiv zu unterscheiden in der Lage ist, sieht sich unweigerlich einem Widerspruch gegenüber: Der Widerspruch liegt darin, dass einerseits die Erklärung idealerweise auf eine freiwillig zu gebende Zustimmung desjenigen zielt, der von einem Argument überzeugt worden ist, während es andererseits in Wirklichkeit auf die Zustimmung des Kindes eben gar nicht ankommt: Das Ergebnis steht bereits fest. Wenn das Kind sich nicht überzeugen ließe, würden Sanktionen eingesetzt. Wer nicht hören kann, muss fühlen.

Dagegen zeigt Piaget, das Kind erfahre im unbeaufsichtigten Spiel, dass die »immanente Bedingung der gesellschaftlichen Beziehungen« auch objektive Handlungsfolgen habe, die sich aber auf andere Weise als naturgesetzliche Handlungsfolgen vermitteln: Ein Spiel – oder allgemeiner: jede Vergesellschaftung – verlangt zwar die Befolgung gewisser Regeln, diese Regeln sind aber gegebenenfalls veränderlich und lassen sich den jeweiligen Umständen und den Bedürfnissen der Beteiligten anpassen. Jemand, der sich den Regeln verweigert, kann ausgeschlossen werden, ebenso wie jemand, der den Regeln der aktuellen Gruppe nicht zustimmt, sich aus dem Spiel verabschieden kann. Es gibt demnach auch im Spiel Sanktionen, aber sie haben einen anderen Charakter als die Sanktionen der Autoritätsperson. Der andere Charakter der Sanktion im Spiel der Kindergesellschaft gegenüber der autoritativen Sanktion besteht in zwei Aspekten: Zum einen beruht die Sanktion im Spiel nicht auf einer prinzipiellen Überlegenheit einer Seite, sondern beinhaltet eine Gleichberechtigung beider Seiten, und zum anderen erstreckt sich die Jurisdiktion der Gruppenentscheidung nur auf die aktuelle Situation, nicht auf das gesamte Dasein der Beteiligten. Das vorliegende Buch von George Dennison gibt viel Material, an dieser Stelle – auch kritisch – weiterzudenken.

Ich habe diese These übrigens nicht bei Piaget (oder George Dennison) zuerst entdeckt, sondern bei Lysander Spooner, einem amerikanischen Rechtsphilosophen, Anti-Sklaverei-Aktivisten und Anarchisten des 19. Jahrhunderts. Spooner (»Natural Law«, 1882) verweist auf das Kinderspiel, um seinen Begriff des »Naturrechts« zu entwickeln.[81]

Obgleich die Piagetsche Theorie der Moralentwicklung sich selbst mit dem Adjektiv »kognitiv« kennzeichnet, enthält sie bei genauer Betrachtung ein Element des Primats aktuellen Erlebens gegenüber einem rein kognitiven Umgang mit der Wirklichkeit, ein Primat, der Gestalttherapeuten sehr geläufig ist: Wenn sich in einer gegebenen Situation ein Widerspruch zwischen erfahrener Wirklichkeit und dazugehöriger Theorie ergibt, wird sich das Erleben der Wirklichkeit gegen die als Theorie getarnte Rationalisierung oder Ideologie durchsetzen. Die Autoritätsperson, die Gerechtigkeit, Gleichberechtigung und Toleranz predigt, jedoch in einer Struktur asymmetrischer Machtverteilung agiert, wird keinen Erfolg bei der Vermittlung der vorgeblichen, aber nicht realisierten Werte haben.[82]

Eine Autoritätsperson, die entweder im Bestreben, die sozialen Werte besser zu realisieren, oder aus Selbstzweifel über die Berechtigung ihrer Machtstellung die Sanktionen lockert, wird nicht soziales Verhalten hervorrufen, sondern ungezügelte aggressive Impulse freisetzen. Dies ist seit langem die Erfahrung von wohlmeinenden und »demokratisch« gesinnten Eltern, Erziehern und Lehrern. Ihre Zurückhaltung wird durchweg als Schwäche ausgelegt, die von den Heranwachsenden dazu ausgenutzt wird, über die Stränge zu schlagen, und am Ende müssen erheblich drakonischere Strafen eingesetzt werden, als sie die Autoritätsperson alten Zuschnitts brauchte.

Der grundlegende Fehler, der heute bei den Versuchen gemacht wird, Werte zu vermitteln, besteht darin, den notwendigen Beitrag der Aggression zu übersehen. Eltern, Kindergartenerzieher[83] und Grundschullehrer sorgen sich um die Gewalt- und Aggressionsfreiheit des kindlichen Miteinanders und betonen die Möglichkeiten des kooperativen Verhaltens- und Konfliktlösungsstils. Damit berauben sie jedoch die Kinder der Chance, selbst das zu erfahren, was Piaget die „immanente Bedingung von Gesellschaft" nennt. Diese »Bedingung von Gesellschaft« wird nicht erfahren, sondern stattdessen als autoritative Regel übergestülpt. Damit erhält die Regel sozialen Verhaltens strukturell den gleichen Charakter wie jede andere willkürliche Regel einer Autoritätsperson und ruft den Widerstand der Kinder gerade dann hervor, wenn sie entwicklungsmäßig den Schritt vom »moralischen Realismus« hin zur Moral der Gleichberechtigung und Gerechtigkeit vollziehen.

Die Piagetsche Kindergesellschaft hat zur Voraussetzung, dass sie unbeaufsichtigt ist. Für solche Kindergesellschaften werden die Möglichkeiten jedoch immer beschränkter, weil die gesellschaftlichen Infrastrukturen immer mehr Zeit und Raum umgreifen. Dazu gehört auch, dass die Verpflichtung zur Aufsicht für diejenigen, die als Eltern, Erzieher oder Lehrer mit Kindern umgehen, stets strikter gefasst wird.

In den Kindergesellschaften spielt Aggression eine große Rolle, etwas, das Piaget aufgrund seiner Methode weder exakt beobachten konnte noch theoretisch aufgearbeitet hat. Allerdings ist die Bedeutung der Aggression durchaus in seinen Aussagen indirekt mit eingeschlossen. Die von ihm angeführte Tatsache, dass Regeln im Konflikt zwischen dem Wunsch nach Vergesellschaftung und individuellen Bedürfnissen entstehen, schließt ja ein, dass die Regeln nicht schon existieren oder wenigstens nicht schon als verbindlich angesehen werden. Auch wenn Regeln bereits gefunden worden sind, beendet das die Aggression nicht: Die Gruppe überwacht die Regeln ebenso wie das einzelne Mitglied stets aufs Neue entscheiden muss, ob die Regeln noch hinreichend Platz für seine eigenen Bedürfnisse lassen. Falls die Antwort negativ ausfällt, versucht es zunächst, die Regeln zu verändern, was unzweifelhaft ein aggressiver Akt ist, und kann bei Nichtgelingen der Änderung die Gruppe verlassen, was ebenfalls meist nicht ohne Aggression vonstatten geht.

Der entscheidende Schritt in der Piagetschen Theorie der Moralentwicklung ist die Erfahrung des Kindes, dass Regeln unfertig und veränderbar sind und auf Gegenseitigkeit beruhen. Im Umkehrschluss ist davon auszugehen, dass sich die Moral nur unzureichend entwickelt, wenn in einer gesellschaftlichen Situation der Heranwachsende die meisten Regeln bereits als fertig und unveränderbar und als von Autoritätspersonen überstülpt erlebt, so »demokratisch« und »sozial« sich die Autoritätspersonen auch geben mögen.

Gleichwohl bleibt die Grundfunktion des Lebens eine aggressive. Der Einzelne erstrebt nicht nur eine Anpassung von ihm an die Umwelt, sondern auch, dass die Umwelt und die sozialen Regeln seinen eigenen Bedürfnissen entsprechend an ihn angepasst werden, das also, was die Begründer der Gestalttherapie als »kreative oder schöpferische Anpassung« bezeichneten. Wenn dieser aggressive Aspekt blockiert wird, bleibt die aggressive Energie dennoch erhalten und »implodiert« oder

»explodiert«, um mit Fritz Perls zu sprechen: Die aggressive Energie, die nicht erreichen kann, wozu sie da ist, richtet sich in zerstörerischer Absicht gegen das Selbst oder gegen das Andere. Wenn die von der Autorität aufgezwungenen Werte »sozial« sind, dann richtet sich der Widerstand genau gegen das Soziale. »Der Antisoziale ist heute der Aggressive«, konstatierten Perls, Hefferline, Goodman 1951 in kritischer Absicht. Dies ist eine fast prophetische Aussage, die m. E. heute aktueller noch ist als damals.

Nach diesen Überlegungen möchte ich nun die auf Piaget aufbauende und ihn ergänzende gestaltpädagogische Theorie der Moralentwicklung systematisch skizzieren:

1. Moralische Regeln oder Werte entwickeln sich dadurch, dass ihre Sinnhaftigkeit für jeden Einzelnen erfahrbar ist. Regeln, deren Wert für den Einzelnen nicht im Erleben deutlich wird, werden berechtigterweise zurückgewiesen oder zu verändern versucht. Dort, wo es einen Konflikt zwischen einer Gruppe, die an einer Regel festhält, und einem Einzelnen kommt, der die Regeln verändern will, findet eine Verhandlung statt. Scheitert die Verhandlung, zerfällt die Gruppe; das eine oder andere Mitglied verlässt die Gruppe oder die Gruppe schließt den Störenfried aus. – Moral oder Werte werden dagegen nicht, jedenfalls nicht nur und vor allem nicht hauptsächlich durch Vorbild, Überredung oder Sanktionen von Autoritätspersonen vermittelt, wobei es bei den Sanktionen eher von untergeordneter Bedeutung ist, ob es sich um Erpressung mit Liebesentzug oder drakonische Bestrafung mit Schlägen handelt.

2. Zentrale Bedeutung im Prozess der Moralentwicklung hat das Wechselspiel von Vergesellschaftungswunsch und Aggression. Aggression geht von der Gruppe aus, die bestrebt ist, die sie konstituierenden Regeln zu bewahren, und von dem Einzelnen, der die Regeln an seine individuellen Bedürfnisse anpassen möchte. Nur wenn der Gruppe keine weitere Überlegenheit eignet als diejenige, den abweichenden Einzelnen gegebenenfalls ausschließen zu können, entwickelt sich Moral ungehindert. Denn die Aggression muss zielgerichtet und begrenzt bleiben, um nicht destruktiv zu werden. Die Aggression der freiwilligen Gruppe ist begrenzt auf das Binnenverhältnis und endet, wenn der abweichende Einzelne ausgeschlossen wurde. Die Aggression des Einzelnen ist begrenzt auf die Durchsetzung des eigenen Bedürfnisses und endet, wenn das Be-

dürfnis durchgesetzt ist oder die Durchsetzung scheitert und der Ausschluss erfolgt ist. – Eine Vorstellung von moralischen Regeln und Werten, die sich nicht aus ihrer Sinnhaftigkeit für das Individuum, für die Gruppe und für die Gesellschaft rekonstruieren lassen, könnte nur willkürliche Setzungen beinhalten und autoritativ-gewaltsam vermittelt werden.

3. Durch die »organisierte Gesellschaft«, wie Goodman es nannte, wird die Aggression entgrenzt und die Moral zerstört. Die Aggression, die die Gesamtgesellschaft ausübt, erstreckt sich auf die Regelung von allem und jedem. Vermittelt wird dies dadurch, dass die nachwachsende Generation kaum noch Raum umd Zeit hat, unbeaufsichtigt sich zu vergesellschaften. Selbst wenn der Inhalt der Regelungen das »demokratische«, »tolerante«, »soziale« und »abgesicherte« Leben ist, treten diese als überstülpte und allumfassende Autorität auf. Die Auflehnung richtet sich gegen die sozialen Werte, die nicht mehr als sinnvoll erlebt werden können, und entgrenzt auch die Aggression des Einzelnen. Meist findet die Aggression nur in der Fantasie statt, heute gern etwa in Form des Spielens an Ego-Shootern, aber bisweilen kommt es zu Amokläufen.

Die Wiederherstellung von Moral und sozialen Werten bedürfte gestaltpädagogisch gesehen als erstes der Ausweitung unbeaufsichtigter Vergesellschaftungsmöglichkeiten für die nachwachsende Generation. Dies schließt wohlgemerkt nicht aus (sondern vielmehr ein), dass Kinder, die dabei fremdes Eigentum zerstören, sich gegenseitig oder dritte verletzten oder gefährden, dafür zur Rechenschaft gezogen und zur Wiedergutmachung gezwungen werden. Die unbeaufsichtigte Vergesellschaftung ist – und war – keine Lizenz dazu, ungestraft alles tun und lassen zu dürfen, was den Kindern in den Sinn kommt. Das Erleben, dass die Gesellschaft der Erwachsenen nicht nur von sinnlosen und unverständlichen, sondern auch von sehr brauchbaren Regeln gekennzeichnet ist, ist für die Moralentwicklung des Kindes und Jugendlichen ebenso notwendig wie das Erfinden eigener (angemessener) Regeln.

ANMERKUNGEN

1 Vgl. z. B.: Petzold, Hilarion / Brown, George I. (Hg.), Gestaltpädagogik, München 1977; Prengel, Annedore (Hg.), Gestaltpädagogik, Weinheim 1983; Burow, Olaf-Axel, Gestaltpädagogik und Erwachsenenbildung, in: Fuhr u. a. (Hg.), Handbuch der Gestalttherapie, Göttingen 2001.

2 Vgl. z. B.: Blankertz, Stefan, Legitimität und Praxis: Die öffentliche Erziehung als pädagogisches, soziales und ethisches Problem, Studien zur Relevanz und Systematik angelsächsischer Schulkritik, Wetzlar 1989.

3 Blankertz, Stefan / Doubrawa, Erhard, Lexikon der Gestalttherapie, Wuppertal 2005.

4 Von Humboldt, Wilhelm, Ideen zu einem Versuch, die Grenzen der Wirksamkeit des Staates zu bestimmen (1792), in: ders., Werke I, Stuttgart 1980, S. 64.

5 Vgl. z. B. Paul Goodman, Das Verhängnis der Schule (Compulsory Mis-education, 1964), Frankfurt/M. 1975. Nachwort von Stefan Blankertz.

6 Vgl. z. B. Erving und Miriam Polster, Gestalttherapie (1975), Wuppertal 2003, S. 297 f.

7 Vgl. z. B. aus der Flut von kritischen Auseinandersetzungen mit dem deutschen öffentlichen Schulsystem: Bernd Fahrholz, Sigmar Gabriel und Peter Müller (Hg.), Nach dem Pisa-Schock, Hamburg 2002. Konrad Adam, Die deutsche Bildungsmisere: Pisa und die Folgen, Berlin 2002. Kurt Singer, Die Würde des Schülers ist antastbar, Reinbek 2002. Lotte Kühn, Das Lehrerhasserbuch: Eine Mutter rechnet ab, München 2005.

8 Vgl. Hartmut von Hentig, Wie frei sind freie Schulen? Gutachten für ein Verwaltungsgericht, Stuttgart 1985.

9 Vgl. z. B. Achim Leschinsky und Peter Martin Roeder, Schule im historischen Prozess, Stuttgart 1976. Dietrich Goldschmidt und Peter

M. Roeder (Hg.), Alternative Schulen: Gestalt und Funktion nicht-
staatlicher Schulen im Rahmen öffentlicher Bildungssysteme, Stuttgart 1979. Theodor Ballauff, Funktionen der Schule, Weinheim
1982. Hartmut von Hentig, Wie frei sind freie Schulen? Gutachten
für ein Verwaltungsgericht, Stuttgart 1985. Jürgen Diederich und
Heinz-Elmar Tenorth, Theorie der Schule: Ein Studienbuch zu Geschichte, Funktionen und Gestaltung, Berlin 1997. Frank-Olaf Radtke und Manfred Weiß (Hg.), Schulautonomie, Wohlfahrtsstaat und
Chancengleichheit, Opladen 2000.

10 Milton Friedman, Die Rolle des Staates im Erziehungswesen (1955),
in: ders., Kapitalismus und Freiheit (1962), Frankfurt/M. 2002. Da
das Gutschein-System eine Verteilungsbürokratie voraussetzt, ziehe
ich die Variante vor, Eltern, die ihre Kinder nicht zur öffentlichen
Schule schicken, einen um die Kosten des jeweilig unbeansprucht
bleibenden Platzes verringerten Steuersatz zu berechnen (und Eltern,
die weniger bzw. keine Steuern zahlen, die etwaige Differenz auszube-
zahlen). Solche Feinheiten der Umsetzung spielen jedoch für die folgende Diskussion keine Rolle. Zur Übersicht und ausführlichen ökonomischen Diskussion der Varianten alternativer Bildungsfinanzie-
rung vgl. Ulrich van Lith, Der Markt als Ordnungsprinzip des Bildungsbereichs, München 1985.

11 Christopher Jenks hatte 1972 in seinem aufsehen erregenden Report
»Inequality« (dt. Chancenungleichhheit, Reinbek 1973) die empirisch untermauerte These aufgestellt, die Ungleichheit in der Gesellschaft sei mit Schulpolitik nicht überwindbar. Er engagierte sich als
Sozialist in den von der konservativen Nixon-Regierung unterstützten ersten Experimenten mit Bildungsgutscheinen.

12 McEwan, Patrick, und Martin Carnoy, The Effectiveness and Effi-
ciency of Private Schools in Chile's Voucher System, in: Educational
Evaluation and Policy Analysis, 2000 (22/3). Hoxby, Caroline, Do
Private Schools Provide Competition for Public Schools?, National
Bureau of Economic Research 1994. Contreras, Dante, Vouchers,
School Choice and the Access to Higher Education, Universidad de
Chile 2002.

13 Vgl. z.B. Vegas, Emiliana, School Choice, Student Performance, and
Teacher and School Characteristics: The Chilean Case, World Bank

2002. Im Ländervergleich der Pisa-Studie liegt Chile in der Spitzengruppe von Lateinamerika (das ist international jedoch recht niedrig) gleich mit Kuba. Auch in sonstiger Hinsicht zeigt sich in den Pisa-Vergleichen, dass es jedenfalls keine enge Korrelation zwischen Schulsystem und Testergebnissen gibt. Testergebnisse sind wahrscheinlich nicht als Indikator für die Güte eines Schulsystems geeignet.

14 Lockheed, Marlaine, und Emmanuel Jimenez, Public and Private Secondary Schools in Developing Countries, Washington 1994.

15 West, Edwin, Education Vouchers in Principle and Practice: A Survey, in: The World Bank Reseach Observer, Februar 1997.

16 Vgl. z. B. Charles Murray, Loosing Ground: American Social Policy, 1950-1980, New York 1980.

17 Vgl. z. B. Ladd, Helen, Market-based Reforms in Urban Education, Washington 2002.

18 In »Das Verhängnis der Schule« (vgl. Anm. 5) fordert Goodman, Abschluss- durch Aufnahmeprüfungen zu ersetzten; d. h. nicht eine bestandene Abschlussprüfung solle zur Berechtigung führen, eine weiterführende (Bildungs-)Institution zu besuchen; vielmehr solle die Aufnahmeprüfung ohne Voraussetzung eines an einer anderen Institution gemachten Abschlusses als alleiniges Kriterium gelten.

19 So z. B. Patrick McEwan, Martin Carnoy 2000 (vgl. Anm. 12) und Helen Ladd 2002 (vgl. Anm. 17).

20 Caroline M. Hoxby, School Choice and School Productivity, National Bureau of Economic Reseach, Working Paper 8873, April 2002.

21 Vgl. z. B. Paul Goodman, Das Verhängnis der Schule (1964), Frankfurt/M. 1975, übersetzt und kommentiert von Stefan Blankertz; Stefan Blankertz, Legitimität und Praxis, Wetzlar 1989 (Habilitation); ders., Unternehmen Schule? Überlegungen zu einer Theorie der Folgeabschätzung marktlicher Schulstrukturreformen, in: Pädagogische Korrespondenz, Heft 30, Wetzlar 2003.

22 Ingrid Lohmann, Strukturwandel der Bildung in der Informationsgesellschaft, in: Gogolin/Lenzen (Hg.), Medien-Generation, Opladen 2000.

23 Kommentar in »Die Welt« vom 25. 1. 2006, Titelseite. Die Namen der Beteiligten bleiben absichtlich ungenannt, denn die Aussagen werden hier exemplarisch behandelt.

24 In der gleichen Ausgabe der Welt auf Seite 8. In der Ausgabe vom 26.
1. 2006 gibt es eine sehr versteckte kleine Meldung, ein Lehrerverband hätte auch Bedenken angemeldet.

25 Zur entwicklungspsychologischen Dimension eingeschränkter Frei-
räume für unüberwachte kindliche Selbstvergesellschaftung vgl. unten den Abschnitt über Jean Piaget.

26 IHK-NRW-Pressemeldung 2000 (zum IHK-Eignungstest). IHK-
Ulm 2. 6. 2002. Monster Karriere-Journal 21. 2. 2006. Vgl. auch Sven
Buttelmann, Duales System auf dem Prüfstand: Das Problem der Aus-
bildungsreife, Diplomarbeit Hamburg 2000.

27 Meine Referenz gegenüber dem großen konservativ-libertär-marxisti-
schen Bildungstheoretiker Heinz-Joachim Heydorn (vgl. z.B. Zu einer Neufassung des Bildungsbegriffs, Frankfurt/M. 1972).

28 Von Milton Friedman 1955 erstmals formuliert (Privatschulen sind
gegen öffentliche Schulen nicht konkurrenzfähig, weil öffentliche
Schulen ihre Leistung kostenlos anbieten). Dann in der Sammlung
»Kapitalismus und Freiheit« (1962), Frankfurt/M. 2002. Zur Diskussion vgl. oben die Abschnitte 1.2 und 1.3.

29 Vgl. z.B. Gustav Keller, Das Klagelied vom schlechten Schüler, Heidelberg 1989: Asanger. – Jeder kennt das als das Drama der Eltern, die
bei Hausaufgaben helfen sollen, das aber fachlich nicht zu leisten vermögen. – Auch in der Hoxby-Studie 2002 (vgl. Anm. 20) ist für den
Zeitraum ab 1995 kein genereller Leistungsabfall zu verzeichnen.

30 Eigene Untersuchung (Zeitraum 1950 bis 1985, im Fachbereich Päd-
agogik/Erziehungswissenschaft).

31 August-Wilhelm Scheer, Innovationsbeauftragter des saarländischen
Ministerpräsidenten, in: Die Welt, am 6. 12. 2002, S. 9.

32 Manfred Weiß, Privatisierung des Bildungsbereichs, in: Radtke/Weiß
(Hg.), Schulautonomie, Wohlfahrtsstaat und Chancengleichheit,
Opladen 2000.

33 Peter Müller in: Fahrholz/Gabriel/Müller (Hg.), Nach dem Pisa-
Schock, Hamburg 2002.

34 Hintergrund meiner Prozess orientierten ökonomischen Argumenta-
tion bilden Schriften der »österreichischen Schule«; vgl. besonders
Ludwig von Mises, Nationalökonomie (1940), München 1980; F. A.
Hayek, Die Verwertung des Wissens in der Gesellschaft (1946), in:

ders., Individualismus und wirtschaftliche Ordnung (1952), Salzburg 1976; Murray Rothbard, Power and Market, Kansas City 1970.

35 Eine interessante Managementmethode, die paradoxer Weise versucht, die kreative Kraft des Informellen formell nutzbar zu machen, ist die »Open Space«-Konferenz. Vgl. Harrison Owen, Erweiterung des Möglichen: Die Entdeckung von Open Space, Stuttgart 2001. Eine Anleitung zur informellen Gegensteuerung ist: Stefan Blankertz, Wenn der Chef das Problem ist, Wuppertal 2004.

36 Preistheorien, die davon ausgehen, ein Preis käme durch die Summierung der Faktorenkosten zustande, sind zirkulär, da die Faktorenkosten ihrerseits erklärt werden müssten. Es ergibt sich ein unendlicher Regress, der nichts erklärt. Vgl. Ludwig von Mises, Nationalökonomie (1940), München 1980.

37 Staatliche Organisationen müssen nicht prinzipiell steuerfinanziert sein. Es gibt auch beitragsfinanzierte staatliche Organisationen wie etwa kommunale Schwimmbäder, städtische Nahverkehrsbetriebe, staatliche Versorgungsunternehmen. Die preußische Staatsschule wurde lange Zeit durch Schulgeld finanziert. Die neueren Diskussionen um Studiengebühren gehen in die gleiche Richtung. Es handelt sich bei Beitragsfinanzierung jedoch ausdrücklich *nicht* um die Herstellung von echten Markt-Bedingungen.

38 Erfahrungsgemäß gäbe es in diesem Falle gar keinen VW Golf, sondern einen Trabi oder bestenfalls einen Wartburg.

39 Zwei empirische Studien zur Abschätzung der Wirkung von Schulpflicht: (1.) Kevin Lang und David Kropp (Human Capital versus Sorting: The Effects of Compulsory Attendance Laws, in: The Quarterly Journal of Economics, 1986, S. 609-624) vermuten, eine Erhöhung der Pflichtschulzeit ziehe eine längere Schulbesuchsdauer von allen Schülern nach sich. Der Grund besteht darin, dass ein generell höheres Abschlussniveau der Bewerber um Arbeitsplätze die Anwärter auf bessere Jobs nötige, den nächsthöheren Abschluss zu machen. Die Autoren weisen das Humankapital-Modell zurück, nach welchem die inhaltlichen Effekte der Schulbildung für den Arbeitsplatzerwerb entscheidend sind. Ihren empirischen Daten zufolge benutzen Arbeitgeber den Schulabschluss demgegenüber eher als formales Sortierungskriterium. (2.) Joshua Angrist und Alan Krueger (Does

Compulsory School Attendance Affect Schooling and Earnings? In: The Quarterly Journal of Economics, 1991, S. 879-1014) schätzen, dass rund 4% der Jugendlichen eines Jahrgangs durch die Schulpflichtgesetze direkt zu einem längeren Schulbesuch als gewünscht gezwungen werden. Sie benutzen zu dieser Schätzung die Tatsache, dass sich im Kontext der meisten US-Bundesstaaten für früher im Jahr geborene Kinder eine kürzere Schulpflicht als für später im Jahr geborene Kinder ergibt. Die Differenz zwischen der Bildungsbeteiligung zwischen im ersten und im letzten Quartal eines Jahrganges geborenen Kindern lässt sich demnach auf die Wirkung der Schulpflicht zurückführen. 4% aus vornehmlich ärmeren Schichten mögen politisch uninteressant sein; für den Marktprozess können sie eine entscheidende Rolle spielen. – Zu einer seltenen *pädagogischen* Kritik an der Schulpflicht vgl. Ulrich Oevermann, Brauchen wir heute noch eine gesetzliche Schulpflicht?, in: Pädagogische Korrespondenz, Heft 30, 2003.

40 Eine Zahl zum erschreckenden Ausmaß der Selektion: »[M]it 600 000 Kindern, Jugendlichen und jungen Erwachsenen [wird] Jahr für Jahr eine große Zahl im Bildungssystem mit der Erfahrung des Scheiterns konfrontiert.« Bellenberg/Klemm, Scheitern im System, Scheitern des Systems?, in: Rolff u.a. (Hg.), Jahrbuch der Schulentwicklung, Band 11, Weinheim 2000. S. 74.

41 G. Westerwelle, in: Fahrholz/Gabriel/Müller (Hg.), a.a.O., S. 77.

42 Stefan Blankertz, Das libertäre Manifest, Grevenbroich 2002, S. 113.

43 William Niskanen, Nichtmarktwirtschaftliche Entscheidungen, in: Widmaier (Hg.), Politische Ökonomie des Wohlfahrtsstaates, Frankfurt/M. 1974.

44 E.G. West, Education and the Industrial Revolution (1975), Indianapolis 2001.

45 Dies gilt auch in historischer Hinsicht. E.G. West, a.a.O., hat für das 19. Jh. in europäischen Staaten keine Korrelation für Bildungsausgaben und ökonomischen Wohlstand festgestellt. Vgl. Stefan Blankertz, Legitimität und Praxis, Wetzlar 1989, S. 223ff.

46 Hong-Sang Jung und Erik Thorbecke, The Impact of Public Education Expenditure on Human Capital, Growth, and Poverty in Tanzania and Zambia: A General Equilibrium Approach, International Monetary Fund Working Paper 01/106, 2001.

47 Die Forderung nach angemessenen Arbeitsplätzen für die zusätzlich Qualifizierten kann bloß politisch erfüllt werden: Der Marktprozess hat – »other things being equal« – offensichtlich keinen Bedarf an ihnen, denn sonst würde sich die entsprechende Nachfrage in Form von offenen, nicht besetzbaren Stellen bereits ausdrücken, und man müsste ihre Zur-Verfügung-Stellung nicht erst fordern.

48 Der Monopolbegriff hat nur Sinn, wenn die Alleinanbieterschaft durch interventionistische Mittel abgesichert ist. Vgl. Stefan Blankertz, Das libertäre Manifest, a.a.O., S. 201ff.

49 Diese und die folgenden Thesen lassen sich an den aktuellen Auseinandersetzungen im Gesundheitswesen empirisch überprüfen.

50 In einer auf Freiwilligkeit basierenden Struktur des Schulwesens hätten potenzielle Kunden diese Möglichkeit, ganz auf Schul- bzw. Unterrichts-Angebote zu verzichten und andere Wege des Aufwachsens zu wählen. Ein Beispiel für einen solchen anderen Weg des Aufwachsens ist das angelsächsische »home-schooling movement«. Vgl. z.B. Jan Fortune-Wood, Bound to be Free: Home Education as a Positive Alternative to Paying the Hidden Costs of »Free« Education, Nottingham 2001.

51 Fahrholz/Gabriel/Müller (Hg.), Nach dem Pisa-Schock, Hamburg 2002, S. 12.

52 In: Fahrholz/Gabriel/Müller (Hg.), a.a.O., S. 77.

53 In einer Situation, in der Individuen nicht irren können, gibt es F.A. Hayek zufolge keine Differenz zwischen Markt und Plan.

54 Radtke/Weiß, Schulautonomie, Wohlfahrtsstaat und Chancengleichheit, Opladen 2000.

55 Frank-Olaf Radtke, in: Radtke/Weiß, a.a.O., S. 28f.

56 Sally Tomlinson, Wie wirken sich Bildungsmärkte auf ethnische Minderheiten aus, in: Radtke/Weiß, a.a.O., S. 208f.

57 John F. Witte, Fourth Year Report: Milwaukee Parental Choice Program, Madison 1995, S. 15. Bei den semi-privaten »Charter Schools« ergibt sich ein ähnlich uneinheitliches Bild; vgl. Beryl Nelson u.a., The State of Charter Schools: Fourth-Year Report, U.S. Department of Education 2000, S. 32.

58 Diese Aussage ist zitiert nach: Herwig Blankertz, Geschichte der Pädagogik, Wetzlar 1982, S. 125.

59 Zum Konzept des Preises auf Diskriminierung vgl.: Stefan Blankertz, Das libertäre Manifest, Grevenbroich 2002, S. 180 ff.

60 Frank-Olaf Radtke, Schulautonomie, Sozialstaat und Chancengleichheit, in: Radtke/Weiß, a. a. O., S. 29.

61 Arjun Bedi und Ashish Garg, The Effectiveness of Private versus Public Schools: The Case of Indonesia, in: Journal of Development Economics, Vol. 61 (2000), S. 463-494.

62 Paul Glewwe und Harry Patrinos, The Role of the Private Sector in Education in Vietnam, in: World Development, Vol. 27, No. 5, S. 887-902, 1999. Vgl. besonders S. 891: Im Bereich der Sekundarstufe II besuchen über 13 % der Schülerschaft aus der sozioökonomischen Schicht »unteres Mittel« eine private Schule, aber nur 0,7 % der »Reichsten«.

63 Durch die Konkurrenz, die öffentlichen Schulen durch »school choice«-Programme entsteht, werden sie besser (höhere Leistung der Schüler, größere Zufriedenheit der Eltern), wenn ihnen Mittel entzogen werden in Relation zu der Zahl der Schüler, die zu Privatschulen abwandern. Vgl. oben den Abschnitt über Wisconsin; sowie Jay P. Greene, An Evaluation of the Florida A-Plus Accountability and School Choice Program, Center for Civic Innovation, Februar 2001. Ich schlage vor, dies den »Friedman-Effekt« zu nennen.

64 Zum Beispiel schrieb Christopher Jencks in »Chancengleichheit« (Hamburg 1973, S. 45): Wir haben »nur ziemlich unerhebliche Zusammenhänge zwischen kognitiven Fertigkeiten und Schulbildung einerseits und Status und Einkommen andererseits festgestellt«. Ein recht bescheidener »return to education« stellt bis heute eine Herausforderung für institutionell gebundene Bildungsökonomen dar, ihn schön zu rechnen. Dabei kommen dann bisweilen Absurditäten heraus: Mario Padula und Luigi Pistaferri (Education, Employment, and Wage Risk, Centro Studi in Economia e Finanza, Working Paper No. 67, Fisciano 2001, S. 8) gehen davon aus, es gäbe »keine direkten Kosten für die Humankapitalbildung«, weil die Schüler »bei ihren Eltern leben, während sie zur Schule gehen«, obwohl doch gerade bei unteren Einkommensschichten die substanzielle Frage lautet, ob ein Kind weiter zur Schule gehen kann, um später mehr Gehalt zu bekommen, oder unmittelbar Geld verdienen muss.

65 »Wir können uns übrigens keine nicht auf Zwang beruhende Methode vorstellen, die Inanspruchnahme von Bildungsangeboten zu egalisieren«, so bereits Jencks, a. a. O., S. 59.

66 Vgl. Caroline M. Hoxby, The Effects of School Choice on Curriculum and Atmosphere, in: Peterson/Mayer (Hg.), Earning and Learning, Washington 1999; dies., Would School Choice Change the Teaching Profession? Department of Economics, Harvard University, Working Paper, Januar 2002.

67 Vgl. z. B. den Buchtitel eines in der Weimarer Zeit und in den Anfangsjahren der Bundesrepublik sehr einflussreichen Pädagogen: Erich Weniger, Die Eigenständigkeit der Erziehung in Theorie und Praxis, Weinheim 1952.

68 Paul Goodman, The Present Moment in Education, 1969, in: ders., Drawing the Line (hg. von Taylor Stoehr), New York 1977, S. 67. Der Essay gehört nach Stoehrs Angaben zum am weitesten verbreiteten von Goodmans Schriften.

69 Die Kennzeichnung der Gestalt-Lerntheorie als »realistisch« ist provozierend. Aus einem anderen Blickwinkel betrachtet wäre sie »subversiv« zu nennen, vgl. Hartwig Zander, Eine Sache um ihrer selbst willen tun: Zur »Niederlegung« eines pädagogischen Prinzips in Alexander Neills Tagebuchaufzeichnungen, in: Pädagogische Korrespondenz, Heft 31, Winter 2003/04.

70 Johann Heinrich Pestalozzi, Brief an einen Freund über seinen Aufenthalt in Stanz [1799], in: ders., Kleine Schriften zur Volkserziehung und Menschenbildung, Bad Helbrunn 1968, S. 35f. – Mit der zitierten Passage verstößt er m. E. gegen seinen anderen Grundatz, »keine künstlichen Hülfsmittel, sondern bloß die die Kinder umgebende Natur, die täglichen Bedürfnisse und die immer rege Tätigkeit derselben selbst als Bildungsgrund zu benützen« (ebd., S. 20f).

71 Die Anstalt in Stanz »sollte statt eines vorgefassten Planes vielmehr aus meinem Verhältnis mit den Kindern hervorgehen« (ebd., S. 25).

72 Brief an Goethe 1804, in: Humboldt, Werke 5, 220f. Im vorliegenden Buch zitiert George Dennision eine ähnlich negative Meinung von Leo Tolstoj über Pestalozzis mechanische Methode.

73 Heute wird gesagt, Humboldt habe als Kultusminister einen »Praxis-Schock« erlitten, weil er sah, wie schlecht die Elementarschulen

seien, um deren Zustand er sich vorher nicht gekümmert habe. In dem Brief an Goethe rechtfertigt er allerdings ohne Zweifel die damals gängige Praxis gegenüber der Pestalozzischen Methode. Die These von der Schlechtigkeit der Schulen vor der Errichtung zentralstaatlicher Schulen ist in allen westeuropäischen Industrieländern im 19. Jahrhundert bemüht worden, um die Verstaatlichung voranzutreiben. Für England und Amerika liegen inzwischen Untersuchungen vor, die nahe legen, dass es sich um Ideologie handelt. Für Preußen steht eine solche Untersuchung aus.

74 Vgl. Andreas Gruschka, Didaktik: Das Kreuz mit der Vermittlung: Elf Einsprüche gegen den didaktischen Betrieb, Wetzlar 2002.

75 Vgl. z. B. Keller, G. (1989), Das Klagelied vom schlechten Schüler, Heidelberg: Asanger.

76 Kohlberg, L. (1976/1996), Moralstufen und Moralerwerb: Der kognitiv-entwicklungstheoretische Ansatz. In: ders., Die Psychologie der Moralentwicklung, Frankfurt/M.: Suhrkamp, S. 163.

77 Piaget, J. (1932/1983), Das moralische Urteil beim Kinde. Stuttgart: Klett-Cotta, z. B. S. 132. Kohlberg, ebd., S. 165 ff.

78 Um genau zu sein: Piaget spricht nicht von »kommunikativ«, sondern von »demokratisch«. Aus Gründen, die außerhalb des vorliegenden Themas liegen, finde ich das problematisch; vgl. Blankertz, S. (1998), Therapie der Gesellschaft, Wuppertal: Hammer, S. 139 ff, sowie Hoppe, H.-H. (2001), Democracy: The God that Failed, New Brunswick: Transaction, passim. Nach meiner Übersicht bezieht sich Piaget übrigens an keiner Stelle auf »Demokratie« als formales Verfahren der Mehrheitsherrschaft und Legitimierung einer Staatsform. – Bezogen auf die Demokratisierung der Schule gilt nach wie vor das Diktum von Jörg Ruhloff (Demokratisierung der Schule?, in: W. Fischer, Schule und kritische Pädagogik?, Heidelberg 1972, S. 66): Demokratisierung »führt die Egalisierung von Herrschaftschancen herbei, tilgt aber keine Herrschaft«.

79 Aggression im Sinne von »Herangehen an den Gegenstand des Verlangens oder des Hasses« ist, wie Fritz Perls schon 1942 in »Das Ich, der Hunger und die Aggression« beschrieben hat, notwendig für das Überleben jedes Einzelnen. Wer, wie die Begründer der Gestalttherapie, den positiven Aspekt der Aggression hervorhebt, scheint einseitig

342

das Recht der individuellen Bedürfnisse gegenüber den gesellschaftlichen Normen und Werten zu betonen. Der rückblickende Eindruck, dies wäre die Position rebellierender Individualität gegen erdrückende Befriedung gewesen, die in unseren Zeiten wachsender Aggressionsbereitschaft und fehlender Affektkontrolle nicht mehr aktuell sei, trügt jedoch. Die erste Formulierung der Aggressionshypothese erfolgte im Jahre 1936 mit einem Papier zum »Oralen Widerstand« von Laura und Fritz Perls, in welchem sie die Beißhemmung als wesentlichen Ausdruck der Neurose bezeichneten. Laura und Fritz Perls hatten als Jugendliche den ersten Weltkrieg miterlebt, und die Machtergreifung der Nationalsozialisten war erfolgt. 1939, als der zweite Weltkrieg im Anzug war, hielt Laura Perls in Johannesburg einen Vortrag über Friedenserziehung, in welchem erstmals die Formel auftauchte, die Unterdrückung aggressiver Impulse des Individuums führe zu gesteigerter kollektiver Gewaltbereitschaft. »Das Ich, der Hunger und die Aggression« wurde 1942 verfasst und 1944 veröffentlicht, als der Krieg noch im vollen Gange war. Als das Grundlagenwerk »Gestalttherapie« von Perls, Hefferline und Goodman 1951 erschien, war der zweite Weltkrieg kaum zuende, der Koreakrieg stand bevor. Und in der befriedeten Konformität der USA erschütterten erste Erfahrungen mit Jugendbanden die Öffentlichkeit. Die gestalttherapeutische Aggressionstheorie ist keine unverantwortliche oder auch nur spielerisch-provokative Verniedlichung von Destruktivität, weder bezogen auf Krieg, Unterdrückung und Terror, noch bezogen auf Ausbrüche unkontrollierter Gewalt innerhalb befriedeter Wohlstandsgesellschaften. Vielmehr ist sie ein Beitrag dazu, diese schrecklichen Phänomene zu verstehen und zu überwinden.

80 Piaget (vgl. Anm. 77), S. 240.
81 Zur aktuellen anarchistischen Rechtsphilosophie, zu der die Piagetsche Theorie der Moralentwicklung nach meiner noch vorläufigen Einschätzung eine gewisse Affinität zu haben scheint, vgl. Rothbard, M. (1982), The Ethics of Liberty, Atlantic Highland: Humanities; Hoppe, H.-H. (2001), Democracy: The God that Failed, New Brunswick: Transaction; Blankertz, S. (2002), Das libertäre Manifest, Grevenbroich: Edition eigentümlich frei.
82 Ich bleibe übrigens im vorliegenden Text der Einfachheit halber bei

dem Piagetschen Begriff der Autorität, obwohl ich eine Differenzierung zwischen Autorität (als »freiwilliger Gefolgschaft«) und Herrschaft (als »erzwungener Gefolgschaft«) analytisch für sinnvoll erachte (vgl. Blankertz, S., Das libertäre Manifest, Grevenbroich 2002, S. 60f).

83 Gerade weil in Kindergärten und Grundschulen fast ausschließlich Frauen arbeiten, empfände ich es als diskriminierend, hier »Kindergärtnerinnen und Grundschullehrerinnen« zu schreiben, als sei es typisch weiblich, diesen Fehler zu begehen.

ANHANG

DAS STAATLICHE SCHULWESEN VERSTEHT ES MEISTERHAFT, DIE REFORMEN IN SEINEM SINNE ZU KORRUMPIEREN...

GEORGE DENNISON IM GESPRÄCH MIT RAINER WINKEL [1]

Der Mitbegründer der First Street School, George Dennison, lebt zur Zeit des Interviews (1973) »in privilegierter Abgeschiedenheit«, er ist »in erster Linie Schriftsteller«. Und weil er »diesen Job ganz ernst« nimmt, geht er immer wieder in die Praxis, um sich »politisch und sozial zu engagieren.« George Dennison, geboren 1925, aufgewachsen in Pittsburg, studierte Ingenieurbau, Sozialwissenschaften und lernte Gestalttherapie am »New York Institute for Gestalt Therapy« unter Paul Goodman. Er arbeitete drei Jahre psychotherapeutisch mit kranken Kindern und gründete 1964 zusammen mit einigen Lehrern die First Street School. Sein Bericht darüber hat den deutschen Titel »Lernen und Freiheit« [= vollständig abgedruckt im vorliegenden Buch]. Sein neuestes Werk trägt den Tiel »And Then a Harvest Feast. New York«. Dennison lebt zur Zeit in einem kleinen Ort im Bundesstaat Maine.

Winkel: Mr. Dennison, in der augenblicklichen Diskussion über Alternativen zur Schule tauchen Begriffe wie »Free Schools«, »Mini Schools«, »Street Schools« etc. auf. Was steckt hinter diesen Etikettierungen?

Dennison: Nun, die First Street School, über die mein Buch berichtet, war eine Free School, d.h. die Kinder kamen freiwillig zum Unterricht, und sie wurden nicht bestraft, wenn sie fortblieben. Hinter der Theorie und Praxis solcher Free Schools steht natürlich Summerhill von A.S. Neill. Aber unsere First Street School war auch eine Mini School, wie sie Paul Goodman vorgeschlagen hat. Wir haben eingesehen, dass unsere Alternativprogramme nicht gut in Mammutschulen verwirklicht werden können. Niemals hätten wir mehr als 25 - 30 Kinder aufgenommen. Einige Mini Schools nannten sich selbst Streeet Schools um anzudeuten, dass sie für die Anwohner der sie umgebenden Straßen da sein wollen und nicht etwa für die öffentliche Schulbürokratie. Die First Street School war also eine Free School, eine Mini School und eine Street School.

Winkel: Wo etwa würden Sie diese Schule in der Alternativprogrammatik ansiedeln?

Dennison: Die Alternativen zur Schule wollen keine Reformen sein. Das staatliche Schulwesen ist nicht zu reformieren – es versteht es nur meisterhaft, die Reformen in seinem Sinne zu korrumpieren. Nehmen Sie z.B. die augenblicklich hoch gepriesenen englischen Schulreformen etwa »Das offene Klassenzimmer«, »Der offene Korridor«, »Die informelle Erziehung« der britischen Infant Schools.[2] Sie werden jetzt auch in einigen US-Schulen erprobt und sind doch nur winzig kleine Schritte auf dem Weg einer radikalen Schulreform, den Neill, Goodman, Dewey oder Tolstoj gewiesen haben. Ihre Methoden sind einfach nicht stark genug, um mit den riesigen Problemen des öffentlichen Schulsystems fertig zu werden. Ja, sie perpetuieren die Schulbürokratie. Deshalb halte ich nichts von ihnen. Und doch bin ich nicht in jedem Fall gegen diese Schulreformen, solange sie irgendeine Verbesserung bewirken. Denn die Alternative zur Schule wird noch viele Jahre lang erkämpft werden müssen, vielleicht Generationen noch beschäftigen. Für diese langfristige Perspektive halte ich die Gedanken etwa eines Ivan Illich für tragfähiger, obgleich man das Programm einer »Entschulung der Gesellschaft« eher mit Jugendlichen und Erwachsenen wird verwirklichen können als mit jüngeren Schülern.[3] Für diese ist die Free-School Idee praktikabel.

Winkel: Welche Pädagogik steckt hinter der Free-School-Idee und -Bewegung?

Dennison: Keine andere als die fundamentale Rationalität und der fundamentale Elan des Lebens in einer Kommune. Dieses Leben muss man ebenso wenig entschulen wie in große Gebäude verfrachten, die man dann Schulen nennt. Kleine Gruppen von Kindern und Erwachsenen kommen zusammen, suchen sich einen Platz oder ein Haus und lehren und lernen miteinander: sie erzählen Geschichten, tanzen, singen, musizieren, malen, erforschen ihre Umwelt ... Das sind die ursprünglichen Formen wissenschaftlicher und künstlerischer Aktivitäten. Das Leben unverfälscht erfahren – darin besteht die Pädagogik der Free Schools.

Winkel: Wie kam es überhaupt dazu, dass Sie Ende 1964 zusammen mit Gloria Aranoff, Susan Goodman und Mabel Chrystie mitten in den Slums von Manhattan ein paar leer stehende Räume mieteten und zusammen mit 23 Kindern die First Street School aufmachten?

Dennison: Eigentlich wurde die Schule von Mabel Chrystie, die jetzt meine Frau ist, gegründet. Sie war vorher beamtete Lehrerin in New York City, und zwar speziell für ältere Kinder, die nicht lesen konnten. Zwischenzeitlich studierte sie die Werke von Goodman, Neill und anderen. Anfang der 1960er Jahre kam ein Schüler Neills, Robert Barker, der auch mit Neill in Summerhill unterrichtet hatte, hierher und eröffnete in einer ländlichen Gegend nicht weit von New York City eine Internatsschule. Mabel hat dort drei Jahre lang unterrichtet und konnte sich davon überzeugen, dass die oben erwähnten Grundprinzipien den in den öffentlichen Schulen praktizierten Methoden einfach überlegen waren. Aber sie glaubte, daß die Idee einer Freien Schule am besten verwirklicht werden könnte, wenn sie in der Gemeinde, auf der Straße praktisch wird. So beschaffte sie Geld von privaten Spendern, um das zweijährige Experiment zu finanzieren. Da die Schule ursprünglich in der »First Street« Manhattans begann, nannten wir sie »First Street School«.

Winkel: Ihre Geschichte der Street School hat unzählige Menschen zutiefst erschüttert. Seit Ihr Buch auch in der BRD in einer Übersetzung vorliegt, übt es hierzulande besonders auf die junge Generation einen starken Einfluss aus. Dieses Tagebuch mit den Aggressionsausbrüchen von Schülern, mit den verzweifelten Bemühungen um ein wenig Menschlichkeit inmitten einer unmenschlichen Umwelt, diese Berichte über den aggressiven Negerjungen[4] Willard, den gerissenen Puerto-Ricaner José oder die infantile Maxime, diese Lehrergruppe, die vielleicht manche der Kinder vor dem endgültigen Ausflippen bewahrt hat und ihnen inmitten von Rassismus, Hinterhältigkeit und Ausbeutung Lerneifer und Spontaneität, Lachen und Weinen beibrachte, haben uns deutlich gemacht, um welchen furchtbaren Preis die staatlich monopolisierte Schule Erfolg hat: Hinter ihr bleibt eine wachsende Zahl von gehandikapten jungen Menschen zurück. Haben Sie dies Buch geschrieben, um uns das bewusst zu machen?

Dennison: Als ich über das Leben dieser Kinder schrieb, kannte die amerikanische Öffentlichkeit das Versagen ihrer Schulen. Nicht nur Kritiker wie J. Holt, P. Goodman, J. Kozol, J. Herndon oder N. Hentoff bewiesen es, sondern mehr noch die offiziellen Statistiken, die einerseits belegten, dass es unseren Schulen nicht gelingt, die Schüler zu erziehen und anderseits Zahlen zum Wandalismus, zum Schuleschwänzen und zum Hass der Schüler gegen die Schule auf den Tisch legten. Ich wollte in dem Buch die individuelle menschliche Realität hinter diesen Statistiken aufdecken. Und – darauf kam es mir noch mehr an: Ich wollte zeigen, daß man die Persönlichkeitsschäden, an denen unsere Schüler leiden, heilen kann. Unsere Schüler machten sowohl in ihrer charakterlichen Entwicklung als auch bezüglich ihrer Lernfähigkeit enorme Fortschritte.

Winkel: Sie sind 1972 aus Manhattan weggezogen und leben jetzt hier in einem Städtchen im Staate Maine. Hat Charles E. Silberman recht, wenn er von Ihnen sagt, Sie seien nach den beiden Jahren Street-School Praxis zermürbt, erledigt, psychisch am Ende Ihrer Kraft? [5]

Dennison: Silberman zitiert mich selbst, wenn er sagt, ich sei am Ende dieser beiden Jahre ziemlich erschöpft und fertig gewesen. Aber er sagt dies, um die Idee der Free Schools zu diskreditieren, und das halte ich für recht gedankenlos. Schauen Sie, beamtete Lehrer sind doch am Ende eines Schuljahres nicht weniger zermürbt, oder nehmen Sie Busfahrer, Polizisten, Rechtsanwälte, Psychiater oder Kellner.

Winkel: Nun wirft Silberman den Street Schools vor, sie seien schon deshalb keine praktikable Lösung, weil sie mit einigen wenigen charismatischen Persönlichkeiten stehen und fallen, und das sei nicht mehr als ein Tropfen auf einen heißen Stein.

Dennison: Das stimmt doch einfach nicht! Viele Hausfrauen, Lehrer, ältere Schüler, Geschäftsleute, Handwerker und andere Berufstätige würden sehr gut an einer Free School wirken können. Es kommt nicht auf Charisma an, sondern auf verständliches Wissen und auf die Fähigkeit, etwas zu machen, d.h. etwas zu planen, zu bauen, zu reparie-

350

ren, Geschichten zu erzählen, Gesetze zu interpretieren etc. Viele Erwachsene haben die erforderliche Persönlichkeit, besitzen Fertigkeiten, spezielles Wissen und wertvolle Erfahrungen. Z. Zt. stellen sie ein enormes Reservoir an ungenutzten Talenten dar. Ich sehe überhaupt keinen Grund, warum diese Leute nicht in den Schulen unterrichten und erziehen sollen. Viele würden es gerne tun, wenn sie sich nicht den lächerlichen Zwängen der Schulbürokratie unterwerfen müssten. Unser augenblickliches Schulsystem wird wie ein riesiges Industriemonopol geführt; es basiert auf zwei Grundsätzen, die beide nicht mit dem Wohl der Menschen zu tun haben: erstens der allgemeinen Schulpflicht und zweitens der staatlichen Prüfung für das Lehramt. Wenn also Silberman meint, wir seien erschöpft gewesen, versteht er unter Lehren eine lebenslange Karriere. Ich meine jedoch, dass nur sehr wenige Menschen ein Leben lang Lehrer sein sollten. Dieses Karrieredenken untergräbt doch jede vernünftige Unterrichts- und Erziehungsarbeit. Wir sollten lieber ein paar Jahre unterrichten und dann etwas anderes tun. Alle meine Lehrer auf der Ingenieurschule waren Praktiker, die auch unterrichteten. Das sollte das Modell des Lehrerberufes sein. Meine Gründe, die First Street School zu verlassen, waren ganz einfache. Ich hatte niemals die Absicht, länger zu bleiben. Ich bin in erster Linie Schriftsteller. Und weil ich diesen Job ganz erst nehme, ging ich vorübergehend in eine Schule. Ich habe jedoch nie eine dieser Lehrerausbildungen genossen.

Winkel: Man spricht heute gern von »Alternativen zur Schule«, weil man den korrumpierten Begriff der »Reform« vermeiden will. Reformen, so sagt Goodman in seinem Buch »Aufwachsen im Widerspruch«,[6] sind von der IBM-Kultur, der »organized society« allemal aufgekauft und pervertiert worden. Das aber wollen die Alternativprogramme unter allen Umständen vermeiden. Gemeinsam ist all den Gegenentwürfen doch das tiefe Unbehagen an den Ungerechtigkeiten, dem heimlichen Terror, den im Interesse einer elitären Schicht liegenden Schrittmacherdiensten der klassischen Schule. Nun kritisieren auch die Konservativen und die Liberalen die US-Schulen. Worin unterscheiden Sie sich von C. E. Silberman, J. Bruner, J. B. Conant u. a.?[7]

Dennison: Lassen Sie mich zunächst feststellen: Alle augenblicklichen

Veränderungen in den amerikanischen Schulen, Lehrercolleges etc. kommen von einer Tradition her, nämlich der Tradition der radikalen Kritik. Es gibt keine echte konservative Kritik. Das hat historische Gründe. In den beiden letzten Jahrhunderten haben die Vereinigten Staaten keine wirklich sozialen Institutionen gehabt, sondern lediglich Macht ausübende Zentren. Darauf gibt es zwei Antworten: Reformbemühungen oder radikaler Wandel. Daher haben wir zwar Reaktionäre, Liberale und Radikale, aber keine Konservativen gehabt. Silberman ist Sprecher des Establishments. Er möchte die bestehenden Machtverhältnisse mit Hilfe von Reformen bewahren. Aber das geht heute nicht mehr mit Hilfe der alten Methoden. Deshalb muss er sich an die Radikalen wenden und Reformen vorschlagen, die jedoch die grundlegenden Machtverhältnisse nicht berühren. In seinem Buch gibt es nichts, was nicht vor 40 Jahren von Neill oder vor 30 Jahren von Goodman ausgesprochen wurde. Die Radikalen der 1960er Jahre – Kritiker, die Silberman als »Romantiker« abtut – haben ihm die Grundgedanken seiner Kritik geliefert. Wo aber die heutigen Radikalen die Autonomie der Schule und fundamentale Veränderungen in der Schule fordern, ruft Silberman nach der verständnisvollen Administration, aber eben Administration. Mir kommt das vor wie aufgeklärter Kolonialismus. Man wird nicht mehr brutal unterdrückt, sondern auf höfliche und vornehme Art und Weise. J. Bruner unterscheidet sich davon kaum. Intellektuell sind diese Autoren uninteressant. In ihrer praktischen Wirkung billige ich ihnen zu, dass sie zuweilen mehr nutzen als schaden, denn sie mildern die furchtbaren Effekte des Systems, dem sie dienen. Töricht ist es jedoch anzunehmen, dass die Vorschläge dieser Reformer zu einem grundsätzlichen Wandel führen könnten.

Winkel: Für wie stark halten Sie den Einfluss der Free Schools auf die amerikanische Gesellschaft?

Dennison: Für nicht sehr stark. Lassen Sie sich nicht von den Zahlen täuschen! Was sind 300 oder 400 Free Schools in einem Land wie den Vereinigten Staaten?

Winkel: Woran liegt das?

Dennison: Vier Gründe: Erstens sollen die Free Schools in die jeweilige Kommune integriert werden, aber z. Zt. weisen die meisten Kommunen die Free-School-Idee vehement zurück. Zweitens leiden die Free Schools chronisch an Geldmangel. Drittens sollte jede Free School möglichst klein sein. Das aber erfordert – schon allein um Provinzialismus zu vermeiden – eine enge Kooperation mit anderen in der Nähe liegenden Free Schools. In Wirklichkeit aber sind sie weit über das ganze Land zerstreut. Und viertens beginnt die Free-School-Bewegung erst allmählich, ihre pädagogischen und didaktischen Aussagen zu machen. Wie aber kann sie das unter den sie umgebenden Zwängen?! Kurz gesagt: Ich halte es für absurd zu behaupten, die Free-School-Idee sei ausprobiert worden. Man kann das öffentliche Schulsystem ausprobieren und kritisieren, denn es existiert als System. Aber man kann heute noch keine Aussagen über die Free-School-Bewegung als mögliches Schulsystem machen, denn dieses System gibt es noch nicht. Wir haben allenfalls mehr oder weniger gute Repräsentanten dieser Idee einer Freien Schule. Und wir können die Wirkungen beschreiben, die diese Schulen auf Schüler, Lehrer und Eltern ausüben. Der Rest ist Spekulation.

Winkel: Hat es vielleicht am nötigen Engagement der Free-School-Verfechter gefehlt?

Dennison: Das glaube ich nicht. Ich habe vor vielen Verwaltungsfunktionären und Schulbürokraten gesprochen. In der Regel habe ich dabei kein Blatt vor den Mund genommen und ihren Zorn hervorgerufen. Ich höre sie noch heute endlos protestieren. Niemals jedoch vernahm ich eine intellektuelle oder moralische Verteidigung des bestehenden Schulwesens. Ich finde das erstaunlich, und doch überrascht es mich nicht. In den Büchern der Silbermans und Bruners finden Sie nirgends eine ernsthafte Kritik an der Free-School-Idee, sondern allenfalls ein paar herablassende Bemerkungen über die lässlichen Sünden der Free-School-Praxis.

Winkel: Was haben Sie, Mr. Dennison, an der First Street School gelernt? Was würden Sie heute anders machen?

Dennison: Wenn ich das Buch noch einmal schreiben müsste, würde ich vor allem die Bedeutung der kommunalen Integration betonen. Die Free School ist eine Schule ihrer Anwohner. Die meisten Probleme der z.Zt. bestehenden Free Schools sind das Resultat äußerer Pressionen und Nöte, nicht interner Widersprüche.

Winkel: Mir scheint es notwendig zu sein, alle Alternativprogramme einmal daraufhin zu befragen, ob sie nicht eine gemeinsame Globalstrategie gegen die herrschende Schulpraxis und für eine neue Lehr- und Lernwirklichkeit entwickeln können. Zum ersten Problem: Welches sind Ihre wichtigsten Anklagen gegen die Schule und das sie tragende gesellschaftliche System?

Dennison: Am heftigsten werfe ich den Schulen vor, dass sie echtes demokratisches Leben unmöglich machen. Eine wirklich demokratische Gesellschaft braucht informierte Wähler (Jefferson), muss kritische Bürger hervorbringen, nicht nur Männer und Frauen (Goodman; Rosenstock-Huessy), und eine solche Gesellschaft lebt davon, bestehende Praktiken laufend zu kritisieren und nach Modellen eines besseren Lebens Ausschau zu halten (Dewey).[8] Das traditionelle Schulsystem zerstört all diese Notwendigkeiten.

Winkel: Und wie würden Sie langfristig und global ein Alternativprogramm skizzieren?

Dennison: Auf die Dauer gesehen können die schulischen Probleme natürlich nicht losgelöst von den gesellschaftlichen und politischen gelöst werden. Darauf, Herr Winkel, zielt ja Ihre Frage. Illich z.B. empfiehlt, bestehende Fabriken und Arbeitsstätten als Lernfelder zu benutzen. Aber die dort getane Arbeit ist entfremdete Arbeit und als solche anti-erzieherisch. In den USA hat das Schulproblem viel zu tun mit der Beziehung der Familien zum Staat und mit unserer belastenden Tradition des auf Wettkampf ausgerichteten Individualismus. Wenn Sie aber nach einer globalen Strategie fragen, muss ich Ihnen antworten: Mich beeindrucken bereits die lokalen Schwierigkeiten dermaßen, dass ich mir diejenigen einer globalen Strategie gar nicht vorstellen kann. In New York City z.B. arbeiten einige politisch erfahrene und engagierte Eltern zwei Jahre lang daran, eine Free School innerhalb des allgemeinen Schulwesens zu etablieren. Mittlerweile besteht diese Schule auch, aber sie hat viele Feinde und kämpft verzweifelt um ihre Existenz. Ich meine damit, wir sollten mit den Alternativen zur Schule dort anfangen, wo wir leben; Globalstrategien helfen uns z.Zt. nicht weiter.

Winkel: Die USA sind in vielen Bereichen bereits weiter entwickelt als europäische Gesellschaften. Das heißt aber auch, die gesellschaftlichen Widersprüche sind bei Ihnen bereits schärfer zu sehen als bei uns. Und gerade deshalb sollten wir uns nichts vormachen. Auch in der BRD haben wir z.B. ein Problem der Minderheiten (ca. 1 Mio. Gastarbeiterkinder), der Drogenabhängigen, der jugendlichen Kriminalität, der Disziplinkonflikte etc. Aber diese Probleme werden ignoriert, totgeschwiegen, verdrängt, geleugnet ... Dabei ist jedem Einsichtigen klar, dass wir in kurzer Zeit dort angelangt sein werden, wo Ihr Land heute ist. Frage: Was können wir konkret tun, um diese scheinbare Zwangsläufigkeit zu vermeiden? Wie verhindern wir das: eine immer exklusivere Elitenkultur und eine mehr und mehr absackende, brutaler werdende Schicht von Leuten, die beim »Rattenrennen« keine Chance haben?

Dennison: Damit schneiden Sie ungeheure politische, soziale und historische Probleme an. Grundsätzlich sehe ich die Alternative darin, radikal zu dezentralisieren, Regierungsgewalten zu entmachten, Steuern lokal zu verbrauchen, freiwillig Verbindungen regionaler Gruppen zu bilden – kurz: Ich plädiere für den »Anarchismus« eines Kropotkin,[9] den auch P. Goodman meinte. Anarchismus heißt hier: eine überschaubare, direkte, flexible und humane Form des miteinander und füreinander Lebens, wobei alle Produktions- und Konsumtionsmittel in Gemeineigentum überführt werden.

Winkel: Aber finden Sie das nicht sehr utopisch? Glauben Sie im Ernst, dass diese Ansicht überhaupt Gehör findet? Immerhin sind die gegnerischen Stimmen laut und zahlreich. Ich meine nicht diejenigen, die von all dem nichts wissen wollen, sondern die rührigen Konservativen. So sagt etwa der Behaviorist B.F. Skinner in seinem jüngsten Bestseller,[10] wir könnten uns diese Freiheit, diesen Kampf um mehr Autonomie und Emanzipation nicht länger leisten. Stattdessen schlägt er ernsthaft vor, wir sollten uns freiwillig (!) so konditionieren und kontrollieren lassen, dass wir aufhören, frei zu denken und zu handeln und permanent Probleme aufzuwerfen; stattdessen sollten wir das tun, was uns die Verhaltenstechnologie »zu unser aller Glück« vorschreibt. Nochmal gefragt: Haben die Kritiker und damit die Unterprivilegierten überhaupt eine Chance?

Dennison: Ich kenne die Skinnerschen Konditionierungstechniken aus eigener Anschauung. Sie zerstören alle Möglichkeiten einer kreativen

Veränderung. Skinners Position ist zutiefst unwissenschaftlich und re-
aktionär. Sein Plan funktioniert doch nur, wenn es auch weiterhin eine führende Klasse von Professionellen gibt, die die anderen wie
Täubchen dirigieren. Skinner appelliert ja auch vornehmlich an die
Armee, die Industrie und die öffentlichen Schulen, die alle ein vehe-
mentes Interesse daran haben, die Massen zu manipulieren und damit
ihre eigene Macht zu stärken. Wenn wir Selbstsucht für wenige und
Dummheit für viele wollen, ist der Skinnerismus ein ausgezeichneter
Weg. Aber wir haben eine Chance, dies zu verhindern.

Winkel: Erlauben Sie mir zum Schluss noch eine etwas persönliche Frage, Mr. Dennison. Was tun Sie z. Zt. und wie stellen Sie sich Ihre nähere Zukunft vor?

Dennison: Im Augenblick schreibe ich – Erzählungen, Gedichte, Schau-
spiele. Es gibt Vieles, was ich gern tun würde. Gleichzeitig fühle ich
mich besorgt wegen der privilegierten Abgeschiedenheit, in der ich
z. Zt. lebe. Falls ich nichts künstlerisch Wertvolles für meine Mitmen-
schen zustande bringe, werde ich mich sicherlich wieder politisch
oder sozial engagieren.

Winkel: Haben Sie recht herzlichen Dank für dieses Gespräch.

ANMERKUNGEN

1 Rainer Winkel, Jahrgang 1943, war Lehrer an verschiedenen Grund-
und Hauptschulen, 1972 in den USA und zur Zeit des Interviews
(1973) an der Gesamthochschule Essen tätig. Seit 1980 Inhaber eines
Lehrstuhls für Erziehungswissenschaft an der Berliner Hochschule
der Künste und jetzt Leiter einer Gesamtschule in Gelsenkirchen. Das
Gespräch ist Original erschienen in: betrifft:erziehung, 6. Jg., Heft
10, 1. Oktober 1973. Wir danken dem Beltz-Verlag und Rainer Winkel für die freundliche Abdruckerlaubnis. [Anm. vom Hg. ergänzt.]

2 Die britische Grundschulreform aus den 1960er Jahren ist besonders
von Joseph Featherstone in den USA popularisiert worden; vgl. Joseph Featherstone, Schools Where Children Learn, New York 1971.
[Anm. d. Hg.]

3 Ivan Illich (1926-2002), Entschulung der Gesellschaft (1971), München 1995. [Anm. d. Hg.]

4 Der Begriff »Neger« gilt inzwischen als diskriminierend. Diese Ansicht teilte Dennison nicht. Zu Beginn seines Buches (S. 17ff) legt er
da, warum er den Begriff »schwarz« zumindest für ungeeignet hält,
das Erleben von Kindern zu beschreiben. [Anm. d. Hg.]

5 Vgl. das Interview mit Charles E. Silberman in: betrifft:erziehung,
6. Jg., 2/1973, S. 50-52 sowie in: Unterricht heute, 24. Jg., 6/1973.

6 Vgl. Paul Goodman: Aufwachsen im Widerspruch: Über die Entfremdung der Jugend in der verwalteten Welt, Darmstadt 1971. Titel
der Originalausgabe: Growing Up Absurd: The Problems of Youth in
the Organized Society, New York 1960.

7 Zu C. Silbermann vgl. Anm. 5; zu J. Brunner vgl. in George Dennisons Bericht Anm. 1 sowie seine Bemerkungen zu Brunner weiter hinten (Anm. 17); James Bryant Conant war Chemiker, Diplomat (u. a.
amerikanischer Botschafter in der Bundesrepublik) und konservativ-
liberaler Bildungspolitiker, vgl. z. B. The Child, the Parents and the
State, Cambridge 1960. [Anm. d. Hg.]

8 Thomas Jefferson (1743-1826), Verfasser der us-amerikanischen Un-
abhängigkeitserklärung (1776) und dritter Präsident der USA (1801-
1808), trat für Bürgerrechte und gegen Staatsallmacht ein. Paul
Goodman (1911-1973), Mitbegründer der Gestalttherapie (1951),
war in den 1960er Jahren stark im Jugendprotest engagiert. Eugen Rosenstock-Huessy (1888-1973) war ein einflussreicher deutsch-ame-
rianischer, jüdisch-christlicher Kulturphilosoph. Zu dem bedeutens-
ten us-amerikanischen Pädagogen John Dewey (1859-1952) vgl. die
umfangreichen Äußerungen von Dennison in seinem Berich über die
First Street School. [Anm. d. Hg.]

9 Vgl. z.B. Peter Kropotkin (1842-1921), Memoiren eines Revolutio-
närs (1899), Frankfurt/M. 1969. Kropotkin wird heute wieder unter
Soziobiologen diskutiert aufgrund seiner in kritischem Anschluss an
Darwin aufgestellten These, nicht (nur) Konkurrenz, sondern (vor allem auch) Kooperation sei der Motor der Evolution (Mutual Aid,
1902; dt. Gegenseitige Hilfe, Berlin 1975). [Anm. d. Hg.]

10 Vg. B. F. Skinner: Beyond Freedom and Dignity, New York 1971. Dt.
Ausgabe: Jenseits von Freiheit und Würde, Reinbek 1973.

GEORGE DENNISON
DIE EINRICHTUNG
DER FIRST STREET SCHOOL

Eine der wenigen ermutigenden Erscheinungen in unserem Land ist das heutige Bewusstsein einiger radikaler junger Menschen,[1] wie sehr sie sich nach Gemeinschaft sehnen. Die Tage sind vorbei, in denen man verschlossenen und engstirnigen Politikern Bittschreiben schickte. Vielmehr muss man seine Dinge selber in die Hand nehmen und kann dadurch (hoffentlich) die Führungselite mit auf den Weg nehmen. Das gleiche gilt für Eltern, die sich verzweifelt um eine menschliche Schulumgebung für ihre Kinder bemühen. Öfter als früher hört man jetzt von Eltern, die sich zusammentun, um geeignete Lehrer zu finden und selber kleine Schulen zu gründen. Es gibt zwar keine Anzeichen dafür, dass dies eine regelrechte Bewegung sei, doch es könnte eine werden. In diesem Zusammenhang ist besonders wichtig, dass die Bedürfnisse der Eltern einen Reflex auf die besten der jungen Radikalen darstellen, die in kleinen, freiheitlichen, gemeinschaftbildenden Schulen einen bedeutsamen Schritt in eine bessere Welt sehen. Als Beispiel möchte ich kurz beschreiben, wie die First Street School gegründet wurde, damit andere einen möglichen Weg vor Augen haben. Dann möchte ich einige Worte darüber verlieren (bzw. die Worte anderer, erfahrener Lehrer zitieren), wie man die meist knappen Gelder für Lehrmaterialien am besten einsetzen kann.

Damit eine freie Schule überhaupt existieren kann, muss sie bestimmte Auflagen der Bundes-, der Landes- und der Kommunalverwaltungen einhalten. Einige dieser Auflagen sind für private Initiativen, besonders unter Armen, geradezu katastrophal. Ich möchte sie aber zumindest in ihren wesentlichen Zügen so darstellen, wie sie gegenwärtig gelten (sie unterliegen allerdings stetigem Wandel). Sollte das Engagement der Bürger je dazu führen, dass ihre Anzahl verringert wird, dann hätte der nächste Autor zu diesem Thema eine kürzere Geschichte zu erzählen.

Man kann eine private Grundschule gründen, ohne dass eine Konzession nötig wäre.[2] Dazu braucht man keinen Kontakt mit Vertretern der Stadt oder des Staats, allerdings nur so lange, bis die Schüler auftauchen. Die »Board of Education« [Schulbehörde] wacht nämlich unter anderem darüber, dass Eltern kein Schulschwänzen zulassen. Also muss man, sobald man ein Kind von der öffentlichen auf seine private Schule ummeldet, die Existenz dieser Privatschule nachweisen können. Außerdem will die Behörde sicherstellen – was eine weitere ihrer Pflichten ist –, dass der von Ihnen angebotene Unterricht mit dem in öffentlichen Schülen zumindest gleichwertig ist. Daher werden Sie aufgefordert, dies zu versichern, wieder und wieder. Dabei kann eine Konzession, die eigentlich nicht wesentlich ist, einen beruhigenden Einfluss auf alle Beteiligten ausüben. Man kann sie von der Verwaltung der staatlichen Universität von New York erhalten, wenn man um die Anleitung zur »Eintragung von Institutionen der Erziehung bei der Verwaltung der Universität« bittet. Man sollte vorweg schon ein paar Dinge über die eigene Schule wissen. Wenn die Schule in Betrieb genommen und von einem Inspektor besichtigt worden ist, wird eine vorläufige Konzession ausgestellt. Unabhängig davon schreibt man das »State Education Department« [Bildungsministerium des Bundeslandes] an und bittet um die bestehenden Gesetze zur Bildung. Außerdem muss man für die Angestellten zur selben Zeit Steueranteile an die Landes- wie an die Bundesbehörden überweisen (mehr dazu weiter unten).

Von der städtischen Schulbehörde in New York erhielt die First Street School keine schriftliche Zulassung. Dies wurde damit begründet, dass die Behörde gegenüber Privatschulen keine Rechtsprechungs-Kompetenzen besitze. Was das genau bedeutet, wissen wir bis heute nicht, denn tatsächlich hätten sie sehr einfach unsere Schließung veranlassen können. Eine mündliche Zulassung erhielten wir jedoch durchaus im Anschluss an eine Besichtigung durch einen Bezirksleiter in Begleitung irgendeines Beamten von der übergeordneten Behörde. Der Bezirksleiter hielt dabei folgende Prüfprozedur ein:

1) Er kontrollierte, ob positive Gutachten durch einschlägige städtische Ämter vorlagen, insbesondere bezüglich Brandschutz, Sanitäranlagen (durch eine Unterabteilung des Gesundheitsamtes) und Meldeangelegenheiten (wofür man eine Raumnutzungsanmeldung vorlegen muss).

2) Er leitete in die Wege, dass uns das Schulbezirksamt dabei beriet, Verfahren für den regulären Schulbesuch festzulegen.

3) Er stellte zu seiner Genugtuung sicher, dass wir einen Schulbetrieb anbieten, der dem in öffentlichen Schulen gleichwertig ist. Hierfür legte er folgende Kriterien an:

   a) Vorkehrungen für Gesundheit und Sicherheit
   b) Qualifizierung der Lehrkräfte
   c) offiziell vorgeschriebener Studienablauf
   d) angemessene Lehrbücher
   e) geeignete Lehrhilfen und Unterrichtsmaterialien
   f) Organisation von Unterricht und Klasseneinteilung

Nur wenige öffentliche Schulen erfüllen alle diese Kriterien in ausreichendem Maße. Die unkonventionellen Züge der First Street School wogen wenig im Vergleich mit der besonderen Unterstützung, die wir für die Kinder bereitstellten. Das war so offensichtlich, dass Bedenken erst gar nicht aufkamen. Weil unsere Schule so klein war, standen den Kindern mehr und unterschiedlichere Bücher zur Verfügung als an öffentlichen Schulen. Gleiches galt für andere Materialien, z. B. Rechenhilfen, Arbeitsbücher, Kunstutensilien, Werkzeuge, usw. Unsere Unterrichtsorganisation war ideal, und das fiel für den Gutachter viel mehr ins Gewicht als der Umstand, dass die Kinder dabei so viel mitbestimmen durften. Unsere Schulspeisungen wurden oft von den Müttern der Schüler selbst gekocht; sie müssen im Vergleich mit den Cafeteriaspeisen wie wahre Bankette erschienen sein. Bei einer Privatschule müssen nicht alle Lehrer examiniert sein, sondern nur einige. Im offiziell vorgeschriebenen Lehrplan wird nur festgehalten, welchen Stoff man behandeln muss. Wenn jemand danach aussieht, dass er einen Stoff vermitteln kann, braucht er sich nicht für den Weg zu rechtfertigen, den er dabei beschreitet. Der Gutachter hätte wohl nicht (oder vielleicht doch) geglaubt, dass wir etwas in fünfzehn Minuten vermitteln können, was öffentliche Schulen in Wochen nicht schaffen. Die Schulbuchkommission beim Schulamt stellt auch Kurzfassungen von Lehrplänen bereit.

Eine Abteilung des Schulaufsichtsamts liefert Formulare für tägliche, wöchentliche und jährliche Anwesenheitsprotokolle. Weil wir unseren älteren Schülern die Freiheit geben wollten, von der Schule abzugehen oder sie gar nicht erst zu besuchen, hatten wir uns auf eine Fälschung dieser Protokolle vorbereitet. Doch wie sich die Dinge entwickelten, kamen die Schüler pünktlich und motiviert zum Unterricht, so dass unsere Protokolle, besonders wenn man die Vorgeschichte vieler Kinder berücksichtigt, wie dreiste Lügen erscheinen mussten. Wir wurden jedoch nie danach gefragt. Die Bedeutung solcher Protokolle liegt wohl hauptsächlich darin, dass es sie einfach gibt. Ihr Zweck ist, den Dienstweg hinauf gereicht zu werden und dann in die Ablage zu wandern. Das Schulaufsichtsamt arbeitet allerdings nicht nur mit der Versendung solcher Formulare, sondern auch mit Schulschwänzbeamten, die sich als normale Bürger tarnen und auf der Straße nach Kindern im schulpflichtigen Alter Ausschau halten. Gewöhnlich suchen sie in der Umgebung von Schulen und von Wohnungen bekannter Schulschwänzer. Sie suchen jedoch nicht auf der 6th Avenue südlich des Central Park und auch nicht an den Sportanlagen bei The Cloisters. – Der Gesundheitsbehörde unterstehen

1) das Amt für öffentliche Hygiene,
2) das Bezirks-Gesundheitsamt und
3) die Abteilung für Tagesfürsorge.

Beim ersteren muss man eine Inspektion beantragen. Sein Bericht wird einem dann mehrere Wochen später von der Gesundheitsbehörde zugesandt. Dort gibt es auch ein Handbuch, das man zur Anleitung benutzen kann.

Das Bezirks-Gesundheitsamt kann einem bei medizinischen Berichten über einzelne Kinder helfen und mit Tipps für akute Notfälle versorgen. Röntgenberichte über Lehrer und ein Exemplar der Gesundheitsrichtlinien müssen in der Schule aufbewahrt werden.

Bei der Abteilung für Tagesfürsorge muss man eine Erlaubnis beantragen, wenn man mit Gruppen von Kindern im Alter zwischen zwei und sechs Jahren zu tun hat. Die Abteilung unterhält auch eine Beratungsstelle für den Aufbau von Einrichtungen und Programmen und für die Zertifizierung von Lehrern.

Das örtliche Brandschutzamt muss man anschreiben und um eine Inspektion bitten. Seinen Bericht sendet es wenig später zu. Wenn man noch mehrere unterschiedliche Gebäude als künftige Schule zur Auswahl hat, bittet man das Amt am besten schon vorsorglich um eine Inspektion. Falls dann ein Bericht negativ ausfällt, hat man sich den Verlust mehrerer Tage erspart. Die Schule hat übrigens die Pflicht, Brandschutzübungen durchzuführen und darüber Protokolle so anzufertigen, wie es das Amt vorschreibt. Wir hielten uns sehr genau daran.

Vom New Yorker Amt für Gebäudenutzung muss man eine Bescheinigung einholen, dass man das Schulgebäude für öffentliche Zwecke verwendet. Dies kann ein langer und mühsamer Vorgang werden, besonders wenn Umbauten nötig sind, denn dann muss man die Baupläne vorlegen, genehmigen lassen, den Umbau durchführen und schließlich durch eine Inspektion abnehmen lassen. Wenn man über die Lokalität einer geplanten Schule noch unsicher ist, kann man beim Amt für Gebäudenutzung den Liegenschaftsplan einsehen und die gegenwärtige Klassifizierung jedes eventuellen Gebäudes feststellen. Dieses Amt stellt der Ausbreitung freier Schulen größere Hindernisse in den Weg als jedes andere Amt und sollte deshalb zur Zielscheibe öffentlicher Aktionen gemacht werden. Denn zum Beispiel kleine Gruppen von Kindern benötigen nicht den gleichen Raum wie hunderte, doch nach der Logik des Amtes werden allen Schulen die gleichen Auflagen gemacht.

Zur [US-]Bundesregierung kann man mit einfacheren Beziehungen auskommen als zur Stadt. Beim Bundeschatzministerium der USA muss man sich an die Steuerabteilung wenden und den Status einer steuerbefreiten Anstalt beantragen. Dazu muss man sich Formular 1023 geben lassen. Es kann allerdings erst dann ausgefüllt werden, wenn die Schule schon seit mehreren Monaten in Betrieb ist. Dieses Formular ist kompliziert. Mit dem Status der Steuer-Freistellung kann man Käufe ohne Mehrwertsteuer tätigen uned steuerfreie Spenden entgegennehmen. Man reicht nur einen Jahresbericht ein, anstatt eine Einkommenssteuererklärung vorzulegen. Den Steueranteil von Angestellten muss man monatlich abführen, und zusätzliche Formulare müssen für jedes Vierteljahr und für ein ganzes Jahr eingereicht werden. Man sollte ein Buchhaltungssystem für die Schule durch eine Verwaltungskraft aufbauen lassen, die sich mit Spendensammlung, Steuerformularen und den Jahresberichten steuerbefreiter Anstalten an den Bundesstaat und an die Bundesregierung auskennt.

Was man als erstes besorgen muss, weil es am meisten Zeit verschlingt, ist die Nutzungsgenehmigung vom Amt für Gebäudenutzung. Als nächstes meldet man sich bei der Gesundheitsbehörde. Falls man eine Kindertagesstätte betreiben will, meldet man sich dort sogar als allererstes.

Manche der hier erwähnten Punkte können von Unterstützern der Schule oder von einem Profi erledigt werden, den man extra dafür einstellt, dass er diese Dinge voranbringt. Für die Spendensammlung muss man möglicherweise Hilfe von außen besorgen. Die First Street School kann, was kaum überraschen wird, zu diesem Thema keine Beratung anbieten. Gelder gibt es auf Bundesebene bei der Behörde für Bildung und Soziales der USA, auf Ebene des Bundesstaats im Bildungsetat, und schließlich bei der Schulbehörde der Stadt New York, die Bundesgelder treuhänderisch verwaltet. In öffentlichen Bibliotheken gibt es ein Verzeichnis aller Stiftungen der USA. Einige unserer Eltern machten auch den Versuch, von der Wohlfahrtsbehörde der Stadt New York Mittel zur Finanzierung ihres Schulgeldes zu bekommen, denn diese stellt Unterstützungen für bestimmte Formen spezialisierter Schulbetreuung bereit. Ihr Versuch blieb zwar erfolglos, doch die Strategie dahinter scheint durchaus bedenkenswert. Eine Versorgung mit Schulmilch bietet der Bundesstaat an, eine Schulspeisung die Stadt New York; doch an beide sind so viele Einschränkungen und Auflagen gebunden, dass wir auf diese Dienste verzichteten. Man sollte die Berufsgenossenschaften und Versicherungen in den Blick nehmen, um Unfälle von Schülern in und außerhalb der Schule abzudecken. Wenn der Schulbetrieb erst einmal angelaufen ist, muss sich täglich ein Koordinator oder eine diensthabende Lehrkraft um die Monatskarten für Busse, um Anwesenheitsprotokolle, Brandschutzübungen und Gesundheitsunterlagen kümmern. Unsere Eltern und Lehrer standen in einem ungewöhnlich engen Kontakt und arbeiteten bei vielen Dingen Hand in Hand, darunter auch Spendensammlung und Vorstöße beim Sozialamt. Wir fanden es sehr praktisch, eine stets gut gefüllte Barkasse zu unterhalten, zu der alle Lehrer Zugang hatten, sodass Bücher und Materialien genau dann besorgt werden konnten, wenn man sie brauchte (und nicht sechs Wochen später), und sodass bei besonderen Anlässen die Fahrtkosten und Eintrittsgebühren direkt verfügbar waren. Durch die Kasse wurde es auch möglich, Kindern für besondere Aufträge Geld zu geben, gelegentlich einen Zuschuss zu zahlen und bei Geburtstagsfeiern ein Geschenk zu besorgen.

Die Flut von Vorschriften, Normen und Regeln, die das Leben einer Schule beherrschen, sollte einmal von Bürgergruppen mit juristischer Unterstützung angeprangert werden. Gewiss sind einige dieser Vorschriften – nämlich die zu Feuer und Gesundheit – sinnvoll; sie sind mit Dienstleistungen verbunden, wie sie wohl jede Gemeinschaft hervorbringen würde. Andere sind nur schwer zu befolgen, klassenspezifisch und undemokratisch. Wieder andere – insbesondere die Gebäudevorschriften – sind engstirnig formuliert und haben zerstörerische Wirkungen auf die grundlegende Bedürfnisorganisation der Gemeinschaft. Wenn man mit einem Projekt tatsächlich Gemeinschaftsbedürfnisse erfüllt, ist es eine gute Strategie, die bedrängendsten Auflagen einfach zu ignorieren – und Himmel und Hölle in Bewegung zu setzen, falls sich die Behörden durchsetzen wollen. Öfter aber werden sie nichts gegen einen unternehmen, und das beschleunigt den Niedergang unangemessener oder überholter Regelungen.

Im Zusammenhang mit Organisationsproblemen möchte ich an dieser Stelle eine Strategie erwähnen, die von der kürzlich gegründeten Children's Community Workshop School, der momentan aufregendsten Neuheit in New York, eingeschlagen wurde. Die Schule ist in genau solch einem Grenzgebiet angesiedelt, wie es Elliot Shapiro[4] für Kleinschulen empfiehlt. Unter ihren fünfundsiebzig Schülern sind Weiße, Schwarze und Puerto-Ricaner, sowohl aus der Mittelklasse als auch aus dem Armutsmilieu, vertreten. Die Zusammensetzung nach Rassen ist ausbalanciert. Organisatoren der Schule war eine Gruppe von Eltern, die sicher in erster Linie für die Bildung ihrer Kinder Sorge tragen wollten, die aber auch klar erkannt hatten, dass der heutige Trend zur Dezentralisierung keineswegs zu Gemeindeschulen führt, sondern nur zu verwaltungsmäßigen Aufsplitterungen. Darum wurde die Children's Community Workshop School so eingerichtet, als decke sich ihre unmittelbare Nachbarschaft mit dem Schulbezirk. Die Schulleitung rekrutierte sich aus dem Kreis der Eltern und wurde durch Wahl bestimmt. Ziel war es, mit privaten Mitteln eine öffentliche Schule zu errichten, nämlich eine Schule mit offenem Zugang und ohne Schulgeld, und dann vom Staat die Nachbarschaft als eigenständigen Schulbezirk anerkennen und finanzieren zu lassen. Der Kampf darum wird gewiss bergauf geführt. Dennoch ist dieser Ansatz ganz hervorragend, und es gibt gegenwärtig kein besseres Beispiel für eine wahrhaft demokratische Kontrolle. Bis es soweit ist, muss die Schule von Spendengeldern leben. Sie hatte bisher viel zu kämpfen um Spenden unterschiedlicher Größenordnung und Herkunft. Sie ist in einem städtischen Sanierungsgebiet gelegen, und so konnte die Stadt in einem alten Backsteinbau drei Ladengeschäfte und das Hochparterre für Klassenzimmer, Sporträume und Büros bereitstellen. Ich habe sie erst kürzlich besucht und ein Gespräch mit der Schulleiterin, Anita Moses, geführt. Alles in allen, ist dies das ermutigendste Projekt, das ich je gesehen habe. Der innere Aufbau der Schule hält sich an das Vorbild von englischen Vorschulen (wie sie in Joseph Featherstone's Bericht beschrieben werden).[3] In ihren wesentlichen Grundzügen stimmt sie mit der First Street School überein, weswegen ich sie nicht genauer beschreiben werde. Ich will nur so viel hinzufügen, dass die Kinder, Lehrer und Eltern auf mich sehr beschwingt wirkten, ja wie von einem Wunder gerührt, dass sie ihre Sache so gut machen.

Was Lehrmaterialien betrifft, machte First Street School keine besonderen Experimente. Wir verwendeten Spielzeug, Werkzeug und Lehrhilfen, wie sie an kleinen oder progressiven Schulen mehr oder minder Standard waren. Wir besorgten vieles auf der Bank Street, schafften einiges von der Firma Creative Plaything an, arbeiteten mit den Rechenhilfen »Cuisenaire Rods«[5] und stellten vieles einfach selber her. Gloria hatte die Entdeckung gemacht, dass in der Erkennung von Figur-Hintergrund-Beziehungen und von visuellen Rändern einige der kleinen Kinder aus armen Familien nicht mit dem Entwicklungsstand der Mittelklasse-Kinder mithielten. Deswegen entwickelte sie Spiele mit Kreide, Papier und Karton, bei denen man ein Feld innerhalb von Umrandungen farbig ausmalt, Figuren aus verschiedenen Hintergründen heraussuchen muss oder einfache Symbole auf Ähnlichkeiten und Unterschieden absuchen muss. Zwar kann man für so etwas auch fertige Arbeitshefte kaufen, doch es ist viel wirksamer, solche Spiele für und mit einem einzelnen Kind zusammen zu erstellen. Parallel zu solch vorstrukturierten Spielen kann man noch Übungen zu den verschiedenen Dimensionen körperlicher Erfahrungen durchführen (hoch-tief, hart-weich, laut-leise, schnell-langsam, achtsam-unbedacht), wie sie besonders gut von Montessori entwickelt wurden. Beides zusammen hat bereits für sich genommen einen großen Wert, doch darüber hinaus macht es auch das Lesenlernen sehr viel leichter. Gloria wandte auch die Wortkarten-Technik von Ashton-Warner an. Als ich sie fragte, welche Materialien sie zur Umsetzung verwendet habe, runzelte sie die Stirn und antwortete: »Daran kann ich mich nicht erinnern. Ich habe meist spontan das benutzt, was gerade zur Hand war und dem jeweiligen Kind wohl am besten helfen konnte.« Gloria hatte schon sechs Jahre lang mit Kindern in öffentlichen und privaten Schulen und im Heimunterricht gearbeitet. Ihre Antwort ist, wie ich mittlerweile entdeckte, die Standardantwort, die allen guten Lehrern auf der Zunge liegt. Später stellte sie doch, genau wie Susan, ein Liste ihrer Materialien zusammen. Aber wenn ich mir die Gesamtliste der First Street School ansehe, wird offenbar: im Hinblick auf Lehrmaterial haben wir keine Neuerungen vorzuweisen. Da ich auch andere Lehrer und Schulleiter befragt habe, möchte ich auch ihre Antworten erwähnen, so dass die Unterschiede und Übereinstimmungen in der Frage der Lehrmaterialien deutlich werden. Doch zunächst möchte ich noch einmal unsere eigene Erfahrung betonen: es spielt keine so große Rolle, welche Materialien genau verwendet werden, weil alle Materialien erst durch den engen Kontakt zwischen Lehrer und Schüler ihre besondere Bedeutung erlangen. Materialien sind nur der Ausgangspunkt für einen improvisierten zwischenmenschlichen Prozess. Beispielsweise war Susan mit unserem Lehrbuch für Mathematik, das aus einer weit verbreiteten Lehrbuchreihe für Mathematik stammte, nicht zufrieden. Da wir außerdem noch die Standardbücher für öffentliche Schulen führten, suchte sich Susan aus allen das jeweils Passendste heraus und verfertigte für jedes einzelne Kind ein eigenes Arbeitsblatt, das auf seine individuellen Bedürfnisse am besten zugeschnitten war. Für Lesen gilt das Gleiche. Durch engen Kontakt mit dem Schüler kann der Lehrer die jeweiligen Mängel eines bestimmten Buchs ausgleichen. Die »Dick-und-Jane«-Fibeln machen einen schrecklichen Wirbel, doch sie haben ein sorgfältiges Layout, benutzen ein stets gleichbleibendes Vokabular und beziehen ihre Illustrationen sehr genau auf den Text. Anfängern sollten sie nicht zum Lesen gegeben werden, aber wenn man sie später ab und zu einbezieht, sind sie wegen ihres wiederkehrenden Wortschatzes ausgesprochen nützlich. Viel besser sind eigentlich die Lesebücher von Bank Street, doch kommen in ihnen nicht genug Wortwiederholungen vor. Und so hangelt man sich von Lehrbuch zu Lehrbuch, schreibt manchmal Geschichten selbst, lässt manchmal Geschichten von Kindern erfinden. Manche Erzählungen und Fabeln von Tolstoj eignen sich hervorragend zum Vorlesen vor Fortgeschrittenen, besonders vor

Jungen. Auch Leskov ist gut, nämlich gleichzeitig einfach und kompliziert genug. Von Mark Twains »Huckleberry Finn« hatte ich erwartet, ebenfalls gut zu sein, aber speziell für unsere Jungen eignete er sich nicht. Der beste Wegweiser ist immer die Reaktion der Kinder. Dolores war zufällig vom »Goldenen Buch der Märchen« für 1,25 $ begeistert – aus ihm lernte sie am besten Lesen. Nachdem unsere Schule schließen musste, unterrichtete Susan eine Zeitlang »verhaltensauffällige« Jugendliche an einer LEAP-Schule.[6] Dort gab es einen Jungen, der von einem Reader's Digest für 50 Cent begeistert war; dies wurde das Buch, mit dem er Lesen lernte. (Lehrer mit radikalen Ansichten sollten sich zurückhalten, ihre Auffassungen auf die Kinder auszudehnen, besonders ihre sehr genauen Vorstellungen darüber, was »entfremdete« Medien seien – sogar, wenn sie dafür gute Gründe haben). Als ich Susan fragte, nach welchem Lehrplan sie an der First Street School vorgegangen war, antwortete sie: »Reden, reden, reden – das war unser Lehrplan.«

Ich hatte schon erwähnt, dass wir noch andere Dinge bereithielten, die auch gut ankamen: eine Schreibmaschine, ein Mikroskop, einen jederzeit zugänglichen Bücherschrank, einen Kleiderschrank voll Klamotten und Stoffen, ein Tonbandgerät und einen Filmprojektor. Wir hatten auch ein Aquarium und pflegten ein Saatbeet in einem Glaskasten. Vieles davon ergab sich einfach so und braucht auch nicht genauer beschrieben zu werden. Darum will ich jetzt fortfahren und die Äußerungen von Leuten wiedergeben, die mehr Erfahrung als wir besitzen und deren Schulen länger fortbestehen als es unsere tat.

Als ersten hatte ich John Holt angeschrieben, dessen Bücher »How Children Fail« und »How Children Learn« dabei sind,[7] Klassiker zu werden. Er antwortete dies:

»Ich bin immer noch für die Cuisenaire Rods, auch wenn die besten Hinweise, wie man mit ihnen umgeht, schon von Madeleine Gotard veröffentlicht wurden; ihr Material ist bei Cuisenaire in Mount Vernon erhältlich. Ich bin nicht mehr so begeistert von den Dienes-Materialien. Ich halte sehr viel von einem Material-Paket namens ›Attribut Block‹ oder auch ›A-Block‹, das mein Freund Bill Hull entwickelte und das von der Webster Division beim Verlag McGraw-Hill in St. Louis vertrieben wird. Die besten Rechenhilfen für Grundschulkinder wurden in England von der Nuffield Foundation entwickelt. Man bekommt sie entweder in jedem englischen Buchladen oder bei uns in der Ausgabe des John Wiley Verlages, dann natürlich zu einem etwas höheren Preis. Einige sehr gute Materialien brachte auch ESS (Elementary Science Study) bei EDC, 55 Chapel St., Newton, Mass. heraus. Von ihnen gibt es eine ganze Menge Materialien, wovon manche hochgradig vorstrukturiert sind und dem Kind nur gelenkte Wiederentdeckungen ermöglichen, während andere offener und flexibler sind und der Vorstellungskraft mehr Raum lassen, ähnlich wie die Lehreinheiten über Schatten oder über Musikinstrumente. Von der Idee, Lesen zu lehren, bin ich zwar gar nicht begeistert, doch das Lehrpaket namens ›Modern Reading‹ aus dem Verlag Humanitas in Orange City, Florida, gehört zum Besten, was ich zu sehen bekam. Nicht schlecht ist auch ITA, außer dass sich die meisten Lehrer damit zu lange aufhalten, vielleicht weil sie vom Verlag dazu verleitet wurden. Brauchbar ist auch ›Let's Read‹ von Bloomfield und Barnhart, erschienen bei Waine State University Press.

Ich finde, ein Kassettenrekorder ist eine ausgezeichnete Ergänzung der Unterrichtsausstattung. Gleiches gilt für eine Schreibmaschine und für die alten Rechenmaschinen. Man kann so gute Sachen für 5 Dollar aus dem Katalog von Creative Plaything bestellen.«

Als nächstes schrieb ich an Wilbur Rippy,[8] der seit 1949, als ich ihn zum ersten Mal traf, als Lehrer und als Leiter an Grundschulen arbeitet und dabei mit Lehrmaterialien experimentiert hat. Mehrere Jahre lang war er auch an Orson Bean's School auf der 15th Street tätig. Rippy ist ein scharfsinniger und gründlicher Beobachter, und so brachte auch seine Antwort auf meine einfache Frage nach Lehrmaterialien ein zentrales Problem aller heutiger Unterrichtsreformen auf den Tisch. Da wir uns an der First Street School nicht damit befasst hatten, möchte ich es hier etwas ausführlicher darlegen. Das Problem besteht darin, wie man damit umgeht, dass die Kinder (die der Mittelklasse ganz besonders) fortwährenden Erwartungen bis in den letzten Winkel ihres Lebens ausgesetzt sind. Zwar werden solche Erwartungen von Eltern, Verwandten und Freunden nur selten offen ausgesprochen, doch in der Lebenswelt des Kindes stellen sie eine allgegenwärtige Anforderung dar. In der Schule tauchen diese Erwartungen als stillschweigende Normen zwischen den Gleichaltrigen wieder auf, und noch im Erwachsenenleben wirken sie sich so aus, dass selbst Menschen mit einem Freiheitsideal im Kopf sich faktisch so verhalten, wie es in unserer hierarchischen Klassengesellschaft von oben nach unten vorgesehen ist, sagt Rippy. Wie aber können wir die wahren Antriebskräfte des einzelnen Menschen aus solch einem Geflecht versteckter Erwartungen, die alle Unterschiede einebnen und alle Menschen an illusionäre Normen anzugleichen drohen, befreien? Dazu schreibt Rippy:

»Ich wünsch mir eine Schule, in der das Kind die grundlegenden Kulturtechniken in dem Alter lernen kann, in dem es ihm am besten passt, und auf eine Art und Weise, mit der die Lehrer leben können. Das Kind muss seine Ziele selber setzen dürfen, und wir müssen uns von den persönlichen Besonderheiten leiten lassen. In einer Gesellschaft, die so viel Aufhebens um das Lernen macht und beispielsweise Lesen schon im frühesten Alter beibringen will, wird einem Kind, das nicht spurt, das Gefühl vermittelt, ein Idiot zu sein. Aber so wird die persönliche Freiheit, die idealerweise die persönlichen Bedürfnisse schützt, zu einer Farce. Man wird in Wahrheit von dem Druck umhergetrieben, der allgegenwärtig herrscht. Die Schule sollte dem Kind jedoch jede erdenkliche Bestärkung seiner selbst geben. Ich würde vor allem Lehrmethoden benutzen, die die Eigenständigkeit und Unabhängigkeit des Kindes so rasch wie möglich fördern. Im Leseunterricht ist diejenige Methode am besten, die dem Kind vermittelt, selber den ›Code zu knacken‹. Die Methode sollte durchschaubar, deutlich und schnell sein. Aus seinem Zuwachs an Kompetenz wird das Kind Freude gewinnen. Zu Beginn des Lesenlernens ist es nicht so wichtig, wovon die Texte handeln, wobei man sich allerdings Absurditäten wie im Lesebuch ›Dick and Jane‹ ersparen könnte. Wichtig ist, dass das Kind viele verschiedene Erfahrungen mit ausgewählter Literatur machen kann. Die Erfahrungen werden vor allem durch eigene Aktivitäten entstehen, zum Beispiel das Malen von Comics, das Erzählen oder das Illustrieren von Geschichten. Eine Lernprogramm zum ›Codeknacken‹ sollte sich der Sprache bedienen, die das Kind selber beherrscht, im Mündlichen wie im Schriftlichen. Dies meine ich jetzt für den Beginn der Grundschule. Doch sobald das Kind den Code geknackt hat, kann es seine Fähigkeiten einsetzen, wo es will, und kann sich dafür Lesestoff von nah oder ferne herbeiholen, wie es ihm beliebt.

Aus den dargelegten Gründen habe ich den ›Sullivan Programmed Reader‹, die ›Merril Series‹ und die Materialien von Stern verwendet.

370

Der ›Sullivan Programmed Reader‹ kann auf Erwachsene, die sich mit guter Literatur befassen (was immer das genau sein soll), schockierend wirken. Doch mit ihm kann das Kind besonders schnell Lesen lernen. Außerdem befreit er das Kind von allzuviel gutgemeinter, doch überflüssiger und oft verwirrender Aufmerksamkeit durch Erwachsene. Meine Erfahrung ist, dass Kinder schon bald nach dem ›programmierten‹ Material auf andere Texte umsteigen. Sie werden auch darin bestärkt, ihr eigenes Ding zu tun, denn sie erlernen ihre Fähigkeiten so rasch, dass sie schon bald ihre eigenen Geschichten, Comics und Bücher schreiben können, ohne ständig auf Erwachsene angewiesen zu sein.

Es gibt auch Kinder, die den ›Programmed Reader‹ nicht mögen oder die schon bald nach Arbeitsbeginn ermüden. In solchen Fällen habe ich anderes Material angeboten, nämlich von Merril oder Stern. Im Lehrerhandbuch wird empfohlen, der Lehrer solle den ›programmierten‹ Reader Tag für Tag ohne Unterbrechung einsetzen. Aber das wäre unklug, und ich habe mich nie daran gehalten. Manchmal gibt es Lehrer, die befürchten, durch ›programmierte‹ Materialien würde auch das Kind programmiert. Doch etwas dergleichen konnte ich selbst nie beobachten. Vielmehr bewahrt der ›Programmed Reader‹ die Kinder vor dem Durcheinander und der Ineffizienz, die man im herkömmlichen Schulunterricht so oft erlebt.

Ich bin selber überrascht, dass ich diese Materialien empfehlen kann, denn Sie kennen ja meine Neigung zur Literatur. Aber vielleicht wissen Sie noch nicht, dass ich über viele Jahre ein individualisiertes Leseprogramm unterstützte und selber verwandte, das mit dem von Sylvia Ashton-Warner verwandt ist. Nachdem ich die programmierten Materialien einsetzte, sah ich mich zu der Schlussfolgerung genötigt, dass Kinder dadurch rasch von Abhängigkeiten befreit werden und in die Lage kommen, selber Bilder, Gedanken und Gefühle zu vermitteln, was doch eigentlich den Kern ihrer ›Grundfertigkeiten‹ ausmacht.

Für Mathematik fand ich kein Arbeitsbuch, das ich von ganzem Herzen empfehlen könnte. Sehr hilfreich sind die Cuisenaire Rods, aber leider sind die Begleittexte nicht so klar, wie sie sollten. Ein schönes Material sind auch die Logik-Blocks von Dienes. Von den Problemen, die sie auftun, sind die Kinder ganz verzaubert; anscheinend knüpfen sie sehr gut an die kindliche Freude beim Puzzlelösen an.

Für Lehrbücher zu Natur- und Sozialwissenschaften kann ich keine Empfehlungen abgeben, und dies keineswegs aus Mangel an Überblick. Sicher sind einige der ESS-Programme sehr elegant. Wenn man sie, wie im Handbuch empfohlen, in ergebnis-offenen Prozessen verwendet, können sie von Nutzen sein. Für Sozialkunde macht man sich das Lehrmaterial am besten selber und bezieht sich dabei auf das Leben der Kinder in der Schule: wie sie zueinander stehen, wie sie Probleme untereinander lösen oder bei der Problemlösung auch scheitern. Filme und reguläre Fernsehsendungen (nicht das Schulfernsehen) können sehr nützlich sein, besonders wenn sie auf ein bestehendes Interesse der Kinder treffen (wie zum Beispiel beim Start des Raumfahrtprogramms oder beim Tod von Martin Luther King).

Für naturwissenschaftlichen Unterricht kann man hervorragendes Material bei Verschrottungsunternehmen und in Gebrauchtwarenläden finden: Zähler von alten Zapfsäulen, alle möglichen Elektronikbauteile, Fernsehgeräte, Gyroskope aus Flugzeugen, usw. Auch Kameras, Projektoren, Kopierer und Kassettenrekorder sind sehr brauchbar. Ich hab gesehen, wie mit ihnen Geschichten, Comics und Zeitungen kopiert wurden, wie Gespräche aufgenommen wurden und wie man unterhaltsame Erkundungen an seltsamen Schall- und Farberscheinungen durchführte. Auch hier ist es wichtig, dass sie den Kindern so erklärt werden, dass sie von ihnen schon bald ohne erwachsene Hilfe benutzt werden können.«

In diesem Buch erwähnte ich schon mehrmals die Collaberg-Schule. Dort unterrichtete Mabel, bevor sie zur First Street School kam. Die Schule wurde vor etwa zwölf Jahren von Robert Barker gegründet, der sich mit einem zweijährigen Aufenthalt in England an der Summerhill-Schule von A. S. Neill darauf vorbereitet hatte. So wurde die Barker School, die erst später in Collaberg-Schule umbenannt wurde, zur ersten Schule in diesem Lande, die sich gänzlich nach Neill's Methoden ausrichtete. Vera Williams war dort Lehrerin von Anbeginn, und Jack Carson war es in den letzten Jahren. Gemeinsam hielten sie die Schule am Laufen, oft unter großen persönlichen Opfern. Collaberg hat eine wunderschöne Lage. Sie befindet sich in Stony Point, New York, zu Füßen dicht bewaldeter Hügel am Rande des Harriman State Parks. Was ich in ihrem Programm und der Unterrichtspraxis zu sehen bekam, ist sehr beeindruckend. Jack Carson sagte mir einmal, als Quellentext verwende er auch

Paul Goodmans Roman »Empire City«. Das erstaunte mich sehr, denn ich wusste, dass er mit zwölf- bis vierzehnjährigen Jungen arbeitete, und der Roman ist hochintellektuell geschrieben. Dann fiel mir aber ein, dass ich selber einmal vor Jahr und Tag in einer Rezension geschrieben hatte, vieles sei zunächst so schwer zu fassen, weil es eigentlich so entwaffnend einfach und direkt gesagt werde. Carson hatte erkannt, was nur wenige Kritiker bemerkt hatten, dass das Buch eine große Liebeserklärung an die Erziehung ist. Genau so benutzte er das Buch: um seinen Schülern die Augen zu öffnen für die Romanze des Lernens. Einer der Romanhelden, der elfjährige Horatio, lernt in den Straßen von New York Soziologie und Volkswirtschaft (und noch eine Menge mehr). Als Carson mit seinen Schülern viele der im Roman geschilderten Orte zu Fuß und per Fahrrad besuchte, machten sie dieselben Beobachtungen wie der junge Romanheld und sein Autor. Kenner von Goodman wissen, welch breites Spektrum diese umfassen. Die Besuche der First Street School in Collaberg gehörten zum Höhepunkt des Schuljahrs. Nun schrieb ich Vera an und bat sie um Äußerungen über ihre Ausstattung und Lehrmaterialien.

»Für die Ausstattung haben wir wenig Geld übrig. Darum verwenden wir vor allen Sachen, die man irgendwo finden oder die man selber herstellen kann. Zu unseren selbstgemachten Gegenständen gehören zwei Seilschaukeln mit Autoreifen am Ende. Sie sind überaus beliebt. Die eine ist 10 Meter lang, die andere 20 Meter. Man kann mit ihnen viele aufregende Erfahrungen machen und viele Dinge lernen, bei denen es einen schaudern kann. Fast jeder an unserer Schule benutzt sie unermüdlich. Wir haben auch einen sehr geheimen Ort für die ganz Kleinen. Er ist zwei Meter über dem Erdboden, an eine Wand gebaut und nur über eine Leiter erreichbar (ähnlich wie eine Jagdkanzel). Er ist dauernd in Benutzung. Genau so ist es auch mit einem großen Sandkasten. (Wo immer Sie sind, Sie sollten sich bemühen, einen großen Sandkasten einzurichten). Die ganz Kleinen lieben auf das Sumpfgebiet – wegen der Frösche, um sich nass zu machen und um sich zu verstecken. Wir haben eine Menge selbst zurecht gesägter Sperrholzplatten, aus denen man ein Häuschen zusammenstellen kann, 1 Quadratmeter groß oder größer, so dass man auch hineingehen kann. Wir haben in einem Raum im Haus eine ganze Wand mit einer riesigen Landkarte aus der Serie ›Coast and Geodetic‹ beklebt. Darauf markieren wir unsere Ausflüge mit Stecknadeln.

Wir machen viele Ausflüge, versuchen alle verfügbaren Attraktionen zu nutzen, etwa Museen, Parks, verlassene Bergwerke, Nachbauten historischer Dörfer, Märkte, Häfen, Fabriken und Gebäude. Wir haben alle, die älter als acht Jahre sind, auf eine Wanderung von einer Woche Dauer mitgenommen. Unsere VW-Busse gehören, obwohl sie dauernd Reparaturen nötig haben, zu unserem liebsten Zubehör. Wir haben viele Fahrten zum nächsten Flohmarkt unternommen und auch selber vieles mitgebracht, z. B. Kleidung, Pappen, Rollen, Kartons, Büchers, eine vollständige Sammlung der Illustrierten LIFE, außerdem vielen weiteren Krimskrams. Wir haben Elektronikbauteile in großen Mengen benutzt, weil einer unserer Förderer in dieser Branche tätig ist und wir ihn dazu bewegen konnten, seinen Laden bei uns im Keller einzurichten und den Kindern beim Basteln zu helfen. Auf dieselbe Weise kamen wir auch zu einem Schmuckhersteller und einem Laden für Weberei-Zubehör. Aus dem Kreis unserer Eltern bekamen wir eine Töpferscheibe, und auch die wird viel benutzt.

Gekaufte Ausstattung haben wir kaum, einmal abgesehen von Künstlermaterial, Klebstoff, Scheren usw. Cuisenaire Rods haben wir gekauft, benutzen wir oft und empfehlen wir gern. Eine geringe Anzahl Rechenbücher. Ein Abonnement für Scientific American. Zwei Mikroskope als Ausgleich für einen Nachlass beim Schulgeld. Wir haben selber nach Ton gegraben; haben Korn angebaut, mahlen lassen und Brot davon gebacken; haben unsere eigene Ziege gemolken, unseren Automotor selber repariert, unsere Quelle selber gereinigt, unser Grundstück selber überwacht, haben unsere eigenen Gebäude selber repariert, angestrichen, neu entworfen und umgebaut – all das mit Beteiligung der Kinder, die sich dafür interessieren. Wir benutzen unsere Küche viel, um zusammen mit den Kindern zu kochen, Kerzen zu machen oder Stoffe zu färben.

Wir haben viele Bücher. Die Leute geben sie uns. Zwischen Geschenken und Bibliotheken braucht man nur noch wenige dazuzukaufen. Von der Bibliothek bekommen wir auch Filme.

Für Kurse in Sozialkunde verwenden wir Tageszeitungen, Illustrierte, Fernsehen, Leute auf der Straße, Demonstrationen, Interviews mit Aktivisten. Wir benutzen die Räumlichkeiten der nahegelegenen Gemeindeschule für alle möglichen Veranstaltungen und Filmvorführungen; dafür brauchen wir nichts zu bezahlen.

Wir haben mit einfachem Werkzeug Tische selber hergestellt und in Benutzung genommen. Lehrer haben besseres Werkzeug, wenn sie es brauchen. Die Kinder haben Freude an einer Schreibmaschine und an einer Rechenmaschine, die ihnen zur Benutzung freistehen. Das ist auch förderlich für Lesen, Schreiben und Rechnen. Es gibt auch einen Satz großer Gummibuchstaben, um daraus Stempel zusammenzustellen.«

Der letzte Lehrer, den ich wiedergeben möchte, ist der junge Leiter der Children's Community School in Ann Arbor (Michigan), Bill Ayers.[9] Diese Schule ist eine der aufregendsten und bewundernwertesten Gründungen, von denen ich weiß. Sie zielt sehr schön auf ein Gemeinschaftsleben ab und stellt dabei unter Beweis, dass Politik im eigentlichen Wortsinn nicht erst hinter einer Grenze beginnt. Vielmehr ist ihr eigenes politisches Engagement eine direkte Folge ihres Einsatzes für das Individuum und die Familie. Ayers stellte sich zusammen mit der 35 Jahre alten schwarzen Mutter von vier Kindern, Joan Adams, zur Wahl in den Schulausschuss von Ann Arbor. Ihr Wahlkampf-Programm liest sich wie eine Zusammenfassung der besten Gedanken, die über eine freiheitliche, gemeinschafts-orientierte Erziehung zu Papier gebracht wurden (und sie ist ja auch eine Zusammenfassung dessen). Die Schule verdankt ihre Gründung Eltern und Lehrern. Ihre finanziellen Probleme waren sehr groß. Ich bewundere ganz besonders, wie sich die Lehrer für die Erhaltung ihrer Schule eingesetzt haben und dabei jede Art von Improvisation, Hingabe und Mut an den Tag legten. Ayers schreibt:

»Die Schule wurde 1965 als Vorschule und Kindergarten gegründet. Wir haben sie Jahr für Jahr weiter ausgebaut, und dieses Jahr haben wir die staatliche Anerkennung erhalten, sodass wir mit öffentlichen K-4-Schulen [Vorschulen für 4jährige Kinder] gleichwertig sind (nur mit höheren Schulen sind wir noch nicht gleichgestellt). Die Gründung unserer Schule geht auf eine kleine Gruppe Eltern zurück, die mit den bestehenden Schulen unzufrieden waren, aber noch keine genauen Vorstellungen hatten, wie schulische Erziehung stattdessen aussehen müsste. Einer von ihnen hatte über Summerhill gelesen, anderen war Goodman ein Begriff, doch spezialisiert oder festgelegt auf eine dieser Richtungen war keiner von ihnen. Dass wir nun nach drei Jahren zumindest einige klar umrissene Zielvorstellungen haben (es sind aber immer noch nicht viele), kommt viel weniger aus dem, was wir gehört und gelesen haben, sondern ist vor allem das Ergebnis von drei Jahren Arbeit. Unsere Finanzierung beruht vor allem auf kleinen Stiftungen und der Einwerbung kleiner Spendenbeträge. Für Projektfilme, Tombolas, Flohmärkte und dergleichen haben wir haben zwar unzählige Stunden aufwendet, doch auf diesem Wege nur relativ geringe Einnahmen hereinbekommen. Wir haben erfahren, dass das große Geld nichts für uns übrig hat, so dass wir, um weiter existieren zu können, auf das starke Engagement unserer Unterstützer bauen müssen, sogar wenn diese selber arme Leute sind.

In den drei Jahren unseres Bestehens haben wir gelernt, wie wir uns krumm legen müssen. Und wir haben gelernt, nicht nur um Geld, sondern auch um Sachspenden zu betteln. Wir wissen jetzt, wie wir an Holz, Papier, Farbe, Ton, Spielzeug usw. kommen, ohne einen Cent dafür hinzulegen. Wir wissen, wir wir Studios, Leinwände und Projektoren kostenlos benutzen können. Wir wissen, wie wir an Abfälle jeder Art kommen und aus ihnen etwas Brauchbares produzieren können. Und was am wichtigsten ist: wir wissen, wie wir mit minimalen Kosten leben können. Die Schule kam zwei Jahre lang mit einem Jahresetat von 5000 Dollar aus. Voriges Jahr lag der Etat bei 8000, und zwar für 24 Schüler und 6 feste Mitarbeiter. Von vielen Menschen erhielten wir Hilfe völlig ohne Entgelt. Zu ihnen zählen Eltern, Studenten von Universitäten und Fachhochschulen, ein Musiker, ein pensionierter Ingenieur und viele andere. Die bezahlten Mitarbeiter gaben ihr Geld gemeinschaftlich aus. In der Gruppe wird entschieden, wofür wieviel ausgegeben werden kann, wieviel Geld noch beschafft werden muss, wer in welchem Monat für seine Tätigkeit eine Bezahlung erhält, wer den Besuch bei einem möglichen Spender machen soll, wer bei seinem Vater oder Bruder um ein Darlehen bittet, usw. Es ist durchaus nicht immer einfach, wenn alle aus demselben Topf leben, doch uns schien dies die einzige Möglichkeit, das Überleben der Schule zu sichern.

Ich will auch kurz beschreiben, was wir für Lehrmaterial verwenden.

Bücher: Wir haben viele Bücher zur Verfügung, allerdings sind nur wenige darunter, die nicht rassistisch, wertend, dümmlich oder nichtssagend wären. Was bei den Kindern gut ankommt, sind vor allem Dr. Seuss und Ezra Jack Keats (>Snow Day<, >John Henry<, usw.).

Sprachbezogene Technik: Viele alte Schreibmaschinen, eine neue Schreibmaschine mit Großdruck, Magnet- und Haftbuchstaben, eine

selbstgebaute Maschine zur Zuordnung von Wörtern und Bildern, aus-
rangierte Verkehrsschilder, speziell für Kinder gemachte Briefe, Tage-
bücher und Geschichten, aus Tonbandmitschnitten abgeschriebene
Textbücher zu Soulmusik, Fotos und Interviewäußerungen der zugehöri-
gen Musiker.

Rechnen und Sachkunde: Cuisenaire Rods, Spiele zur Merkmals-
sortierung, Drehscheiben, Kästen aus Wellpappe, Experimentierzubehör
(ESS). Unsere Kinder bastelten Waagen zu Auswiegen verschiedener Gegenstände, malten Karten für die Reiseroute nach Chicago, zeichneten
Lagepläne der Umgebung von Ann Arbor, stellten Zahlenreihen für Ad-
diermaschinen zusammen, führten in speziellen Kladden Protokoll über
das Wachstum aller möglichen wachsenden Dinge um sie herum und
auch ihrer selbst, kümmerten sich um einen Brutkasten, übernahmen die
Pflege lebender Tiere und Pflanzen.«

Zu Ayers Aufzählung von Publikationen möchte ich die Veröffentlichungen der Children's Community School hinzufügen. Die Projekt-
darstellung von Ayer selbst, »Thoughts on Our School«, ist eine klare
und überzeugende Analyse der wechselseitigen Abhängigkeiten von An-
gelegenheiten des Gemeinschaftslebens, der Politik und der Bildung. Seine Lösungsvorschläge könnten anderen Bürgergruppen als Leitfaden dienen. Ayers »Education, an American Problem« ist eine kurze kommen-
tierte Biobliografie der jüngeren Literatur zum Bereich Bildung und Gesellschaft. Sie wird vor allem für Lehrer interessant sein. Eine der Einsichten, die Ayer's Werk durchzieht und die aus der Praxis der Children's
Community erwuchs, heißt: Integration beruht auf Gegenseitigkeit. Sie
kommt nicht dadurch zustande, dass man Schwarze in die Kultur der
Weißen eingliedert, sondern dass sich die beiden Kulturen mit ihren jeweiligen Besonderheiten gegenseitig befruchten und durchmischen. Be-
rühmtheit erlangte die Leitidee von Ayer und Joe Adams: Auf allen Stufen des Standard-Lehrplans für Geschichte muss die Geschichte der
Schwarzen mitbehandelt werden.

Zum Abschluss möchte ich auf die Kinder und Lehrer der First Street
School zurückkommen. Susan hatte gesagt, der Lehrplan hätte geheißen:
Reden, reden, reden. So etwas setzt natürlich voraus, dass zwischen Leh-
rern und Schülern eine enge Beziehung besteht. Ich habe schon dargelegt,

wie sich die wechselseitige Vertrautheit darauf auswirkt, was für Qualitäten die verfügbaren Materialien annehmen. Nun möchte ich noch andere Auswirkungen der Vertrautheit aufzeigen und dazu noch einmal Susan zu Wort kommen lassen. Sie spricht aus einem Blickwinkel, der in diesem Buch noch mehr zur Geltung kommen sollte. Ich zitiere Beobachtungen von Susan aus einem Brief, den sie mir zur Beantwortung meiner Frage nach einzelnen Kindern schickte:

Eléna

War anfangs ein wildes Mädchen und achtete extrem eifersüchtig darauf, genug Zuwendung und Liebe abzubekommen. Als Dolores in die Schule kam, sagte Eléna zu mir: »Susan, halte du mich von Dolores fern, sonst bring ich sie um.« Später wurden die beiden beste Freundinnen und wälzten sich oft, ineinander verschlungen, über den Boden.

Als Eléna zu uns kam, pflegte sie viel zu stehlen. Andererseits gab sie nach den Einkäufen für die Schule das ganze Wechselgeld korrekt wieder ab. Bloß das Erstehen von U-Bahn-Marken konnte ich weder Eléna noch einem der anderen Kinder, die von der Wohlfahrt lebten, beibringen. Sie krochen automatisch unter der Sperre durch, und ich hatte dann alle Hände voll damit zu tun, beim Bahnsteigbeamten für alle nachzuzahlen. Das Äußerste, was ich bei den Kindern erreichen konnte, war ein Kompromiss zu Wahrung meines Gesichts. Sie bekamen die Marken von mir und nahmen meine standhafte Erklärung zur Kenntnis, dass diese aus Schulgeldern bezahlt seien, während sie die Marken am liebsten als persönliches Eigentum vereinnahmt hätten.

Im ersten Jahr hatte einmal Mabel's Tante Frances eine Geburtstagsparty für Mabel an der Schule ausgerichtet. Sie brachte Torten, Osterglocken, Kekse für die Kinder, Tischtücher, Servietten, Papierhüte usw. mit. Die Mädchen halfen, alles herzurichten. Bis zum ersten Gang lief die Party ganz normal, aber dann brachen Streitigkeiten aus, Essen wurde herumgeworfen, und die meisten Kinder wurden in die Turnhalle heruntergebracht. Indessen blieb ich in meinem Klassenraum im dritten Stock. Die Mädchen meiner Klasse kamen eines nach dem anderen vorbei, alle mit ein paar Osterglocken in der Hand. Sie baten mich, sie bei mir verstecken zu dürfen, solange sie in der Turnhalle sein müssten. Ich erklärte ihnen, dass ich für das Verstecken der Osterglocken keine Verantwortung übernehmen wolle, sondern dass jedes Mädchen das Verstecken schon selber durchführen müsse. Dabei entdeckte jedes von ihnen die Blumen, die die andern schon vor ihm versteckt hatten. Jedes stahl auch noch die gefundenen Blumen und fügte sie seinem eigenen Sträußchen hinzu. Und jedes wollte von mir, dass ich den ganzen Diebstahl für sie verstecken sollte. Als sie alle von der Turnhalle wieder zurückkamen, gab es eine große Konfrontation zwischen ihnen. Dodie, Rudella, Eléna und Dolores schrien einander wegen der Osterglocken an. In ihrer Mitte lief Mabel umher und riss die Zügel an sich, indem sie erklärte »Das ist MEIN Geburtstag«. Mit diesen Worten raffte sie alle Osterglocken zusammen, nahm sie in die Hand, teilte jedem Mädchen drei davon wieder aus und lief mit den restlichen davon.

Ich ging mit Rudella und Dolores vor die Tür, um auf die Eltern zu warten. Dodie kam mit einem merkwürdigen Gesichtsausdruck hinzu und berichtete: »Eléna hat gerade alles Saatgut aus dem Glaskasten herausgerissen.« Dann kam Eléna selber angelaufen und brüllte, sie wolle die Osterglocken ihrer Mutter mitbringen, Mabel sei gemein, die Schule sei Mist, Dodie eine Lügnerin, ich ein Stinker, usw. Ich wollte der Szene ein Ende setzen und sagte genervt: »Eléna, du verschwindest jetzt nach Hause. Wir wollen dich erst morgen wieder sehen.« Am nächsten Tag brachte Dodie völlig von allein neues Saatgut mit und richtete zusammen mit Eléna den Glaskasten wieder her.

Ich kann mich noch an einen anderen schrecklichen Tag mit Eléna erinnern. Ich war mit ihr, Dodie, Rudella, Dolores, Kenzo und ein paar der Kleinen ins Old Mechant's House auf der East 4th Street gegangen. Eine weißhaarige alte Dame führte uns herum und wies die Kinder immer wieder darauf hin, die Antiquitäten nicht mit den Fingern zu berühren. Eléna verstieß dagegen immer wieder und beschimpfte sie mit »Scheiß-Alte« und dergleichen. Nach mehreren Zurechtweisungsversuchen sagte ich schließlich: »So, jetzt reicht's aber. Wenn du dich nicht benehmen kannst, gehen wir jetzt raus.« Draußen angekommen, brach ich in Tränen aus und sagte Eléna, dass ich mich wohl selten im Leben derart verlegen gefühlt habe, dass sie vor älteren Frauen Respekt haben solle, und was mir an Mittelschicht-Normen sonst noch so einfiel. (In der Nacht davor hatte ich nur drei Stunden geschlafen, und nun kamen so grundlegende Fragen auf). Eléna rannte davon, einfach die Straße hinunter. Am nächs-

379

ten Tag baten mich Dodie und Rudella: »Susie, du sollst nicht wieder weinen. Wir versprechen, dass wir uns benehmen werden und du nie wieder über uns weinen musst.« In der Zeit danach hielt Eléna ihre Zunge wirklich im Zaum. Ich fühle mich im Nachhinein dumm damit, dass ich in Tränen ausgebrochen war.

Als Eléna zu uns kam, entsprachen ihre Leseleistungen denen eines Erstklässlers, ihre Rechenleistungen denen eines Zweitklässlers. Sie wollte partout keine Hausaufgaben machen. In meinen Auseinandersetzungen mit ihr machte ich deutlich, dass sie a) durchaus intelligent war und b) statt für den Lehrer besser für sich selber lernte. Auf dieser Basis entwickelten sich ihre Leistung glänzend. Als sie eineinhalb Jahre später die Schule wieder verließ, las sie auf dem Niveau von Mitte der vierten Klasse und rechnete sie auf dem Niveau wie zu Beginn der vierten Klasse. Gelegentlich ließ sie sich dazu hinreißen, mir quer durch die Schule nachzujagen und mich mit einem Arbeitsbuch in der Hand dazu aufzufordern, sofort einen »Test« mit ihr zu machen und ihre Antworten auf Lehrbuchfragen zu überprüfen. Wenn Eléna Interesse an einer Sache hatte, wendete sie sich ihr mit voller Aufmerksamkeit zu und verstand alle Erklärungen praktisch auf Anhieb.

Wenn sie Schwierigkeiten mit dem Lesen hatte, lag das zum Teil einfach an ihrem Wortschatz. Als sie zu uns kam, beherrschte sie nämlich Englisch, wie sie es in der Schule gelernt hatte, aber oft fehlten ihr die Bezeichnungen von einfachen Dingen des täglichen Lebens. Ich erinnere mich, dass sie mich einmal durch die ganze Lower East Side geschleppt hat auf der Suche nach einem Geschäft, das das spezielle Gewürz führt, um ein für den Abend geplantes Huhn »nach Art von Puerto Rico« würzen zu können. Zuletzt stellte sich heraus, dass es sich bei diesem Gewürz einfach um ganz normalen Pfeffer handelte. Ich sagte Eléna, beim nächsten Mal könne sie den in jedem Lebensmittelmarkt bekommen.

In meinen Leseübungen mit ihr ging es zu achtzig Prozent um Wörter und Wortbedeutungen. Leider sah sie einmal im Film Mary Poppins und begeisterte sich für sie – daraufhin musste ich mir den Mund fusselig reden, um diesem Wildfang aus dem Kiez der Lower East Side all die Begriffe aus der viktorianischen Mittelschicht verständlich zu machen.

Elénas Energie war umwerfend. Zum Abschluss des ersten Schuljahres mussten wir alle Bücher einsammeln und für die Sommerferien verstauen. Eléna schnappte auf, wie ich Gloria das Problem erklärte. Darauf warf sie mir zu: »OK, wartet einen Augenblick, ich besorge Kartons.« Sie verschwand sofort und kam erst nach einer Stunde zurück – mit so vielen Kartons bei sich, dass man damit die ganze Schule hätte verpacken können. Sie machte sich auch gleich an die Arbeit, und für mich wurde dies einer der entspanntesten Tage seit langem.

Hannah

Hannah wechselte von einer katholischen Schule, auf die sie ein Jahr lang von ihrer böhmischen Mutter geschickt worden war, in die First Street School. Als sie hier erschien, war ihr Gesicht hart und verschlossen. Sie war klug und nett, hatte aber auch einen boshaften Ton. Ihre Familie betrieb ein avantgardistisches Theater, und bei Hannah lag (wie auch bei einigen unserer puerto-ricanischen Kindern) die Verantwortung für die Versorgung der jüngeren Geschwister, für Gänge zum Waschsalon und für Einkäufe.

Hannah hatte dauernd ein schlechtes Gewissen. Eines Tages wies Gloria die versammelte Schule darauf hin, dass man während der Mittagszeit Lärm vermeiden und nicht durch die Eingangshalle rennen solle (die sich zu einem informellen Sekretariat entwickelt hatte, weil Glorias Büro treppauf und weitab vom Schuss lag). Dabei sprach Gloria mit dem bestimmenden Ton wie ihn Lehrern öffentlicher Schulen eigen ist. Im Anschluss daran kam Hannah zu mir und bemerkte mit betroffener Stimme: »Gloria wird doch nicht mich gemeint haben, Susie, oder? Ich laufe doch gar nicht auf den Treppen.« Ich lachte und sagte, die Lektion sei für andere bestimmt gewesen, und sie solle sich doch solche allgemeinen Mitteilungen nicht persönlich zu Herzen nehmen. Aber es war doch typisch für sie, dass sie sich für etwas schuldig fühlte, was sie gar nicht getan hatte.

Meine pädagogischen Bemühungen um Hannah bestanden zum größten Teil darin, den Druck von ihr zu nehmen und sie zu bremsen, solch eine gutes gutes Kind sein zu wollen. In jedem Fall kam es bei ihr, fast wie von selbst, zu einem kontinuierlichen Anstieg ihrer Lesefähigkeiten.

Ich erinnere mich lebhaft an ihren Gesichtsausdruck in der Zeit, kurz bevor sie die Schule verließ. Ich machte mit meiner Klasse einen Ausflug ins Metropolitan Museum. Bevor sie hineingingen, spielten sie vor der Tür Versteck. Hannah lief Kenzo nach, ihr Gesicht strahlte vor Freude, sie sah wie ein vollkommen fröhliches Kind aus. Noch ungelesen liegt bei mir »Little Woman« herum,[10] worin Hannah vor einem Jahr zu lesen pflegte, still an meiner Seite sitzend, während die anderen Kinder spielten. Ich kam mit Hannah außerordentlich gut aus, wahrscheinlich, weil sie mich so sehr an mich selber erinnerte. Auch sie brachte, wie ich, den Lehrern seltsame Bücher als Geschenk mit.

Nachdem Hannah aufs Land weggezogen war, machte die Schule einen Ausflug zu ihr. Vor der Abfahrt meinte Eléna zu Dolores: »Hannahs Familie ist reich, nicht wahr?« Dolores schüttelte den Kopf und antwortete: »Nein, Eléna, sie ist sehr arm. Vermutlich sind sie mit dem Geld knapper als deine Familie. Sie gehen mit Geld nur anders um.« Dolores' Mutter war eine ungebildete Puerto-Ricanerin, ihr Stiefvater ein Zen-Schüler. Er arbeitete als Restaurateur. Dadurch kannte sich Dolores in den wirtschaftlichen Denkweisen beider Welten aus.

ANMERKUNGEN

1 Der Text ist 1969 verfasst worden und bildet den Anhang der amerikanischen Ausgabe. In der deutschen Ausgabe von 1971 ist der Text nicht enthalten gewesen. Für die vorliegende Ausgabe übersetzt von Thomas Bliesener. – Zur enttäuschten Hoffnung der Free-School-Bewegung vgl. das Nachwort von Stefan Blankertz.

2 Dies gilt natürlich nur für die USA (bzw. einige Bundesstaaten der USA; die entsprechenden Gesetze variieren stark voneinander). Wie viel schwieriger es in Deutschland ist, eine unabhängige Privatschule genehmigt zu bekommen vgl. Hartmut von Hentig, Wie frei sind freie Schulen? Gutachten für ein Verwaltungsgericht, Stuttgart 1985.

3 Joseph Featherstone, Schools Where Children Learn, New York 1971.

4 Elliott Shapiro (1911-2003) gehörte zum Kreis der ursprünglichen Begründer der Gestalttherapie (Laura und Fritz Perls, Paul Goodman usw.). Er arbeitete an verschiedenen Schulen, meist in sozialen Brennpunkten. Nat Hentoff hat diese Arbeit in dem Buch »Our Children Are Dying« (1966) porträtiert.

5 http://www.etacuisenaire.com – Dt. »Cuisenaire-Stäbchen«. Benannt nach Georges Cuisenaire. Die farbigen Stäbchen erleichtern Kindern das Erfassen von Zahlen und Rechenoperationen.

6 http://www.leapschool.com – LEAP steht für »Language Enrichment Arts Program«. Die Schule ist nach eigenen Angaben der Idee der offenen und ehrlichen Kommunikation sowie der Schaffung einer kind-gerechten Umwelt verpflichtet.

7 John Holt, How Children Fail, 1964; dt. Chancen für unsere Schulversager, Freiburg/Br. 1970); How Children Learn, 1967; dt. Wie Kinder lernen, Weinheim 1971.

8 Wilbur Rippy (1923-2006), ab 1963 pädagogischer Leiter der »Fifteenth Street School« in New York. In seiner Arbeit bezog er sich stark auf Wilhelm Reichs Kozept der Selbstregulierung.

9 Bill Ayers (geb. 1944), ein linksradikaler politischer Aktivist, ging in den frühen 1970er Jahren in den Untergrund und ist heute Professor für Erziehungswissenschaft an der Illinois-Universiät in Chicago.

10 Deutsch: Betty und ihre Schwestern. Verfasserin ist Louisa May Alcott. Das Jugendbuch spielt im amerikanischen Bürgerkrieg (1861-1865).

MABEL DENNISON
VORWORT
ZUR AMERIKANISCHEN
NEUAUSGABE 1999

Ich denke voller Anerkennung und Zuneigung an die Kinder der First Street School, die uns nach Ausflügen ins Schulgebäude zurück begleiteten und schon mal hineingingen, wenn wir noch nach ein oder zwei von ihnen suchten, die wir unterwegs verloren hatten. Mit tut leid, dass ich nicht später zu allen Ehemaligen Kontakt gehalten habe. Zur Zeit stehe ich noch mit drei von ihnen und ihren Familien in Verbindung. Sie alle haben bleibende und lebhafte Erinnerungen an die zwei Jahre in der First Street School. Ich habe sie bei sich zu Hause besucht, und sie waren auch bei mir zu Hause. Eine der Familien ist aus der Stadt weggezogen, und es geht ihr jetzt besser. Eine Ehemalige ist jetzt Mutter und sogar Großmutter; sie muss genau so schwer arbeiten, wie es während ihrer Zeit an der First Street School ihre eigene Mutter musste. Die dritte Familie hat immer wieder schwere Schicksalsschläge und Verluste erlebt.

Die Schule konnte nicht allen Kindern auf magische Weise zum Erfolg verhelfen, wie ich es gehofft hatte. George sagte einmal, wenn man die Lage von Kindern verbessern will, müsse man das Leben der Erwachsenen verbessern. Das hatte ich nicht in seiner ganzen Tragweite verstanden. Damals hatte ich der Bildung größere Wirkungen zugetraut als heute. Jetzt sehe ich, dass erst ausreichende Einkünfte, Wohnverhältnisse und Gesundheitsversorgung den Kindern das Gefühl von Sicherheit und Gerechtigkeit vermitteln können, auf dessen Boden Bildung wirksam werden kann.

Menschen in äußerster Armut haben kaum Wahlmöglichkeiten und nur sehr begrenzte Freiheiten. Den Familien stehen nur sehr wenige Wege offen, über die Schule hinaus Lernräume und Bildungsangebote bereitzustellen. Sehr kleine Kinder sind schon daran interessiert, was für einer Arbeit ihre Eltern nachgehen, und sie können dafür große Scham empfinden. Ich glaube auch, dass sich Armut nicht nur durch die unmittelbare Not und die sich aus ihr ergebenden Folgen auswirkt, sondern dass Kinder ihre ganze soziale Situation als wachsende Katastrophe erleben. Wenn man sich mit Kindern aus sehr armen Familien beschäftigt, findet man keinen Raum und kein Reich der Bildung, das unberührt neben dem Geflecht der Bedürfnisse nach Einkommen, Wohnen, Gesundheit und Mobilität bestehen könnte. Politiker und Gemeindevertreter, die Bildung als einen Ausweg aus der Armut propagieren, ohne sich gleichzeitig für bessere Gesundheitsversorgung und gerechtere Verteilung des Reichtums einzusetzen, lügen sich und andern in die Tasche. Zwar kann Bildung durchaus für einige Individuen einen Weg aus der Armut heraus bedeuten. Doch um das Problem der Armut für mehr als ein paar Einzelne zu lösen, muss man sie direkt angehen.

»Das Leben von Kindern« erschien 1969 [dt. Titel: Lernen und Freiheit, 1971], drei Jahre nach Schließung der Schule und nach dem Umzug von George und mir (und unserer kleinen Tochter) aus der New Yorker Lower East Side ins ländliche Gebiet von Maine. Briefe und Anfragen nach Vorträgen von George folgten uns dorthin. Im Frühjahr nach Erscheinen des Buchs notierte George in seinem Tagebuch, dass er jede Woche ein halbes Dutzend Zuschriften von Lesern erhielt, meist jungen Lehrern . Manchmal kamen die Briefe auch von Autoren, die damals im Bildungsbereich sehr bekannt waren, zum Beispiel A. S. Neill aus Summerhill oder John Holt.

In den Jahren nach Erscheinen des Buchs sprach George oft auf Konferenzen zu alternativer Erziehung, vor Lehramtsanwärtern, an höheren Schulen und Universitäten und beim Schulausschuss von Gemeinden. Ich erinnere mich, dass er mehrere Male an der Universität Maine in Farmington in Seminaren über Erziehungspsychologie auftrat. Zu Hause berichtete er, dass während seines Vortrages manche Teilnehmer in Tränen ausgebrochen waren. Sie weinten, weil er ihnen etwas über die Kindheit sagte, was sie schon immer im tiefsten Herzen wussten, aber was noch niemand zuvor so frank und frei ausgesprochen hatte.

Wir hätten die Schule auch länger als zwei Jahre betrieben, hätten wir dafür mehr Geld zusammen gebracht. Unser eigentliches Anliegen bei Gründung der Schule war aber, möglichst viel Einfluss auf die öffentlichen Schulen auszuüben. Die anderen Lehrer und ich wussten auch, dass George ständig Notizen machte, um über den Ansatz der First Street School zu schreiben. Wir verließen uns auf seine Gabe, Gedanken gut zu gliedern, Beobachtungen anzustellen und beides in wunderschönen Texten darzustellen. Wir hatten die Hoffnung, dass sein Buch der Schule zu größerem Einfluss verhilft als nur in unserer örtlichen Nachbarschaft – und genau so kam es auch. Nach Schließung der Schule wurde Susan, die ursprünglich Journalistin war, zu einer Therapeutin. Gloria blieb dem Unterrichten treu und arbeitet seither in Portland, Oregon als Lehrerin, Erzieherin und Schulleiterin. Das Buch ist bei vielen Erziehern bekannt, der eine oder andere Schulleiter empfiehlt es jüngeren Kollegen, manche Familien mit Hausunterricht schlagen in ihm nach. In Seminaren über Bildungsfragen wird es als Quellentext verwendet. Wir wissen von Lehrern, die durch das Buch zu ihrer Berufsentscheidung gelangten.

Als 1984 in New York eine Feier zum zehnjährigen Bestehen der Schulen östlich des Central Park stattfand, unterhielt ich mich mit Lillian Weber vom City College, die Lehrer für offene Unterrichtsformen ausgebildet hatte und seit vielen Jahren über informelle Bildung schrieb. Ich fragte sie: »Was war Ihrer Meinung nach der Haupteffekt der First Street School?« Sie antwortete ohne lange nachzudenken: »Dass uns bewusst wurde, dass jedes einzelne Kind wertvoll und wichtig ist. Dass wir jedes einzelne Kind ernst nehmen.«

Nachdem »Das Leben von Kindern« erschienen war, in dem George vor allem über die älteren und stärker gestörten Kinder schrieb, mit denen er wegen seines psychotherapeutischen Hintergrunds die meiste Zeit zugebracht hatte, wurde Susan, Gloria und mir klar, dass manche Leser das Buch missverstehen könnten, als beträfe es nur besondere Problemkinder. Aber George hatte vor allem mit diesen Kindern gearbeitet, weil er das besonders gut konnte und besonders gerne tat. Zwar stehen in »Das Leben der Kinder« die am schwersten betroffenen Kinder im Mittelpunkt, weswegen der Katalog der Library of Congress das Buch unter die Stichwörter »sozial behindert – Erziehung – New York« und »lernbehinderte Kinder – Erziehung – New York« einordnete. Aber es wäre verkehrt zu glauben, alle Schüler hätten so schwere Störungen gehabt und für gewöhnliche Kinder hätten die Ideen des Buchs keine Geltung. Tatsächlich waren die meisten Kinder der First Street School glücklich und trotz ihrer Herkunft aus mehr oder minder armen Verhältnissen sozial gut angepasst. Sowohl für gefährdete, verletzende Kinder als auch für gesunde, glückliche Kinder war es sehr viel wert, dass sich die Lehrer um ihre Herkunft und um ihr Leben außerhalb der Schule kümmerten. Die Schule war interessant genug, sodass die Kinder ihr Leben bei der Genesung, beim Lernen oder Wachsen während des Schulalltags fortsetzen konnten. Die Menschen, deren Arbeit von »Das Leben von Kindern« angeregt, unterstützt oder geleitet wurde, haben das Buch immer so verstanden, dass es von der Erziehung für jedes Kind handelt.

INDEX

Gordon Wheeler
Jenseits des Individualismus:
Für ein neues Verständnis von Selbst,
Beziehung und Erfahrung

Das Buch gegen die Kälte im Land.
Neue theoretische Ansätze

(das gesunde Selbst entsteht nicht, wie im
Individualismus angenommen, aus
»Selbstständigkeit«, sondern aus Beziehung,
Unterstützung und Intimität)

**führen zu neuen Impulsen für eine
menschliche Praxis**

(Überwindung von Scham
und andere Veränderungen
werden nicht durch Stärkung
des »Selbstbewusstseins«,
sondern durch Unter-
stützung erreicht).

348 Seiten, € 29,90

Das »**Lexikon der Gestalttherapie**« beschreibt in übersichtlicher und leicht zugänglicher
Form die gestalttherapeutischen
Fachbegriffe (u.a. Aggression,
Deflektion, Introjektion, Kon-
fluenz, Kontakt, Projektion, Re-
troflektion, Selbst).

Es stellt die Ideen und das Leben
der Begründer (Fritz Perls, Laura
Perls und Paul Goodman) sowie
die Weiterentwicklung der Gestalttherapie bis heute dar. Außerdem beleuchtet es die vielfältigen Wurzeln der Gestalttherapie wie Gestaltpsychologie, Psychoanalyse, Phänomenologie,
Existenzialismus, Holismus, Sigmund Freud, Wilhelm Reich,
Martin Buber usw.

Dieses Lexikon ist die erste lexikalisch-systematische Aufarbei-
tung der Gestalttherapie und ein unverzichtbares Hilfsmittel
für jeden, der sich mit den Erkenntnissen dieses Therapieansat-
zes beschäftigen möchte.

Ausführliche Leseproben online:

www.gestalttherapie-lexikon.de

Stefan Blankertz und Erhard Doubrawa: **Lexikon der Gestalttherapie,** 347 Seiten, €19,90

Edition des Gestalt-Instituts Köln / GIK Bildungswerkstatt im Peter Hammer Verlag

Gestalttherapie – Einführungen

Erhard Doubrawa und Stefan Blankertz, **Einladung zur Gestalttherapie:** Eine Einführung mit Beispielen, 104 Seiten, € 10,50

Erhard Doubrawa, **Die Seele berühren:** Erzählte Gestalttherapie, 123 Seiten, € 11,90

Daniel Rosenblatt, Erhard Doubrawa, Stefan Blankertz, **Gestalt Basics.** Zwei Einführungen in einem Band: »Gestalttherapie für Einsteiger« (Rosenblatt) sowie »Einladung zur Gestalttherapie« (Doubrawa / Blankertz), 192 Seiten, gebunden, € 18,50

Gestalttherapie – Bibliothek

Stephen Schoen, **Wenn Sonne und Mond Zweifel hätten:** Gestalttherapie als spirituelle Suche, 118 Seiten, € 11,90

Stephen Schoen, **Die Nähe zum Tod macht großzügig:** Ein Therapeut als Helfer im Hopiz, 103 Seiten, € 12,90

Stephen Schoen, **Greenacres:** Ein Therapie-Roman, 289 Seiten, € 16,90

Arnold Beisser, **Wozu brauche ich Flügel?** Ein Gestalttherapeut betrachtet sein Leben als Gelähmter, 156 Seiten, € 13,90

Barry Stevens und Carl R. Rogers, **Von Mensch zu Mensch,** 261 Seiten, € 18,90

Daniel Rosenblatt, **Zwischen Männern:** Gestalttherapie und Homosexualität, 204 Seiten, € 13,90

Judith R. Brown, **Zwei in einem Sieb:** Märchen als Wegweiser für Paare, 192 Seiten, gebunden, € 18,90

Gestalttherapie – Klassiker

Frederick S. Perls, **Was ist Gestalttherapie?,** 140 S., € 14,90

Laura Perls, **Meine Wildnis ist die Seele des Anderen:** Im Gespräch mit Daniel Rosenblatt u. a., herausgegeben von Anke und Erhard Doubrawa, 248 Seiten, gebunden, € 21,90

Erving und Miriam Polster, **Gestalttherapie:** Theorie und Praxis der integrativen Gestalttherapie, 352 Seiten, € 18,90

Erving und Miriam Polster, **Das Herz der Gestalttherapie:** Beiträge aus vier Jahrzehnten, 389 Seiten, € 21,90

George Dennison, **Gestaltpädagogik in Aktion,** hg. und mit einem Nachwort von Stefan Blankertz, 393 Seiten, € 24,90

Edition des Gestalt-Instituts Köln / GIK Bildungswerkstatt im Peter Hammer Verlag

James S. Simkin, **Gestalttherapie:** Minilektionen für Gruppen und Einzelne, 136 Seiten, € 12,90

Barry Stevens, **Don't Push the River:** Gestalttherapie an ihren Wurzeln, 261 Seiten, € 19,90

Anke und Erhard Doubrawa (Hg.), **Erzählte Geschichte der Gestalttherapie:** Gespräche mit Gestalttherapeuten der ersten Stunde, 256 Seiten, € 14,90

Gestalttherapie – Arbeitsbücher

Gordon Wheeler, **Jenseits des Individualismus:** Für ein neues Verständnis von Selbst, Beziehung und Erfahrung, 348 Seiten, € 29,90

Gordon Wheeler / Stephanie Backman (Hg.), **Gestalttherapie mit Paaren,** 376 Seiten, € 25,50

Michaela Pröpper, **Gestalttherapie mit Krebspatienten:** Eine Praxishilfe zur Traumabewältigung, 202 Seiten, mit 4-farbigen Abbildungen, € 22,90

Stefan Blankertz, **Gestalt begreifen:** Ein Arbeitsbuch zur Theorie der Gestalttherapie, 160 Seiten, € 20,50

Stefan Blankertz und Erhard Doubrawa, **Lexikon der Gestalttherapie,** 347 Seiten, € 19,90

Erhard Doubrawa und Frank-M. Staemmler (Hg.), **Heilende Beziehung:** Dialogische Gestalttherapie, 230 Seiten, € 21,90

Frank-M. Staemmler und Werner Bock, **Ganzheitliche Veränderung in der Gestalttherapie,** 150 Seiten, € 21,90

Robert L. Harman (Hg.), **Werkstattgespräche Gestalttherapie:** Mit Gestalttherapeuten im Gespräch, 191 Seiten, € 20,90

GIK-Business

Stefan Blankertz, **Wenn der Chef das Problem ist:** Ein Ratgeber, 249 Seiten, gebunden, € 24,90

Heilende Texte

Meister Eckhart, ausgewählt und kommentiert von Stefan Blankertz, herausgegeben und eingeleitet von Erhard Doubrawa, 171 Seiten, gebunden, € 14,90